KB249130

'조선' 표상의 문화지

근대 일본과 타자를 둘러싼 지知의 식민지화

The history of culture representing Korea in modern Japan

'조선' 표상의 문화지

근대 일본과 타자를 둘러싼 지知의 식민지화

The history of culture representing Korea in modern Japan

지은이 나카네 타카유키[中根隆行] 1967년 미에현[三重縣] 출생. 와세다대학 제2문학부 졸업. 츠쿠바대학 대학원 박사과정 문예·언어연구과 수료(문학박사). 한국교원대학교 종합교육연수원 중등교원양성 전임강사, 한밭대학교 일본어과 객원교수를 거쳐 현재 일본의 에히메[愛媛]대학 법문학부 인문학과 교수로 있다. 전공은 일본 근대문학과 비교문화이고, 주로 일본 근대문학과 구(舊) 식민지 지역의 문화 관계를 연구하고 있다. 주요 논저로는 「홋카이도의 로빈슨들—가이코 켄『로빈슨의 후예』와 개척농민을 둘러싼 이야기」, 『텍스트들의 여정—이동과 변용 속의 문학』, 가쇼인[花書院], 2008.2(『문예별책 가이코 켄』, 가와데쇼보[河出書房], 2010.1 재수록); 「제국일본의『만주』관광지와 고도 경주」, 『한국 문학연구』제36호, 2009.7; 「조선 하이쿠의 영역—박노식에서 무라카미 쿄시에게로」, 『바다를 건넌 문학—일한(日韓)을 축으로』, 이즈미쇼인[和泉書院], 2010.6 등이 있다.

옮긴이 건국대학교 대학원 일본문화·언어학과 김경리(일본문화) 김다운(일본어학) 김보애(일본문학) 김영희(일본문화) 김유진(일본문화) 박삼헌(일본사) 안영신(일본 문학) 우연희(일본 문학) 유지혜(일본 문학) 이수경(일본문화) 이은영(일본 문학) 이은주(일본 문학) 임련희(일본 문학) 조수일(일본 문학)

'조선' 표상의 문화지 | 근대 일본과 타자를 둘러싼 지[知]의 식민지화

초판 인쇄 2011년 10월 30일 **초판 발행** 2011년 11월 10일
지은이 나카네 타카유키 **옮긴이** 건국대학교 대학원 일본문화언어학과
펴낸이 박성모 **펴낸곳** 소명출판 **출판등록** 제13-522호 **주소** 서울시 서초구 서초동 1621-18 란빌딩 1층
전화 02-585-7840 **팩스** 02-585-7848 **전자우편** somyong@korea.com **홈페이지** www.somyong.co.kr

값 18,000원

ISBN 978-89-5626-630-5 93910

ⓒ 2011, 소명출판

'조선' 표상의 문화지

근대 일본과 타자를 둘러싼 지知의 식민지화

The history of culture representing Korea in modern Japan

나카네 타카유키中根隆行 지음
건국대학교 대학원 일본문화언어학과 옮김

소명출판

지은이 일러두기

1. 한국·조선(인)의 표기는 기본적으로 한반도 및 그곳에 거주하는 사람들을 가리키는 지역·민족 명칭으로 '조선(인)'으로 총칭하여 사용하였다. 또한 인용자료에서 사용된 부당하거나 부적절한 표현도 특별히 정정하지 않고 표기했다. 이는 자료의 역사성을 고려하면서 그것을 비판적으로 검토하기 위함이다.

2. 1948년에 대한민국과 조선민주주의인민공화국이 건국되기 이전은 국호를 '조선'으로 표기했다. 단, 1897년부터 1910년까지는 대한제국으로 표기했다.

3. 원전인용은 별도로 표기하지 않는 한 처음 나온 게재지 또는 그 복각에 의거했다. 인용은 원칙적으로 한자를 신자체로 바꾸고 방점과 권점 등은 생략한다. 읽는 방법 표기도 기본적으로는 생략하며 필요하다고 생각되는 부분만 붙였다.

4. 본문의 인용은 " "로 묶었다. 인용문 중에 필자가 덧붙인 보충 주석은 [ ]를 사용하여 표기했다. 또한 인용문 중의 ……는 전·중·후략을, [/]는 원칙적으로 원문에서의 줄바꾸기를 표시한다.

5. 인용 자료의 표제명은 「 」로 표기했다. 단 원전이 단행본을 가리키는 경우에는 『 』로 표기했다. 인용문헌의 출전 표기에 대해서는 저자명·출전명(잡지는 권호)·간행년(월)·페이지를 표기하고 단행본에는 출판사(자)명을 추가했다. 신문과 잡지명은 『 』을 사용했다. 또한 바로 앞과 동일한 자료를 인용한 경우에는 출전 표기를 생략했다.

6. 연호는 서력을 채용하고 때때로 원호를 약기하여 부기했다.

옮긴이 일러두기

1. 일본어의 한글 표기는 다음과 같은 원칙에 따랐다.
   ① 어두음에 한해서 일본어 원음을 충실히 반영하는 형태를 취했다.
   　예) 木戶孝允 → 기도 다카요시(X), 키도 타카요시(○)　　東京 → 도쿄(X), 토쿄(○)
   ② 인명·지명에 한해 모음 「あ・い・う・え・お」가 중복되는 경우에는 단음으로 표기했다.
   　예) 大久保利通 → 오오쿠보 토시미치(X), 오쿠보 토시미치(○)

2. 인명은 처음에 한해서 일본어와 생몰연도를 표기하고, 그 다음부터는 한글만 표기했다.

3. 고유명사에 해당하는 신문명과 잡지명은 일본어 원음대로 표기했다.
   　예) 都新聞 → 도신문(X), 미야코신분(○)　　殖民雜誌 → 식민잡지(X), 쇼쿠민잣시(○)

4. 본문의 각주는 저자 주이다. 단, 본문 이해를 위해 옮긴이가 설명을 덧붙인 경우에는 (옮긴이 주)로 표기했다.

졸저 『'조선' 표상의 문화지-근대 일본과 타자를 둘러싼 지의 식민지화』를 일본에서 출판한 것은 2004년 4월이고, 그 다음해에는 제10회 일본비교문학회상을 받았다. 출판된 지 벌써 7년이 지난 것이다. 한국에서 번역출판 의뢰를 받았을 당시, 문학연구가 하루가 다르게 발전하는 가운데 본서의 내용이 지금 한국에서 번역하기에는 다소 오래된 것이 아닐까 생각했다. 자연과학이나 사회과학 분야에서는 해당 분야의 학술잡지를 대상으로 그 영향도를 측정하는 영향력지표impact factor가 있다. 이것을 그대로 적용할 수는 없겠지만, '새로움'이라는 점에서 본서의 유효기간은 이미 지나버렸다는 생각이 든다. 왜냐하면 본서가 근대 일본의 조선상을 주제로 삼고 있는 만큼, 번역출판 이전에 한국의 독자들이 이미 읽었을 것이라고 생각했기 때문이다.

하지만 과연 '새로움'이란 무엇일까. 우선은 새로운 자료를 발견한다든지 종래와 다른 연구방법으로 새로운 영역을 개척한다든지 독자적인 시점으로 지금까지 없었던 해석을 도출한다는 의미의 '새로움'을 생각할 수 있다. 이것을 자료·방법론·해석의 '새로움'이라고 한다면, 이것은 만약 독자가 인문과학계열의 대학원생이나 연구자라면 귀에

못이 박힐 정도로 들었을 법한 연구의 철칙일 것이다. 하지만 이와 다른 '새로움'도 있다. 예를 들어 학술 영역에서는 이미 일반화된 전문 지식이라 할지라도 일반 사회에는 그다지 알려져 있지 않은 경우가 있다. 학술적으로 상식이라 할지라도 일반적으로는 알려지지 않았거나 사회에서 활용되지 않는 경우, 이것은 새롭다고 말할 수 없다. '새로움'의 진정한 의미는 사회적 인지의 여부에 따라 결정되기 때문이다.

현재 나는 일본의 대학에서 일본 근대문학과 비교문화를 강의하고 있는데, 그들 중 한반도를 식민지 지배했던 역사를 모르는 학생은 거의 없다. 하지만 그들이 그 어두운 역사를 알고 있는 만큼, 한편으로는 현재의 한국문화에 많은 관심을 가지고 있지만, 거꾸로 근대의 한일관계사와 나아가 동아시아 역사를 적극적으로 알려고 하지 않는 경향도 있다. 나는 이러한 학생들에게 본서의 내용에 대해서도 강의하고 있다. 앞에서 언급한 '새로움'의 경우로 말하자면 여기에도 그다지 알려지지 않은 '새로움'이 있다. 즉 그들이 본서의 내용을 '지知'로 배우고 익혔을 때 비로소 그 '새로움'에 분명한 형태가 부여되는 것이다.

그렇다면 한국의 독자들은 본서를 어떻게 읽고 무엇을 느끼게 될까.

본서의 제목은 원서와 동일하게 '조선 표상의 문화지'로 정했다. '문화사'가 아니라 '문화지'로 한 이유는 조선을 서술한 문학의 체계적인 역사가 아니라 그 임의의 단면에 있어서 조선 표상이라는 영위營爲가 어떻게 널리 문화와 관계했는지를 중시하고 싶었기 때문이다. 여기에서 조선 표상이란, 글로 기록된 조선이라는 의미이다. 예를 들어 미술 시간에 쟁반에 놓인 사과를 사생寫生할 경우, 그리는 대상인 사과는 하나이지만 학생이 20명이면 엇비슷하지만 각기 다른 20개의 사과 그림이 그려지게 된다. 즉 묘사하는 대상과 묘사된 것은 당연히 다르다. 글로 기록된 조선은 그때그때 일본사회에서 유통되고 있던 조선상이다. 본서에서는 각 텍스트의 성립과 함께 그것이 어떠한 이데올로기와 문화 사조에 근거하여 구성되었는지 추적하고 있다.

본서는 조선 표상이 한반도와 그곳에 사는 사람들에게 부정적인 이미지를 초래했을 뿐만 아니라 근대 일본의 자기상을 지탱하는 상징적인 '사례'로 기능했다는 점에 주목하고 있다. '사례'란 무언가를 설명할 때 예로 제시되는 것이고, 이 경우에는 수많은 편견에 가득찬 조선상이 기능하지 않으면 근대 일본의 자기상은 확정되지 않음을 의미한다. 즉 근대 일본의 조선 표상을 모른다는 것은 근대 일본의 아이덴티티 형성, 즉 현재의 일본 및 일본인이 의존해 온 것을 불문에 붙이는 결과를 낳는다. 번역출판을 계기로 본서를 접하는 한국 독자들에게 전하고 싶은 것은 근대 일본의 조선 표상이 다른 한편으로 일본 및 일본인의 아이덴티티를 구성했던 사실에 다름 아니었다는 점이다. 나아가 조선 표상은 일본의 자기형성과 밀접한 문화투쟁의 궤적을 기록한 영위였다. 이렇게 기록된 조선 표상 텍스트들과 함께 그곳에 근대 일본의 자기형성과 관련된 어떤 문화투쟁이 있었는지 알 수 있는 기회가 되길 진심으로 바란다.

마지막으로 본서의 번역자이자 감수자이기도 한 박삼헌 선생님, 한국어 번역에 참여한 건국대학교 대학원 일본문화·언어학과 대학원생, 그리고 번역출판에 도움을 준 소명출판의 박성모 사장님께 깊은 감사를 드린다.

2011년 8월 11일
나카네 타카유키

:: 차례

서장_ '조선'을 둘러싼 문화적 기억

1. 풍경 너머로, 나카가미 켄지의 한국

돌계단은 지나치게 경사가 급하여 현기증이 날 듯 하다. 그리고 문득 부드러운 곡선의 한국식 지붕을 보고서, 뜬금없지만 일본은 대체 이 땅에서 무엇을 했던 것인가 생각했다. 그곳에서 어떤 포학한 형상을 본 것도 아니다. 눈에 보이는 광경은 한가롭고 사람의 마음을 여유롭게 만드는 한국식 지붕의 집들이다. 일본인은 대체 이 민족에게 무슨 짓을 했나. 강제징용, 한국어 박탈, 학살. (나카가미 켄지, 『풍경 너머로風景の向こうへ』, 토슈샤冬樹社, 1982)[1]

1978년 전라북도 전주시에 있는 다가공원을 찾았을 때, 나카가미 켄

---

[1] 『中上健次全集』第15卷, 集英社, 1996, p.67. 이하『전집』에 의한 인용은 권과 쪽수를 표기한다.

지中上健次(1946~1992)의 뇌리에 문득 과거의 역사가 스친다. 일본에 의한 식민지 지배의 역사이다. 그리고 그는 "이웃나라에 대한 가해에 대해 작가들은 여전히 침묵하고 있다"고 말한다. 전후문학戰後文學은 "언제나 전쟁을 피해자 입장에서 묘사하고, 전쟁과 침략을 가해자 쪽에서 묘사한 적은 한 번도 없다"고 말하며, "문학작품에서 아버지의 본모습을 들추어내는 것은 언제나 자식의 역할이다"라고 단정했다. 그러나 그 직후, 나카가미 켄지는 다가공원이 1916년에 건립된 옛 전주신사터에 조성된 것을 알고 깜짝 놀란다. "나는 신음소리도 낼 수 없었다." 침략의 역사에 대한 비판으로 그를 이끌었던 그 조망 또한 '일제시대'라 불리는 시대에 만들어진 풍경이었기 때문이다. 25년 전 한국에서 했던 이 발언은 우리에게 시사하는 바가 크다. 그 당시 군사독재정권 하에 있던 한국은 일본인에게는 아직 먼 나라였으며, 현재의 북한처럼 부정적 이미지로 거론되는 경향이 있었다. 25년 전의 가까운 과거, 그리고 2004년 현재. 우리는 여전히 한반도에 거주하는 사람들을 차별하고 그 나라들을 지배한 역사의 잔상 속에서 살고 있다. 이 일본이라는 나라에는 지금도 '조선'이라고 말하면 이유도 없이 기피하는 문화적 기억이 편재한다. 그렇지만 우리들은 그것이 일본인 스스로가 자신의 모습을 만들어 간 서사이기도 했던 것을 잊고 있다.

1978년부터 1984년까지의 장기체류를 포함하여 일곱 번 한국을 방문한 나카가미 켄지는 "우선 한국이라는 빛나는 자장磁場에 도달하는 길을 생각하는 것부터 시작하자"라고 제안한다. 그것은 "일본인 속에 먼 기억으로 자리잡고 있는 한국"(나카가미 켄지·시노야마 키신, 『윤무하는, 서울輪舞する、ソウル』 전집 제8권, p.159)에 이르는 길이라고 기록되어 있다.

그를 한국으로 가게 했던 것은 조선과 일본 사이에 존재하는 차이였다.[2] 그는 전주의 다가공원에 서서 그 한적한 공원이 일제시대 신사 터였다는 사실에 경악한 이후, 1980년 전후 격동기의 한국에서 포스트콜로니얼 비평으로도 이어지는 창작과 실천을 반복하게 된다. 김지하와 윤흥길 등 한국을 대표하는 시인 및 작가와의 대담을 담은 한국어 번역 『땅 끝, 지상의 시간地の果て、至上のとき』을 발표했으며, 사진작가 아라키 노부요시荒木経惟와 『이야기 서울物語ソウル』, 시노야마 키신篠山紀信과 『윤무하는, 서울』이라는 혼합장르 작품집을 제작했다. 물론 나카가미 켄지의 한국 표상에는 그 예민한 역사 인식과 함께 메이지 이후 전형화된 조선상朝鮮像의 흔적이 어른거린다. 그러나 이 시기 그의 활동은 이를테면 외부에서 보는 일본이라는 관점을 가져오는 것이기도 했다. 나카가미 켄지가 번역과 간행에 힘을 쏟았던 윤흥길의 『장마』에 대해 카라타니 코진柄谷行人 씨는 다음과 같이 말한다.

『장마』에서 받은 충격은 아마도 다음과 같이 요약할 수 있다. 한 마디로 조선에는 '근저根底'가 없다는 것이다. 물론 일본에는 그것이 있다는 말이 아니라, 일본에는 '근저'라는 환상이 있다는 말이다. 물론 일본인 또는 일본의

---

2 나카가미 켄지는 조선을 이렇게 말하고 있다. "내가 키이紀伊반도에서 본 것은 차별과 피차별의 풍부함이었다. 말하자면 '아름다운 일본' 깊숙이 들어가 그 일본의 의미를 생각하고, 아름답다는 의미를 생각하는 일이기도 했다. 예를 들어 이 표현에 '아름다운 조선'이라는 명제를 대입해 보자. 차이는 조선과 일본 사이에 있다. 올 여름, 나는 차로 돌아다니면서 카스테레오로 카리브 음악을 들으며 조선어 카세트테이프를 마음껏 틀어 놓았다. 테이프에서 나오는 조선어를 알 수 없었다. 의미도 모르는 말을 들으면서 바깥의 풍경을 조선의 풍경이라고 상상하고, 그곳을 걷는 사람들도 한국의 거리를 걷는 사람과 다르지 않음을 알게 되자 여기가 왜 일본인지, 일본의 키이반도인지를 알려고 했다. 즉 말을 바꾸어보면 키이반도를 범아시아의 눈으로 파악해 본다는 것이다."(中上健次, 『紀州一木の國根の國物語』全集第14卷, p.679)

문학에 자기동일성을 부여하고 있는 이 '근저'에 대한 신앙은, 섬나라근성이 부여한 것에 불과하다. 예컨대 『장마』 속에서 계속 내리는 비는 무언가를 상징한다기보다, 반대로 그것이 함의성을 갖지 않기 때문에 나에게 신선하게 느껴졌는데, 이는 우리가 무의식적으로 장마＝바라봄이라는 연상결합을 갖고 있기 때문이다. 그에 비해 『장마』의 장마는 역사에 대립하는 자연으로서 존재하는 듯 보인다. 글자 그대로 비가 내리고 있다는 느낌이 든다. (카라타니 코진, 「근저의 부재―윤흥길 『장마』의 충격根底の不在―尹興吉 『長雨』の衝擊」, 『비평과 포스트모던批評とポストモダン』, 후쿠타케쇼텐福武書店, 1985, p.121)

윤흥길의 『장마』(1979)라는 한국 현대문학의 번역소설이 일본 문학과는 이질적인 차이로 읽힌다. 그것은 일본이라는 나라에 있는 "'근저'라는 환상"이 외부로부터 분명해짐을 나타내고 있다. 나카가미 켄지는 카라타니 코진이 말하는 '근저의 부재'를 '이야기의 범람', '다극적이며 다중적인 시점', '사물의 카니발적 임립林立'(「카라타니 코진에게 보내는 편지柄谷行人への手紙」 전집 제15권, p.101)과 같은 말로 달리 표현하고 있다. 이때 한국에 체류하고 있던 나카가미 켄지에게는 이와 같이 말을 늘어놓는 것 외에 한국 혹은 한국 문학의 풍성함을 표현할 방도가 없었다. 그것은 『곶岬』으로 아쿠타가와상芥川賞을 수상하고서 2년 후에 장편소설 『고목탄枯木灘』을 쓰고, 키이紀伊반도의 피차별부락을 편력하는 르포르타주 『키슈―나무의 나라 뿌리의 나라 이야기紀州―木の國根の國物語』의 취재여행을 마친 나카가미 켄지가 그 후 한국에 집착했던 수 년 동안 얻은 하나의 인식이었다.

2. 기묘한 연쇄, 야스타카 토쿠조와 조선인 작가

나카가미 켄지는 일본 현대 작가로서 '한국이라는 빛나는 자장磁場'을 향해 가는 것을 선택했다. 하지만 본서에서는 그와는 반대 방향으로 접근하고자 한다. 윤흥길의 『장마』로 본 나카가미 켄지와 카라타니 코진의 한국 현대문학에 대한 인식은 돌이켜보면, 그 전사前史로서 태평양전쟁 이전 조선인 작가의 일본어 문학과 패전 후의 재일코리안을 둘러싼 문제를 떠올리게 만든다. 일본의 대륙진출 병참기지로써 공업화가 추진되고, 한편으로는 농촌진흥운동이 진행되었던 1930년대 조선에서는 식민지의 절망적인 현실을 세계에 알리고 싶다는 진지하고 글로벌한 목표를 내건 조선인 작가 장혁주張赫宙(1905~1997)와 김사량金史良(1914~1950) 등이 등장했다. 그들은 종주국의 언어로 소설을 씀으로써 세계를 지향했다. 그러나 일본어로 이루어진 문장표현의 상태와 일본열도 문단의 평가는 당연히 일본 문학의 '근저'에 대한 신앙으로 평가받게 된다. 게다가 조선인 작가는 항상 조선어로 쓸 것인가 일본어로 쓸 것인가 윤리적인 선택에 직면해야 했다. 악명 높은 '내선일체'의 슬로건이 발호한 중일전쟁 발발 후에 김사량은 「조선 문학 풍월록朝鮮文學風月錄」(『분게슈토文藝首都』 제7권제6호, 1939.6)에서 이 점에 대해 다음과 같이 주장하고 있다. "조선의 작가에게 쓸 수 없는 소재를 들이대며 일본어로 쓰라고 하는 것은 부당하다. 그 대신 조선어 문학을 번역하는 조직을 만들어 토쿄東京 문단이나 세계 문단과 교류를 도모하고 조선 문학의 현 상황과 조선 문학이 진정으로 조선의 언어로 쓰여야 하는 이유를 널리 알려야 할 것이다."(p.106) 그러나 이러한 조선 문학의 번역은 국책 문학에 이용되는 것 이외의 목적으로 실현된 예가 거의 없었다.

하지만 일본어로 어떻게든 저항 문학을 지향하려 했던 초기의 장혁주와 김사량 등의 문학 활동은 적어도 프롤레타리아 문학 계통의 작가를 중심으로 일본열도의 문학계에서 주목받았다. 그 중에서도 이 두 사람을 필두로 하는 조선인 작가의 일본어 문학 활동을 지속적으로 지원한 것은 동인잡지 『분게슈토文藝首都』였다. 이 잡지는 야스타카 토쿠조保高德藏(1889~1971)가 주재했고, 얼마 안 있어 고등학교를 졸업한 나카가미 켄지가 상경하여 회원이 된다. 『분게슈토』는 '문예부흥'의 시작을 알리며 1933년 1월 창간되었고, 그 전신인 『분가쿠쿼털리文學クオタリィ』를 포함하면 38년간 통권 440권에 걸쳐 계속 간행되었던 생명력 긴 순문예잡지이며 마지막 편집위원 중 한 명이 젊은 나카가미 켄지였다.[3]

『분게슈토』를 주재했던 야스타카 토쿠조는 『수렁泥濘』으로 제1회 『카이조改造』 현상 창작 부문을 수상한 인물로, 넓은 인맥을 이용하여 히로츠 카즈오廣津和郎(1891~1968), 나오키 산쥬고直木三十五(1891~1934), 타니자키 세이지谷崎精二(1890~1971), 우노 코지宇野浩二(1891~1961) 등을 고문으로 영입하고 신인작가 육성에 힘썼다. 『분가쿠쿼털리』 제2집 (1932.6)의 「후기」는 "조선민족의 대표적 작가로서 일본 문단에 데뷔한 장 씨는, 세계에서 가장 고뇌하는 민족인 조선민족의 목소리를 우리문

---

3 나카가미 켄지는 「문학에 대한 집념」에서 이렇게 말한다. "이번 종간 기념호로 『분게슈토』라는 거목이 쓰러지고 앞으로 우리들은 비바람이 휘몰아치는 들판에 혼자 서서 걷기 시작해야만 한다. 좋은 소설을 쓰고 싶고, 정말로 가슴에 울려 퍼지는 여운을 가진 좋은 시를 쓰고 싶으며, 좋은 친구들을 만나고 싶다는 나의 기분은 단순한 바람이 아니다. 다름 아닌 이 문예잡지가 풋내기인 나에게 심어준 문학에 대한 집념인 것이다."(『文藝首都』 第39卷 終刊 記念號, 1970.2)

단에 사실대로 전하려는 커다란 희망과 사명감을 느끼고 있는 작가"(p.513)라고 장혁주를 소개하고 있다. 야스타카 토쿠조가 조선인 작가를 지원한 데에는 이유가 있다. 그는 러일전쟁 이후 아버지를 따라 조선으로 건너가 조선에서 소년기를 보냈다. 야스타카 토쿠조의 「어떤 시대의 거류민ある時代の居留民」(『분가쿠쿼털리』 제2집, 1932.6)에서는 러일전쟁 이후의 조선을 다음과 같이 묘사하고 있다. 이 소설은 경성에서 유곽 허가를 얻기 위해 조선인의 토지를 사들이는데 분주한 아버지 쥰스케順介의 모습을 아들인 킨지金次의 눈으로 그린 것이다.

군국주의의 비호 하에 자본주의적인 질서가 없는 처녀지에 들어와 자연의 아름다운 과실을 탐식하려는 물욕으로 가득찬 국민이 늘어감에 따라 주색을 제공하는 집과 여자가 마치 움트는 잡초처럼 추한 거리에 어울리는 빛바랜 색채로 여기저기 늘어간 것은 말할 것도 없다. 하지만 이렇게 발전하다 보면 필연적으로 생겨나는 문제는 이 국민의 특유물인 관청의 허가를 받은 인육시장, 즉 유곽의 설립이었다.(p.458)

여기에는 전쟁의 승리로 들떠 식민사업이 추진되는 가운데 매춘부라 불리는 여성들의 모습과 함께 제국주의에 농락당하는 조선이 여성화되어 묘사되고 있다. 물론 그곳으로 몰려드는 것은 "'전쟁', '조선', '돈벌이'와 이 세 단어가 만들어내는 막연한 분위기를 느끼고 있던"(p.489) 도한자渡韓者들이다. 이 소설의 줄거리는 유곽 설치 사업에 나서는 한편 스즈코라는 '조선인 아내'에게 빠져들어 가는 거류민의 타락 과정이다. 처음에는 "돈을 벌어 내지内地로 돌아가려는 마음"이었던 것이 차츰 "여자에게 깊이 빠질수록 조선에 뿌리를 내려가는" 준스케의 모습은 러일전쟁 이후 식민사업의 시류에 편승하여 조선에서 일확천금을 노렸던 도한자들의 심정의 한 측면을 이야기하고 있다. "그것은 뜻하지 않게 조선에 정착하고 말았던 몇 십만 명에 이르는 거류민들의 탄식과 공통된 것"(p.512)이 있었다고 야스타카 토쿠조는 쓰고 있다. 조선인 작가에 대한 그의 양심은 거류민의 생활 실태를 직접 보았던 소년기 조선 체험에서 유래한다.

나카가미 켄지는 한국을 처음 방문했을 때 "나에게 한국인의 피가 흐르고 있다고 부모에게 들은 적은 없지만, 나 스스로는 한국의 피가 흐르고 있다고 확신했다"(『풍경 너머로』 전집 제15권, p.72)고 썼다. 이것은 작가의 직감에 불과하나 적어도 작가에 뜻을 두었을 때 그 근거가 된 문학적 토양이 야스타카 토쿠조가 주재하는 『분게슈토』였다는 것은 왠지 시사적이다. 야스타카 토쿠조의 소년시절 체험이 조선인에 대한 공감을 키우고 조선인 작가와 『분게슈토』의 만남을 낳는다. 그리고 시간이 지나 『분게슈토』의 종반기 동인이었던 나카가미 켄지가 한국과 한국 문학을 마주하게 되는 기묘한 연쇄. 식민, 식민지 지배, 종주국 문학, 조선인 작가, 그리고는 문득 나카가미 켄지의 머리를 스치는 침략의 역사. 거기에는 '조선'이라는 기호를 둘러싼 문화투쟁의 흔적이 새겨 있다.

조선에 관한 부정적 이미지는 근대 일본인이 만들었다. 아시아·태평양전쟁 이전 일본에서 가장 저명한 조선인 작가였던 장혁주는 다음과 같이 말하고 있다. "민둥산의 나라, 적토의 나라. 조선을 보고 간 사람들의 기행문을 읽으면 대개 이런 식으로 쓰고 있다. 이것은 즉 가난을 의미하고 퇴폐를 표현한 것이다. 긴 담뱃대를 물고 여유롭게 움직이

는 조선 백성을 보면 게으른 민족이라고 말한다."(「나의 문학僕の文學」『분게슈토』제1권제1호, 1933.1, pp.11~12) 이것이 조선과 조선에 사는 사람들의 전체성全体性을 표상하는 이미지였던 것이다. 조선상은 청일전쟁 전후에 형성되고 한일병합시기를 걸쳐 사회적으로 널리 유통된다. 예컨대 청일전쟁과 러일전쟁에 종군했던 문사文士들은 전쟁터로 향하는 기개를 영웅적으로 노래하며 항구와 역에서 본 흰 옷 입은 조선인을 호기심 어린 눈으로 바라보며 기술했다. 예컨대 조선으로 여행을 떠나는 시류에 뒤처진 문학자는 기생이 연주하는 슬픈 아리랑 곡조에 조선의 모습이 겹쳐지면서, 일본열도에서 불우했던 자신에 대해 비분강개한다. 이러한 경험과 상상들이 문학작품과 르포르타주 등을 통해 정보로 축적된다. 마침내 이름 없는 도한자의 갖가지 심정이 드러나고, 부정적으로 다듬어진 조선상이 이 나라의 문화적 기억으로 계승되는 것이다.

　본서는 그 문화적 기억의 생성과 전파를 '조선' 표상의 문화지文化誌로 서술한다. 이것은 일본인이 '조선'이라는 기호에 자신의 심성을 투영한 이면의 자화상이며 일본 근대의 '타자'를 둘러싼 이데올로기 투쟁의 장이다. 여기에는 우선 메이지 일본에 의한 서양적 지知의 모방과 응용이라는 고전적 문제가 가로놓이고, 청년문사와 식민청년의 월경담越境譚이 연결된다. 리얼리즘이라는 문학개념이 식민지주의의 논리를 뒤흔들고 농본주의자의 코스모폴리타니즘이라는 서로 모순되는 사상이 뒤섞인다. 물론 일본인만이 이 장소를 점유했던 것은 아니다. 이미 언급했듯이 조선인 작가에 의한 일본어 문학의 탄생은 그 당시까지의 조선상과 총독부 정치에 이의를 제기하는 계기가 되었고, 이 나라의 문단을 다문화주의로 이끄는 기폭제가 되었다.

‘조선’이라는 기호를 둘러싸고 전개되었던 지적 활동과 사람과 사물의 이동. 이러한 근대 일본의 문화투쟁 과정의 일부분을 밝혀보고자 한다.

3. 일본 근대의 조선상 연구

일본 근대의 ‘조선’ 표상(이하 ‘조선 표상’으로 표기함)의 역사는 정한론征韓論이 제기된 메이지 시기부터 식민지 획득 전쟁이었던 청일전쟁과 러일전쟁을 거쳐 한일병합에 이르는 과정을 생각해보면 일본에 의한 조선 식민지 지배의 역사와 공통된다는 것을 알 수 있다. 이 점은 수많은 역사서가 상세하게 다루고 있지만 문화지文化誌적 연구는 의외로 적은 것이 현실이다. 게다가 이 분야의 관련 연구는 식민지 지배의 역사로부터 귀납적으로 도출된 조선상—조선인상 또는 조선ㆍ조선인관을 포함—을 제시하는데 그치는 경향을 보인다. 현재도 이와 같은 경향은 정당성을 가질 수 있는 것이기는 하다. 그러나 이러한 견해를 기반으로 하면서 동시에 지극히 견고한 조선상이 되풀이해서 재생산되고 있다면 어떨까. 즉 일본의 식민지주의 역사를 비판적으로 파악하기 위해 조선의 부정적 이미지가 제시되는 구조를 말하는 것이다.

아오노 마사아키青野正明 씨는 이러한 패러다임에 대하여 “기존 연구에서는 일본인 지식인들의 이러한 조선 인식의 내용이 문제시되었으며 그 원인을 그들의 조선사상朝鮮史像(‘정체론’이나 ‘일선동조론’ 등)에서 찾거나 식민지통치의 동화정책으로부터의 거리를 기준으로 삼아 '선·악'의 이분법으로 평가하는 것이 대부분이었다"[4]고 이의를 제기하고 있으며, 야마다 쇼지山田昭次 씨는 "조선관에 대한 연구는 방법론적 진전 없이 오늘날에 이르렀고, 대상이 되는 주체의 사상에서 소위 조선관朝鮮觀만을 추출하여 논하는 데 그치고 있다"[5]고 지적했다. 즉 일본 근대의 조선상과 거기에서 대척적으로 발견되는 일본상을 선악의 이항 대립적인 구도로 파악하여 비판함으로써 역으로 "조선이 '선'이고 일본이 '악'"(아오노)이라는 직관적으로 준비된 결론을 제시하거나, 또는 조선의 부정적 이미지에 집중한 나머지 "일본인이 일본국내에서 놓인 사회적 위치와 일본관, 특히 일본국가에 대한 대결 자세의 유무"(야마다)를 불문에 부치는 경향이 있다는 것이다.

이러한 문제의식에서 시작해야만 하는 이유는 일본 근대의 조선상을 테마로 하는 연구영역이 결코 새로운 분야가 아니고, 아시아·태평양전쟁 이후로 한정하더라도 착실하게 관련 연구가 이루어져 온 분야이기 때문이다. 이 연구사의 조류에는 일본 근대문학과 비교문학연구 등도 포함되나, 양적으로는 역사학·사회학 영역이 주류를 이루고 있다. 그 때문인지 특히 문학연구에서는 일본에 의한 조선의 식민지 지배라는 역사의 틀 속에서 임의의 텍스트로 그려지는 조선의 부정적 이미지에 대해 옳고 그름을 논하거나, 또는 반대로 역사적 문맥을 그다지 고려하지 않고 텍스트의 정서적인 면에 집중하는 특징이 있다. 이

---

4   青野正明, 「細井肇の朝鮮觀—日本認識との關連から」, 『韓』 第110號, 1988.5, p.222.
5   山田昭次, 「近代日本の朝鮮觀—その研究課題と方法」, 『史苑』 第55卷　第2號, 1995.4, p.6. 여기에는 이시자카 코이치石坂浩一 씨의 "조선인식의 경우에도 그 사상의 전체상을 보다 잘 해명하지 않으면 사상사로서 풍부한 작업이 되지 않는다"(『近代日本の社會主義と朝鮮』, 社會評論社, 1993, p.9)는 지적이 인용되어 있다.

것은 텍스트가 편성되기까지의 여러 가지 문화적 과정을 반영론적으로 기술하거나 아니면 검증도 하지 않고 간과해버리는 상황을 조장하게 된다. 제국주의 혹은 식민지주의에 공명하는 텍스트를 시종일관 비판하는 반식민지주의적인 입장과 그러한 이데올로기에 저촉되는 관점에서 벗어나 특수한 닫힌 영역 안에서 다루는 문학주의적인 입장은 고찰 대상으로 삼은 텍스트의 역사성, 즉 문화적 생성 과정을 은폐한다는 점에서 공모관계에 있다.

물론 그러한 함정에 빠지지 않기 위해서는 보다 넓게 여러 영역에 걸친 관련 연구를 파악해 둘 필요가 있다. 최근 일본에서는 제국주의 역사를 정면에서 재조명하는 연구가 활발하게 이루어지고 있다. 이러한 연구들은 역사학이나 민속학에서 국어학까지 포함한 인문사회과학이 어떻게 제국주의를 지원했는가를 전체적으로 밝혀 왔다. 무라이 오사무村井紀 씨, 이연숙 씨, 오구마 에이지小熊英二 씨, 타카사키 류지高崎隆治 씨, 야스다 토시아키安田敏朗 씨 등의 연구가 이에 해당한다.[6] 또한 문학연구에서도 예술감상적 입장에서 문학작품을 문화현상의 한 분야로 파악하려는 입장으로 인식론적 전환이 시도되고 있으며, 더불어 문학이 제국주의 또는 식민지주의와 무관하지 않았다는 인식도 공유되고 있다. 일본 근현대문학과 조선·한국과의 관계를 묻는 연구도 동일한 경향에 있다고 할 수 있다. 일찍이 박춘일朴春日 씨, 타카사

6　村井紀,『南道イデオロの發生－柳田國男と植民地主義』增補·改訂版, 太田出版, 1995; 小熊英二,『單一民族神話の起源－〈日本人〉の自畫像の系譜』, 新曜社, 1995; 小熊英二,『〈日本人〉の境界－沖繩·アイヌ·台湾·朝鮮 植民地支配から復歸運動まで』, 新曜社, 1998; イヨンスク,『「國語」という思想－近代日本の言語認識』, 岩波書店, 1996; 安田敏朗,『帝國日本の言語編制』, 世織書房, 1997; 安田敏朗,『植民地のなかの「國語學」－時枝誠記と京城帝國大學をめぐって』, 三元社, 1997 등이 있다.

키 류지 씨, 그리고 타케다 세이지竹田青嗣 씨, 카와무라 미나토川村湊 씨, 임전혜任展慧 씨, 시라카와 유타카白川豊 씨, 하야시 코지林浩治 씨, 노자키 로쿠스케野崎六助 씨, 최효선崔孝先 씨 등의 연구가 그에 해당하는데, 특히 재일코리안 문학에서는 요모타 이누히코四方田犬彦 씨 등이 기존의 연구를 재검토하고 있다.[7]

이상의 연구들을 참고로 지적해 두어야 할 것이 있다. 일본 근대의 조선상을 테마로 하는 관련 연구의 패러다임은 반드시 최근의 포스트 콜로니얼 비평이나 문화연구의 문화이론에 의해서 시작된 것이 아니라는 점이다. 이 점에 대해 조선사 연구자인 하타다 타카시旗田巍 씨가 1964년 7월 시점에 쓴 저널리스틱한 문장을 살펴보자.

지금 일본은 조선을 과거의 형태로 지배하고 있지 않다. 그러나 다시 새로운 형태의 식민지적인 지배가 진행되려 하고 있다. 그뿐만 아니다. 과거

---

7   朴春日, 『近代日本文學における朝鮮像』 增補版, 未來社, 1985; 高崎隆治, 『文學のなかの朝鮮人像』, 靑弓社, 1982; 梶井陟, 「近代における日本人の朝鮮文學觀(一)—明治・大正期」, 『朝鮮學報』 第119・120號, 1986.7; 梶井陟, 「近代における日本人の朝鮮文學觀(二)—昭和期~一九四五年まで」, 『朝鮮學報』 第127號, 1988.4; 川村湊, 『アジアという鏡—極東の近代』, 思潮社, 1989; 川村湊, 『滿洲崩壞—「大東亞文學」と作家たち』, 文藝春秋, 1997; 川村湊, 『生まれたらそこがふるさと—在日朝鮮人文學論』, 平凡社, 1999; 任展慧, 『日本における朝鮮人の文學の歷史—1945年まで』, 法政大學出版局, 1994; 白川豊, 『植民地期朝鮮の作家と日本』, 大學敎育出版, 1995; 林浩治, 『在日朝鮮人日本語文學論』, 新幹社, 1991; 林浩治, 『戰後非日文學論』, 新幹社, 1997; 野崎六助, 『物語の國境は越えられるか—戰後・アメリカ・在日』, 解放出版社, 1996; 崔孝善, 『海峽に立つ人—金達壽の文學と生涯』, 批評社, 1998; 四方田犬彦, 「生まれてもそこは異境」, 『新潮』 第97卷第2號, 2000.2; 四方田犬彦, 「立原正秋—日本のマラーノ文學」, 『言語文化』 第17號, 2000.3 등이 있다. 또한 본서의 원고 입고를 준비하던 시기에 와타나베 카즈타미渡辺一民, 『'타자'로서의 조선—문학적 고찰〈他者〉としての朝鮮—文學的考察』(岩波書店, 2003)을 읽었다. 본서와 논점은 다르지만, 1919년 3・1독립운동에서 1980년대까지의 조선상 또는 조선인식을 주제로 삼은 무게감 있는 논고이다. 분석대상이 본서 제6장 이하에서 언급한 작품과 겹치지만, 본문에서는 와타나베 씨의 논점을 충분히 검토할 수 없었음을 이해해 주길 바란다.

에 형성된 식민지 지배자의 조선관이 지금도 뿌리 깊게 남아 있고, 현실의 식민지 지배와는 무관한 젊은 세대의 마음에 퍼지고 있다. 한일회담에 대한 일본인의 사고방식과 그것을 다루는 방식 모두 전통적인 조선관에 제약을 받은 바가 적지 않다. 회담을 추진하고 있는 보수파의 조선관은 과거 일본이 조선을 지배했던 시대의 조선관과 기본적으로 다르지 않다. 과거의 식민지 지배에 대한 반성은 없으며, 오히려 조선인에게 은혜를 베풀었던 것으로 생각하고 있다. 회담에 반대하는 자는 그와는 달리 식민지주의를 반대하는 입장이지만, 전통적 인식에서 완전히 벗어났다고는 할 수 없다. …… 한일회담 반대와 우호를 바르게 연결하기 위해서는 의식 속에 남아있는 식민지주의를 씻어내야 한다.[8]

하타다 타카시 씨는 이렇게 주장한 다음, 에도 시대의 조선관에서부터 키도 타카요시木戶孝允(1833~1877)가 처음 제시한 것으로 일컬어지는 정한론을 거쳐, 코토쿠 슈스이幸德秋水(1871~1911)와 이시카와 타쿠보쿠石川啄木(1886~1912)에 이르는 메이지 지식인의 조선상을 검토한다. 1961년 박정희와 김종필이 일으킨 5·16쿠데타를 거쳐 대통령 중심제로 개헌된 한국에서는 1963년에 박정희가 대통령으로 취임한다. 이에 편승하여 전개된 한일회담의 결과로 1965년에 한일기본조약이 체결된다. 하타다 씨가 이 글을 썼던 1964년은 한국은 말할 것도 없고 일본에서도 전국적인 규모로 한일회담 반대투쟁이 확대된 시기에 해당한다. 이와 같은 상황 속에서 하타다 씨는 식민지주의와 반식민지주의라는 표층적으로는 서로 대립되는 주장이 "의식 속에 남아 있는 식

---

8   旗田巍, 「日本人の朝鮮觀」, 『日本人の朝鮮觀』, 勁草書房, 1969, pp.4~5.

민지주의”를 은폐한다는 점에서 공모관계를 형성한다고 지적했다. 이 것은 일본 근대의 지식인이 가진 조선관이라는 문제를 1964년 당시의 사회에 제기한 지적 활동이었다.

아시아·태평양전쟁 이후의 일본 근대가 지닌 조선관을 테마로 하는 관련 연구의 방향성은 바로 이 시기에 결정되었다고 생각할 수 있다. 토야마 시게키遠山茂樹 씨를 비롯하여 요시오카 요시노리吉岡吉典 씨, 나카츠카 아키라中塚明 씨, 마츠오 타카요시松尾尊允 씨 등이 일본 근대의 제국주의 또는 식민지주의 역사를 재검토하는 출발점이 되었던 것도 1960년대 중반부터이다. 이것이 지향하는 바는 아시아·태평양전쟁의 패전과 전후 점령시기의 경험에서 비롯된 피해자 의식에서 벗어나지 못하고 있던 전후민주주의로 대표되는 당시 일본의 지적 풍토를 일본 근대의 동아시아관을 통해서 재검토하는 데 있었다. 물론 일본 근대문학과 비교문학연구도 마찬가지이다. 이 분야의 고전적 연구이며 오늘날에는 그 표현과 분석 양상이 자주 비판적으로 거론되는 박춘일 씨의『근대 일본 문학의 조선상近代日本文學における朝鮮像』은 연구의 틀을 설정하면서 ‘문학의 국제적 교류와 연대운동’을 목적으로 한 ‘번역활동’을 키워드로 삼아 다음과 같이 말하고 있다.

여기에서 생각할 수 있는 것은 번역활동의 양적 또는 질적 발전을 도모함과 동시에 어떤 하나의 민족문학 내부에 있는 국제적인 측면을 개척하는 것, 즉 하나의 민족문학이 다른 국가와 민족을 어떻게 파악하고 형상화해왔는지를 밝히는 새로운 문제가 제기될 것이다. 예컨대 일본 문학은 총체적으로 보면 일본사회와 인간을 비추는 ‘거울’임과 동시에 여러 이웃 나라

의 사회와 인간을 비출 수 있는 '거울'이기도 하다는 것이다.(『근대 일본 문학

의 조선상』증보판, 미라이샤未來社, 1985, p.8)

이후 한일 간의 문학과 문학상文學像에 빈번하게 등장하는 전형적인 해석의 틀이 되는 '거울'이라는 비유와 더불어 여기서는 일본어와 일본문학에 그려진 조선상이 내발적인 문화형식이라는 의미에서의 '번역활동'으로 설정되어 있다. 이렇게 주장하는 앞 단락에서 더욱 흥미로운 것은 '반제국주의 · 반식민지주의'를 표방하는 '아시아 · 아프리카 · 라틴아메리카 인민의 연대정신을 강화하고 상호의 문화교류를 촉진하기 위해' '번역의 역할'이 중요하다고 기술된 점이다. 이것이 구체적으로 무엇을 시사하는지 바로 판단할 수는 없으나, 이러한 접근 방식을 부연하면 프란츠 파농Frantz Omar Fanon(1925~1961), 치누아 아체베Chinua Achebe(1930~)와 같은 지식인과의 세계적인 동시성까지도 지적할 수 있을 것이다. 이와 같은 인식의 역사성에는 지금도 배울 점이 많다. 반식민지주의를 표방하는 지적 언설이 실제로는 식민지주의와 공모관계를 구성하여 "새로운 형태의 식민지적 지배"를 낳는다고 지적한 하타다 타카시 씨나, 일본 근대문학에 그려진 조선상을 문화의 번역으로 파악하고 그에 대한 검증을 거쳐 '국제교류'를 지향하려 했던 박춘일 씨 등의 주장은 현 시점에서도 충분한 논의가 이루어졌다고는 할 수 없기 때문이다. 그것은 일본 근대의 조선상이라는 테마가 여전히 검토할 가치가 있는 새로운 과제임을 말해준다.

4. 본서의 목적과 내용 구성

일본에 의한 조선의 식민지 지배는 동아시아 한자문화권 국가들 사이에 발생한 역사이다. 과감하게 비유하자면 그것은 서구의 여러 선진국들 사이에서 종주국과 식민지라는 관계가 형성된 것과 같다고 할 수 있다. 예컨대 영국과 인도의 관계보다도 영국과 프랑스 또는 영국과 독일 사이에 종주국과 식민지의 관계가 생겨났다고 가정하는 편이 타당하다. 현재도 일본과 한국·북한 사이에 여러 가지 마찰과 알력을 발생시키는 역사 인식의 차이에 조선상의 문제가 크게 관련되어 있다. 본서에서는 근대 일본인의 문화적 기억에 '조선'이라는 기호가 뿌리를 내리는 경위에 주목한다. 그것은 타자로 존재했던 조선이 내부에 존재하는 것으로 인식되는 과정이기도 하며, 그렇기 때문에 일본인의 식민지주의적인 사고를 은폐하는 결과로 이어졌다고 생각하기 때문이다. 본서의 목적은 '조선'을 둘러싼 문화적 기호의 생성사生成史를 면밀하게 재검토하는 것이다.

일본 근대의 조선상은 서양 각국이 식민지에 대해 갖고 있는 문화적·인종적 이미지와 비교해 보아도 매우 독자적인 특징을 가지고 있다. 일본인과 조선인 사이에는 양자를 결정적으로 구분하는 표징이 될 만한 신체적 차이가 없다. 이러한 의미에서 조선상은 일본사회 내부의 여러 타자의 모습과 공통된 부분이 있고, 그 때문에 알기 쉽다는 이유에서 문화·풍속·지리적인 측면에서의 시각적 차이가 강조되기에 이르렀다. 이 점은 논리적으로는 모순되나 일본의 지적 담론에 의한 조선 표상의 특징은 처음부터 조선과의 지리·문화적 근접성, 조선인과의 신체·문화적 유사성에 기초하며, 그 사이에 경계를 긋기 위해 조선상은 시각적 차이와 거기에서 연역된 성격적 차이 등으로 결정되었다고 생각된다.

본서에서는 청일·러일전쟁 시기에 규격화된 이미지─주로 게으름·더러움·정체라는 편견을 동반하는 문화적·인종적 표상─를 토대로 삼은 이후 조선상이 그다지 변화하지 않고 산출되어 왔다는 점을 중시하고 있다. 그렇다면 반대로 변하는 것은 무엇인가. 그것은 실제로 한반도로 건너온 사람들의 계층과 조선에 관심을 기울이게 하는 시대적 요청이며, 일본의 사회구조와 지적 시스템이기도 하다. 단순히 일본 근대의 조선상을 비판하는 것이라면 상투적인 조선상을 망라하여 제시하면 된다. 그러나 본서의 의도는 임의의 시대에 생산된 텍스트를 옆으로 펼쳐보는 데 있다. 지금까지의 관련 연구는 메이지 시기의 고찰이 의외로 부족하고, 저명한 인물의 발언에 치우치는 경향이 있으며, 사회사적인 자료가 부족하다는 특징이 있다. 따라서 이 점을 고려하여 본서에서는 일본인이 자신의 모습을 만들어 가는 패러다임으로 조선상의 형성을 파악하고 그것을 개개의 구체적인 문화적 과정 속에서 규정한다.

본서는 3부로 구성되어 있다. 각 장의 구성 내용은 다음과 같다. 제 I 부 '타자표상과 문화투쟁'에서는 메이지 시기의 조선 표상을 일본인의 자기성형과 그 담론의 파급이라는 관점에서 살펴본다.

제1장 '부유하는 식민지 담론'에서는 조선상의 형성이 일본인의 자기표상 문제와 표리일체의 관계에 있음을 명확히 한다. 메이지 시기의 조선 표상은 서구 열강의 식민지가 될지도 모른다는 위협 때문에 일본

이 성급하게 '문명개화'를 지향했던 것과 밀접하게 관련되어 있다. '문명국'을 향한 과정은 그 목표가 되는 서구의 이미지와 함께 '야만野蠻', '반개半開'로 규정되는 타자상을 필요로 했던 것이다. 따라서 서구에서 수입된 '문명 / 야만'이라는 구조를 규정하는 언설을 식민지 담론이라 칭하고, 후쿠자와 유키치福澤諭吉(1834~1901) · 시바 시로柴四郎(1860~1945) · 핫토리 토오루服部徹(?~1908) 등에 의한 조선 표상의 언설편성을 검토한다. 한편 '문명개화'라는 슬로건은 여러 논의를 거쳐 '문화', '교양', '수양'이라는 개념으로 세분화되어간다. 그 과정에서 조선을 문명화시킨다는 대외적인 사명감과 일본열도의 문화를 논하는 패러다임이 형성된다.

그 패러다임 중 하나가 교차하는 지점을 러일전쟁 이후의 두 가지 청년상을 둘러싼 논의에서 확인할 수 있다. 식민청년과 지방청년이다. 세기에 걸쳐 두 번의 식민지 획득 전쟁에서 승리한 일본이었지만, 일본열도에서는 만성적인 경제 불황이 시작되면서 청년들의 취업사정은 악화일로를 걸었다. 그러한 시대 상황 속에서 취업시장은 서일본 지역을 중심으로 동아시아 지역으로 서서히 확대된다. 그 중에서도 하향적top-down 방식으로 추진된 식민殖民 사업은 사회적으로 정착되어 있던 만한滿韓 지역에 대한 부정적 이미지를 이데올로기적으로 조정하면서, 청년들이 만한 지역을 입신출세와 자본주의적 성공의 장소로 여기도록 만들었다. 제2장 '식민殖民이데올로기와 국민상의 개축'에서는 20세기 초의 식민지주의를 '식민殖民'이라는 언설구조로 재검토하고 만한지역으로 식민殖民할 것을 장려하는 언설이 차세대를 짊어질 제국주의적 국민상―'식민청년'―을 제기하는 과정을 검토한다.

러일전쟁을 전후로 한 이 시대에는 제국주의적인 국민상에 반발하는 청년들의 움직임이 존재했던 것으로 알려져 있다. 그들은 후지무라 미사오藤村操(1886~1903)의 자살로 대표되는 '번민청년煩悶靑年'이라 불렸던 청년들이고, 그들에게 사상적 근거를 부여한 것은 자연주의 문학이다. 제3장 '건전한 청년과 지방상의 창출'에서는 이 시기에 문제가 되었던 청년들의 풍기문제에 초점을 맞춘다. 이는 지방청년에게 초점이 맞춰진 언설을 중심으로 번민청년과 자연주의 문학의 억제를 목적으로 시작된 건전한 청년상과 '지방'이라는 장소의 관계성을 찾기 위함이다. 이 청년문화를 '지방'에 가두는 담론은 제2장에서 고찰한 식민사업과 함께 일본열도 각지로부터 제국의 수도 토쿄로 향하는 사람들의 이동을 조선 또는 지방으로 양분하도록 만드는 것이었다. '조선'과 '지방'이라는 두 가지 방향성은 마침내 '일본열도'와 '조선'의 경계를 한편으로 보강하고 다른 한편으로 뒤흔들게 만드는 문화적 과정의 역류를 낳는다. 이에 대해서는 제7장과 제8장에서 고찰하기로 한다.

제Ⅱ부 '월경하는 문학과 장르적 교섭'에서는 조선을 묘사한 소설 세 편을 대상으로 일본열도의 문학계에서 '조선'이라는 장소가 지녔던 가치를 전쟁문학·여행소설·농민문학이라는 각각의 장르적 의의에 입각하여 고찰한다.

청일전쟁의 현장으로 급히 달려갔던 종군문사. 국가의 장래를 좌우하는 근대전쟁을 직접 체험하기 위해 한반도로 건너간 그들은 전쟁터가 된 조선을 호기심을 갖고 바라보았다. 한편, 종군하지 못한 요사노 텟칸与謝野鐵幹(1873~1935)은 종전 직전에 일본어 교사로 조선에 건너가 당치 않게도 몰래 명성황후 암살계획에 참여한다. 그리고 10년 후 러일전쟁에서는 그 도한渡韓 체험을 살린 전쟁소설 「관전시인觀戰詩人」(1904)을 발표한다. 제4장 '종군문사의 도한견문록'에서는 제1장에서 논할 수 없었던 근대 전쟁과 조선 표상이라는 중요한 테마에 초점을 맞춰, 종군문사의 르포르타쥬에서 요사노 텟칸의 「관전시인」에 이르는 '조선'이라는 장소가 서사화되는 경위를 알아본다. 또한 전쟁문학에 대한 러일전쟁 시기의 논의에 주목하여 종군이라는 체험이 당시 문사상文士像에 끼친 변용의 과정을 밝힌다.

요사노 텟칸의 「관전시인」에서는 조선 표상에 대한 청일·러일전쟁 시기의 욕망을 찾아볼 수 있는데, 그 욕망의 계기는 무엇보다도 근대 전쟁이었다. 그러나 이후에 조선을 묘사한 소설에서는 조선 그 자체가 호기심의 대상이 되었다. 한일병합시기의 신문 연재소설인 타카하마 쿄시高浜虛子(1874~1959)의 『조선朝鮮』(1911)은 그 한 예이다. 당시 일본열도는 대역사건大逆事件[9]과 '겨울의 시대冬の時代'라는 말로 상징되는 답답한 시대적 폐색감에 휩싸여 있었다. 제5장 '사생되는 조선, 흔들리는 관찰자의 시선'에서는 타카하마 쿄시의 『조선』과 이에 대한 동시대의 평가를 단서로 삼아, 식민지를 그린 소설이 종주국 문단에서 관찰하는 주체를 묻는 메타meta 표상으로서 재해석되어 가는 과정을 검증한다. 여기에서는 사생주의라는 리얼리즘적 탐구를 둘러싼 문화적 갈등 때문에 한일병합시기의 문학과 식민지주의 사이에 발생한 균열을 명확히 한다.

물론 제2장에서 고찰한 바와 같이 한일병합시기는 조선에 대한 식민사업이 본격적으로 전개된 시기이기도 하다. 앞에서 서술한 야스타

---

[9]　1910년 급진 사회주의자에 의한 메이지천황 암살 계획이며 12명이 비공개 재판으로 사형되었다. 일명 코토쿠사건幸德事件이라고도 한다. (옮긴이 주)

카 토쿠조도 당시의 조선에서 소년기를 보냈다. 마찬가지로 군대를 퇴역한 청년 한 사람이 이러한 시대의 조류에 편승하여 조선으로 건너갔다. 그가 바로 나카니시 이노스케中西伊之助(1887~1958)이다. 제6장 '지방 농촌과 식민지의 경계'에서는 메이지 말기부터 타이쇼大正 시기의 농민문학이라는 장르적 형성과 지방 농촌 출신의 일본인 청년과 조선인 농부가 등장하는 나카니시 이노스케의『적토에 움트는 것赭土に芽ぐむもの』(1922)을 대상으로 삼아 독일 향토예술론에 기원을 둔 농민표상 담론의 변천을 검토한다. 조선인과 일본인의 차이는 인종이라는 유사 생물학적인 근거로 제시되었고, 조선인은 일본인보다 열등한 인종으로 간주되었다. 그러나 메이지 말기의 농민문학에서는 농민 역시 인종적으로 열등한 존재로 그려지고 있다. 그 당시 인구의 70%를 차지했던 농민과 조선인의 표상은 많은 부분에서 공통점을 갖고 있었던 것이다. 따라서 이들이 서로 비슷한 이미지로 그려진 요인을 찾는다.

제Ⅲ부 '문학의 진흥과 다문화주의'에서는 1930년대에 초점을 맞추어 조선인 작가의 일본어 문학과 종주국 문단과의 관계성을 고찰한다. 또한 이 시대에 형성된 조선인 작가에 대한 평가 유형이 그 이후로도 파급되는 경위를 패전 후의 재일코리안 문학을 대상으로 검증한다.

1932년, 일본열도 문학계에는 하나의 지정학적 변동이 일어난다. 조선인 작가 장혁주의 일본어 소설「아귀도餓鬼道」가 잡지『카이조』의 현상 창작공모 부문에서 2등 당선작으로 선정된 것이다. 이는 조선인 작가가 종주국 문단에 처음으로 등단했음을 의미한다. 장혁주가 강렬한 데뷔를 장식하고 그 후 신진작가로 활약해 가는 과정에는 만주사변 이후 카이조사改造社의 미디어 전략과 대륙으로 눈을 돌린 문학계의 확장주의적인 시선, 문학적인 제도 정비와 야스타카 토쿠조가 주재하는 『분게슈토』 등이 얽혀 있다. 이러한 종주국 문단으로의 등단은 그에게 어떠한 변용을 야기했던 것일까? 제7장 '지방으로서의 조선, 상경하는 작가'에서는 조선인 일본어작가의 조선 표상을 고찰한다. 여기에서는 제Ⅱ부에서 논한 '조선'이라는 장소의 의미가 1930년대 일본열도 문학계에서 형태를 바꾸어 재연된다. 예컨대 그것은 장혁주의 심상지도心象地図에 '문화의 중심지' 토쿄가 각인되는 경위로 이어진다.

장혁주의 등단 이후 '문학진흥', '문학부흥'이 제창되던 시대 분위기와 더불어 일본열도 문학계에서는 조선과 타이완의 식민지 출신 작가들의 작품이 계속 발표된다. 그리고 그들의 일본어 문학은 종주국 문학 속에서 식민지문학으로 편입된다. 이것은 종주국 문학의 식민지주의라기보다 다문화주의라고 부를 수 있는 문화현상으로 존재했다. 제8장 '문예부흥기의 식민지문학'에서는 조선의 문학청년과 미디어 환경을 확인하며 식민지문학의 장르적 탄생이 지니는 의의를 검증한다. 제7장과 제8장에서 고찰하는 조선인 작가가 일본어 문학으로 일본열도 문학계를 지향했던 현상은 작가에게도 문학계에게도 식민지 조선이 일본열도의 지방이었다는, 복잡하게 뒤얽힌 의식이 양성되어 있음을 말해준다. 이것은 본서가 메이지 시기 조선상의 형성에서부터 논의해왔던 일본 근대의 조선 표상의 한 귀결이기도 하다.

그러나 식민지가 또 다른 지방이기도 하다는 안이한 정치적 의식의 양성은 1945년 '일본의 패전＝조선의 해방'으로 종언을 맞이한다. 하지만 '조선'을 둘러싼 편견을 띤 문화적 기억은 쉽사리 사라지는 것이 아니다. 특히 이유도 없이 수많은 차별을 받고, 그럼에도 불구하고 옛 종주국에 머물 수밖에 없었던 사람들에게는 더욱 그렇다. 제9장 '민주주의와 재일코리안 문학의 차이'에서는 재일코리안 문학이 보여준 패전 이후의 진전에 초점을 맞춘다. '재일조선인 문학'이라는 문예용어가 일찌감치 출현한 점령기의 일본. 이 문예용어가 탄생한 데에는 1930년대 프롤레타리아 문학운동에서 이월된 민주주의와 마르크스주의적인 연대라는 슬로건이 밀접하게 관련되어 있다. 좌익계 작가와 지식인은 조선인을 민주주의 이념을 효과적으로 지탱하는 신체로 파악하고, 전전戰前과 전후戰後에 상관없이 조선인과의 사적인 교류에 대해 말하기 시작했다. 그런 가운데 '재일본在日本'이라는 지리적·문화적 차이가 점차 강조되고 재일코리안 문학과 조선 문학의 장르적 차이가 형성되어가는 경위를 김달수와 일본어잡지 『민슈쵸센民主朝鮮』을 중심으로 살펴본다.

그리고 종장 '회한의 역설'에서는 조선에서 패전을 맞이한 재조 일본인에게 초점을 맞춘다. 쇼와昭和천황의 '옥음방송玉音放送'으로 인상 깊게 묘사되곤 하는 1945년 8월 15일은 종주국의 주민으로 조선에서 살았던 일본인이 귀환자引揚者로 바뀌는 날이기도 했다. 그 패전의 날을 회상한 재조일본인의 기록에는 '반딧불螢の光'이라는 단어가 여기저기 보인다. 그것은 조선의 해방을 축하하며 〈반딧불〉과 비슷한 멜로디로 불렀던 〈애국가〉를 가리키는 것이었다. 종장에서는 이 〈반딧불〉과 〈애국가〉로 상징되는 한일 근대사를 되돌아보면서 그리움과 더불어 조선을 '제2의 고향'으로 여기는 패전 후 재조일본인의 심정을 다시 살펴본다.

본서가 지향하는 바는 '조선'을 둘러싼 표상의 문화지를 횡단적으로 파악하는 것이며, 이것은 서로 관련된 각 장을 통해서 이뤄지고 있다.

하지만 그렇다고 해서 체계적인 기술을 염두에 두고 제1장에서 종장까지의 내용과 그 전개를 구성한 것은 아니다. 본서의 의도는 '조선'이라는 기호를 디딤돌로 삼아 일본 근대의 문학과 문화, 그리고 사회의 여러 양상을 상호 교섭적으로 연결하는 데 있으며, 이것은 제국주의 또는 식민지주의라는 이데올로기를 일본사회의 내재적 시점에서 재검토하는 작업이기도 하다.

제1부
타자표상과 문화투쟁

제1장_ 부유하는 식민지 담론

메이지 일본의 입신출세와 '조선' 표상의 계보학

어떤 특정한 시대의 지적 풍토는 다양한 언설의 행위자가 산출한 지知가 여러 가지로 혼성되어 이루어진다. 예컨대 메이지 계몽기의 일본은 서양적 지가 대량으로 유입되어 그 주도적 지위를 구축하는 가운데 단락적短絡的인 영향과 수용관계로는 파악할 수 없는 혼성적인 공간으로 편제되어 있었다. 혼성적이라는 것은 '문명개화'라는 번역어로 상징되듯이, 서양 각국에서 들어온 지식이 중국어를 거친 번역과 한자의 표의성을 살린 조어造語로 다수 탄생되었다는 경위에서도 쉽게 추측할 수 있다. 한자문화권의 동쪽 끝에 위치하고 중국과 조선의 압도적인 문화적 영향력 아래 있었던 막부 말기와 메이지 시기의 일본이 아편전쟁과 페리의 내항이라는 충격적 사건을 경험하면서 서양적 지를 흡수하는 데 분투하는 과정은 그 지적 풍토가 결코 고립된 공간이 아니라 매우 중층적인 문화적 교통의 네트워크를 향해 열린 장소였음을 보여준다.

본 장에서는 1880년대에서부터 1890년대에 걸쳐 구축된 조선상을 검토한다. 이 조선상 또한 있는 그대로의 조선을 포착한 진정성을 지닌 것이 아니라, 번역어와 마찬가지로 다양한 지적 언설의 교배를 통해 탄생되었다. 이것은 메이지 일본이 서양의 식민지화 위협으로부터 근대국민국가를 향한 도정을 필연적인 것으로 내면화한 것과 밀접하게 관계되어 있다. 막부 말기·메이지 시기 지식인이 느꼈던 식민지화의 위협은 근대화라는 국가적 프로그램을 요청하여 서양적 지의 이식을 촉구함과 동시에 그 응용의 하나로써 조선의 부정적 이미지를 생산하고 상대적인 위치에 있던 일본과 조선 사이를 절대적인 차이로 분리해 갔다. 말하자면 그것은 메이지 일본의 입신출세를 위한 첫 단계이기도 했다.

이번 장에서는 메이지 일본의 지적 언설에 의한 조선 표상을 보다 넓게 지의 식민지화라는 관점에서 파악하기 위해 이것을 대표하는 언외言外를 식민지 담론colonial discours이라 칭하고 검증하고자 한다. 우선 문제가 되는 것은 서양적 지가 야기한 이 언외가 '문명개화'라는 핵심 개념을 근간으로 하여 어떠한 조선상을 형성했는지이다. 또한 식민지 담론이 메이지 일본의 지적 풍토에 이식된 것이라면 조선 표상과 함께 일본 및 일본인의 자기상自己像이 어떻게 그 모습을 만들어갔는지도 묻지 않을 수 없다. 조선의 부정적 이미지가 표상을 둘러싼 문제라면 이것을 만들어내는 일본의 지적 풍토의 문제로도 검토할 필요가 있기 때문이다. 이 경우 일본의 자기상은 결국 국가에서 국민 그리고 개인이라는 형태를 취하며 미분화되어 간다. 그것은 문화적인 문제로 부상하고 문학적 논의로도 이어진다. 이번 장에서는 메이지 일본에서 구축된 조선의 문화적·인종적 이미지를 서양적 지로부터 이식된 식민지 담론에 기초한 일본 및 일본인의 자기표상 문제로써 고찰하기로 한다.

1. 후쿠자와 유키치의 문명개화와 식민지 담론

메이지 시기 이후 일본 근대의 조선상은 우선 정한론 시대에 열성劣性을 띤 문화·인종적인 형태로의 편향을 결정지었다고 할 수 있다. 예컨대 후쿠자와 유키치福澤諭吉(1834~1901)는 정한론의 논의에 입각해서 "조선교제의 이해관계를 논함에 있어서는 우선 그 나라의 국민성을 살펴보아야 한다. 본래 이 나라로 말하자면 아시아 대륙 가운데 한 작은 야만국으로, 그 문명의 양상이 우리 일본에 미치려면 멀었다고 할 수 있다"(「아시아 각국과의 화전은 우리의 영욕과 무관하다亞細亞諸國ト/和戰/\我榮辱ニ關スルナキノ說」,『유빈호치신분郵便報知新聞』, 1875.10.7)고 서술했다. 그러나 이 시점의 메이지 일본은 조선에 관한 근대적이라고 할 만한 어떠한 지知도 가지고 있지 않았다. 조선에 관한 지知는 1876년에 연이어 간행된 세와키 히사토瀬脇壽人(테즈카 리츠조手塚律造)·하야시 신조林深造의『계림사략鷄林事略』초편 2권(4월)과 에노모토 타케아키榎本武揚(1836~1908)가 번역한『조선사정朝鮮事情』(7월) 등으로 이제 막 생산되기 시작한 단계에 지나지 않았다. 이것은 두 책의 형태를 보면 알 수 있다.『계림사략』은 테즈카가 블라디보스토크에서 만난 김인승金鱗昇의 자문을 거친 것이고,『조선사정』은 네덜란드 의사 폼페Johannes Lijdius Catharinus Pompe van Meerdervoort(1829~1908)의 네덜란드어 번역을 토대로 에노모토가 초역抄譯한 샤를 달레Claude Charles Dallet의『조선교회사朝鮮敎會史』의 중역重譯이었다.[1]

---

1 사쿠라이 요시유키櫻井義之,『메이지와 조선관明治と朝鮮觀』, 櫻井義之先生還甲紀念會, 1964 참조.

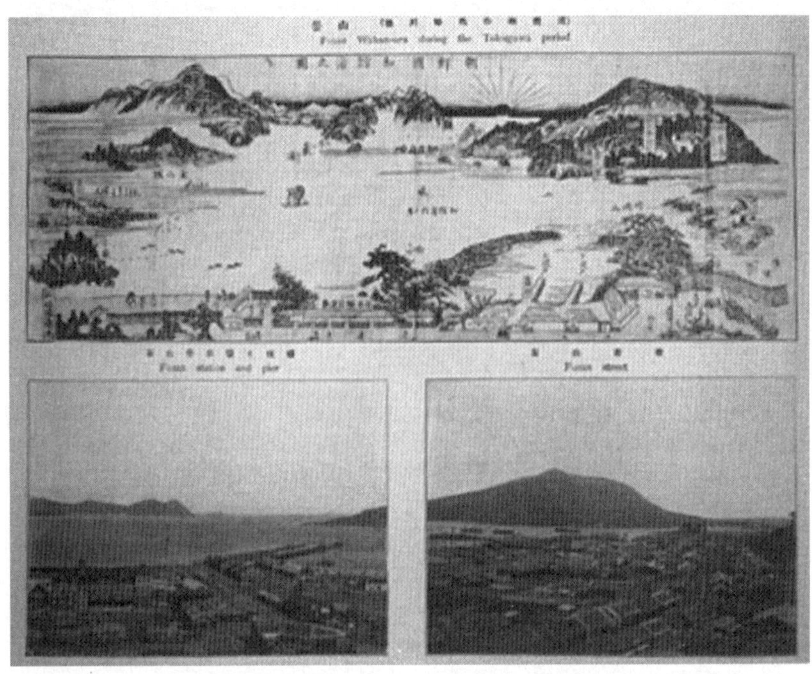

〈그림 1〉 1678년에 세워진 초량 왜관에서 바라본 부산포(위)와 1910년경의 부산(아래). 강화도사건 이후 조일수호조규의 체결에 의해 개항되었고, 1877년에는 최초의 일본인학교가 설치된다.

조선에 관한 지知는 1875년 강화도사건으로 상징되는 일본의 대한 외교와 러시아를 중심으로 한 서구열강의 무력외교 속에서 요청되었으며, 난학蘭學과 영학英學에 뛰어난 지식인에 의해서 형성되어 간다. 에노모토 타케아키의 『조선사정』은 메이지 정부의 초대 주조변리공사駐朝辨理公使 하나부사 요시모토花房義質(1842~1917)의 요청에 따른 것이었다. 1873년 전후의 키도 타카요시木戸孝允, 오무라 마스지로大村益次郎(1825~1869) 등으로 대표되는 정한론 역시 조선침략론이었음은 새삼 말할 필요도 없다. 하지만 이것은 국내 정치상황과 동아시아 지역에서 서양 각국과 맺게 된 세력 관계로부터 생성된 외교정책의 방도였다. 이와 같은 시대적 요구로부터 촉구되는 당시 일본의 위치에 대해 후쿠자와 유키치는 다음과 같이 적고 있다.

> 지금 이 나라의 독립 여하를 두고 우려가 많은데 그 근원을 묻자면, 우리 일본이 아시아 각국으로부터 경멸을 받기 때문일까. 우리 학문이 그에 미치지 못한 탓일까. 우리 상업이 그에 뒤떨어지기 때문일까. 우리의 병력이 그보다 약하기 때문일까. 우리의 부富가 그에 미치지 못해서일까. 이들 항목에 대해 나는 그들에게 하등 부끄러울 것이 없다. 내가 생각하기에 우리 일본은 아시아 각국에 조금도 뒤지지 않다고 생각한다. 그렇다면 우리나라의 독립 여하에 관한 걱정은 그 원인을 다른 곳에서 찾아야 할 것이다. 즉 그 원인은 아시아에 있는 것이 아니라 유럽에 있다.(「亞細亞諸國トノ和戰ハ 我榮辱ニ關スルナキノ說」)

1875년 시점에서 후쿠자와 유키치의 인식은 "일본은 아직 참된 개화의 독립국이라 할 수 없다"라는 것인데, 이것은 서양 각국과의 관계성에서만 그 위치를 규정할 수 있는 인식이었다. 그렇다면 반대로 왜 조선은 "아시아 가운데 한 작은 야만국"으로 간주되었던 것일까. 여기에 대해서는 조선만을 고려할 것이 아니라 이후 조선상을 형성해가는 일본 근대의 지적 언설 자체를 시야에 넣을 필요가 있다. 메이지 시기만 해도 무수히 산출된 조선의 부정적 이미지는 지속적으로 활자화되기 이전에 이미 문화적·인종적 측면에 준하여 규정되었다고 보기 때문이다. 즉 '그 문명의 양상'을 만드는 일정한 척도의 존재이다. 우선 '문명의 양상'을 측정하는 언표를 식민지 담론이라 부르기로 하자. 이 점

에 대해서는 막부 말기·메이지 시기를 대표하는 난학자이자 영학자
인 후쿠자와 유키치의 언설을 예로 들어 보도록 하자. 후쿠자와는 『문
명론의 개략文明論之概略』(1875)에서 다음과 같이 말하고 있다.

> 지금 세계 문명을 논하는 데 있어서 유럽 각국 및 아메리카 합중국을 최
> 상의 문명국이라 하고, 터키·중국·일본 등 아시아 각국을 반개화국이라
> 부르며, 아프리카·오스트레일리아 등을 야만국이라 하는데, 바로 이런 명
> 칭을 세계의 통론으로 삼고, 서양 각국의 인민은 스스로 문명을 자랑할 뿐
> 만 아니라 저 반개·야만의 인민도 이 명칭을 따르면서 스스로 반개·야만
> 이라는 이름에 안주하여 감히 자국의 상태를 자랑하고 서양 각국보다 낫다
> 고 생각하는 자가 없다.(『후쿠자와 유키치 전집福澤諭吉全集』 제4권, 이와나미쇼
> 텐岩波書店, 1959, p.16)

프랑수아 기조François Pierre Guillaume Guizot(1787~1874)와 헨리 버클
Henry Thomas Buckle(1821~1862)이 강의했던 문명사를 중심으로, 서양 각
국에서 획득한 지식과 실제 경험에 입각하여 후쿠자와 유키치가 기록
한 내용은 서양적 가치관에 의거한 문명의 심급審級을 규정하는 척도
이다. '문명'·'반개'·'야만'으로 선별되는 이 척도에 따라 서양 각국과
비교했을 때 '반개'의 위치에 놓여지는 1875년 시점에서 자기표상은 이
후 '탈아입구脫亞入歐' 즉 '탈아론脫亞論'적 주장을 거치면서 청일·러일
전쟁을 통해 '문명국'을 향해 나아간다. 중요한 것은 이러한 척도가 문
명개화로 요동치던 메이지 계몽기에 적용되었다는 점이다. 각 나라마
다 각자의 문화 양상에 우열이 있는 것이 아니라, 우선 우열을 재는 척

도가 선험적인 조치를 거쳐 정해지고 그 기준에 따라 문화의 임의적
틀이 확정되고 있는 것이다. 이어서 후쿠자와는 '문명국'에 이르는 단
계론적인 과정을 "인류가 반드시 거쳐야 할 단계"이자 "문명의 나이"라
고 규정하면서 구체적으로 서술해 나간다. 물론 이러한 척도로 측정할
수 있는 대상이 일본의 자기표상만 있었던 것은 아니다. 예컨대 그들
조항 중에는 "편리를 쫓아 무리를 이룰지라도 편리가 다하면 갑자기
흩어져 흔적을 볼 수 없다"(야만)는 표현이나 "인간교제에 대해서는 시
기하고 의심하며 질투하는 마음이 깊다"(반개)와 같은 표현이 눈에 띈
다. 이러한 표현들은 훗날 조선 관련 정보군情報群—'조선 텍스트'라 부
르기로 한다—에서 자주 등장한다. 또한 '문명'을 규정짓는 기준 가운
데 하나로 '문학'에 관한 조항도 덧붙여져 있다. 예를 들자면 "문자가
없는 것은 아니지만 문학이라는 것은 없다"(야만) 또는 "문학이 번창할
지라도 실학에 힘쓰는 자가 적고"(반개)라는 식이다.[2]

　이때 각국 문화를 가늠하는 척도로 제시된 것이 '문명개화'라는 개념
이다. 식민지 담론이 문화를 규정하는 단순명쾌한 틀로 제시되면서 그
지주가 되는 '문명개화'라는 말은 상당히 포괄적이며 실천적 행동모델로
파악되었다. 후쿠자와 유키치는 자신이 획득한 영국적 지를 바탕으로
'문명개화'를 이렇게 해석한다. "서양 각국의 문명개화는 도덕에도 있지
않고 문학에도 있지 않으며 이론에도 있지 않다. 그렇다면 과연 이것을
어디에서 찾을 수 있겠는가. 내가 판단컨대 그것은 인민교통의 편리에
있다고 말하지 않을 수 없다."(『민정일신民情一新』, 케이오기쥬쿠슛판사慶応義塾

2　이상의 인용은 『후쿠자와 유키치 전집福澤諭吉全集』第4卷, p.17에 의함. 그리고 코모리 요
　　이치小森陽一, 『포스트콜로니얼ポストコロニアル』, 岩波書店, 2001에서는 문명 · 반개 · 야
　　만의 언설구조가 이론적으로 폭넓게 파악되고 있다.

出版社, 1879, pp.2~3) ‘인민교통의 편리’라는 사례로 들 수 있는 것은 ‘증기선차 · 전신 · 우편 · 인쇄’인데, 이렇게 구체적인 예로 말하는 ‘문명개화＝교통’ 이라는 개념에 관해서는 유의할 필요가 있다.

우선 동시대의 ‘문명개화’에 대한 해석으로 니시무라 시게키西村茂樹(1828~1902)의 「문명개화 해설明開花の解」(『메이로쿠잣시明六雜誌』 제35호, 1875.5)을 참조해 보자. 니시무라는 “문명개화란 영국의 말 시빌리제이션civilization을 번역한 말이다. 중국인은 이 단어를 보다 예의를 갖추는 것이라고 번역했는데, 이것을 우리나라의 속어俗語로 말하면 인품이 좋아진다는 말이 될 것”(p.6)이라고 했다. 여기에서 니시무라는 “시빌리제이션은 본래 라틴어 시비스civis라는 말에서 나왔다”고 지적하면서 “도시부근에 사는 사람”이라는 뜻을 포함하여 해석하고 있으며,[3] “인민의 인품과 인간 상호 간의 교제”(p.7)라는 의미에서 ‘문명개화’를 파악한다.[4] 덧붙여 이것이 “인민일신의 품위를 높이는” 것으로 요구된다는 점에서 보면 니시무라가 말하는 ‘문명개화’는 유교적 도덕관이 가미된 개인 및 공동체를 주체로 한 도시형 문화모델이었다고 말할 수 있다. 이에 비해 후쿠자와 유키치의 해석은 지극히 독자적이다. 예컨대 「교통론交通論」(『코쥰잣시交詢雜誌』 제28호, 1880.11)에서는 ‘문명의 원소’라 여겨지는 ‘지덕부유智德富有’를 ‘혈액’에 비유하며 다음과 같이 서술하고 있다.

---

3 ‘도시에 사는 사람들’이라는 말은 라틴어의 civis(시민)과 civitas(도시)라는 어원에서 왔다. 어의적인 경위는 레이몬드 윌리엄즈レイモンド・ウィリアムズ, Raymond Williams, 『키워드 사전キイワード辞典』(岡崎康一譯, 晶文社, 1983)을 참조했다.

4 니시무라 시게키는 당시 유행어였던 ‘문명개화’라는 말에 대해 “결코 인민의 위세나 역량, 부귀에 관해서는 생각이 미치지 못했다”고도 서술하고 있다. 물론 그도 ‘문명개화’의 대의어는 ‘야만’이라고 적고 있으며, 밀이나 기조의 이름을 언급하고 있다.

혈액은 본래 인생의 원소이다. 혈액 없이는 생활할 수 없다고 하는데, 그 혈액은 양의 많고 적음이나 질의 희조청탁稀稠淸濁과 무관하게 혈관에서 잘 활동하고 순환해야만 비로소 인생에서 그 필요를 다할 수 있다. 지덕부유 또한 이와 다르지 않다. 그 양의 많고 적음이나 그 질의 정조양부精粗良否를 불문하고 그 시대에 잘 활동하고 유포되어야만 비로소 문명의 공용功用을 다할 수 있다. 지금 이 지덕부유가 활동하게 만드는 것은 무엇인가. 오로지 인간사회 운수교통의 길만이 있을 뿐이다.

후쿠자와 유키치가 말하는 '문명개화'는 어떤 의미에서는 니시무라 시게키가 말한 개인 및 대인교제의 도덕적 세련화도 아니고, '증기선차·전신·우편·인쇄'라는 문명의 이기利器를 말하는 것도 아니다. '문명개화'란 그것들로 구현되고 상징화되는 근대국민국가를 성립시키는 사회의 역학적 동태 그 자체의 구조로 제시되고 있다. 후쿠자와의 이러한 인식이 당시 다른 그 무엇보다 뛰어난 것이었음은 틀림없다. 다만 문제는 그의 계몽주의적 언설이 이렇듯 독특한 문명개화론을 제1의 원리로 고정시켰으며, 게다가 그것이 목적화되었다는 점이다. '서양 각국의 문명개화'에 대해 앞의 『민정일신』에서는 다음과 같이 설명하고 있다.

물건을 무역하고 인민을 이주시켜 풍속이 다른 국토에 당도하여 언어가 통하지 않는 사람과 만나는 상황이란 말로 표현할 수 없는 어려움과 고통이겠지만 한편으로 유쾌하기도 할 것이다. 동양 인민은 그 심신을 절차탁마하고 견문을 넓혀 활발하고 진취적인 기풍을 양성하는 것의 이익을 빨리

알지 못했다. 그렇다면 이제 서양 각국의 문명개화에는 단순히 교통편리
가 하나의 요인으로 작용했다는 것으로 귀결되고, 서양 각국의 개명은 교
통의 편리성에서 온 것이라 할 수 있으며, 동양 각국이 아직 개명에 이르지
못한 것은 교통이 여전히 불편하기 때문이라고 할 수 있을 것이다.(pp.5~6)

계몽주의적인 입장에서 서구문명의 상징으로 말하는 '문명개화'라
는 것은 단순히 메이지 일본의 근대화를 향한 자기각성을 의미하는 것
에 그치지 않고, 이미 자국 문명의 투기적投企的인 교통=확장의 은유
로써 그에 알맞게 방향이 부여되고 있다. 그것은 반드시 자국에 근대
문명을 이식하여 국내적으로 문화의 진전을 도모하는 하나의 국민국
가형 모델이 아니라 "풍속이 다른 나라에 가서 의사소통이 불가능한
사람과 만나는" 것처럼 그 과정에서 국민의 "활발하고 진취적인 기풍"
을 대외 여러 지역과의 이상적인 교통에서 찾는 소위 제국주의의 선구
적인 모델로 상정되고 있는 것이다. 후쿠자와 유키치가 이 점을 의도
적으로 강조하고 있는 것은 아니지만, 「탈아론」 이후의 전환이 교통=
확장이라는 선을 기조로 성립한다는 점은 간과할 수 없다. "오늘날을
도모함에 있어서 우리나라는 이웃나라의 개명을 기다려 함께 아시아
를 일으킬 시간적인 여유가 없다. 오히려 그 무리에서 벗어나 서양의
문명국과 진퇴를 함께 하고 중국과 조선을 상대할 때도 이웃 나라라
해서 특별하게 배려할 필요는 없다. 바로 서양인이 이들을 대하는 식
으로 처우해야 한다."(「탈아론脫亞論」, 『지지신포時事新報』 1885.3.16) 이 「탈
아론」 첫머리는 "세계교통의 도편道便으로"라고 시작한다.[5]
　후쿠자와 유키치를 중심으로 검토한 바와 같이 주로 막부 말기·메

이지 시기 난학자와 영학자들에 의해 수입된 서양적 가치관에 맞추어 이식된 식민지 담론과 그것을 근간으로 삼은 '문명개화'라는 개념은 나중에 '문명국'으로서의 긍지를 갖는 일본이 동아시아 주변지역으로 진출하는 것을 예견적으로 보여주는 지적 프로그램을 제공했다고 할 수 있다. 그러나 이것이 이 시점에서 일본 근대의 바람직한 자기상自己像이 확고하게 정해졌음을 의미하는 것은 아니다. 대체로 서구화주의자의 입장에서 보면 '서양 각국＝문명국 / 일본＝반개', 정한론자의 입장에서 보면 '일본＝반개 / 조선＝야만'이라는 단순하기 짝이 없던 구도는, 달리 말하면 메이지 일본의 자기표상이 타국과의 관계성을 매개로 시작될 수밖에 없었다는 상황을 말하고 있기 때문이다.

2. 청일전쟁 시기의 조선 텍스트

서양 각국에서 유입된 식민지 담론이 내면화되는 과정은 옥시덴탈리즘을 근간에 둔 서양적 지의 특권화를 의미하는 동시에 그것을 메이지 일본의 지적 풍토에 이식하여 개량하는 행위이기도 했다.[6] 이 논리

---

5 「탈아론」의 도입부는 다음과 같다. "세계 교통의 도편으로 서양문명의 바람이 동양에 서서히 도달하는 현재, 풀도 나무도 복종하지 않는 것이 없다. …… 동양의 나라가 함께 세력을 일으켜 이것을 완전히 막아낼 수 있다는 각오를 한다면 가능할 수도 있다. 하지만 적어도 세계의 현상을 관찰하여 불가능함을 아는 자는 세상의 추이에 따라 문명의 바다로 들어가 문명의 파도 위에 올라타며 문명의 고락을 함께 하는 수밖에 없다."

6 이에 대해서는 요시하라 유카리吉原ゆかり, 「'반개' 일본－『베니스의 상인』 메이지 시기

를 단순히 형식적인 측면에서 부연하면, 오리엔탈리즘에 근거한 일본의 동아시아 주변국에 대한 폭력적인 시선은 사실 옥시덴탈리즘의 방향성을 기준으로 삼아 그 원인이 서양으로 전환되어 일본의 지적 언설이 가진 여러 문제를 보류하고 마는 것이 아닌가 하는 위구심을 남긴다. 문제의 소재는 서양적 지가 일본을 매개로 지적 권력을 행사했다는 것이 아니라, 식민지 담론의 틀 자체가 각각의 문화적 속성을 기준으로 삼는 가변성을 갖는다는 점에 있다. 이 언외는 서양 각국인지 일본인지의 주체성을 불문하고 채택 가능한 보편성을 가지고 있는 것이다.

그러나 그 때문인지 '야만'에서 '반개'를 거쳐 '문명국'으로 입신출세를 기도하는 메이지 일본의 자기상은 서양적 지를 섭취하는 정도에 따라 측량되며 끊임없이 서양 각국의 시선을 통해 자신의 위치를 재확인하려는 충동에 직면하게 된다. 청일전쟁 전야에 토쿠토미 소호德富蘇峰(1863~1957)는 "그[영국사신 파크스Harry Smith Parkes(1828~1885)]는 무엇을 근거로 우리 일본국을 방종·태만·타락의 표본인 스페인 사람의 자손으로, 또는 방종·태만·타락의 극을 달리는 남미공화국에 비교하는가"라고 노여워했고, "우리가 세계를 오해하고 있듯이 세계 또한 우리를 오해하고 있다. 그러나 우리가 세계를 이해하는 것처럼 세계는 여전히 우리를 이해하고 있지 않다"(『대일본팽창론大日本膨脹論』, 민유샤民友社, 1894)[7]고 말했다. 메이지 초기부터 청일전쟁에 이르는 일본의 자기표상은 서양적 지로 만들어진 거울상과 그것을 거쳐 도출된 이상적 자기상 사이에서 흔들리고 있었던 것이다.

번안『半開』日本─『ヴェニスの商人』明治期翻案」(『現代思想』, 1996.3)에서 시사를 얻었다.

7   인용은『明治文學全集 34 德富蘇峰集』, 築摩書房, 1974, p.251.

여기에서 확인해두어야 하는 것은 일본의 바람직한 자기상을 향한 첫 단계가 불가피하게 우위를 차지하고 있던 서양 각국의 시선을 매개로 성립했다는 점이며, 토쿠토미 소호가 그렇듯 청일전쟁 시기에 산출되는 일본의 이상적 자기상의 대부분이 서양의 시선에 대한 반발이라는 형태로 측정되었다는 점이다. 그 경우 소호가 과민하게 반응하는 서양 각국의 일본에 대한 시선은 특별히 '반개'와 '야만'에 비유되는 통례로만 한정되지 않았다. 예컨대 그는 다음과 같이 말한다.

> 일본은 풍경이 명려하고 기후가 온화한 나라로 소개된다. 일본 무사는 한 마디도 '아니'라고 말하지 않고 경쾌하며 주는 것을 좋아하는 반려자로 소개된다. 일본은 미인국으로, 솔직히 말하면 매음국으로 소개된다. 서양에서는 사회의 제재를 중시한다. 런던 피카디리 대로에서는 감히 거리의 여자도 포옹할 수 없던 자가 우리 유곽에서 호탕하게 놀아보기 위해 천만 리를 멀다 하지 않고 여행을 오는 이가 전혀 없다고는 할 수 없다. (앞과 같음, 밑줄은 원문)

이 경우 토쿠토미 소호가 의아스러워 하는 것은 서양인에 의해 파악된 것이 불쾌한 타자로 상정되는 일본이 아니라, 소위 "한 마디도 '아니'라고 말하지 않"을 듯한 성실하고 정숙한 일본상이다. 이것은 경치가 아름답고 안전한 나라로 미화되어 관광지화 되어버린 것, 게다가 '미인국' 그 실상은 '매음국'이라는 여성적 존재로 간주되는 것에 대한 반발이다. 물론 식민지화의 위협에 놓여 있는 국가의 형상이 여성화된 섹슈얼리티의 비유를 통해 거론되는 것은 서양 오리엔탈리즘적 시선의 특징 중 하나이다.[8] 여성적 존재로 규정되는 일본이라는 구도에는 '유곽吉原'에서 '호탕하게 논다'는 사례처럼 남성인 서양 각국이 일본을 여성의 비유로 파악하고, 성적으로 상품화함으로써 지배한다는 헤테로섹슈얼리티heterosexuality에 의거한 식민지적 재생산의 논리가 숨겨져 있기도 하다.

그러나 주목되는 것은 이러한 발언이 서양 각국의 오리엔탈리즘적 시선에 대한 반발에서, 반대로 '서양＝남성'이라는 견해를 자기내면화하고 만다는 점이다. 즉 일본이 스스로를 남성적 주체로서 내면화하는 사태를 말한다. 예컨대 러일전쟁 시기에는 오마치 케이게츠大町桂月(1869~1925)가 제1차 한일협약을 체결한 조선에게 "매춘부의 처지에 비하면 한 걸음 나아간 것이지만 여전히 그늘 속에서 살아야 하는 신세로다. 세상에는 얼굴을 내밀 수가 없구나. 왜 더 전진하여 입적하고 본처가 되지 못하는가"(「한국에 격문을 띄움韓國に檄す」, 『분게쿠라부文芸俱樂部』 제10권제5호, 1904.4)라고 쓰기에 이른다. 여기에서는 서양적 가치관으로 서양 각국과 일본의 문화적 차이를 규정하고 문명의 서열을 확정해가야 할 식민지 담론이 매우 자연스럽게 일본과 조선의 문화적 차이로 치환되고 있는 전형적인 사례를 보여준다.

그렇다면 서양적 지를 전용함으로써 일본이 근대적 자기상을 형성해간 당시에, 그보다 열등한 위치에 놓였던 조선에 대한 타자표상은 어떠했을까. '문명과 야만의 전쟁'[9]이라고도 일컬어지는 청일전쟁에 대해

---

8   이 점에 대해서는 에드워드W 사이드エドワード・W・サイード(Edward W. Said), 『오리엔탈리즘オリエンタリズム』(今澤紀子 譯, 平凡社, 1986); 피터 흄ピーター・ヒューム(Peter Hulme), 『정복의 수사학―유럽과 카리브해 선주민 1492~1797征服の修辭學 ― ヨーロッパとカリブ海先住民, 1492~1797』(岩尾龍太郎 ほか譯, 法政大學出版局, 1995) 등을 참조했다.

토쿠토미 소호는 "전리품이란 무엇인가. 동양에서 국민적 팽창의 근거를 만드는 것이다. 팽창의 교두보를 설치하는 것"(『대일본팽창론』)[10]이라고 파악한다. 식민지 획득전쟁의 대상인 조선은 타자성조차도 박탈당한 공간으로 파악되고 있다. 청일전쟁 시기에 초점을 맞추어 이 점을 더 상세히 검토해보자. 이 당시 조선에는 이미 일본의 상업자본이 어느 정도 들어와 있었다. 「일본의 조선정략日本の朝鮮政略」(『니혼진日本人』 제59호, 1890.11)에 따르면, 이 시기 조선 체류 외국인 수는 중국인 650명, 서양인 100명에 비해 일본인 4,800명이라고 되어 있으며, 1888년도 조선의 대일무역비율은 수입총액에서는 70%, 수출총액에서는 90%를 차지했다고 소개되고 있다. 이 통계자료는 1875년 강화도 사건과 이듬해 조인된 조일수호조규 이후 일본의 대 조선외교를 참조하면서, "무릇 조선국이 오랫동안 쇄국을 했기에 서양 사람들은 조선을 '은자의 나라'라고 기록한다. 이 '은자의 나라'를 열고 거기에 천하 대국의 추세를 주입하여 처음으로 조선왕국을 세계에 소개한 자는 바로 우리이다"(p.5)라는 성과물이 제시된다.[11] 이 시대에는 한편으로 타루이 토키치樽井藤吉(185

---

9 福澤諭吉, 「日淸の戰爭は文野の戰爭なり」, 『時事新報』, 1893.7.29.

10 앞의 『明治文學全集 34 德富蘇峰集』(p.250)에 의함. 여기에서 소호는 청일전쟁의 '정신적 작용'을 "나에게는 일본국의 개방해탈을 위해, 타자에게는 세계의 완미주의頑迷主義에 일대 타격을 주고 문명의 은광을 야만의 사회에 주사하기 위해"(p.255)라고 서술하고 있다.

11 이 통계의 문헌상 근거에 대해서는 분명치 않다. 이 기사는 무기명이긴 하지만 마치 사설처럼 다뤄지고 있으며, 이 기사뿐만 아니라 잡지 『니혼진』에는 조선관련 기사가 비교적 많다. 국수주의(내셔널리즘)적 경향이 짙은 이 잡지가 청일전쟁을 전후로 하는 시기에 조선관련 기사로 지면을 할애했다는 사실은 조선이 일본의 자기상을 둘러싼 지적 언설과 얼마나 불가변적인 관계에 있었는지 말해준다. 덧붙이자면, 본 기사는 이렇게 결론을 맺고 있다. "요컨대 유럽 안의 사물은 유럽인이 당연히 조리할 수 있다. 미국 안의 사물은 당연히 미국인이 조리할 수 있다. 아시아 대륙 안의 사물은 아시아인이 조리해야 한다. 일본인이 아시아 대륙 안의 사물에 관계하는 것은 당연히 일본인의 천직을 다 하는 것이 된다. 모름지기 국가경론의 근본, 대외의 비기조基를 반드시 이곳에 단단히 세워 꿩원천

0~1922)의 『대동합방론大東合邦論』과 같이 연대를 설파하는 논의들도 있었으나, 당시 조선론은 대개 자국의 위치를 가늠하는 국가 정책적 논의의 고조와 보조를 맞추며 전개되는 양상이었다.

조선을 공간적 확장의 장소로 발견하는 과정은 바로 식민지화 과정과 겹치며, 그것은 내정간섭적인 일본의 외교정책과 함께 구체적으로는 상업 및 인적 자본의 도입이라는 형태로 나타난다. 이누카이 츠요시犬養毅(1855~1932)는 「어떻게 조선을 개도할 것인가如何にして朝鮮開導すべきか」(『니혼진』 제19호, 1896.4)에서 이러한 추세를 "민간사업이 성공하고 있으므로 대한對韓의 목적을 달성하는 데 반드시 무능한 정부의 손을 빌릴 필요는 없다. 직접 민간사업을 통해서 우리나라가 평소 가지고 있던 생각을 관철시킬 수 있는 방법을 찾아야 한다"(p.10)고 말하고 있다. 이누카이가 제시한 논의의 근거는 인종적인 관점에서 바라본 일본인과 조선인의 성격적인 차이였다.

우리들 소위 일본인은 성격이 고상하고 각자 독립된 기상을 품은 자로 남의 노복이 되는 것에 만족하지 않는 까닭에, 노동자에 적합하지 않고 노동자를 지휘하는 데 적합하다. 때문에 하늘 또한 중국인, 조선인과 같은 강건하고 순종적인 인민을 만들었고 이들을 이웃으로 두어 서로 어울려 그 역할을 다하게 하였다. 예컨대 조선인은 앵글로색슨족의 호탕한 정신을 지니지는 못했지만 그들처럼 강건한 신체를 지니고 있기에, 실로 노동자로서 세계에서 비할 데 없는 인민이다.(p.11)

추宏遠千秋의 공략을 시행하는 것을 당대 제일의 급선무로 한다."(p.7) 이와 같은 주장은 후쿠자와 유키치의 「탈아론」 이후의 한 면을 엿볼 수 있는 것으로 주목된다.

상업자본의 조선 진출을 주장하는 논의는 이렇듯 필연적으로 그곳에 거주하는 사람들을 노동력으로 파악한다. 물론 지적할 수 있는 것은 조선이 일본의 공간적 확장의 장소라는 인식과 마찬가지로 조선인을 '정신'이 없는 '강건한 신체'로 말한다는 점이다. 일본인과 조선인의 인종적 차이를 세련화의 유무를 기준으로 한 '정신 / 물질'의 이원론으로 말하는 것이다. 한편 이누카이 츠요시가 논하는 것은 '식민정략'론이다. 이 흐름은 러일전쟁 이후 만한의 여러 지역으로 식민사업이 전개되면서 본격화되었지만, 그 조짐이 나타나는 것은 이 시대부터이다. 예컨대 『조선개화사朝鮮開化史』(토아도분카이東亞同文會, 1901)를 저술한 츠네야 세이후쿠恒屋盛服(1855~1909)의 「자서自敍」에는 "나는 메이지 8년(1875) 이후 수차례 조선 만유漫遊를 계획했으나 이루지 못했다. 메이지 25년(1892) 멕시코 탐험에서 돌아와 우리나라 식민사업의 실행을 장려하고 있을 때, 마침 조선에서 동학당의 난이 발생했다 ……"(p.3)[12]는 내용이 있다. 그리고 츠네야가 술회하는 조선은 "아, 도시는 영락하고 마을은 쇠잔하며 기강은 해이하고 풍속은 무너졌다. 살펴보니 반도의 풍물은 하나같이 쇠망한 상태"라는 식이다.[13] 그리고 "시의권사猜疑權詐(시기하고 의심하며 저울질하고 속이다) 상하기망上下欺罔(상하가 서로 속임)", "적개심은 완전히

---

[12] 인용은 『한국지리풍속지총서韓國地理風俗誌叢書』 제237권(경인문화사, 1995)의 영인본에 의한다. 원본은 1904년 재판. 이 판의 판권장은 「동아동문회 소장판東亞同文會藏版」으로 되어 있고, 발행은 하쿠분칸博文館으로 되어 있다.

[13] 주의해 둘 점은 메이지 시기의 조선지리서를 기록한 대부분의 인물이 그것을 첫 번째 목적으로 조선에 건너갔던 것이 아니라는 점이다. 저자의 서문을 통해 명백히 제시되는 지리서나 독본류를 기록한 동기는 어떠한 정치·경제적인 이유 등으로 조선에 도항한 인물이 조선에서의 경험에 기초하여 책을 펴내는 사명감을 가지는 것이 대체적인 패턴이다. 물론 널리 일본에 소개하는 데 조선이 걸맞는 땅임을 인정하는 것은 저자의 자국문화관과 이문화 체험의 격차에 있다. 이것을 보다 명확히 표현하고 있는 것은 청일전쟁에 종군한 문사들의 견문기인데, 이에 대해서는 제4장에서 고찰한다.

사라졌다", "추악하고 더러운 것이 서로 모인다"는 표현이 이어진다.

청일전쟁 시기를 중심으로 조선 텍스트의 특징을 파악하기 위해 몇 가지 예를 들어두고자 한다. "그 나라 산하의 형세·기후·제도·인정·풍속 등은 오래도록 무디고 가벼우며 더럽고 어두움에 가려진 곳이다"(코마츠 하코부小松運 편술編述, 『조선팔도지朝鮮八道誌』, 토산도東山堂, 1887, p.1), "일종의 악취＝조선 특유의 냄새가 처음으로 내 코를 스치고 지나갔다. …… 이래서는 과연 국가라 할 수 있는 조직을 실행할 수 있을 것이며, 국민에게 진보와 개량에 대한 염원이나 청결에 대한 개념이 있을 것이며, 또한 후각이 있겠는가. 아닐 것이다."(야즈 쇼에이矢津昌永, 『조선 사할린 기행朝鮮西伯利紀行』, 마루젠카부시키카이샤쇼텐丸善株式會社書店, 1894, p.16) "내가 보건데, 반도의 고질병은 사람의 몸에 비유하자면 태생이 방종하고 음란하여 자신을 소중히 여기지 않고 일에 힘쓰지 않는 것이다. 위장이 먼저 손상을 입고 혈액이 결핍을 알리면 요사스러운 것이 그 허술한 틈을 이용하여 차츰 환자의 정신을 착란시켜 결국에는 광증狂疾을 낳을 뿐이다."(오바 칸이치大庭寬一, 『조선론朝鮮論』, 토호쿄카이東邦協會, 1896, p.270)[14] 지리·문화적 특징이나 위생학적 관점, 병적인 비유로 언급되는 이유는 조선이 일본보다 열등한 위치에 있어야 할 '야만국'이라는 인식이 그 전제에 있기 때문이다. 덧붙여 오바 칸이치의 『조선론』이 조선의 국가·사회적 특징을 그곳에 사는 사람들의 성격적 비유에서 가늠하듯, 조선이라는 국가와 그 곳에 사는 사람들은 치환가능

---

14 이 책에서는 이렇게 계속된다. "반도는 이미 쇠약해진 신체를 회복할 힘을 잃었고, 또 스스로를 부조 유발해야 할 성심성의한 간호사를 뽑아 단단히 신임하는 결심을 한다."(p.271) 요컨대 일본이 환자 조선의 '간호사'라는 논리이다.

한 등가적 관계에 놓이게 된다.

또한 지적할 수 있는 것은 그러한 인식들이 조선의 현황을 타국의 비유적 형상을 통해 만듦으로써 유지되고 있었다는 점이다. 예컨대 "아, 조선반도는 아시아의 발칸반도이다. 이제 동방의 문제는 나날이 긴박해지고 있다. 그리하여 조선의 존망 역시 날로 절박하다. 청나라가 조선을 취할 것인가, 영국이 취할 것인가, 러시아가 취할 것인가, 아니면 우리가 취할 것인가"(「조선의 존망과 일본朝鮮の存亡と日本」,『니혼진』제71호, 1891.4, p.7), "중국대륙을 유럽에 비유하고 일본제국을 영국에 비유하며 일본해를 지중해에 비유할 수 있다면, 조선반도는 마치 이탈리아반도와 비슷하다. …… 동양의 이탈리아반도는 오랫동안 병자처럼 서있다"(키쿠치 켄죠菊池謙讓,『조선왕국朝鮮王國』, 민유샤, 1896, p.17)와 같은 언설이 그 사례이다. 또한 토호쿄카이東邦協會가 편찬한『조선휘보朝鮮彙報』(야오쇼텐八尾書店, 1893)에도 "각 나라 지식인은 조선을 동양의 '발칸'반도라 평가한다"(p.179)는 글이 있는 것처럼, 조선을 '발칸반도'나 '터키'로 비유하면서 그 틀로 규정하는 경우가 특히 현저했다.

3. 자신을 말하는 정치소설과 제국주의적 자세

메이지 일본의 조선상 형성은 다름 아닌 바로 서양 각국으로부터 '야만' 또는 '반개'로 간주되었던 자신의 부정적 이미지를 타자상으로 바꾸어 이식하는 과정이다. 그것은 당연히 '문명국'으로 입신출세할 것을 지향하는 한편, 동아시아 주변 국가들과의 문화적 차이를 구축하는 자기중심형 모델이다. 일본의 지적 언설에 자기내면화된 식민지 담론은 '일본＝문명국 / 조선＝야만국'이라는 이분법으로 조선상을 재구성한다. 본래 이러한 조선 표상을 조장한 것은 메이지 지식인의 대다수가 조선이 원래 일본인이 동경할 전통과 문화를 지닌 한자문화권의 요충지였다는 인식을 공유하고 있었음에도 불구하고 그것을 과거의 것으로 파악하고 현시점에서는 고려하지 않았다는 점에 있다. 이러한 인식은 특별히 막부 말기·메이지 시기 이전으로 소급해야 할 정도로 먼 과거의 인식이 아니다. 예컨대 사카네 타츠로阪根達朗의『조선지지 朝鮮地誌』(1881)[15]에는 다음과 같은 글이 있다.

풍속 및 기예는 거의 중국을 방불케 한다. 의복의 모양은 명나라의 규정을 사용한다. 국민은 문학을 좋아하고 한문을 강습하는 자가 많다. 또한 별도로 본토 고유문자가 있는데 이를 언문이라 한다. 인종 또한 대략 중국과 비슷하다. 그리고 남부 중앙 사람은 성격이 관대하고 정이 깊으면서 둔하고, 북쪽 부근 산지에 사는 사람은 매우 강하고 거칠다. 이 나라는 널리 다른 나라와 교류하지 않고 오로지 일본과 중국과 통상 왕래할 따름이다.(pp.2~3)

앞서 참조한 조선 텍스트보다 비교적 이른 시기에 작성된 사카네 타츠로의『조선지지』의 특징은 그 서술이 객관적으로 보일만큼 비유가

---

15 이 책은 저자가 발행인을 겸하고 있으므로 자비출판일 가능성이 있다. 판권장에는 발매 서점 5개소가 인명으로 기재되어 있다. 저자는 '야마구치현 사족'이라고만 되어 있는데, 이 책에는 앞에서 언급한 하나부사 요시토모花房義質의 제서題字가 있다.

적다는 점이다. 반대로 말하면 조선의 부정적 이미지는 사카네의 문장에 부가되는 듯한 비유로 존재한다는 것인데, 그 비유란 저자들의 주관을 뒷받침하는 이데올로기를 기호화한 것이었다. 보다 엄밀히 말하면 메이지의 많은 지식인이 공유하는 제국주의적 자세가 이미지로서의 조선을 마치 본질적인 것으로 만든 것이다. 물론 저자들을 그렇게 만든 것은 시세에 떠밀린 지知에 대한 성급한 요청이다. "우리나라 사람은 20~30년 동안 서양에서 들어 온 문물에 현혹되어 가까운 것을 버리고 먼 것을 찾았다. 오늘날 서양에 대한 것들은 우리나라 사람들이 모두 명확하게 알고 있고 우러러 사모하는 바이지만, 그 맞은편에 있는 조선 사정에 이르면 상세히 아는 자가 적다. 아니, 그것은 차치하고라도 묻지도 않는 경우가 많다."(토호쿄카이 편찬, 『조선휘보』, p.179) 그러면 이 같은 제국주의적 자세는 어떠한 형태로 제시되는 것일까.

이에 대해 청일전쟁을 전후로 등장한 정치소설 중 조선을 묘사한 예를 고찰해보자. 이 시대를 대표하는 것으로 토카이 산시東海散士(1852~1922)의 『가인의 기우佳人之奇遇』와 핫토리 토루服部徹(図南)의 『소설동학당小說東學党』이 있다. 필라델피아에서 집필하기 시작하여 수차례 중단과 집필을 거듭하다 명성황후 살해사건으로 결말을 맞는 『가인의 기우』(1885~1897)는 "메이지 문학사상 최초의 사소설"(나카무라 미츠오中村光夫)[16]이라고도 일컬어지듯이, 토카이 산시＝시바 시로柴四朗의 실제 경험을 살린 것으로 잘 알려져 있다.[17] 토카이 산시를 필두로 스페인여성 유란幽蘭,

---

16 中村光夫, 「作品解說」, 『日本現代文學全集 3 政治小說集』, 講談社, 1965, p.395.
17 토카이 산시는 아이즈會津의 일신관日新館에서 한학을 배우고 메이지유신 이후 영학을 배웠다. 1879년부터 5년간 미국 유학, 귀국 직후에는 김옥균, 박영효 등 망명중인 조선독립당 지사와 교제하고, 정부비서관 자격으로 서양시찰여행을 했으며, 청일전쟁 이후 조

아일랜드 여성 홍련紅蓮, 중국인 남성 망명자 범경范卿 등의 재자가인才子
佳人이 세계를 무대로 펼치는 전반부의 자유민권적 색조에 비해, 청일전
쟁·명성황후 살해사건에 이르는 후반부 이야기의 전개는 국책적인 색
조가 짙다고 평가된다.

또한 청일전쟁의 도화선이 되었던 갑오농민전쟁을 형상화한『소설
동학당』의 저자 핫토리 토루는 보다 조선에 조예가 깊은 인물이며, 시
바 시로보다 2년 앞선 1893년에 조선으로 건너갔다가, 부산에서『동아
무역신문東亞貿易新聞』의 기자로 활동하면서 일본인 거류민의 권익옹
호운동을 전개했던 탓에 퇴한退韓 처분을 받은 경력이 있다.[18] 시바 시
로가 6년에 달하는 미국 유학, 그리고 국가주의를 표방하는 계기가 된
타니 타테키谷干城(1837~1911) 농상무대신의 유럽시찰 수행경험, 에노
모토 타케아키가 설립한 식민협회의 평의원을 역임했던 경력을 가지고
있는 것에 비해, 이 시기에『일본포경휘고日本捕鯨彙考』(1887~1888),『일
본의 남양日本之南洋』(1888) 등을 저술한 핫토리 토루는 어머니와 함께
실제로 치치지마父島로 이주하기도 했던 다채로운 인물이다.『일본의
남양』은 시가 시게타카志賀重昴(1863~1927)의 영향을 받은 초창기의 남
진론이다.[19] 그러한 핫토리의『소설동학당』은 개화주의자 박영양朴英
楊과 여동생 향란香蘭이 유남양柳南陽(와타나베 테츠오미渡辺鐵臣)의 도움으

───────────

선으로 건너와 명성황후 살해사건에 가담한 것은 잘 알려진 바이다.
18 핫토리 토루에 대해서는 사쿠라이 요시유키櫻井義之,「정복도 남과 조선服部図南と朝鮮」
(『文化朝鮮』第5卷第4號, 1943.8)이 상세하다.
19 남진론이 활발해진 것은 1870년대 말에서 1880년대에 걸친 시기이다. 남진론자 중 한 사
람으로는 핫토리 토루의『일본의 남양』(南洋堂, 1888)에「서문」을 보낸 시가 시게타카志
賀重昴가 있다. 핫토리가 말하는 '남양'이란 오가사와라 제도를 가리킨다. 핫토리의「자필
서문」에는 오가사와라 제도의 개척을 언급한 후 다음과 같이 적고 있다. "근래 서양 각국
에서 개척지 식민정략이 활발해지는 지세는 마치 전염병이 유행하는 것과도 같다"(p.2)

로 동학당에 가담하여 아버지 박영준朴英駿을 불우에 빠트린 원수 윤 씨尹氏(민 씨閔氏) 일족을 타도하고 존왕양이尊王攘夷를 지향하는 동학당과 개화주의자를 결합하여 친일정권을 확립하는 권선징악풍의 이야기이며, 일찍이 조선인 주인공을 배치했다는 점에서도 주목받는 소설이다.

『가인의 기우』와 『소설동학당』은 모두 전봉준全琫準, 김개남金開南, 손화중孫化中 등 동학당이 이끈 농민봉기투쟁을 높게 평가한다. 본래 동학이란 기독교로 대표되는 서학에 대항하여 시작된 조선의 종교를 의미한다. 『가인의 기우』를 쓴 토카이 산시는 "동학당은 …… 고루하고 편향된 설을 따르고 과격하게 행동하지만 그 의지와 절개는 소중히 여길 만하며 기개라 부를 만하다. …… 이를 이롭게 잘 유도하면 그것도 무엇인가 반도 혁신의 힘이 되지 아니겠는가"라며, "과거의 존왕양이와 비슷한 점이 있다"(제16권)[20]고 평가한다. 또한 "일본과 한국은 본디 형제의 나라", "입술과 이의 관계"라는 신조를 지닌 『소설동학당』의 박영양은 유남양에게 이렇게 말한다. "우리나라의 독립은 오늘날의 폐정을 고치지 않으면 도저히 불가능하다. 이를 위해서는 우선 윤 씨 일족을 물러나게 하고. 널리 영재를 구하여 서양 문명국의 정치를 취사선택해야 한다. 그리고 교육과 식산, 군비를 확장하지 않으면 훗날 동양에서 고립되어 외국 열강을 상대할 수 없다."[21] 이 경우 당연하지만 한 쪽은 토카이 산시, 다른 한 쪽은 유남양이라는 각각의 일본인 등장인물이 함께 계몽주의적 입장에 놓인다. 주의할 것은 조선 국내에서는

---

20 인용은 『日本現代文學全集 3 政治小說集』, 講談社, 1965, p.245; 초출은 1897.10.
21 服部徹, 『小說東學党』, 岡田壓兵衛, 1994, p.56. 인용은 『明治人による近代朝鮮論　第四卷 東學堂・日淸戰爭1』(ペリカン社, 1998)에 수록된 영인서.

반봉건주의를 외치고, 대외적으로는 반제국주의 투쟁의 선구로 파악
되기도 하는 동학당의 사상을 시바 시로나 핫토리 토루가 어느 정도
공감하고 있다는 점이다. 여기에 무조건적으로 겹쳐지는 것은 막부 말
기의 존왕양이운동과 메이지 초기의 유럽화 정책이라는, 예전의 일본
과 비슷한 모습이다. 동학당에 대해서는 아니지만 『가인의 기우』에는
다음과 같은 구절이 있다.

> 그[조선]에게 우리의 지위가, 우리에게 미국과 같기를 기대한다. 양국의
> 인심이 조금도 의심하지 않고 오른쪽에서 주고 왼쪽에서 갖는 서로 이득이
> 되고 친밀하게 서로 돕는 순리를 지킴으로써 그 나라를 유도하고 경계하여
> 청국이 유명무실한 공권空權을 휘두르는 길을 차단하고 세계 만국과 대등
> 한 위치에 서게 되기를 바란다.(10권)[22]

일본과 조선 관계가 미국과 일본의 관계에 비유되는 점은 이미 언급
한 바와 같지만, 토카이 산시가 말하는 이와 같은 주장을 정당화하는 근
거가 막부 말기 이후 '외국과 교통을 돈독히 했던 상황'과 그에 따른 '진
보개량'의 역사에서 찾고 있다는 점, 그리고 『가인의 기우』에서는 이 한
구절을 보더라도 분명하듯이 조선의 부정적 이미지를 답습하는 묘사가
적다는 점, 이 두 가지를 확인해둔다.[23] 중요한 것은 이와 같은 언설에

---

22 인용은『日本現代文學全集 6 明治政治小說集(二)』, 築摩書房, 1967, p. 100; 초출은 1891. 11.
23 다만, 이것은 앞에서 언급한 조선텍스트의 사례와 같은 형태로는 묘사되어 있지 않다는
   의미에서이다. 예컨대 토카이 산시가 조선에 건너가 한강을 보고 지은 칠언절구에는 "비
   가悲歌를 읊조리며 손에 칼을 쥐고서 (나는 한강) 중류를 건너가고 있다悲歌 撫劍亂 中流 해
   는지고 서풍이 부는 가운데 작은 배 한 척落日西風一葉舟 저 멀리 황량한 풍경이 펼쳐지고
   오래 전 무념의 기억이 머리 속을 스쳐간다滿目荒凉千古恨 서늘해지는 가을 속에서 한강

도 제국주의적 자세가 나타나 있다는 점이다. 제국주의적 자세는 반드시 조선을 지배하여 자국의 영토로 삼아야 한다는 직설적인 내용이나 그에 관한 지식을 수집함으로써 나타나는 것이라고 한정할 수는 없다. "조선을 유도하고 …… 세계 만국과 대등한 위치에 서게 되기를"이라는 앞의 구절대로, 일본이 아시아의 문명국이라는 긍지를 가지고 조선을 '선도'한다는 사명감으로 조선에 어떠한 방식으로든 관여하려는 자세 자체가 불가피하게 제국주의적인 논리를 초래하는 것이다.

그런데 이 경우에 중요한 것은 두 작품이 소설이라는 형태를 취하고 있다는 점이다. 『소설동학당』의 '일러두기例言'에는 "저자가 조선에 대한 소견을 '우의소설寓意小說'로 집필한 것으로, 일종의 정치소설이다"라는 말이 있는데, 이는 시세에 따라 실제 견문에 자신의 정치적 사상을 반영시킨 정치소설이라는 점을 명기하는 한편, 조선 텍스트와 마찬가지로 "되도록 이 나라의 지리·풍속·인정을 알리기 위해 대체로 현지 실정을 그대로 옮긴다"라고도 말한다. 실제로 이 소설에는 삽입된 주석을 포함하여 조선의 문화풍속이 상세하게 묘사되어 있다. 그러나 더 흥미로운 것은 『가인의 기우』 3편 「서序」의 다음과 같은 구절이다.

소설가는 이[역사가]와 달리 작자의 의사에 따라 인물이나 시세를 쓰고 그 인물의 심리나 처세, 동작 등을 지면 위에 붓이 가는대로 쓰다가, 붓이 멈추고 싶은 곳에서 멈춘다. 독자 자신이 그때, 그 곳에 서서 그 기세에 참여하고 있

은 유유히 끝없이 흘러간다漢江秋冷水悠悠"(『日本現代文學全集 3 政治小說集』, pp.244~245)라고 되어 있으며, 그 "저 멀리 황량"한 풍경이 강조된다. 소설 후반부에는 산시의 대한정책론을 비롯하여 이와 같은 부분을 여러 곳에서 볼 수 있다.

다고 여기게 만드는 소설가라면 말할 것도 없이 역사가와는 그 뜻하는 바를 크게 달리 한다. …… 소설을 쓰는 자 능히 붓끝으로 천하를 움직일 수 있다. 몸을 움직이지 않고 한 나라의 정권을 장악하거나 민간의 정무를 책임지는 자가 이루지 못할 바를 이루므로, 그 힘이 크다고 말할 수 있다. (3편 「서」)**24**

소설이라는 형태로 나타나는 제국주의적 자세라는 것은 말하자면 이러한 것이다. 소설은 분명히 지리서나 역사서와 동일한 텍스트이지만 그것을 읽는 독자에게 유사적인 실천의 장을 제공한다는 효능을 갖는다. 그것은 『가인의 기우』의 토카이 산시에게 자신을 이입하여 조선으로 건너가고, 명성황후 살해사건의 전말에 비분강개한다는 이야기적 체험을 부여하는 계기가 되는 것이다. 조선을 묘사하는 정치소설이 갖는 문제점은 이러한 계기를 독자에게 제공하는 서술 자세에 있다. 물론 소설에서 이야기 내용과 그 실제의 양상은 별도로 파악해야 할 사안이다. 그러나 시바 시로에게만 국한되는 것은 아니지만 『가인의 기우』에는 소설성을 살리는 구조에 대한 전략이 매우 취약하다. 예컨대 이후 시바 시로의 발언에서도 드러나듯 이 소설의 주인공 토카이 산시와 그 작자 사이에는 어떠한 주의주장의 차이도 보이지 않기 때문이다.**25**

시바 시로나 핫토리 토루뿐 아니라 이 시기의 조선을 소설로 극명하

---

24 인용은 『日本現代文學全集 6 明治政治小說集(二)』, 築摩書房, 1967, p.45; 초출은 1886.8.
25 시바 시로의 「대한사견對韓私見」(『日本人』第17號, 1896.3)은 명성황후 살해사건 이듬해에 고종황제가 러시아 공사관으로 옮겨 개화파 정권이 붕괴되었을 당시에 대해 "1만 여 동포가 해외의 일임에도 불구하고 문명의 영역으로 인도하고자, 1억만 엔의 부담도 마다하지 않았던 우리 세력의 후원은 하루아침에 수포로 돌아갔다. 우리 상업자가 팔도 도처에 개발했던 기반을 거두어 일본으로 귀국해야 하는 비운을 보는 우리들은 가슴이 미어지고 걱정이 되어 뭐라 말할 수 없다"(p.15)고 적고 있다.

게 그린 인물은 대개 조선을 경험한 자였다. 『메이지 40년의 일본明治四十年の日本』(1893)을 쓴 스에히로 텟초末廣鐵腸(1849~1896)는 1892년에, 「개전開戰」・「자객刺客」(1902)・「관전시인觀戰詩人」(1904) 등을 쓴 요사노 텟칸은 1895년에 각각 조선을 방문했다. 청일전쟁을 계기로 발흥하는 신문 잡지 미디어에 편승하여 양산된 조선 텍스트는 지리서・역사서 및 정치소설에 국한되지 않는다. 마츠바라 이와고로松原岩五郎(1866~1935), 쿠니키다 돗포國木田獨步(1871~1908), 치즈카 레이스이遲塚麗水(1866~1942), 마사오카 시키正岡子規(1867~1902) 등과 같은 문사에서부터 이름도 없는 병사나 도한자에 이르기까지 많은 사람들이 조선을 무대로 작성한 종군기・견문록・전쟁소설 등도 다수 남아 있다. 이에 관해서는 제4장에서 검토하겠다. 토카이 산시의 『가인의 기우』와 핫토리 토루의 『소설동학당』에 전형적으로 나타나는 것은 자신의 정치적 사상이 매우 직설적으로 조선에 이식되고 있다는 점이다.[26] 여기에는 자신의 정치적 사상과 국가적 정책이 이상적인 관계를 맺고 있을 뿐만 아니라, 부정적 이미지로 제시되지는 않으나 바람직한 '문명국'의 틀을 거꾸로 적용한 이웃나라 조선의 모습이 그려진다. 조선은 메이지 지식인이 자신의 사상을 이야기하는 자기표상의 장소이기도 했던 것이다.

---

[26] 야나기다 이즈미柳田泉 씨가 이 시기의 정치소설에 대해 지적하듯이, '국권소설'적 추세는 자유민권운동 이후 "일본인의 기력이나 재능을 청이나 조선이 깨닫지 못하는 사이에 그들 속에 주입하고 각성시킨 뒤, 그 힘을 모아 일본이 서양에 대응하는 것을 목표로 삼은 한편, 어쩔 수 없이 일본이 무력으로 일격을 가해서 그들을 각성시키고 손을 잡는다는 생각"에서도 파악할 수 있다. 「明治政治小說の一般(二)」, 『明治政治小說集(二)』, 築摩書房, 1967, pp.49~50.

4. 문학과 문화를 말하는 문제들로

공교롭게도 자유민권적 사상을 강조하는 정치소설이 막상 국경을 넘으면 국위를 발양하는 '국권소설'로 바뀐다는 단순명료한 사실은 자신의 정치적 사상이 문학작품을 통해서 직접 표출되고 소비된다는 원초적인 형태와 함께 새롭게 재검토되어야 한다. 이것은 그 단순명료함이 조선상의 형성과 전파 및 유통을 조장했을 뿐 아니라 이후 메이지 일본의 지정학적인 방향성을 제시했기 때문이다. 또한 시바 시로가 김옥균·박영효 등과 교제했고, 핫토리 토루가 동학당에 대한 글을 썼으며, 시바와 키쿠치 켄죠菊池謙讓(1870~1953) 그리고 요사노 텟칸 등이 명성황후 살해사건에서 암약했던 경위를 근거로 생각해보면, 이미 자신의 정치적 사상만이 아니라 그 실천도 국경을 기준으로 삼지 않고 있음을 알 수 있다. 그 주체라는 관점에서 조선상을 만들어내는 행위를 재검토해야 할 필요가 있는 것이다.

서양 각국과 우열의 경계를 없애려 분투하는 메이지 일본의 프로젝트는 한편으로는 '문명 / 야만'에 의거한 식민지 담론에서 일본과 조선 사이에 지정학적 경계를 구축해갔다. 메이지 일본은 이윽고 "대외적으로는 제국주의, 내부적으로는 입헌주의"(타카다 사나에高田早苗, 「제국주의를 채용함에 있어서의 득실 여부帝國主義を採用するの得失如何」, 『타이요太陽』 제8권제7호, 1902.6)라는 지표를 명확하게 표방한다.[27] 예컨대 코토쿠 슈스이는

---

[27] 예컨대, 이 '안'과 '밖'의 쌍방에서 일본의 현상을 파악하는 견해는 청일전쟁을 제국주의전쟁이라고 적극적으로 자리매김한 토쿠토미 소호의 『대일본팽창론』에 이미 나와 있

『20세기의 괴물 제국주의卄世紀之怪物 帝國主義』(1902)에서 당시의 그러한 지적 풍토를 세계사적 관점에서 이렇게 야유했다. "우리 국민을 팽창시켜라. 우리 국토를 확장시켜라. 대제국을 건설하라. 우리 국위를 발양하라. 우리 국기로 하여금 영광이 있도록 하라. 이것이 소위 제국주의자의 함성이다. 그들이 자신의 국가를 사랑하는 마음은 깊다."[28] 이 풍자가 정곡을 찌르고 있는 것은 말할 필요도 없다. 후쿠자와 유키치에서 살펴본 '문명개화=교통'이라는 개념은 20세기에 들어서 '제국주의'와 '입헌주의'(민주주의) 또는 제국주의와 내셔널리즘이라는 혼성적 개념으로 바뀌어 적극적으로 거론된다. 이러한 추세에 대해 논리적으로 비판을 할 수 있었던 것은 초기 사회주의자들이었다. 그 중에서도 조선 표상이라는 관점에서 특기할 만한 것은 '어떻게 조선을 구해야 하는가'라는 명제를 비평적으로 재검토한 「경애하는 조선敬愛なる朝鮮」(『헤이민신분平民新聞』 제32호, 1904.6.19)의 다음과 같은 구절이다. 오늘날 이 문장은 키노시타 나오에木下尙江(1869~1937)가 쓴 것으로 알려져 있다.

우리는 조선 역사를 슬퍼하고 그 비참한 현재를 애도한다. 그러나 오늘날 말하는 국가적 모형으로 그들을 가르치고 인도하는 것이 과연 그들을 능히 구제하는 근거가 되는가라는 물음에 우리는 바로 그렇다고 말할 수는 없다. …… 우리는 세계 여러 곳에서 '독립'이라는 명분을 위해 강국의 총칼

다. "그 밖의 팽창적 각 국민과 대등한 지위를 차지하고 세계의 대경쟁에서 각추할 수 있어야 한다. 그리고 '안'으로 국민적 통일을 확고히 하고 국민정신을 깊고 두텁게 하며 국가의 적극적 · 진취적 · 확충적 원기와 활동을 진작해야 한다."(『明治文學全集34 德富蘇峰集』, p.250)

28 家永三郎 ほか編, 『日本平和論大系 2 幸德秋水 安部磯雄 週刊平民新聞(抄)』(日本圖書センター, 1993, p.17)에서 인용함.

아래에서 기회를 노리며 참고 있는 가련한 국민이 매우 적지 않음을 본다. 우리가 기대하는 바는 조선에서 그 예외를 보는 것이다.

조선팔도에 어찌 사람이 없겠는가. 세계 역사에 비추어 자국의 장래를 우려할 때, 조선이 영원한 굴욕을 끊고 벗어날 단 한 가지 방법이 있음을 자각하게 될 것이다. '국가적 관념을 부인하는 것'이 바로 그것이다.

이 관점은 지금까지의 논의에도 응용할 수 있다. '제국주의'가 근대 국민국가를 전제로 하는 한, 조선의 부정적 이미지는 계속해서 생산된다. 이를 억제하기 위해서는 그 근간에 있는 '국가적 관념의 부인'을 요청해야 한다. 문제의 소재는 타자에게 있는 것이 아니라 자신을 지탱하는 '국가적 관념'에 있는 것이다.[29] 「경애하는 조선」의 가장 중요한 핵심은 그 '부인'을 통해 공간적으로 확장된 표상의 장소로부터 조선의 타자성을 탈환하는 데 있다. 이는 타자에 대해 무엇인가를 말하는 모든 표상행위가 자기와 국가를 기반으로 하는 한 필연적으로 제국주의적 자세를 취하는 인식으로 이어지고, 이에 대한 타자표상의 윤리를 묻는 입장이다. 이 문장에는 "세상에서는 종종 조선인의 게으름과 교활함을 사정없이 비난하고, 도저히 노예 이외에는 다른 능력이 없다는

---

29 이 점에 대해 「경애하는 조선」의 내용을 확인해둔다. "보라, 가장 최근의 러일전쟁처럼 일본은 표면적으로 조선독립의 부식扶植을 선언하지만, 그 이면은 일본 자신의 권리와 명예를 위한 주장에 불과하다. 이리하여 항상 화를 입는 것은 바로 조선이 된다. 하지만 강자의 권력을 시인하는 국제도덕은 결국 이것을 염두에 두지 않는다. 때문에 조선의 경우, 국제도덕의 범주를 파괴하지 않으면 언젠가는 능히 열강들이 충돌하는 무대에서 큰 화를 면하지 못할 것이다." 여기에는 "일본자신"이나 "국제도덕"이라는 말이 매우 비판적으로 취급되고 있다. 그리고 이 문장은 "우리가 기대하는 바는 당연히 우리 정치가가 원하는 바와 매우 현격한 차이가 있다. 그들은 자신의 국가 정략을 사랑하고, 우리는 조선을 사랑하기 때문이다"라고 끝맺는다.

등의 말을 하는데, 나는 실로 조선인을 위해 분개하지 않을 수 없다. 그들은 선천적으로 게으른 민족이 아니고 또한 교활한 민족도 아니다. 아니, 그들은 근면하고 인내하는 좋은 성품과 장점을 갖고 있다"면서 일본에서 전파·유통되는 조선인상의 인식론적 전환이 도모되고 있다. 물론 이렇게 지적할 수 있었던 이유는 그들이 '문명개화＝교통'이라는 개념으로 대표되는 서양적 지知로부터 벗어나 있었기 때문은 아니다. 오히려 그들 또한 사회주의 사상이나 기독교적 세계관으로부터 충분히 은혜를 받은 지식인이었다.

한편 「경애하는 조선」의 논리가 명쾌한 것은 당시 지식인 대다수가 하나같이 식민지 담론을 내면화하고 있었기 때문이다. 이때 이러한 지적 언설의 추세는 끊임없이 자국의 문학과 문화를 말하는 언설에 대해서도 물음을 던져야 한다. 즉 이것은 조선 텍스트와 문학, 문화를 말하는 일반적 언설의 관계에서 그 매개성에 관한 물음이다. 후쿠자와 유키치의 『문명론의 개략』에서 살펴본 바와 같이 넓은 의미의 '문학'이라는 단어는 '문명국'이라는 자부심과 밀접하게 결부되어 거론되어 왔다는 점에 다시 주목하도록 하자. 예컨대 "문학은 국가의 정신이다. 문학에서 그 정신이 없어지면 국가의 정신도 없어진다. 한 나라의 문학이 그 정신을 갖추지 않으면 문학의 독립을 획득했다고 말할 수 없다"(「문학의 독립文學ノ獨立」, 『유빈호치신분郵便報知新聞』, 1879.6.9)라는 식이다. 여기에서 의문을 가져야 할 부분은 '문학'과 '국가 정신'의 관계이다. 필자를 밝히지 않은 「영문학 수입설英文學輸入ノ說」(『코쥰잣시』 제83호, 1882.5)에는 다음과 같은 시사성이 풍부한 구절이 있다.

도대체 문학이 세력을 띨 수 있는 이유는 무엇인가. 결코 문학 고유의 성질에 의거한 것이 아니다. 문학은 마치 창고와 같으며 차車와 같다. 그렇기 때문에 사상을 비축하고 사상을 운반하는 것이다.

문학이 "사상을 비축하고 사상을 운반하는 것"이라는 발상에서 떠오르는 것은 후쿠자와 유키치가 제시한 '문명개화＝교통'이라는 개념과의 근접성일 것이다. 이러한 인식은 당시에도 그다지 특수한 내용은 아니었다. 이 점에 대해서는 젊은 날의 나츠메 소세키夏目漱石(1867~1916)가 쓴 글을 참조해보자. 1890년 1월 마사오카 시키에게 보낸 편지에서 소세키는 매튜 아놀드Matthew Arnold(1822~1888)의 문학론Literature and Dogma을 보고 얻은 감상을 이렇게 적었다. "idea가 문장의 Essence이고 words를 arrange하는 방식은 element에 따라 다르겠지만 essence가 되는 idea만큼 중요하지는 않다."[30] 시기가 다소 다르고 각각의 견해는 다르나, 「영문학 수입설」과 소세키의 글에서 짐작할 수 있는 것은 '사상'과 'idea'라는 본질적인 지知를 기록하여 전하는 '문학'과 '문장'의 형태적 특성이다. 이 점에 대해 「영문학 수입설」에서는 식민지 언설의 틀과 근본적인 공통점이 보이기도 한다고 언급하고 있다.[31] 즉, 이와 같은 발상은 다시 토카이 산시의 『가

---

30 이에 대해서는 수용이라는 관점에서 논한 하리우 카즈코針生和子, 「소세키와 매튜 아놀드 각서礎石とマアシュウ・アーノルド覺え書」(『文藝研究』第54號, 日本文藝研究會, 1966.11)를 참조하길 바란다. 인용은 『漱石全集』第22卷(岩波書店, 1996, p.15). 이에 대해서는 "Best 문장 is the best idea which is expressed in the best way by means of words on paper ……idea를 그대로 종이 위에 표현하여 독자에게 나의 idea의 Exact한 부분 …… 을 느끼게 한다는 뜻"(p.16)이라고 설명되어 있다. 또한 이 경우 소세키가 'Rhetoric'도 생각하고 있는 점은 중요할 것이다.

31 「영문학수입설」의 본문은 이렇게 계속된다. "문명의 자양분을 축적하는데 충분하다. 또한 문명의 해독물을 받아들여야 한다. 문학은 창고이며 또한 자동차이다. 바로 문명과

인의 기우』와 핫토리 토루의『소설동학당』에서 본 일본에 의한 조선의 문명화라는 주제와 그러한 이야기로 조선을 그리고 그 이데올로기를 독자에게 알린다는 제국주의적 자세를 생각할 경우에도 흥미로운 시점이 된다. 「문학의 독립」에서 주장하는 문학적 영위를 '국가 정신'과 연결하여 파악하는 견해는 마침내 청일전쟁 이후 문학계에서 국민문학론으로 전개된다. 문학이 점차 '국가 정신'을 대표하는 지위를 부여받게 되는 것이다. 이노우에 테츠지로井上哲次郎(1855~1944)는 「일본 문학의 과거 및 장래日本文學の過去及び將來」(『테이코쿠분가쿠帝國文學』 제1권제1호, 1895.1)에서 다음과 같이 주장한다.

> 문학은 국민의 꽃이다. 즉 국민정신이 번득이고 광채를 내는 것이다. 어떠한 문명국이든, 만약 문명국이라고 말할 수 있는 나라라면 일종의 찬연한 문학을 가지고 있어야 한다. 만약 이러한 문학을 가지고 있지 않다면 아무리 타국을 침략할 기량이 있어도 아직 문명국이라고 칭하기에는 부족하다.(p.1)

'문학'이라는 뛰어난 정신적 풍토를 갖추는 것이 '문명국' 구성원의 증거라고 말하는 경향은 이 시대에 문학을 논할 때 사용히는 하나의 모형이었다. 여기에서 말하는 '국민', '국민정신' 그리고 '문명국' 사이에는 그다지 차이가 느껴지지 않는다. 물론 '문학'이라는 단어는 인문사회과학의 학예 일반이라는 넓은 의미의 범주에서부터 '미술(예술)'의

깊은 관계가 있을 수밖에 없다. 문학을 우롱하는 시인과 가인은 그 창고와 수레를 만드는 자들과 마찬가지로 외형을 장식하는 데 몰두할 뿐이다. 요컨대 문학의 문명에 영향을 끼치는 것은 직분 안에 담겨진 사상이다."

한 장르로 인식되거나 시가개량운동을 거쳐 츠보우치 쇼요坪內逍遙 (1859~1935)의『당세서생기질當世書生氣質』,『소설신수小說神髓』에 이르는 과정 속에서 언어예술로서의 '미문학美文學', '순문학純文學'이라는 좁은 의미의 시학詩學적 범주로 갈라진다.[32] 그러나 주목하고 싶은 것은 이 '문학'이라는 범주의 분절화를 촉진하는 1880~1890년대라는 시대가 문학을 소유하는 주체가 점차 '국가'에서 '국민'을 대상으로 하는 개인형 모델로 이행하던 시기였으며,[33] 문학을 말하는 것이 지적 고상함을 나타내는 행위로 세속적으로 인식되기 시작한 시기였다는 점이다. 나츠메 소세키는 "이 idea를 함양하기 위해서는 culture가 필요하고 다음은 자신의 경험이다"라고 했고,[34] 이노우에 테츠지로는 '기차·기선류'나 '공학·농학 등'의 실학을 예로 들어 이들 자체가 "인생에 유용한 것"이기는 하나 '방편'에 불과하다고 말하는 한편, "우리는 미문학美文學을 통해 일종의 고상한 정신상의 쾌락을 누릴 수 있으며, 이와 같은 정신상의 쾌락을 누린다는 것은 이미 목적에 이르렀다는 증거"(p.5)라고 주장했다. 지적 고상함을 갖춘 증거로 사용되는 '문학'이 문화의 문제들을 불러오는 것이다.

'문명civilization'의 의미가 '도시civitas'적 관점에서 형성된 것에 대해서는 이미 니시무라 시게키의 역해譯解로 살펴본 바와 같다. 그에 비해 '문화culture'는 문자 그대로 '농경'이라는 어의로 시사되는 이른바 지방

---

32 이에 대해서는 스즈키 사다미鈴木貞美,『일본의 '문학' 개념日本の「文學」概念』(作品社, 1998)이 상세하다.
33 예컨대 이 발상은 오마치 케이게츠의「국민문학과 국민정신國民文學と國民精神」에서도 거의 동일한 논리를 엿볼 수 있다.
34 인용은 앞의 夏目漱石,『漱石全集』第22卷, p.16.

적 관점을 포함한다.[35] 이 점에 대해 니시카와 나가오西川長夫 씨는 "문명과 문화가 명백한 대항 개념으로 인식되고 서로 각각의 독자성이 강조되기 시작한 것은 독일과 프랑스의 관계를 축으로 하는 근대의 국제적 긴장관계 속에서였다"라고 지적한다.[36] 메이지 일본에서 '문명' 개념이 주로 영국적 지知에서 온 것이라면 독일식 '문화' 개념이 대량으로 유입되는 것은 메이지 말기부터이다. 영국·프랑스·독일을 중심으로 한 서양 각국의 '문명'과 '문화'라는 한 쌍의 대항적 개념을 채택하는 과정에서 볼 수 있는 특징이 메이지 일본의 지적 풍토에서는 번역어로 엄밀히 구별되었다고 할 수 없다. 조선 텍스트를 예로 들면, 키쿠치 켄죠의 『조선왕국』에는 '동방 문명'이라는 단어와 함께 "자고로 3천 년간 동방 문화의 이식자로서 우리에게 교훈을 주었던 조선반도를 허무하게 무덤에 묻고 그 말로를 지켜볼 수는 없다"(p.5)는 문장이 있다. 그러나 여전히 이 시점은 중요하다.

이 '문명'과 '문화' 사이의 흔들림은 결국 '문화' 개념을 국민 또는 개인형 모델로 나누는 과정으로 이어진다. '문명화'의 어의가 civis(시민)와 civitas(도시)라는 라틴어를 동사화하여 탄생했음을 고려한다면, '문명'이라는 개념은 동태적動態的인 모델이고, civis(시민)의 어의에서 본 것처럼 개인형 모델로도 나뉠 수 있다. 그러나 나츠메 소세키의 사례에서도 살펴본 바와 같이 '문화'의 개념 속에서도 세련화의 의미를 똑

---

35 荒木正純, 「〈異文化〉との出會い―〈表象〉としての〈文化〉」, 築波大學文化批評研究會 編, 『植民地主義とアジアの表象』, 1999 참조.

36 西川長夫, 「國家イデオロギーとしての文明と文化」, 『思想』第827號, 1993.5, p.13. 니시카와西川 씨는 '문명'과 '문화' 각각에 대한 여러 국가의 선택이라는 문제에 대해 페르낭 브로델과 요한 호이징거를 참조하고 있다.

〈그림 2〉 아마테라스 오오미카미天照大神와 메이지천황을 중요한 제신祭神으로 모시는 관폐대사官弊大社 조선신궁

같이 말할 수 있다. '문화'라는 말은 '수양'·'교양'이라는 성어成語가 그 번역어로 대응되고, 러일전쟁 이후 광범위하게 유통된다. 이에 대해 카토 토츠도加藤咄堂(1870~1949)의 『수양론修養論』(토아쇼보東亞書房, 1909)을 참조해 보자. "수양이라는 말의 뜻은 다양하다. …… 잠시 일반적인 뜻을 풀어보면 영어에서는 이를 'Culture'라 한다. 이는 경작을 뜻하는데, 심전心田을 갈고 닦아 수확을 얻는다는 뜻일 것이다. 독일어에서는 이를 'Bildung'이라 한다. 이는 작위구조作爲構造라는 뜻인데, 인물을 만들어 품성을 모조한다는 뜻으로 해석해야 할 것이다."(p.3)[37]

---

37 '수양'이라는 말은 당시의 교육계와 종교계에서 주로 사용되는 경향이 있었다. 가장 먼저 '수양'이라는 말을 교육적 개념으로 사용한 사람은 아마도 사와야나기 마사타로澤柳政太郎일 것이다. 이미 1900년에 그는 학교 교육에 대해 논한 「수양의 기회修養の機會」(『中學世界』第3卷第7號, 1900.6)를 발표했다. 덧붙이자면, 불교를 기반으로 국민교화운동을

'문화culture'라는 개념을 규정하는 '수양'·'교양'이라는 단어에는 일본인을 '세련화cultivate'한다는 자세가 일관되고 있다. 카토 토츠도는 영어의 어의로부터 '심전心田을 갈고 닦아 수확을 얻는다'는 해석을, 독일어 어의로부터는 '인물을 만들어 내고 품성을 만들어 낸다'는 해석을 도출했다. 지금까지 논의했던 내용에 입각하면 이것이 결코 중립적인 의미를 갖는 것이 아니라 일본인에 의한 자기상이나 타자표상이라는 정치적 문제와 직결된다는 점을 새삼 지적할 필요는 없을 것이다.

덧붙이자면 카토 토츠도가 말하는 '심전'은 1930년대 조선총독부의 식민지정책의 중요한 슬로건—'심전개발'—에도 응용된다. 1931년 6월에 조선총독으로 취임한 우가키 카즈시게宇垣一成(1868~1956)는 '자력갱생'을 목표로 농촌진흥운동을 추진한다. 그러던 중 조선 민중의 정신적 개조를 목적으로 1935년에 주창된 것이 '심전개발'이다. 여기에서는 '문화culture'라는 개념이 가지는 폭력적 측면을 엿볼 수 있다. '심전개발'은 국가신도國家神道를 준수한다는 종교정책의 슬로건이며, 그 의도는 조선인을 문명화하는 것이었다. 이러한 문화의 문제들이 1880~1890년대 메이지 일본에 지적 고상함이라는 관점으로 나타나기 시작했고, 이것이 조선 텍스트가 양적으로 편찬된 시기와 겹친다는 점은 간접적이기는 해도 중요한 포인트가 될 것이다. 그리고 이 시대에 언급되었던 '문학'은 '국가'와 '국민' 사이를 잇는 문화의 문제들을 매개하는 개념으로 기능했다.

담당한 가토 토도加藤咄堂는 "인간은 짐승과 달라야 한다. 인간이 인간다운 까닭은 짐승과 뗄 수 없는 육체에 있는 것이 아니라 신에게 다가서기 위한 영혼에 있다. 수양의 첫걸음은 이것을 짐승과 뗄래야 뗄 수 없는 신체에 두어도 수양의 근저는 이것을 신에게 다가서기 위한 정신에 두지 않으면 안 된다"(p.5)는 것이다. 또한 '교양'에 대해서는 키타하라 타네타다北原種忠, 『국민의 교양國民之教養』(皇道會出版部, 1912) 등에서 '수양'과 같은 의미의 사례를 볼 수 있다.

조선의 부정적 이미지는 메이지 일본의 지적 풍토에서 문화적 교통
의 교배를 통해 산출되었다. 그러나 조선상의 형성이 일본의 자기표상
과 근본적으로 공통되며, 문학과 문화의 문제에 저촉된다는 점에서 생
각해보면 조선상의 허구성이 지닌 매우 단락적인 구조 자체가 부각된
다. 더욱이 이 문제는 일본 지적풍토의 문제라고는 해도 이미 일본인
에 국한된 문제는 아니었다. 마지막으로 1901년 11월 29일『미야코신
분都新聞』에 게재된「입사설 한인 이인직入社說 韓人 李人稙」이라는 짧은
기사의 한 구절을 살펴보자.

맹렬한 각오로 책상을 박차고 일어나 지식을 세계에 구하기 위해 귀국으
로 유학와 학교에서 배우면서 여가 시간에는 미야코신문샤都新聞社에서
신문 사업을 견습코자 여기에 왔다. 나는 신문을 세계문명의 사진기계로
삼고 말을 전하는 기계로 삼는다. 나는 그 문명의 진상을 옮겨 우리 국민에
게 충고하는 취지가 되기를 바란다.

1900년에 관비유학생으로 일본에 건너간 이인직은 후에『소설단편
小說短篇』,『혈의 누血の淚』를 비롯한 소설을 발표한다. 이 소설들은 한
국 근대문학사에서 '신소설'의 효시로 평가받는다. 이 한 구절에서 알
수 있듯 그가 일본유학을 결심한 이유는 해외로부터 매일 아침 배달되
는 "천하의 세세한 것들을 가득 실은" 신문이라는 미디어 때문이었다.
이인직은 일본의 미디어를 매개로 '세계문명'을 깨닫고 그 진상을 '우리
이천만 동포'에게 전달하는 대리자가 되고자 했다. 이러한 자세에는 한
조선인 유학생에게 '문명개화=교통'이라는 개념이 전용되는 과정을

엿볼 수 있다. 비록 그것이 지적 식민지화에 준한 지정학적 특징을 가지는 것이라고 하더라도, 이 사례가 말해주는 것은 바로 일본과 조선의 차이를 횡단하는 문화적 교통이라는 시점이다. '문명개화=교통'이라는 개념을 근간으로 만들어진 식민지 담론 자체를 문화적 교통의 네트워크를 통해 한 조선인 유학생이 찾아냈을 때, 일본의 지적 언설이 구축한 조선상은 어떠한 존재성을 가질 수 있었을까.

제2장_ 식민 이데올로기와 국민상의 개축

러일전쟁 이후 해외로 웅비하는 문화지정학

러일전쟁 이후의 조선 표상은 다양한 형태로 만들어진다. 한일병합에 이르는 대對 한국정책론, 자연발생적으로 확장되는 민간의 식민殖民열기에 편승하여 생산되는 실업實業 매뉴얼, 여행기나 소개글에 의한 관광안내, 지리서와 역사서 등, 한일병합시기에 걸쳐 단행본 형태로 출판된 여러 종류의 서적들을 망라해보면 상당한 수에 이를 것이다. 여기에 신문과 잡지 미디어에 게재된 조선 관련 정보들까지 포함시킨다면 이 무렵 조선에 대한 지적 욕망이 얼마나 높았는지 알 수 있다. 그러나 오히려 당연한 것이겠지만, 출판물에 나타난 조선상은 청일·러일전쟁 시기에 형성된 부정적 이미지와 큰 차이가 없었다. 이 시기에도 초기 사회주의자의 언설을 제외한 조선 표상은 판에 박힌 획일적인 유형이었다. 그 경우 일본 근대 지식인이 갖고 있던 조선상을 단순히 비판하려 한다면, 먼저 정형화된 조선상의 비역사성을 빠짐없이 제시해야한다. 그러나 이러한 관점은 러일전쟁 이후에 왜 조선을 표상하는 다양한 텍스트가 출판되었는지의 문제를 보류시킨다. 물론 그 배경에는 한일병합으로 향하는 역사적 문맥이 있다. 이 역사적 문맥에서 조선에 관한 언설을 검토하는 것은 일본의 식민지주의 또는 제국주의와의 연대를 파악하는 것과 관련되는 과제이기도 하다.

이번 장에서는 러일전쟁 이후 일본의 식민지주의를 식민殖民[1] 사업의 문화적 구조와의 관계를 통해 새롭게 파악하고자 한다. 주로 동시대 청년층의 동향에 주시하며, 식민지주의와 식민殖民 이데올로기의 교배 양상에 역점을 둘 것이다. 청년층에 주목하는 이유는 당시 조선이 취업시장이나 수학여행의 대상으로도 발견되었기 때문이다. 카와오카 쵸후河岡潮風(1887~1912)의 「학교에서 바라보는 선배 사회學窓より觀たる先輩社會」(『타이요太陽』 제17권제3호, 1911.2)에는 이러한 글이 나온다. "나는 수석학생에게 물었다. 너는 외교관이 될 것인가. 그가 아니라고 말했다. 다시 이유를 묻자, "우리 집은 중산층이기 때문에 도저히 큰 성공을 이룰 수 없어서"라고 답했다. 나는 다시 사상가 선생님에게 물었다. 졸업 후 조선에 가는가. 그는 "신통찮으니 그만둘까. 어차피 통감統監은 무인武人에서 배출되니까"라고 말했다. 나는 묵묵히 하늘을 비추는 태양빛을 보았다. 아, 인간사회는 얼마나 좁고, 창공은 얼마나 넓은가!"(p.156) 현역 학생이 쓴 이 에피소드는 메이지 말기의 청년 취업사정을 대변해준다. 당시 청년들에게 조선은 입신출세를 위한 하나의 선택지였지만, 그럼에도 불구하고 '외교관'과 마찬가지로 장래에 조선총독이 되는 것은 이미 체념해야만 했다. 러일전쟁 이후부터 타이쇼

---

1   저자는 '식민'에 해당하는 한자를 '植民'과 '殖民'으로 구별하여 사용하고 있다. 필요에 따라 한자를 병기한다.(옮긴이 주)

大正 초기에 걸친 취업사정은 전반적으로 암담했다. 동시에 이 시대는 근대 일본이 본격적으로 제국주의적 단계에 진입하여 확장정책을 추진한 시기이기도 하다. 이번 장에서는 차세대를 짊어질 청년층에게 시사점을 준 당시의 조선식민사업이 어떻게 문화적으로 확장되고, 조선 표상, 청년 취업사정 그리고 국민상 형성 등과 얼마나 중층적으로 얽혀 있었는지 검증한다.

1. 니토베 이나조의 조선상과 '식민'의 계층성

니토베 이나조新渡戶稻造(1862~1933)는 1906년 조선을 시찰여행하고 기록한 「고사국조선枯死國朝鮮」에서 "조선 쇠망의 책임을 물어야할 곳은 그 나라의 기후도 토양도 아니"라고 지적하면서 "쇠망의 책임" 소재를 조선 사람들의 생활 문화에서 찾고 있다. "한인韓人의 생활 풍습은 죽음의 풍습이고, 그들의 민족적 생활의 기한은 다 되어가고 있으며, 그들의 국민적 생활의 진로는 거의 끝났다. 죽음이 곧 이 반도를 지배할 것"(『니토베 이나조 전집新渡戶稻造全集』 제5권, 쿄분칸敎文館, 1970, p.80)이라는 것이다.[2] 니토베는 서양인에게 도덕적 규범으로 일본의 정신적 지주를 설명하는 『부시도武士道』를 저술했는데, 조선에 대한 그의 평가는

2　이것은 1906년 11월 전주에서 쓴 문장이다. 당시 이미 니토베는 타이완총독부 촉탁, 토쿄제국대학 교수, 제1고등학교 교장 등의 이력을 갖고 있었다.

이것을 비교대상으로 삼았다고 생각된다. 물론 "조선이 쇠망"한 이유를 "한인의 생활 풍습"으로 환원하는 견해가 새롭지는 않다. 하지만 흥미로운 것은 니토베 이나조의 조선상이 그 문화적 차이를 문명의 단계적인 연속성에서 파악하고 있다는 점이다. 우선 니토베가 기록한 조선의 전원풍경을 살펴보도록 하자.

나는 차를 타고 전주 들판을 지난다. 이곳은 한반도 최대평원 중 하나이다. 가을 하늘이 높고 청명하다. 바람은 늠름하고 상쾌하다. …… 농부는 백의를 입고 늦은 벼를 베며 낫을 들고 노래한다. 그들 대부분은 즐거운 노래를 부르며 농가의 마당 나무판 위에 벼를 내리쳐서 겉겨를 훑는다. 초가지붕의 작은 집들이 마을을 이루고 있다. 무너진 담 사이로 이따금 여자가 절굿공이를 들고 절구에서 쌀을 빻는 분주한 모습이 보이고, 빨간 상의에 흰 속바지를 입은 아이는 일본인 여행객을 보고 놀라 눈을 크게 뜬다.

그 생활은 아르카디아arcadia[3]처럼 꾸밈이 없으며, 아주 오래 전 신대神代로 돌아가 생활하는 것 같은 기분이 든다. 언뜻 보면 대부분 그들의 얼굴은 신神으로 착각할 만큼 욕심이 없고 장엄하며 단정하다. 그러나 표정이 전혀 없다. 이 국민의 용모나 생활상태 모두 매우 온화하고 소박하며 원시적이어서 20세기 국민도 10세기 국민도 아니다. 아니 1세기 백성도 아닌 그들은 유사有史 이전에 속하는 자들이다.(pp.80~81)

전주의 전원풍경의 틀을 만드는 것은 조선을 정체된 열등사회로 간주하고, 여기에 고대적 문명의 원풍경이라는 위치를 부여하여 미적으

---

3 고대 그리스 남부의 산간 지방. 목가적 분위기와 순박한 이상향으로 유명하다.(옮긴이 주)

로 표상하는 작업이다. 이러한 조선 표상은 이후의 조선 텍스트가 과거 일본 이미지를 조선에 덧씌웠다는 견해의 원형이기도 하다.[4] 물론 이러한 니토베의 틀은 식민지주의의 논리를 불러들인다. 니토베는 이미 "한국에서의 우리 종주권, 만약 이 나라의 고통과 근심을 완화시킬 능력이 없다면, 우리는 이 나라에 대해 우월을 주장할 어떠한 권한이 없다"(「일본의 새로운 책임日本の新責任」, 『니토베 이나조 전집』 제5권, 쿄분칸, 1970, pp.63~64)고 주장했다. 후일 그는 식민정책에 대해 다음과 같이 말했다.

> 키플링Kipling(1865~1936)[5]은 열등한 토민土民을 정복해 계발하는 것이 "White man's burden[백인의 부담]"이라고 말했다. 이는 하늘이 준 무거운 짐을 뜻한다. 식민植民은 열등한 자를 고상하게 만들기 위해, 바꿔 말하면 나처럼 만들기 위한 것이고, 식민colonization은 사실 정복domination이며 민족정신은 capitalism(자본주의)의 형식으로 나타난다.(「식민정책강의 및 논문집植民政策講義及論文集」, 『니토베 이나조 전집』 제4권, 쿄분칸, 1969, p.41)[6]

식민정책에 대한 이러한 니토베 이나조의 이해는 적확하다. 식민지주의란 한 국가가 다른 국가를 정치적으로 통치하고 지배하는 것을 가

---

4 예컨대 타야마 카타이田山花袋의 『만선 행락滿鮮の行樂』(1924)에서는 평양의 을밀대에 대해 "실로 그곳에 가니 정말 조선다운 기분이 들더군요. …… 즉, 헤이안시대나 후지와라시대와 같은 느낌이더라구요. 역시 조선은 과거의 일본과 같더라구요. 조선의 풍속과 분위기가 후지와라와 헤이안시대를 그대로 모방한 것이죠? 일본의 옛 수도 쿄토도 분명 저런 분위기가 아니었을까요?"(『定本 花袋全集』第28卷, 1995, p.239)라고 적고있다.

5 『정글 북The Jungle Book』(1894)을 비롯한 많은 단편소설을 쓴 영국 소설가 겸 시인. 『7대양The Seven Seas』(1896) 등이 당시의 영국 제국주의에 호응하였기 때문에 애국시인으로 선전되기도 했다. 하지만 만년에는 별로 높은 평가를 받지 못했다. 1907년 노벨문학상을 수상하였다.(옮긴이 주)

6 본문 중에 언급된 '민족정신'은 nationalism의 번역이다.

리키며, 또한 자본주의가 확장된 제국주의의 발전형이다. 니토베는 그
것을 '민족정신nationalism'의 확장적 이데올로기로도 파악한다. 전주의
전원풍경에서 찾아낼 수 있는 열등사회 조선이라는 구도가 결국 "식민
은 열등한 자를 고상하게 만들기 위한" 것이라는, 식민지 경영을 정당
화하는 여건이 되리라는 것은 쉽게 상상할 수 있다. 그러나 주의할 것
은 니토베 이나조의 식민정책론이 어디까지나 국가정책에 참여한 지
식인, 즉 위로부터의 언설이라는 점이다.

　일본열도에서 더 일반적으로 전파된 조선상의 세속적인 인식은 다소
다른 양상을 띤다. 예를 하나 들어보자. 시마자키 토손島崎藤村(1872~
1943)이 '인생의 종군기'라고 말했던 『파계破戒』는 피차별부락 출신의 청
년교사 세가와 우시마츠瀨川丑松가 자신의 출신을 고백한 뒤 텍사스로
떠나는 에필로그로 끝을 맺는다. 우시마츠의 텍사스행은 같은 피차별
부락 출신인 오히나타大日向라는 인물에 의해 촉발된 것이었으나, 왜 동
아시아 지역이 아닌 북미대륙인가는 『파계』의 저변에 깔려있는 당시의
문화적 통념에서 나온 것이라 생각된다. 우시마츠의 아버지는 그에게
이렇게 말한다. 세가와 일족의 혈통은 "토카이도東海道 연안에 사는 많
은 에타穢多[7] 종족처럼 조선인, 중국인, 러시아인 또는 이름도 모르는
섬에서 표착했거나 귀화한 이방인의 후손과는 달리 몰락한 옛 무사의
혈통을 이어받은 집안으로, 빈곤할지언정 죄악으로 더럽혀진 집안은
아니다."[8] 여기에는 동아시아 지역의 여러 민족에 대한 편견이 일족의
혈통에 기반하는 피차별부락 내부의 순혈적인 계층의식을 통해 드러난

7　중세신분제도의 하나. 히닌非人과 함께 최하층의 천민이었으며 피혁 제조, 동물 사체 처
　　리, 죄인 처형 등을 직업으로 하여 정해진 곳에 거주해야 했다.(옮긴이 주)
8　島崎藤村, 「破戒」, 『藤村全集 2』, 築摩書房, 1966, p.15.

다. 이러한 의미로 본다면 우시마츠에게 동아시아 지역은 신천지가 될 수 없었다. 그 경우 우시마츠의 아버지가 말하는 '이방인'의 후예에 대한 편견은 "조선인, 중국인, 러시아인"이라는 동아시아 지역에 대한 세속적 이미지를 매개로 하고 있으며, 암암리에 그것은 우시마츠가 해외로 웅비하는 방향성을 결정하는 요인이 된다.

청년교사 세가와 우시마츠의 텍사스행이라는 플롯의 도입에서는 러일전쟁 이후 해외 각 지역에 관한 일본인의 문화적 가치관이 지니는 계층성을 잠재적으로 추인할 수 있다. 말할 것도 없이 우시마츠의 텍사스행은 '식민殖民'이 아니라 '이민移民'이었다. 1905년 이후 조선 및 만주, 러시아 일부 지역으로 이주하는 것은 '이민'으로 여겨지지 않았으나, 당시 지식인 사이에서는 '식민'과 '이민' 두 단어를 구분해서 사용하자는 의견이 많았다. 예컨대 동양척식주식회사법의 기안자였던 미네 하치로嶺八郎는 "식민은 주로 우리보다 문명이 낮은 영역에서 이루어지는 것이고 이민은 그 반대적 경향을 띤다"(「식민의 세 가지 요점殖民の三要点」, 『쇼쿠민세카이殖民世界』 제1권제5호, 1908.9, p.14)고 지적한 후, '식민'할만 한 구체적인 지역으로 '한국'·'만주'·'남양제도南洋諸島'를 들고 있다. 혼자서 짧게 돈 벌러 가는 것을 '이민', 부부 또는 가족이 그 지역으로 이주하는 것을 '식민'이라고 보는 견해도 있었다.[9] 이처럼 '식민'과 '이민'이 반드시 엄격하게 구별되어 사용되는 경향이었다고 할 수는 없다. 그러나 '식민'이라는 말은 '문명이 낮은 지역'으로 향한다는 문화적 계층화를 명확하게 시사한다는 사실에 주목할 필요가 있다.

9 　예를 들어 이노우에 마사지井上雅二는 「동양에 세력을 부식시켜라東洋に勢力を扶殖せよ」(『殖民世界』第1卷第5號, 1908.9)에서 "홀로 출가하여 이익을 찾아 일가를 이루는 것, 이것을 한마디로 이민이라고 일컫는다"(p.16)고 말하고 있다.

니토베 이나조와 미네 하치로가 파악한 것을 토대로 볼 때, '문명이 낮은 지역'으로의 '식민'은 그 '민족정신nationalism'을 이데올로기적으로 이식하기 위한 인적자본이기도 했다. 그러나 일본정부의 대외정책에 준하여 생산되는 '식민'을 장려하는 언설과는 반대로, 일반적으로 동아시아 지역에 관한 문화적 이미지는 편견을 띤 이문화상으로 일컬어지는 경향이 있었지만, 곧바로 그것이 조선도항 이주자들에게 '민족정신'을 이식하는 것으로 자기정당화 되었던 것은 아니다. 무엇보다도 그 당시 이 지역들은 기피대상이었다. 즉 니토베나 미네와 같은 지식인의 의도와 실제 행해진 식민사업 추진에 대해서는 보다 복잡하게 얽힌 연동성을 문제시해야 한다. 이 문제는 러일전쟁 이후에 추진된 식민사업에서 이 두 가지를 조정해가는 문화적 과정을 분석하는 것과 관련된다.

2. 조선도항 및 이주자와 취업시장의 확장

먼저 조선을 중심으로 하는 실제 식민사업을 개괄적으로 살펴보자. 러일전쟁 이후 대외 확장정책은 홋카이도나 타이완뿐 아니라 곧바로 조선과 만주로도 향해 간다. 1906년 한국통감부 설치와 남만주철도주식회사 설립, 1908년 동양척식주식회사 설립, 1910년 한일병합. 이러한 조선 식민지화 과정을 배경으로 조선도항과 이주자가 급증했다. 1905년 9월에 취항한 관부연락선關釜連絡船을 타고 조선으로 건너간 도

〈그림 3〉 요시히토 황태자 행차 당시의 기념사진(경복궁 경회루 앞에서) 앞줄 왼쪽부터 요시히토 황태자, 이척李坧(한국황태자), 아리스가와노미야有栖川宮, 이토 히로부미, 둘째 줄 왼쪽 두 번째부터 이완용, 카츠라 타로桂太郎, 토고 헤이하치로東鄕平八郎

항자 총수는 첫해 4개월 동안 7,317명이었던 것이 다음해에는 연간 51,583명에 이른다. 이후로도 점점 증가해 1910년에는 73,855명에 이르렀다.[10] 또한 조선에 거주하는 일본인 인구는 1906년 총수 83,315명에서 1910년에는 171,543명으로 배로 증가한다. 그 중에서도 경제 불황의 해로 알려진 1908년의 인구증가율은 전년도 대비 28.74%를 기록한다.[11] 조선 도항자가 급증하는 사회현상에는 일본의 보호국이 된 조

---

10 인용은 『조선총독부 통계연표朝鮮總督府統計年報』(朝鮮總督府, 1912)에 수록된 「제82표 관부연락선 승선인원第八二表關釜連絡船乘船人員」(p.164). 또한 1906년 일본인 도항자 총수는 29,137명이다.(『第一次統監府統計年報』, 統監官房文書課, 1907)
11 「第四一表 現在內地人及增加」, 『朝鮮總督府統計年』, p.75.

선으로의 인적이동이라는 관점에서 보면, 제국주의적 확장 구도가 여실히 드러난다. 한국통감 이토 히로부미伊藤博文(1841~1909)의 요청으로 1907년 10월에는 나중에 타이쇼 천황이 되는 요시히토嘉仁 황태자의 한국 방문도 이루어졌다.

일본인 농업이민자에게 토지를 매각하는 것이 주요 목적이었던 동양척식주식회사의 설립 의도로 상징되듯이, 일본의 조선 식민지화 과정에서 산업자본과 함께 중요시되었던 것은 인적자본을 투입하는 것 —식민사업—에 있었다.[12] 물론 청일전쟁 이후 농업이나 상업으로 생계를 꾸리려는 도한자渡韓者가 서서히 나타나는 경향이 있었으나, 조선 도항자가 비약적으로 증가하는 것은 바로 이 시기부터이다. 러일전쟁 시기에 일본 정부는 조선으로의 농업 이민을 장려했고,[13] 1906년에는 마침내 일본인이 조선의 토지를 합법적으로 소유할 수 있는 토지가옥증명규칙이 만들어졌다. 이후 동양척식주식회사가 공식적으로 식민사업—'이주민 모집'—을 시작한 것이 1910년부터였다는 점을 고려한다면, 이 시기의 조선 이주자 증가는 민간주도의 성격이 강하다.[14]

물론 조선도항 및 이주자 중에는 학교 졸업자도 포함된다. 예컨대 『일본제국문부성 제40년보日本帝國文部省第四十年報』에는 코베고등상업학교와 야마구치고등상업학교의 「졸업 후 현황卒業後ノ狀況」이라는 통계도표에 각각 「조선 관리朝鮮吏員」, 「조선지방금융조합원朝鮮地方金融組合員」란이 있다.[15] 졸업자 취직통계도표에 특정 지역이 설정되는

---

12 동양척식주식회사의 초기 정책에 관해서는 『동척 10년사東拓十年史』(東洋拓植株式會社, 1918)을 참조했다.

13 1904년 5월 31일 발효된 「대한시정강령」 제6항에는 「척식을 도모할 것」이 규정되어 있다.

14 앞의 『동척 10년사』 참조.

사례가 매우 드물다는 점을 감안하면 조선 취직시장에 대한 두 학교의 지대한 관심을 짐작할 수 있다. 또한 이러한 통계에는 명시되어 있지 않으나 제국대학·고등사범·실업학교 등의 졸업자 중에는 변호사 견습이나 자영업 등 여러 직종으로 조선에 취직한 청년들을 확인할 수 있다. 특히 한반도와 가까운 서일본 지역은 이러한 경향이 강했다. 나가사키고등상업학교의 취직현황에 관한 기사는 "최고 급료를 받고 초빙된 것은 역시 한국행, 도지부道支部 이재국理財局의 월급은 60엔, 여기에 취직한 3명은 모두 22세 청년"[16]이라고 전한다. 또한 코베고등상업고등학교는 코베실업협회와 연계하여 1905년 여름 호리우치 야스키치堀內泰吉와 타케나카 세이치竹中政一의 한국 시찰여행을 지원했으며, 일찍부터 조선을 취직시장으로 다루었다. 시찰여행을 기록한 호리우치 야스키치와 타케나카 세이치의 『한국여행보고서韓國旅行報告書』(코베고등상업학교, 1906.5)에는 "러일전쟁을 계기로 한국을 이야기하는 자들이 나날이 증가한다. 농·공·상 관계자가 직접 출장을 가거나 타인에게 시찰을 부탁하여 그 사정을 알아보는 것이 급무이다"라는 기록이 있다. 사례 하나를 들어보자. 「만한으로 가야한다滿韓に往くべし」(『미야코신분都新聞』, 1906.6.14.)는 타이완협회학교의 취직사정에 대해 다음과 같이 말하고 있다.

---

15 『일본제국 문부성 제40연보日本帝國文部省第四十年報』상권(宣文堂, 1970, p.205, 209)의 각 학교 통계도표에서 인용. 자세한 사항은 다음과 같다. 「코베고등상업학교 생도 졸업 후 상황」(p.205)에서 「조선지방공무원」은 1908년부터 1912년까지 1908년도에 3명(합142), 1910년도에 5명(합107)에 이르고, 「야마구치고등상업학교 생도 졸업 후 상황」(p.209)에서는 1911년에 「조선지방 금융조합원」이 2명(합78)에 이른다.
16 「卒業生の賣口」, 『敎育界』 第9卷第10號, 1910.8.3, p.79. 출처는 『토쿄아사히신분』이다.

타이완협회학교는 창립한 지 얼마 되지 않아 특별히 내세울 만한 것도 없지만, 그래도 다행히 졸업생 대부분이 타이완을 비롯해 청한淸韓에 가서 저마다 걸맞은 직장을 잡았습니다. 이들의 보수는 월 30~40엔 사이이지만, 내지에 있는 것보다는 다소 진급이 빠른 듯합니다.

올해도 졸업생을 배출하지만 청한 지역은 전후戰後 사업이 아직 정돈되지 않았기 때문에 수요가 좋지 않습니다. 가급적 학교에서는 확실한 수요자, 즉 고용주를 선택하여 의뢰하려고 하지만, 현재의 정세로는 모두에게 일자리를 주선하기가 곤란합니다. 조금은 잔혹한 말이지만, 일자리가 없으면 스스로 뜻을 세우고 그쪽 땅으로 건너가 어떤 일이든 해보는 것이 옳다고 생각합니다.

러일전쟁 이후 청년들에게 펼쳐진 동아시아 지역의 취직시장은 발전도상에 있기는 했으나 어느 정도는 우대를 받았다. 동아시아 지역으로의 취직은 만주의 철도 관련 분야, 타이완의 일본어교사 등과 같은 사례가 관찰된다. 그 중에서도 특히 조선은 주로 서일본지역의 실업학교를 중심으로 한 졸업자들의 새로운 취직시장으로 주목받았으며 조건도 매우 양호했다. 만주와 타이완 지역을 포함해 보아도 일본열도의 취직사정과 비교하면 그 대우에 뚜렷한 차이가 있었다. 이 경우 동아시아 지역으로 웅비하는 청년들에게 요구된 것은 단순히 취직이라기보다 각 지역에서 그들 스스로 취직시장을 개척해가는 첨병의 역할이었다.

신천지로써 조선을 적극적으로 발견하는 청년층도 분명히 존재했다. 『도한의 권장渡韓のすすめ』(라쿠요사樂世社, 1909)은 그러한 청년들을 위해 간행된 단행본 중 하나였다. 초대 한국통감 이토 히로부미의 조

언으로 "한국의 백년 후를 걱정"하는 동시에 "당면한 우리 청년의 발전
을 도모"[17]할 목적으로 편찬된 이 서적에는 다음과 같은 부분이 있다.

> 내가 이번에 한국 시찰을 결심한 것은 근래 보고 들은 것 중에 타이완도
> 사할린도 아닌 홋카이도는 더더욱 아닌, 한국에 가보고 싶다, 그 나라에서
> 무엇인가 일을 해 보고 싶다는 청년의 목소리가 들렸기 때문이다. 이러한
> 청년들이 매우 많은 듯하다. 지리적 조건의 편리함 때문이기도 하겠지만
> 히로시마·야마구치·큐슈 지방 사람들은 그러한 말을 하지 않는다. 말을
> 하기 전에 배에 타 버린다. …… 그러나 토쿄 근처 사람들에게는 편익이 적
> 다. 가보고 싶어도 길이 멀다. 또한 선배들도 적다. 따라서 권유받기는커녕
> 상황조차도 변변히 들을 수 없다.(pp.2~4)

1909년 무렵 사무라 하치로佐村八朗의 『도한의 권장』과 같은 도한 안
내서가 주로 토쿄 지역의 청년층을 대상으로 출판되었다는 것은 그들
을 서적 구매자로 상정할 수 있을 정도로 도한 지망자가 등장했다는 증
거이기도 하다. 실제로 이 책은 3년 동안 제3판까지 발행되었다. 이러
한 도한 안내서뿐 아니라 조선 관련 서적의 간행은 점차 증가했으며,
이것은 서적에만 한정되지 않았다. 러일전쟁 이후 청년들이 선택한 입
신출세의 가능성 중 하나로 조선이 있었던 것이다. 예컨대 나츠메 소세
키의 『피안 지날 때까지彼岸過迄』에는 취직자리가 결정되지 않은, 탐정
물을 좋아하는 케이타로敬太郞가 "만철이 완성되든지 조선이 통합되든
지 하면 일상생활 이외의 자극을 받아 적어도 이 단조로움을 깰 수 있을

----

17 佐村八郎, 『渡韓のすすめ』3版, 樂世社, 1911, pp.3~4.

텐데"[18]라고 생각하는 장면이 있다. 조선으로 실제 건너가는 도항자나 그러한 사람들을 소문으로만 알고 있는 사람들에게는, 조선에 건너가 취직하는 청년들의 선택이 어떤 성취를 위한 결심으로 비쳤을 것이다.

그러나 러일전쟁 이후 취직시장으로 제시된 조선은 열등문화의 지표로 간주되었던 지역이기도 했다는 사실을 잊지 말아야 한다. 조선의 부정적 이미지는 일반적으로도 어느 정도 공유되고 있었다. 당시 조선상을 세속적으로 전파하는 대리인으로서 중요한 역할을 담당했던 것은 식민사업에 편승하여 조선에 건너갔거나 또는 조선에서 귀환한 도한 경험자들이었다. 예컨대 나카무라 세이코中村星湖(1884~1974)의 「조선으로, 조선으로부터朝鮮へ、朝鮮から」(『와세다분가쿠早稻田文學』 제39호, 1909.2)라는 단편소설이 있다. 나카무라 세이코는 제1회 와세다문학현상 소설상에서 「소년행少年行」으로 수상하며 막 데뷔한 23세의 신인작가였다. 이 단편소설에는 "조선이라고 하면 눈에 들어오는 모든 것이 황량하여 풀도 나무도 없는 곳 같다. '지나치게 태평스럽고 세상일을 잘 몰라서 곤란하다'는 편지의 한 구절이 모든 것을 말해주는 듯 하다"(p.5)는 부분이 있다. 이것은 도한 경험이 없는 '나'가 조선에 건너간 친구 코바야시 키이치小林喜一로부터 갑작스럽게 편지를 받고 갖게 된 조선에 대한 인상이며, 조선이 개척되지 않은—'눈에 들어오는 모든 것이 황량'—지역이라는 것이 '나'가 상상하는 이미지의 전제로 되어 있다. 이러한 '나'의 조선상은 코바야시에게 보낸 편지가 수취인 불명으로 되돌아오면서 조장된

---

18 夏目漱石, 『漱石全集 7』, 岩波書店, 1994, p.16. 나츠메 소세키 소설의 조선·만주의 도항과 이주자상에 관해서는 니시하라 타이스케西原大輔, 「소세키 문학과 식민지—대륙으로 향하는 모험자상漱石文學と植民地—大陸へ行く冒險者像」(『比較文學硏究』 第66號, 1995.2)이 있다.

다. 그리고 제2의 도한 경험자 쿠라하시倉橋가 문과교우대회에 갑자기 나타나는 장면은 다음과 같이 서술된다.

> 식당 입구로 불쑥 들어와 ○군 옆에 선 사람이 있었다. 기름기 없이 퍼석퍼석하게 긴 머리카락, 매우 앙상하게 야윈 얼굴, 조금 더러워진 옷깃의 때가 번질대는 검은 외투, 그 안에 네다섯 겹으로 옷을 입고 있었다.
> "아, 지금 막 도착했어"라고 대답했지만, 기쁜 표정도 아니었다.(p.9)

이것이 조선에서 돌아온 일본인 청년을 묘사한 것이다. 그것도 대학 동창인 쿠라하시는 경성의 버젓한 신문사에서 3면 주임으로 근무했으며 일본열도의 신문 잡지에도 기고했던 인물로 그려지고 있다. 쿠라하시의 존재는 "마치 밝은 곳에 드리워진 검은 그림자 같다!"(p.11)고 평가된다. 이처럼 조선의 문화적 이미지가 원산에 건너간 코바야시 키이치의 편지와 경성에서 돌아온 쿠라하시의 모습을 매개로 하여 '나'의 상상력에 맡겨졌다는 점에 주목하고자 한다. 에필로그에서 '나'는 코바야시의 미래를 쿠라하시의 모습에서 봄과 동시에 "자신의 미래마저 두려워진다"(p.12)고 적고 있다. 즉 나카무라 세이코의 「조선으로, 조선으로부터」에서 나타나는 조선상은 일본에 돌아온 일본인의 모습에서 간접적으로 도출되며, 조선에 대한 끝없는 공포로 표현된다.

이러한 공포 이미지는 정한론 이후 강화도사건과 임오군란 등으로 인해 구전되었던 악마화된 이미지, 청일·러일전쟁 시기에 전쟁보도로 유통된 전쟁터의 이미지, 그리고 러일전쟁 이후 헤이그 밀사사건과 의병투쟁으로 요동치던 당시의 정세 등 여러 요소가 뒤섞여 만들어졌다.

〈그림4〉 월미도 앞바다에서 침몰한 러시아 군함 코레츠의 잔해

예컨대 이 무렵 조선에 건너간 야스타카 토쿠조는 인천항에 의기양양하게 들어오던 도한자들이 월미도 앞바다에서 침몰한 러시아 군함의 잔해를 보고 충격을 받는 에피소드를 남기고 있다. "야심에 불탔던 그들의 마음에 첫 충격을 준 것은 월미도 후미진 곳에 무참히 침몰한 전쟁 최초의 희생자 바리야크Варяг와 코레츠Кореец라는 러시아 군함 두 척의 모습이었다."(「어느 시대의 거류민ある時代の居留民」, pp.488~489) 이러한 전쟁의 생생한 기억을 비롯하여 도항 후 조선의 현실과 소문도 도항자들의 마음에 조선에 대한 불안이나 공포의 이미지를 심었을 것이다.

조선상이 공포의 이미지와 함께 표상된 것은 그것이 직접적으로나 간접적으로나 조선 도항자의 경험을 매개로 전해졌기 때문이다. 물론 이것은 하나의 사례에 불과하지만 조선상의 전파와 유통은 러일전쟁 이후 비약적으로 증가하는 조선 도항과 이주자의 존재를 빼놓고는 생각할 수 없다. 이렇게 보면 조선이라는 새로운 취직시장은 상당한 위험을 동반하는 장소였음을 짐작할 수 있다. 또 그것은 도한 경험자의 존재가 일본열도의 일본인에게 보다 친근한 존재로 되어가고 있었다는 말이기도 하다.

3. 메이지 말기의 청년 취업사정

러일전쟁 이후 조선은 청년들에게 자신의 뜻을 성취하기 위한 취업시장으로 주목받았다. 물론 이 시대 식민사업은 청년들의 취업시장을 위한 것에 그치지 않는다. 그러나 이후를 생각해보면 청년층에 초점을 맞추는 것은 매우 중요하다고 생각된다. 당연한 이야기겠지만 청년들의 도한 선택은 미지의 영역, 개발도상의 취업시장, 소문으로 전파되는 조선의 부정적 이미지 등 커다란 리스크를 떠안는다는 것을 의미했다. 그렇다면 취업시장 조선이라는 선택지는 당시 어떠한 사회 상황과 대조적으로 발견된 것일까.

러일전쟁 이후의 경제와 사회 상황을 개괄해보도록 하자. 러일전쟁의 승리는 전사자 12만 명, 전쟁 비용 15억 엔이라는 희생 위에 성립한다. 전후 일본정부는 포츠머스조약으로 러시아에게 배상금을 받지 못했다. 이로 인해 막대한 외채 상환과 전후 국가재정이 팽창했고, 일본

정부는 전시의 비상특별세를 항구세恒久稅로 존속시키는 재정대책을 마련하여 조세와 공과금 부담 증대를 조장했다. 더불어 1907년 미국발 세계적 규모의 불황 여파로 일본 경제는 신흥 산업인 전력과 가스 두 분야를 제외한 주요 광공업 부문을 중심으로 전후 불황이라 일컬어지는 시기를 맞이한다. 이미 이 시기는 "제국주의 단계에 들어선 세계자본주의 체제 속에 일본 자본주의가 유기적으로 완전히 편입되었던"[19] 시대이기도 했다. 그러나 실질적으로는 일본 경제가 그 발전 기반을 외채에 의존했다고 하더라도, 청일전쟁 이후의 생산 정체기와 비교하면 오히려 활발한 경제적 성과를 올렸던 시기이기도 하다.[20] 즉, 러일전쟁 이후 몇 년 간은 일본이 근대적인 자본주의 사회를 향해 본격적으로 이행하는 과도기적 편성기였던 것이다.

그러나 히비야방화사건日比谷燒討ち事件, 각 지방에서 빈발하는 노동쟁의 그리고 사회주의 사상의 고양 등과 같은 시대 상황을 고려하면, 세태 면에서는 사회적 불안이 만연했고 그것의 상승효과로 경제적 불황감이 조장되던 시기이기도 했다. 이러한 사회 상황에 대해 일본정부는 1908년 보신조서戊申詔書[21]를 공포하고, 내무성을 중심으로 농촌재편을 목적으로 하는 지방개량운동을 전국적 규모로 추진했다. 보신조서의 기본방침은 노동쟁의와 같은 운동, 지방의 지주소작관계 동요, 실리를 추구하는 풍조 등을 견제하기 위해 국민의 협조정신과 사치에

---

19 長岡新吉 · 田中修 · 西川博史,『近代日本經濟史』, 日本經濟評論社, 1980, p.109.
20 中村隆英,『明治大正期の經濟』, 東京大學出版會, 1985, pp.104~105.
21 제2차 카츠라 타로桂太郎 내각의 요청을 받아 메이지천황이 국민교화를 위해 발표한 조서詔書. 러일전쟁 이후 인심이 점차 사치스러워지는 것을 경계하며 관민일치와 근면을 강조했다.(옮긴이 주)

대한 경계를 설명하는 데 있었다. 지방개량운동과의 연계라는 관점에서 보면 보신조서 공포는 급선무였던 중앙집권적 경제권 확립을 위해 국민의 정신적 토양의 배양을 지향했다고 할 수 있다. 이것은 역으로 보면 러일전쟁 이후의 사회 상황에 대한 체제 측의 상당한 위기의식을 대변해준다고도 생각할 수 있다.

이러한 시대풍조 속에서 청년층으로 시선을 돌리면, 자연주의 현상과 관련되어 일컬어지는 '번민청년煩悶靑年'을 대표로 하는 청년층의 존재가 다시금 사회문제로 떠오른다. E. H. 킨먼스Earl Henry Kinmonth 씨는 러일전쟁 이후 번민청년이 출현한 원인을 "가족의 전통적 도덕관 붕괴", "러일전쟁 이후 목표 상실 상태", "근대화의 대가로서의 필연적 반동反動"과 같은 기존의 견해와 달리, "고학력 청년의 취업시장 변화"라는 사회·경제론적 관점에서 찾았다. 즉 취업사정으로 입증되는 청년들의 현실은 이미 그 이전까지의 입신출세상과 동떨어져 있고, 이것이 그들의 입신출세를 "로맨틱한 자기실현 추구"로 몰아넣었다는 견해이다.(『입신출세의 사회사立身出世の社會史』, 타마가와대학 출판부玉川大學出版部, 1995, p.193) 킨먼스 씨는 번민청년의 출현을 사회현상으로 파악하고 있는데, 이러한 '취업시장의 변화'가 청년들에게 안겨준 심리적 영향은 러일전쟁 이후 불황이라고 불리는 시대에 매우 심각한 것이었다.

매년 관공사립학교 졸업자가 증가함에 따라 공급은 점점 늘어가는 데 반해 수요는 따라가지 못하므로 소위 경제학상 수요공급의 관계에 따라 시장가격은 점차 하락하고 있다. 십 몇 년 전까지는 대학을 졸업한 학사라면 누구든 60엔 이상의 월급을 받고 취업했고, 고등사범 졸업생도 단지 그 직함

만으로 40엔 이상의 월급을 받을 수 있었다. 고등상업학교, 고등공업학교[22]는 물론 사립전문학교 졸업생 모두 많은 월급을 받고 취업할 수 있었기 때문에 졸업만 하면 출세한다는 지극히 단순한 상황이었다. 이런 것이 근년에 이르러서는 관공사립학교를 졸업해도 취직이 되지 않아 정처 없이 유랑하는 자도 적지 않다. 프롤레타리아트가 매년 늘어나는 것은 국가 사회를 위해서도 심히 우려할 만한 현상이다.(「졸업생卒業生」, 『쿄이쿠지론教育時論』 제838호, 1908.7.25, p.45)

'번민청년'이라 일컬어지는 청년층은 인용문의 학생층이 다수를 차지하고 있다고 생각할 수 있다. 물론 취업사정의 악화는 고등교육을 받은 청년들에 국한된 현상은 아니다. 1907년도 공립중학교의 전년도 본과 졸업생 11,688명 중 '취업 미정 또는 미상자'는 4,013명에 이른다. 물론 '취업 미정 또는 미상자'에 포함된 졸업생 전원이 취업난에 처했다고는 생각할 수 없지만 그 비율이 매우 높았던 것으로 추측할 수는 있다. 이러한 사정을 고려하면 문학계에서도 주목했던 번민청년이라는 부류는 러일전쟁 이후의 폐색적인 사회 상황을 반영하는 대표적인 청년상으로 그려졌다고 할 수 있다. 고학력자이면서도 고뇌한다는 청년상은 그것을 경험적으로 알고 있는 작가에게는 당시의 사회 상황을 대변시키기 좋은 인물상이었다. 이러한 번민청년상은 당시의 청년층을 대표할 뿐 아니라 폐색적인 시대 상황의 은유로도 이야기할 수 있는 적당한 제재였다.

청년들의 취업사정을 악화시킨 요인은 재편되는 일본의 사회구조

---

22 전전 일본의 고등교육기관 중 하나. 상업과 공업에 관한 전문교육을 실시하였다.(옮긴이 주)

자체에서 유래한다. 특히 교육 미디어에서는 이러한 시대를 반영한 학생의 취업사정을 말하는 언설이 다수 눈에 띤다. 흥미로운 사례를 들어보자. 소네 킨센曾根金僊은 「학교 졸업생의 취업난學校卒業生の就業難」에서 "그들(학교 졸업생)의 외침은 스스로 분발하여 종사하고 경영할 직업이 없다는 것이 아니라, 자신들을 고용해야 할 관청이 없고, 학교가 없고, 회사가 없고, 은행이 없고, 상점이 없다는 목소리"라고 지적하면서 "스스로 직업을 구해 자력으로 사업을 일으킴으로써 운명을 개척하는"(『쿄이쿠카이教育界』 제7권제11호, 1908.9, p.3) 학생을 기대한다고 주장했다. 소네는 '직업난'과 '취업난'을 구별하여 사용했다. 이 무렵부터 학교 졸업자의 취업형태 중 급여소득자—샐러리맨—가 점점 높은 비율을 차지하게 된다. 소네는 학교 졸업자들에게 수동적으로 '취업' 자리를 찾지 말고 보다 적극적으로 '사업을 일으키'라고 호소하고 있는 것이다. 이 지적은 앞에서 인용했던 '프롤레타리아트가 매년 증가해 간다'라는 구절과도 대응된다. 청년의 취업사정이 악화된 것은 단순하게 경제적 불황이라는 이유만으로 정리할 문제가 아니었다. 취업시장—'수요공급 관계'—의 변화는 이 시대가 20세기 초기의 근대 자본주의 사회로 편성되는 시기에 해당되고, 자본가에게 부富가 집중되어 빈부 격차가 커지는 한편, 근대 교육제도의 정비와 다양화 추진에 따라 상위 교육기관으로 진학하거나 취업하는 학생의 수가 전국적 수준으로 증가한 것과 밀접하게 관련되어 있었다. 고등교육을 받고 교양을 갖춘 학생들 중에는 메이지 전반기의 입신출세적 경향을 동경하는 학생 수가 양적으로 늘었다. 그 결과 당시 취업시장은 사회적 상승을 지향하는 학교 졸업자의 증가에 전부 대응할 수 없었다.

그러나 청년들에게 자본주의적 성공에 이르는 길이 모두 닫혀있었던 것은 아니다. 자본주의 사회로 이행한다는 것은 그 경제권의 제국주의적 확장을 특징으로 한다. 이를 순서에 따라 고찰해 보도록 하자. 우선 자력으로 사업을 일으키는 청년 실업가를 기대한다는 소네 킨센의 견해는 러일전쟁 이후 기업가가 현저하게 증가한 현상을 배경으로 한다. 예컨대 1906년 9월『세이코成功』(제9권제6호)의 시평「전후의 사업열戰後の事業熱」에는 "러일전쟁이 끝난 현재 이 같은 일이 다시 일본에서 발생하리라고는 생각하지 않았다. 하지만 그럼에도 불구하고 신문이 전하는 바에 따르면, 전후 1년이 지난 지금 사업열기가 갑작스레 활발해졌다고 한다"(pp.56~57)고 적혀있다. 물론 기사에 담긴 뜻은 '사업열'이 성행하는 것에 찬성한다기보다 그 안이함을 경계하는 내용이다. 하지만 이 시기『세이코』에는 이외에도 '투기열'23·'탐험열'과 같은 단어가 곳곳에 등장하기 때문에 이를 통해서 자본주의적 성공을 노리는 현상이 존재했음을 확인할 수 있다.

근래 탐험에 관한 세간의 열기는 두드러지게 뜨겁다. 몽고 지역을 탐험하려는 자, 만한 전역을 탐험하려는 자, 단신으로 자본 없이 블라디보스토크 탐험 여행을 계획하는 자, …… 생각건대 탐험은 우리나라가 해외에서 활동하기 위한 선구적 활동이자, 우리 국민이 섬나라 근성을 타파할 수 있는 유일한 토대이다. 따라서 우리 국민은 지속적으로 탐험을 실행하여 나

---

23 無記名,「投機熱と地獄道」,『成功』第11卷第1號, 1907.2, p.21. '사업열'과 마찬가지로 '투기열'에 대해서도 "쉽게 획득하는 것은 쉽게 잃는다. 질서에 따라 노동을 통해 저축한 것은 하루아침에 잃을 일 없다"는 교훈을 쓰고 있다.

라 안팎의 신지식을 쌓는 동시에 고난을 견디며 사업을 수행하는 예기銳氣
를 길러야 한다. 소심한 전망을 지닌 겁쟁이들은 이를 보고 깜짝 놀라겠지
만, 대조적으로 우리나라의 발전을 생각하면, 이것이 가장 필요하다. 소심
론자들로 무얼 하겠는가.(기자記者, 「탐험열의 발흥探險熱の勃興」, 『세이코』제9
권제5호, 1906.8, p.59)

'사업열'·'투기열'·'탐험열'과 같은 어휘는 민간에서 자연 발생적으
로 시작된 사회현상임을 말해준다. 아마도 잡지 『세이코』(세이코잣시샤
成功雜誌社)를 주재한 무라카미 다쿠로村上濁浪(토시조俊藏)의 글로 생각되
는 이 기사에서는 일본열도의 '사업열'·'투기열'이 성행하는 것을 경
계하는 염려나 경종과는 매우 대조적으로 해외로 향하는 '탐험열'을 적
극적으로 선동하고 있다는 특징을 확인할 수 있다. 그 대상 지역은 '몽
고'·'만한'·'블라디보스토크'이며, 해외로 '사업'을 확장하는 것의 예
견적 은유로써 '탐험'이 그 역할을 수행하고 있다. 개인적 차원에서 자
본주의적 성공을 바라는 방향성은, 일본열도에서는 주로 토쿄로 수렴
되었지만, 『세이코』나 그밖의 미디어가 해외로 눈을 돌리는 이들에게
제시한 것은 동아시아 지역이었다. 이렇게 보면 청년들이 자본주의적
성공에 이르는 과정은 이러한 청년을 대상으로 하는 잡지나 미디어를
매개로 하여 해외 그것도 동아시아 지역으로 향해 있었다는 가설을 세
울 수 있다. 여기에는 청년들의 취업사정으로 상징되는 일본의 폐색
상황과 자본주의적 성공 수단으로 펼쳐진 해외 웅비의 밀접한 관련성
이 엿보인다.

4. 세이코잣시샤의 『쇼쿠민세카이』

자본주의적 성공을 향한 청년들의 방향성은 토쿄로 향한다. 그러나 이 시대의 특히 보수적인 지식인과 저널리스트는 토쿄라는 환경이 입신출세의 한 요소가 되는 것을 오히려 억제하는 경향이 있었다. 당시에는 지방출신자의 토쿄 유학에 경종을 울려서 입신출세를 향한 청년들의 욕망을 지방에 묶어두려는 역학이 작동했기 때문이다. 이에 대해서는 다음 장에서 고찰하기로 한다. 다만 여기에서 말할 수 있는 것은 이러한 풍조 속에서 청년들이 활약할 두 가지 선택지로 지방과 해외가 제시되었다는 점이다. 무라카미 다쿠로는 「본국 소작민 자제와 해외 활동本邦小作民子弟と海外活動」에서 토쿄 유학은 물론 지방의 상위학교 진학도 바랄 수 없는 환경에 처한 소작농민층 출신의 우수한 자제들을 토쿄라는 환경을 경유하지 않고 해외로 보낼 수 있는 방도를 모색한다.

천성으로 말하자면 그들 중에도 결코 영특한 인물이 없지 않고, 심상소학교의 성적을 비교하면 부호 자제를 능가하는 자가 없지 않다. 그 재능을 비교하면 권문세가의 자제를 초월하는 자가 많다. 하지만 이렇듯 영특하거나 재능을 지닌 자들이 모두 가난이라는 진흙 속에 매몰되어 그 일생을 마쳐야 한다면 어찌 비통하고 슬프지 않겠는가. …… 생각하건데, 이들 소작농의 다수가 단체로 조선·미국·하와이·만주 등 각지로 이주한다면, 이들 소작농의 행복만이 아니라 국가의 큰 경제가 될 것이다. (『세이코』 제9권제6호, 1906.9, p.23)

청년독자를 향해 시류에 걸 맞는 성공주의를 소리 높여 제시한 무라카미 다쿠로는 러일전쟁 이후 청년들의 성공 방도를 해외에서 발견한다. 청년들을 해외로 향하게 하는 그의 인적·투자적인 사고에는 일본열도의 폐색적 상황을 타개하는 방책이라는 의미가 강하게 담겨있다. 그러나 '소작농 다수가 단체로'라는 구절에서 볼 수 있듯이, 그 확장정책이 여실히 식민지 경영을 위한 선행투기와 결부되고 있음을 기억해야 한다.

그러면 청년들에게 이러한 확장적 이데올로기를 호소하고, 이들을 해외에서 자본주의적으로 성공할 수 있는 주체로 양성하기 위한 청년 대상의 잡지 미디어에 대해 검토해 보도록 하자. 이러한 잡지 중 하나로『쇼쿠민세카이殖民世界』가 있었다.

세이코잣시샤의 간판 잡지였던『세이코』는 진학·취업정보지로 유명했고, 창간 2년 만에 15,000부라는 발행부수를 자랑하는 인기 잡지였다.『세이코』는 주요 독자층인 청년층뿐 아니라 학교 관계자에게도 공식적으로 인정받는 잡지였다. 문부성 조사에 따르면, 이 잡지는 30개교 이상이 구독하여,『츄가쿠세카이中學世界』,『지츠교노니혼實業之日本』과 함께 '중등정도 각 학교 학생 통독용 서적' 잡지부문에서 1위를 차지했다.[24] 1908년 5월 세이코잣시샤는『세이코』,『탄켄세카이探檢世

---

24 「중등정도 각 학교 생도 통독용 서적中等程度諸學校生徒誦讀用書籍」(『帝國敎育』第321號)에 수록된 도표에 의거한다. 임의의 학교 보고를 기초로 정리한 조사 통계표는 문부성 조사라는 공적 성격을 갖는 흥미로운 내용이다. 서두에 "본 조사는 중등정도 각 학교의 보고와 관련하여 작년에 관련자 몇 명에게 배포했던 것이지만, 이 범위는 매우 좁을 뿐 아니라 지금은 완전히 절판되었기 때문에『테이코쿄이쿠帝國敎育』에 교부하고 세상에 공개하여 중등교육관계자가 참고하도록 한다. 문부성"이라고 적혀 있다. 잡지부문 내역에서 '30개교 이상'에는『세이코』·『츄가쿠세카이』·『지츠교노니혼』·『에이카쿠세이』, '20개교 이상'에는『리가쿠카이理學界』·『에이고세이넨英語靑年』이 있다.

界』에 이어 『쇼쿠민세카이』라는 잡지를 창간한다. 타카하시 산민_{高橋}山民은 창간호의 「쇼쿠민세카이 발간 취지_{殖民世界發刊の主旨}」에서 다음과 같이 주장했다.

국내 상황을 돌아보면, 인구가 나날이 증가하여 일자리를 얻기 힘들고, 물가가 매달 올라 민중은 생계의 곤란을 호소한다. 한정된 땅에 무수히 많은 서민들이 모여 사는 것이 마치 고기 하나를 두고 다투는 것과 같다. 어찌하여 경세가는 이를 주목하지 않는가?

이와 달리 해외 지역을 보면 어떠한가. 끝없이 펼쳐진 드넓은 들판이 어서 와서 경작하기를 기다리고, 유유히 천리를 흐르는 긴 강은 우리가 와서 그 강변에 상공업 깃발을 휘날리길 기다린다. ……

고개 돌려 보라. 만주의 땅, 한국의 흙, 남미의 비옥한 들판 그리고 우리의 새 영토인 사할린과 타이완 등은 모두 우리나라 사람들이 이주해 올 것을 학수고대하고 있지 않은가.(『쇼쿠민세카이』 제1권제1호, 1908.5, pp.23~24)

이어서 타카하시 산민은 "아, 때가 왔도다. 우리 국민이 식민_{殖民}해야 할 때가 왔도다. 활동할 때가 왔도다"라고 설파한다.[25] 『쇼쿠민세카이』의 편집부가 의도한 대상지역은 동아시아 지역과 남미 그리고 사할린과 타이완이었다. 그 중에서도 주목되는 것은 특히 조선과 만주이

---

[25] 『쇼쿠민세카이』의 「본지강령」은 다음과 같다. "본 잡지는 우리나라에서 식민지망자의 유일한 반려자이고, 해외에서 유리한 모든 사업 유망 직업을 동포에게 소개할 것이다. 본 잡지는 대륙적이고 세계적인 실업가를 우리 국민 중에서 양성하기 위해 노력할 뿐만 아니라 유익한 상업·공업·농업 등 재료를 게재한다. …… 본 잡지는 가능한 해외의 새로운 소식을 소개해 독자로 하여금 신시대의 취향을 숙지하도록 하여 한 시대의 지도자와 솔선자가 되도록 한다."(『植民世界』第1卷第1號, 成功雜誌社, 1908.5, p.1)

다. 1908년 9월 『쇼쿠민세카이』(제1
권제5호)에 실린 현대의 저명인사 11
명의 앙케트 특집 「우리나라 청년
해외식민요결本邦靑年 海外殖民要訣」
에서는 '식민해야 할 방면'으로 10명
이 조선과 만주를 들었고, 신중파를
포함한 8명은 일본열도 취업사정의
악화에 따른 청년층의 해외 웅비를
지지했다.26 여기에서 '식민殖民'에
관한 특징 하나를 지적할 수 있다.
즉, 동시기의 『세이코』나 『쇼쿠민세
카이』의 독자투고란에서 실제로 해
외이주 지망자에게 인기 있었던 지

〈그림 5〉 『쇼쿠민세카이』의 표지

역이 북남미 대륙이었던 것과는 대조적으로, 미국의 일본계 이민배척
문제 등의 여러 사정 때문에 『쇼쿠민세카이』 편집부나 저명인사가 추
천한 곳은 조선과 만주와 같은 동아시아 지역에 편중되는 경향이 있었
다는 점이다. 『쇼쿠민세카이』의 집필자 중에는 정부 관계자나 재한·
재만의 유력 사업가가 많았다.

---

26 상세한 회답자는 다음과 같다. 네모토 쇼根本正 "28억 국책 상환은 식민에 의지하는 것
외에 없다", 하나이 타쿠조花井卓藏 "해외에서 능력을 발휘한다", 하야시 키로쿠林毅陸
"해외에서 운명을 구한다", 테라다 유키치寺田勇吉 "식민자에게 필요한 성격", 미네 하치
로 "식민의 3요소", 하야타 모토미치早田元道 "향수병은 식민 최대의 독", 시다 고타로志
田鉀太郎 "신영토에서 만주로 향해", 이노우에 마사지 "동양에 세력을 부식하라", 이치리
키 켄지로一力健治郎 "식민은 농업본위로 하라", 오타니 카헤大谷嘉兵衛 "해외성공과 인
격수양", 카미야마 쥰지神山潤次 "자조적 정신의 활약에 있다."

이 때문인지『쇼쿠민세카이』발간에 즈음하여 독자에게 해외로 웅비할 필요성을 설명하는 타카하시 산민과 같은 논조는 대체로 잡지에 게재된 논설과 견해가 일치한다. 창간호에서 전형적인 사례 두 세 가지를 검토하도록 하자. 권두를 장식한 오쿠마 시게노부大隈重信(1838~1922)는「야마토민족의 팽창과 식민사업大和民族膨脹と殖民事業」에서 "무릇 민족의 확장은 국력의 신장을 의미하고, 민족의 감소는 곧 국가의 쇠망을 의미"하므로 "일장기를 들고 해외 만리, 어느 곳이든 식민殖民을 보내 자연의 부를 개척하고 획득에 힘쓰는 것이 가장 급선무"(p.2)라고 주장했다. 또한 남만주철도주식회사 총재였던 고토 심페이後藤新平(1857~1929)는「제국대학의 식민강좌 계획帝國大學の殖民講座計畫」에서 "국민에게 식민적 지식의 보급을 게을리 해서는 안 된다. 보급을 도모하기 위해서는 우선 그 근원을 배양하는 것에 힘써야 한다"며 교육적 측면에 주목했다. 무엇보다도 식민 정책에 대한 실용적이고 학술적인 접근을 중시한 고토는 "제국대학에 식민과殖民科 강좌 설치"(p.35)의 필요성을 역설했다. 이후 토쿄제국대학 식민과에서 교편을 잡는 것이 니토베 이나조이다.

타카하시 · 오쿠마 · 고토의 의견 중 공통점은 식민사업을 장려하고 추진하는 근거가 모두 당시의 인구, 경제문제를 타개하는 돌파구로 제시되고 있는 점, 이를 위해서 우선 청년층에게 "식민적 지식의 배양"(오쿠마, p.3)을 설명하는 계몽적 측면이 강조된다는 점이다. 물론 "식민적 지식의 배양"을 목적으로 하는 것은『쇼쿠민세카이』의 발간 의도와 부합하는 것이다. 더욱 흥미로운 것은 "식민적 지식의 배양"을 추진하는 구체적 방안 중 하나로 문학의 적극적 활용이 주장되었다는 점이다. 당시 중의원 의원이며 결국 남진론南進論을 적극적으로 지지하게 되는 타케코시 요사부로竹越与三郎(1865~1950)는 이것을 '식민문학殖民文學'이라 일컬으면서 다음과 같이 적고 있다.

　　내가 이 잡지를 환영하는 세 번째 이유는 오랫동안 가장 유감스러웠던 것은 우리나라에 아직 식민을 담당하는 기관이 없다는 점, 그리고 식민문학이 발달하지 못했다는 점이다. 이 잡지가 이러한 결점을 충분히 보완하고 식민문학 융성의 선봉에 섬과 동시에 식민적 지식의 보급에 이바지하길 기대하고 바라는 바이다. 모쪼록 자중 자애하고 우리 국민성을 적절히 자극하고 지도하도록 노력하길 바란다.(타케코시 요사부로, 「식민문학을 진작시켜라殖民文學を振起せよ」, p.6)[27]

　　새로운 잡지인 『쇼쿠민세카이』가 발간된 이면에는 이와 같은 논의의 고조가 있었다. '식민문학'이란 문자 그대로 '식민'에 관한 주제를 다룬 문학작품 정도의 의미이지만, 「식민문학을 진작시키라」에서 타케코시는 '식민문학'의 핵심이 청년층을 대상으로 그 지식을 전파하고 유통하는 데 있다는 점을 명백히 하고 있다. "되도록 고등교육기관에는 식민과를 설치하여 그 양성에 힘쓴다. 사회는 식민문학의 융성을 도모하고, 이에 관한 역사와 사업을 알려서, 조락하는 우리 청년의 원기를 북돋아주길 간절히 소망하는 바이다."(p.7) 이처럼 '식민적 지식의 보급'이라는

---

[27]　인용문에 나오는 "우리 국민성"이란 "용감한 기상과 확고한 의지를 갖고 있어서 식민지 건설에 가장 적합하다"(p.7)는 것이다. 그러나 타케코시가 거론한 구체적 예는 '해적'이다. "해적이라 일컫는 것도 실은 양민이 단지 법령을 어긴 것을 말하는 데 지나지 않는다"고 말하며, '해적'을 해외웅비에 적합한 일본 국민성의 유래로 보았다.

점에서 한 걸음 더 나아간 그의 논의는 학교 교육 커리큘럼에서는 고등학교 단계부터, 그리고 학교 교육 외적으로는 '식민문학의 융성'을 추진해야 한다는 논지를 전개한다. 중요한 것은 문학이 보다 넓은 '사회'를 향해 식민 이데올로기를 유포하는 매체로 선택되었다는 점이다.

실제로 『쇼쿠민세카이』에는 소설과 시 한 편씩을 게재하는 「식민문학」란이 마련되어 있었다. 창간호를 예로 들면 남미를 입지소설立志小說의 무대로 삼은 호리우치 신센堀內新泉의 「식민소설 남미행殖民小說南米行」과 "심으라, 벚나무와 버드나무 / 심으라, 야마토의 남자와 여자"라 읊는 코다마 카가이兒玉花外의 「가는 기러기行く鴻」 등이 있다.[28] 그러나 여기에서 보다 주목해야할 것은 타케코시 요사부로처럼 '식민문학'을 제기하는 의도이다. 즉 "조락하는 우리 청년"으로 상정되는 독자층은 번민청년상과 거의 비슷하고, '식민'에 관한 "역사와 사업을 알린"다는 내용은 각종 교육잡지에서 다뤄진 반자연주의적 경향과 완벽하게 일치하기 때문이다. 예컨대 도덕과 문예의 진보적 조화를 논하는 이노우에 테츠지로井上哲次郎(1855~1944)는 「도덕과 문예道德と文芸」(『쿄이쿠카이』 제9권제3호, 1910.1)에서 "추악한 자연주의 소설"을 "엄금"할 것을 호소하며 청년 독서물로는 교과서 · 위인전 · 여행기 등이 적절하다고 주장했다.[29] 이러한 관점에서 보면 '식민문학'은 당시 문단의 주류였던 자연주

---

28 『植民世界』第1卷第1號~第5號. 이 중 「쇼쿠민분가쿠植民文學」란은 호리우치 신센의 「식민소설 남미행植民小說南美行」과 코다마 카가이兒玉花外의 「가는 기러기行く鴻」(第1號), 호리우치 신센의 「식민소설 심림여행植民小說深林旅行」(第3號), 미시마 소센三島霜川의 「집 한 채一軒家」(第4號)가 실렸다. 또 호리우치 신센의 '식민문학'과 잡지 『쇼쿠민세카이』에 대해서는 와다 아츠히코和田敦彦, 「'입지소설'의 향배―『쇼쿠민세카이』라는 독서공간〈立志小說〉の行方―『植民世界』という讀書空間」(金子明雄·高橋修·吉田司雄 編, 『ディスクールの帝國―明治三〇年代の文化研究』, 新曜社, 2000.4)이 있다.

의 문학의 조류와 정면으로 대립하는 체제적 경향을 띠는 문학상文學像
으로 규정할 수 있다. 식민사업을 장려하고 추진한 『쇼쿠민세카이』는
번민청년이나 자연주의 현상으로 이야기되는 청년층에게 건전한 식민
이데올로기를 주입하는 것을 주요목적으로 하는 청년대상 잡지 미디어
였던 것이다.

5. 식민 이데올로기와 규율·훈련의 조선

식민 이데올로기는 '열등한 자를 고상하게 만들기 위한'(니토베 이나
조) 것이라는 식민지주의적 목표에 비중을 두기보다, 우선 해외로 웅비
하려는 청년들을 교육적으로 양성하는 것을 목표로 했다. 청년층을 대
상으로 한 식민사업의 추진에서는 '식민적 지식의 보급'(오쿠마)에 역점
을 두고, 더 광범위한 청년층에게 그 확장주의적 이데올로기를 내면화
시키기 위해 '식민문학'이라는 문학적 효용까지도 주장했다. 이것은
식민사업의 필요성이 사회적으로 높아져, 상황적으로 요구되었음을

---

29 井上哲次郎, 「道德と文芸」, 『教育界』第9卷第3號, 1910.1, p.7. 이노우에는 먼저 '한문부
흥' '한학부흥' 현상을 예로 들며, 이것을 '로마자회羅馬字會의 주장' '추악한 자연주의 소
설'의 '반동'이라고 말한다. 다음으로 요시다 쇼인吉田松陰, 니노미야 초도쿠二宮尊德, 아
카호赤穗 47인의 사무라이 등이 전년도 봄부터 소설의 소재로 등장하는 징후에 주목하
고 있다. 이노우에는 중학생 시절에는 '교과서' 및 '성인군자 영웅호걸 등과 같은 위인전
외 다양한 여행기'가 적절하고, 고등학교에 들어서야 비로소 '건전한 소설'을 읽을 수 있
다고 말한다.

의미한다. 그렇다면 이러한 식민 이데올로기는 일본열도 청년들에게 어떻게 제시되었을까.

니토베 이나조가 1906년에 했던 한국 여행의 사례처럼, 당시 조선은 이미 투어리즘tourism의 대상이 된 지역이기도 했다. 물론 투어리즘에는 다양한 형태가 있지만, 여기에서는 식민 이데올로기와 공통된 면이 있는 각종 학교의 수학여행이라는 관점에 대해 고찰하고자 한다. 먼저 그 차별화를 위해 청년층이 아닌 일반 기업가를 대상으로 한 식민사업의 사례를 하나 참조해보자. 「도한자의 주의(키우치 농상공부 총장의 담화) 渡韓者の注意(木內農商工部總長の談)」(『미야코신분』, 1906.8.24)는 '중류 인사의 도한中流人士の渡韓'을 대상으로 다음과 같이 말하고 있다.

> 한국에 건너가 여러 분야를 경영하길 희망하는 자는 대자본가도 좋고 대회사도 좋다. 그러나 우리가 가장 희망하는 것은 되도록 중류의 자산을 소유한 대다수의 인사가 영주할 목적으로 계속 도항하는 것이다. 만일 그 나라에 문명을 이식하고 개발에 힘을 쏟고 싶다면 그 국민과 융화·화합하여 점차 그들을 동화시켜 서로 의지하고 도움으로써 향후 상호 발전을 도모해야 한다. ……

이 기사에서 알 수 있는 것은 중산계급 이상의 도한자에게 설명하는 식민 이데올로기가 '열등한 자를 고상하게 만들기 위한'(니토베 이나조) 것이라는 식민지주의적 언설과 정합성을 갖는다는 점이다. 러일전쟁 이후부터 한일병합시기에 걸쳐서 일본이 한국을 경영하는 데 필요했던 것은 '대자본가'나 '대회사'와 같은 거대자본이 경제권을 제국주의적으로 확장하는 것과 함께, 조선에서 직접 사업기반을 확립할 인적자본을 이식하는 것이었다. 이 임무는 어느 정도 자산을 소유한 중산계급이 짊어져야 한다고 생각했다. 중산계급 도한자에게 요구되었던 것은 바로 '문명'을 '이식'하는 것이며 조선인을 '동화'시키는 것이었다.

그러나 각종 학교의 수학여행은 사정이 다소 달랐던 듯하다. 수학여행의 대상지역으로 타이완·만주·조선방면이 선택되었던 계기를 「학생의 만한여행－어용선편승學生の滿韓旅行－御用船便乘」(『요미우리신분讀賣新聞』, 1906.6.28)에서는 다음과 같이 전한다. "육군성은 금년 여름 방학에 어용선[30] 수 척을 준비하여 중학 정도의 학생과 직원에 한해 무임승선을 계획하고, 실제 7월 10일 카고시마중학교 학생 백 명을 태우고 처음 출항했다." 이후의 신문보도에 따르면, '카고시마중학'은 '제7고등학교조사관第七高等學校造士館'을 잘못 쓴 것이었으며, 문부성은 '중학 정도'라는 규정을 '중학 정도 이상'으로 변경했다. 처음 출항한 카라후토마루樺太丸에는 카고시마조사관·고등사범학교·토쿄부립 각 학교 학생들이 승선했다.[31] 물론 이것의 계기는 앞에서 서술한 관부연락선을 비롯한 일본에서 만한지역에 이르는 교통망의 정비와 그 지역을 대상으로 하는 사업 열기이다. 하지만 여기에서 문제는 만한지역 수학여행을 통해 청년들에게 무엇이 기대되었는가라는 점이다.

---

30 정부가 사용하는 선박.(옮긴이 주)
31 『요미우리신분』에 게재된 「학생의 만한여행」(1906.6.28), 「만한여행학생」, 「제일고등학교 만한여행단체」(7.4)에 의거한다. 이와 관련하여 제1고등학교의 비용 내역을 살펴보면, 여행은 28일간으로 선내 식비는 하루에 30전, 상륙 후에는 하루에 50전이었다. 또한 문부성이 "중학생 정도 이상"이라고 정한 것에 대한 소학교 교사들의 비판이 있었다.(「小學校師の滿韓視察」, 『讀賣新聞』, 7.6)

이는 모두 경사스러운 현상이며 러일전쟁의 결과로 결실을 맺은 것 중 하나에 불과하다. 그러나 오랫동안 쇄국적 기풍에 감염된 우리 국민은 그다지 멀지 않은 바다를 사이에 둔 만한의 땅마저도 여전히 해외 만리, 먼 나라라는 관념에서 벗어나지 못한다. 간혹 이 땅에서 뭔가를 계획해도 이를 만류할 만한 어른 조차 없다는 것은 아직도 그 사정에 밝지 못하기 때문이다.(「학생의 만한여행」)

게다가 지금 우리나라 정세는 밖으로 크게 발전하려 하고 있다. 타이완 경영에서 만한 지역의 기반 마련에 이르기까지, 국민의 정력을 쏟아야할 사업이 많다. 물론 이러한 일은 연장자가 해야 하는 것이고, 학업 중에 있는 청년이 관여할 부분은 아니다. 하지만 청년은 곧 제2의 국민으로서 현재의 국민을 대신하여 현재 국민이 착수한 일을 계승하고 이를 완성해야 할 의무가 있다. 즉각 지금부터 타이완과 만한 지역의 산천을 둘러보는 수학여행을 실시하여 앞으로의 경영에 도움이 되도록 해야 한다.(「수학여행 구역의 확장―만한과 타이완으로修學旅行の區域擴張―滿韓及台灣へ」,『요미우리신분』, 1906.6.20)

이와 같은 기사들의 의도가 반드시 청년들에게 식민 이데올로기를 요청하는 데 있었던 것은 아니다. 아니 오히려 '앞으로의 경영에 도움이 되도록'이라는 구절로 보아 식민지주의적 성격이 강조되고 있다고도 할 수 있다. 하지만 보다 중요한 것은 '쇄국적 기풍에 감염'된 국민성에 대한 첫 번째 기사의 비판적 담론과, '연장자'와 '청년' 각각의 역할에 맞춰 구별하는 두 번째 기사처럼 식민지주의가 세대론적으로 파악되고 있다는 점이다. 특히 두 번째 기사는 타이완·만주·조선이 수학여행의 대상지역이 되어야 할 근거로 '제2의 국민'이라는 단어를 제시한다. 또한 타이완·만주·조선 방면이 왜 수학여행으로 적합한지 두 가지 이유를 제시하고 있다. 하나는 '만한과 타이완에는 학생이 연구할 만한 재료가 많다'는 현실적인 이유이고, 또 다른 이유는 다음과 같다.

두 번째로, 대륙 여행은 청년의 기백을 호쾌하게 만드는 이점이 있다. 양학자가 가까스로 양자강 입구에 이르러 일찍이 섬나라 사람으로는 상상할 수 없을 정도로 큰 대륙의 하천을 보고 비로소 이제까지 내 식견의 좁음을 부끄럽게 생각한다고 말하듯, 청년으로 하여금 대륙을 친숙하게 여행시켜 대륙 산하를 밟게 한다면, 도량이 광활해지고 섬나라 근성을 없애는 데 많은 도움이 될 것이다.

우선 이렇게 요청된 청년상이 『쇼쿠민세카이』의 언설과 상응하고 있음을 기억해 두도록 하자. 이어서 또 하나 지적할 수 있는 것은 청년들에게 주어진 '제2의 국민'상이 기존의 '국민'상―'쇄국적 기풍'·'섬나라 근성'―과 명확히 차별화되어 제시되고 있다는 점이다. 앞으로 다가올 제국주의적 '제2의 국민'상은 식민 이데올로기와 공명하는 형태로 나타나고 있는 것이다.[32]

다시 청년층을 중심으로 한 식민 이데올로기의 언설 구조와 조선으로의 수학여행을 잇는 접점을 검토하도록 하자. 중요한 것은 '제2의 국민'

---

[32] 「학생의 만한여행」에서는 "선배가 크게 찬성하는바 첫째는 해국海國 남아의 기풍을 양성하고, 둘째는 식견을 개발한 후 그 효과가 클 것으로 믿기 때문 ……"이라고 설명하고 있다.

이 되도록 청년들을 양성하는 것과 조선이 부정적 이미지로 일컬어지는 지역이었다는 것이 어떠한 관점에서 정당화되고 있는가이다. 이에 대해 단적으로 기술한 사례 두 가지를 살펴보도록 하자. 하나는 "작년 여름은 만한여행이 유행이었다. 아마 올해도 여행자가 많을 것"(p.23)이라는 내용이 실린 호소야마 고레이細山五嶺의 「한국의 내지韓國の內地」(『쿄이쿠지론』 제800호, 1907.7)이다. 다른 하나는 1909년 조선 소개기로 연재되었던 시부카와 겐지澁川玄耳의 「무서운 조선恐しい朝鮮」(『토쿄아사히신분東京朝日新聞』, 1909.11.26)이다.

마지막으로 한 마디 하면, 한국의 내지 여행은 매우 힘들지만 수양이라는 점에서 둘도 없는 도장道場이다.(호소야마 고레이, 「한국의 내지」, p.24)

다만 절실히 느낀 것은 조선에 와보지 않으면 일본인의 고마움을 헤아릴 수 없다는 점이다. 일종의 애국심 양성에는 백 권의 윤리 교과서보다 조선 견문이 효과적이다. 게다가 바칸馬關[33]에서 경성까지 일주일이면 충분히 왕복할 수 있으므로, 봄과 가을 수학여행지로 절호의 지역이다.(시부카와 겐지, 「무서운 조선」)

이 시대에 전파되는 조선상이 열등문화의 지표로 여겨졌다는 것은 세속적으로 이미 조선이 기지旣知의 이문화로 공유되었다는 증거이다. 「무서운 조선」이라는 시부카와 겐지의 제목이나 나카무라 세이코의

---

33 지금의 시모노세키下關를 의미한다.(옮긴이 주)

「조선으로, 조선으로부터」에서도 나타나듯이, 도한경험자의 증가와 각종 미디어 보도로 형성된 조선상은 직·간접적 경험을 매개로 하는 공포라는 은유가 덧붙여진 문화상으로 전파되는 경향이 있었다. 부정적 이미지로 거론되는 조선의 수학여행과 다음 세대를 짊어져야 할 제국주의적인 '제2의 국민'상을 양성한다는 목적을 접합시킨 것은 '수양'과 '애국심'이라는 개념이었던 것이다. 이러한 의미에서 수학여행을 비롯한 청년층을 대상으로 하는 조선 식민사업은 정치적·경제적인 측면과 함께 문화적 문제로도 부상한다. 러일전쟁 이후 조선은 청년들의 '수양'과 '애국심' 양성을 위한 규율과 훈련 장소로 발견되었다. 이것은 다가올 제국주의적인 국민상 형성의 도덕적인 처방전이기도 했던 것이다.

제3장_ 건전한 청년과 지방상의 창출

자연주의 현상으로 이야기되는 청년문화

러일전쟁 이후의 문학에는 몇 개의 키워드가 등장한다. 그 중에서 이 시기를 논할 때 빼놓을 수 없는 것은 청년문화와 지방이라는 주제일 것이다. 청년문화, 지방 그리고 문학. 일본 근대에 이 세 가지 주제가 원초적 형태로 등장한 것은 1880년대 후반에서 1890년대 초반에 걸친 시기—메이지 20년 전후—이다. 마츠무라 토모미松村友視 씨는 미야자키 코쇼시宮崎湖處子(1864~1922)의 『귀성歸省』에서 "당시 일본이 안고 있던 '중앙 / 지방' '도시 / 농촌' '문명 / 자연'"의 틀이 성립되었고, 이것은 토쿠토미 소호의 '자연관·고향관'에서 영향을 받았다고 지적한다.[1] 토쿠토미 소호는 1887년 간행된 『신일본의 청년新日本之靑年』을 통해 새로운 시대에 요구되는 청년상을 사회에 호소했다.[2] 이러한 주제들은

1　마츠무라 토모미松村友視, 「'중앙'과 '지방'의 사이—메이지문학을 시좌로 삼아〈中央〉と〈地方〉のはざま—明治文學を視座として」(『日本文學史を讀む Ⅴ—近代 1』, 有精堂, 1992.6)에서는 단순히 2원론적 구조로는 파악할 수 없는 '중앙 / 지방'의 틀로 메이지 문학작품의 다양한 연쇄를 풀어내고 있다. 이번 장은 마츠무라 씨의 관점에서 많은 시사를 받았다.

러일전쟁 이후 그 형상과 규모를 바꾼 형태로 반복되어 편성되었다. 세 가지 키워드는 이것들을 대표하는 사람들—청년·지방 거주자·작가—에 의해 각각의 가치가 재편되었다기보다, 우선 미디어에서 이야기된 이미지로 유통되는 경향이 짙었다.

예컨대 이 시대에 전파된 문학상文學像을 검토할 경우 문학 외적으로 이야기되는 지적 언설의 패러다임을 파악하는 것이 중요하다. 그것은 문학계를 넘어선 다양한 분야와 관계가 있으며, 동시대 문학을 둘러싼 논의는 문화적 위상에 따라 다양하게 이뤄진다. 주로 초점이 되고 화제를 독점했던 것은 '청년의 문학'3이나 지방출신자의 문학으로 일컬어지는 자연주의 문학이었다. 하지만 문학이 반드시 청년문화나 지방이라는 주제를 끌어들인 것은 아니었다. 해외로 웅비하는 청년들에게 '식민문학殖民文學'이 제창되었듯이 우선적으로 청년층이 주목을 받았다. 이들은 토쿄에 있거나 또는 상경에 뜻을 둔 청년들이고, 이들의 문학적인 실상을 기점으로 문학논의가 전개되었다. 덧붙이자면 청년 문화를 중심으로 한 주제들의 편성이 러일전쟁 이후 지적 풍토를 주도하는 문화의 형태에서 상호보완적으로 발견된다는 사실이 중요하다.

이번 장에서 주목하는 것은 청년문화를 둘러싼 러일전쟁 이후의 논의들이다. 우선은 편의상, 지배적 문화라는 표현을 체제 측에 호응하는 보수적 문화라는 의미로 사용하겠다. 여기에서는 도덕적 규범에 의해서 바람직한 청년문화의 형태가 제기되고 이를 기반으로 지방이라는 상상의 주제가 등장한다. 이 경위는 제2장에서 고찰한 식민 이데올로기의 논리와 매우 대조적이다. 해외웅비의 확장형 방향성과 지방지향의 귀환형 방향성은 지배적 문화가 동시대 청년문화에 제시했던 상반된 두 가지 논리이다. 게다가 문학계를 벗어난 지점에서 파악되는 동시대 문학은 이른바 부정적인 의미에서 청년문화의 대리표상으로 이야기되던 경향이 강하다. 이러한 시점에서 여기에서는 러일전쟁 이후 청년문화·지방·문학이라는 세 가지 키워드를 둘러싼 언설의 편성과정을 검증한다.

1. 러일전쟁 이후의 청년상과 '지방'

러일전쟁 이후의 청년문화를 논하는 언설에는 전형적인 특징이 몇 가지 있다.[4] 그 중 가장 대표적인 청년상은 '번민청년'이다. 1903년 5월 22일, 후지무라 미사오藤村操라는 청년이 닛코日光의 케곤 폭포華嚴瀧에서 '암두지감嚴頭之感'이라는 글을 남기고 투신자살하는 사건이 발생했다. 동양사학의 권위자인 나카 미치요那珂通世(1851~1908)의 조카였던 그는 제1고등학교를 다니는 장래가 촉망되던 지적 엘리트였기에, 그의 자살은 동시대 청년층에게 충격을 주었다. 러일전쟁을 전후로 한 4년간, 케곤 폭포에서 그의 뒤를 따라 자살을 기도한 사람은 185명에 달했

---

4 토쿠토미 소호의 『타이쇼의 청년과 제국의 전도大正の青年と帝國の前途』(民友社, 1916)에는 '모범청년', '성공청년', '번민청년', '심약청년', '무색청년無色青年'으로 분류되어 있다.

〈그림 6〉 후지무라 미사오와 '암두지감'

고, '암두지감'에 적힌 '(인생)불가해(人生)不可解'나 '번민'이라는 말이 유행했다. 후지무라 미사오에게 자신의 감정을 이입시켜 '암두지감'을 암송하는 청년도 수없이 많이 출현했다고 한다. 이들은 '번민청년'이라 불렸다. 당시 제1고등학교는 넘버 스쿨Number School이라 불리던 구제旧制 고등학교 중 첫 번째였고, 졸업하기만 하면 제국대학에 진학할 수 있는 특급 엘리트 고등학교였다. 이러한 고등학교의 학생이 번민을 이유로 목숨을 끊은 것이다. 청년 한 사람의 자살이 시대를 상징하는 사건이 될 수 있었던 것은 제1고등학교 학생이라는 특수성과 함께 그의 죽음이 많은 청년들에게 공감을 불러 일으켰기 때문이다.

훗날 후지무라 미사오의 친구였던 이와나미 시게오岩波茂雄(1881~1946)는 이 사건의 의의를 '내가 나서지 않으면 누가 하겠는가'라는 '비분강개의 시대'에서 '내면 성찰적 번민시대'로의 전환이라고 규정했다. 또한, '농성주의籠城主義[5]나 '근검상무勤儉尚武'라는 제1고등학교의 교풍은 일본의 부국강병 정책과 밀접한 관계에 있었지만, 당시는 '국가가 아니라 자신을 문제삼기 시작한 시대'였다고 적고 있다. "남자라면 입신출세나 부귀공명 같은 말을 입에 담기 부끄러워하고, 그 대신 영원한 생명을 인지하고 인생의 근본의미를 관철하기 위해 죽음도 불사하는 시대였다"는 것이다.[6] 후지무라 미사오의 투신자살은 다음 세대를 떠맡을 청년층이 국가의 제국주의 노선에 편승한 입신출세의 길을 의문시하기 시작한 것과 관련이 있다. 그러나 후지무라 미사오가 반드시 무명의 청년들을 대표하는 존재라고 할 수는 없다. 그의 죽음에 공감했던 수많은 번민청년들은 중학교 졸업을 전후로 한 학생층이 많았다. 후지무라 미사오라는 존재가 대표했던 것은 번민청년들의 학력이나 처지가 아니라 그들이 동경하는 학력사회의 선두주자라는 위치였으며, 이와 함께 '암두지감'이 그들에게 번민이 무엇인가라는 이상적인 심성도 제공했던 것이다.

미디어는 번민청년의 출현을 사회에 대한 경종으로 파악했다. 후지무라 미사오가 자살한 1903년 5월은 러일전쟁의 개전을 앞둔 시기이고, 6월에는 토쿄제국대학의 박사 7명이 즉시 개전을 촉구하는 건백서를 카츠라 타로桂太郎(1848~1913) 수상에게 제출한 시기이다. 따라서 대부분의 여론이 이 사건을 우려했으리라는 것은 쉽게 상상할 수 있다. 하지만 여기서 주목하고자 하는 것은 러일전쟁 이후 형성되는 청년상의 모습이다. 후지무라 미사오의 죽음이 『요로즈쵸호万朝報』를 비롯한

신문 잡지의 보도를 통해 동시대 청년들에게 신화처럼 되었듯이, 우선 이러한 청년상은 미디어로 유통되는 언설에 의해서 만들어진다.[7] 청년상의 형성은 그것을 말하는 언설의 당사자에 의해서 먼저 실정화實定化된다. 번민청년도 청년층의 부정적 경향을 대표하는 이미지로 언급되었다. 이러한 의미에서 언설을 만들어내는 자의 제도적 지위를 고려하면, 러일전쟁 이후 청년상의 큰 틀을 규정한 것은 1906년 6월 9일 문부대신 마키노 노부아키牧野伸顯(1861~1949)가 발표한 문부성 훈령 제1호 「학생의 풍기진숙에 관한 건學生生徒ノ風紀振肅ニ關スル件」이었다고 해도 과언이 아니다.

> 본 대신大臣은 최근 청년자제들 사이에 의기소침하고 풍기 퇴폐한 경향이 종종 보이는 것에 심히 우려가 크다. 요즘 학생 중에는 작은 성취에 만족하고 사치에 빠지거나 공상에 번민하여 본분을 소홀히 하는 자들이 있다. …… 이는 가정의 감독이 방향을 잃고 학교의 규율이 느슨해졌기 때문이다. 이제라도 엄격하게 계신戒愼하지 않으면 그 피해가 실로 헤아리기 어려울 것이다.(문부성文部省, 『학제80년사學制八十年史』, 1954.3, p.932)

모호한 청년층을 실정화하려면, 이것이 타인과의 관계에서 어떠한 존재인지 의미를 규정해야 한다. '의기소침하고 풍기 퇴폐한 경향'이라는 기술이 이에 해당한다. 이러한 '경향'을 조장하는 요인으로 가정 및 학교 교육과 함께 '사회 일부의 풍조가 점차 경박하게 흘러가는 조

---

7   高橋新太郎, 「「巖頭之感」の波紋」, 『文學』 第54號, 1986.8 참조.

짐'으로 '근자에 발간되는 문서도화文書図畵'의 악영향이 지적되고, 교육상 유해한 도서는 '학교 내외를 불문하고 엄격히 금지하는 방법을 취해야 한다'는 취지가 제시되었다. 여기에서 주의할 것은 문부성 훈령 제1호가 번민청년으로 대표되는 청년상을 부정적인 지표로 대상화함과 동시에 그 원인이 청년들이 처한 환경에 있다고 간주하고 있는 점이다. 이는 청년의 부정적 이미지를 근거로 가정·학교·출판계를 계도한다는 경험론적인 견해이다. 물론 이 취지는 건전한 정신을 가진 청년을 규율하고 훈련하기 위한 교육환경 쇄신에 있었다.

문부성이라는 보증이 붙은 이 훈령은 사회에 큰 영향을 끼쳤다.[8] 예컨대 『요로즈쵸호』는 주로 도시의 '불량학생'과 '타락학생'의 실태에 초점을 맞춘 「남녀 학생의 어두운 면男女學生の暗黑面」을 12회에 걸쳐 연재했다.[9] 훈령 공포가 학교의 졸업시기와 맞물린 탓에 학생에 관한 기사들이 훨씬 더 많이 생산되었다. 먼저 이와 같은 현상을 빚어내는 제도적 상황에 관한 일례를 살펴보도록 하자. 농정학자農政學者 요코이 토키요시橫井時敬(1860~1927)의 「편향적 교육여론片輪的敎育世論」(『요미우리신분讀賣新聞』, 1906.7.15)은 번민청년이 출현한 이유를 "학교가 청년층의 수요에 응할 만큼 그 수가 많지 않은" 것에서 찾는다. 즉 이에 따른 수험 경쟁의 과열이 "요즘 학생들 사이에 종교적 경향처럼 신경쇠약을 앓는

---

8 여론에서 문부성 훈령 제1호는 대체로 찬성으로 평가받았다. 그러나 자세히 보면 이론異論이나 반론도 눈에 띈다. 예를 들면 「최근 발행된 출판물」의 악영향에서 '학생이 읽는 도서'의 '금알禁遏'에 대해 『쿄이쿠지론敎育時論』의 사설에서는 "학생들의 신문열독을 왜 금하지 못했는가"(제764호, 1906.7.5, p.2)라며 불만을 나타내고 있다. 신문 미디어의 논조에 대해서는 「문상의 훈령과 여론(1)(2)文相の訓令と世論 (一)(二)」(『讀賣新聞』, 1906.6.11~12)이 있다.

9 『萬朝報』(1906.6.16~18, 22, 25, 27, 29, 30, 7.3, 5, 11, 15). '번민청년'에 대해서는 『신코론新公論』 등에 특집으로 편성되어 있다. 이러한 부정적 이미지에 반대되는 청년상이 '고학생'이나 '모범청년'이었다.

자"를 만들어 내고 있다는 것이다. 번민청년이 증가하는 현상에서 청년들의 정신적인 면을 형성하는 교육환경뿐만 아니라 그 제도적 결함을 지적하는 의견은 요코이 이외에도 몇 가지 유형이 있다.[10] 전국적으로 각종 학교의 증설과 교사의 확충을 호소하는 논의는 정당성을 가지고 있었고, 문부성에서도 교육기관의 제도적 개혁에 착수하고 있기는 했다. 그렇지만 이 시대에는 마이너스 지표로 대상화된 청년상의 변혁에 역점이 두어졌다. 청년들의 정신적인 측면이 논의의 초점이 되었고, 불량청년·타락청년과 함께 번민청년이 특히 주목받은 것도 여기에 이유가 있었다.[11]

청년들의 정신 변혁에 중점을 둔 저널리즘은 우선 청년들을 둘러싼 환경 개선을 제안했다. 이러한 언설들은 규율과 훈련장소를 구체적으로 상정하는 특징을 보인다. '풍기문란'하게 만드는 장소가 바로 도시를 연상시키는 데 비해, 바람직한 교육환경으로 제시된 장소는 '지방'이다. 『요미우리신분』의 논설 「지학자志學者의 마음가짐」(1906.7.6)은 실업학교를 제외한 졸업생 취업난의 타결책을 논하는 가운데 "무분별한 도시 유학을 자제하고 지방 학교에 입학"하도록 제안한다. 그 이유는 "본래 도시는 풍속상 각종 퇴폐적인 것들이 유행할 뿐 아니라 위생

---

10 요코이의 논의는 상위 학교로 진학을 희망하는 청년을 대상으로 하지만, 이외에도 학교 졸업자의 취직난이나 중퇴자의 증가에 관한 논의들이 있다. 예를 들자면, 요코이의 논의와 마찬가지로 '번민청년'을 다루는 동시대의 논의는 『요로즈쵸호』의 「중학졸업생」(1906.4.14) 등이 있다. 진보적 지식인이기도 했던 요코이는 나중에 서술하는 바와 같이 지방적 가치를 적극적으로 주장했다.

11 이에 관해서는 야마모토 요시아키山本芳明, 「'공상에 번민'하는 청년-『독립심』·『어디로』를 중심으로 한 마사무네 하쿠쵸 노트 1『空想ニ煩悶』する青年-『獨立心』·『何處へ』を軸として 正宗白鳥ノート 1』(『學習院大學文學部 研究年報』第33輯, 1986)이 있다. 여기에서는 지적 언설을 통해 파악되는 번민청년상을 마사무네 하쿠쵸의 비판적 대응으로 분석하고 있다.

상으로도 시골에 비해 심한 결점"이 있기 때문이다. 도시와 지방이라는 이원론적 구도 속에서 건전한 청년을 육성하는 장소로서 '지방'이 의식적으로 제기되기 시작한 것이 러일전쟁 이후 청년상을 둘러싼 저널리즘의 큰 특징 중 하나이다.

바람직한 청년상을 구축하는 과정과 그 가치를 '지방'으로 회수하려는 시도는 미디어를 매개로 하여 청년독자들에게도 이루어졌다. 『세이코成功』(세이코잣시샤)의 「기자와 독자記者と讀者」라는 질문투고란의 답변은 그 일례이다. 1907년 1월에 간행된 『세이코』(제10권제5호)에는 '히젠肥前의 고뇌생苦惱生'이 "저에게는 늙으신 어머니가 한 분 계십니다. 재산이 없어 집을 나갈 수는 없지만 어떻게 해서든 토쿄로 가서 고학하여 성공하고 싶습니다. 이러지도 저러지도 못해 밤낮으로 고민하고 있는데 뭔가 좋은 방법이 없을까요"라는 질문이 게재되었다. 다음은 이에 대한 편집부의 답변이다.

토쿄, 토쿄하면서 그저 토쿄를 동경하는 것은 지방청년들의 통폐이다. 본지에서 몇 번이고 지적한 바와 같이 토쿄는 청년이 수양할 곳이 못된다. 소은小隱은 산에 숨고 대은大隱은 도시에 숨는다는 말처럼 아직 사상이 견실하지 못한 청년이 수양하기에는 지방이 최고다. …… 지금은 통신기관을 설치하면 지방에서 수학해도 아무런 지장이 없다. 일정한 방침을 세워 집에서 일을 보는 한편, 10여 년 간 즉 자네가 35~36세가 되기까지 열심히 공부해보라. 그리하면 앉아서 훌륭한 인물이 될 수 있을 것이다. 쓸데없이 고민하는 실수를 범하지 말라.(p.63)

'고뇌생'에게 지방의 가치를 논하는 편집부의 회답은 '사상이 견실하지 못한' 청년의 미숙함이 건전한 환경으로서의 지방상과 동일한 것으로 간주되었을 때 성립한다. 즉 지방상을 창출하고 그것을 존중한다는 것은 반드시 '중앙 / 지방'의 인식론적 전환을 도모하는 것이 아니라 청년을 육성하는 장소로서의 이미지가 강조되는 것을 의미한다.[12] 이러한 의미에서 보면, 지방적 가치는 도시로 향한 지리적인 이동으로 규정된 지방청년의 상승지향—'입신출세'와 '성공'을 위한 '고학苦學'—을 억제하는 작용을 담당했다고 볼 수 있다. 이러한 언설의 역학은 '청년의 수양이라는 표현에 단적으로 나타나고, 지방청년들의 자본주의적 성공은 '지방'으로 회수된다. 이것의 배경에는 도시로 유입되는 지방 출신자가 급증하는 현상이 있었고, 그 가운데 문제시된 것은 지방청년의 토쿄 유학이었다.

당시의 일본은 본격적인 자본주의 사회로 편성되는 시기에 해당된다.[13] 1906년에는 철도국유법의 시행으로 2년 동안 사설철도 회사 17개가 매수되는 등 민간 기업에 거액의 자본이 축적된 해이기도 하다. 국가에 의해 전국적인 교통·유통망이 정비되면서 경제상황도 다시 활성화되자 지방출신자들은 자본주의적 성공을 목표로 토쿄로 상경했다. 이러한 상황에 대해 이듬해 3월의 『세이코』 시평은 "전후 사업열기가 발흥함에 따라 그 열기가 저 멀리 산속 마을에까지 미치어 지방

---

12 예를 들면, 앞에서 인용한 『요미우리신분』의 논설 「지학자의 마음가짐」에는 "우리의 가능성 많은 청년들이 될 수 있는 한 지방에서 공부하길 바라고 구태여 도시까지 와서 공부하는 것을 서두르지 않길 바라기 때문"이라고 적혀 있다. 즉 '지방'은 '중앙'으로의 통과점으로 인식되었던 느낌이 강하다.

13 中村隆英, 『明治大正期의 経濟』, 東京大學出版會, 1985 등 참조.

신사紳士 중 약삭빠른 자는 일확천금을 꿈꾸며 매일 토쿄의 신바시新橋, 우에노上野 역 앞에 수백 명씩 모여든다. 아아, 이 무슨 징조란 말인가. 도시는 온통 죄악이 날뛰는 곳, 좋은 점이 있으면서도 허다한 죄악이 있는 곳이다"라고 말하고 있다. 여기에서 지방은 "죄악이 날뛰는" 토쿄에 비해 "전원은 신의 주택이며 근검한 미풍이 시골에 가득 넘친다"(기자, 「도시의 먼지가 지방으로 날아든다都塵地方に飛散する」, 『세이코』 제11권 제2호, pp.57~58)고 평가된다.

청년과 지방상의 연결에 대해서는 미디어가 생산한 각각의 이미지와 이것들을 만들어낸 제도, 그리고 문화를 말하는 패러다임의 관계를 논해야 한다. 그렇다면 건전한 청년을 '지방'으로 회수하는 과정에는 어떠한 이데올로기가 개입되었을까. 『세이코』가 「지방청년」란을 개설하면서 게재한 타카다 오오미高田大觀의 「지방청년과 야학회地方青年と夜學會」에서 그 사례를 살펴보도록 하자.

지방은 천하의 근본이다. 이 근본이 번창한 후 도시가 비로소 번창하는 것이다. …… 그렇다면 지방경영은 어떻게 하면 좋을까. 지방을 번창시키기 위해서는 어떤 방법을 써야 하는가. 이것이야말로 가장 연구가 시급한 문제이다. 우리는 무엇보다도 먼저 지방경영 번창책에 필요한 인재를 만드는 것, 재능있고 활발한 청년을 만드는 것에 대해 이야기하고자 한다. 특히 이번 호부터 이 코너를 통해서 꾸준히 지방청년에 관한 유익한 기사를 싣고자 한다. 이번 호에는 우선 지방청년과 야학회에 관해 이야기하기로 하자.(『세이코』 제10권제5호, 1906.12, p.56)

이후 『세이코』에는 「지방청년」·「지방경영」·「모범마을」 등의 코너가 거의 상설적으로 혼재한다. 이러한 코너는 지방의 정보를 수집하고 재발신하는 단순한 지방코너가 아니었다. '지방은 천하의 근본'이라고 하지만, 그 목적은 바람직한 지방상을 구축하는 데 있었다. 지방의 독자에게 발신되는 것은 '재능이 있고 활발한 청년을 만들'기 위한 방법이었다. 더욱이 중요한 것은 그것이 지방경제의 활성 ─ '지방 경영 번창책'─을 위한 인적 자본으로 제시된다는 점이다. 『세이코』를 장식하는 이러한 주장의 배후에는 보덕주의報德主義라고 부를 수 있는 이데올로기가 개재되어 있다. 무라카미 다쿠로村上濁浪가 주재했던 『세이코』는 보덕교報德教에 기반한 수양주의를 크게 내세웠던 것으로 알려져 있다.¹⁴ 에도江戶 후기의 농정학자 니노미야 손토쿠二宮尊德(1787~1856)에서 비롯된 보덕교는 러일전쟁 이후 내무성 관료들이 발행한 『시민斯民』과 각 지방 독지가의 활동으로 급속히 지방에 침투된다. 칸토關東 주변지역 농촌의 경제적 자력갱생에 힘을 발휘했던 니노미야 손토쿠의 사상은 개인의 '분수'에 맞게 계획적으로 생활을 설계함과 동시에 그 잉여분을 '추양推讓'한다는 '인도人道'적 가르침에 중점을 두었다. '수양'을 의미하는 '심전心田'이라는 말 또한 그가 만들어낸 단어이다. 메이지 시기의 보덕교는 실용주의적인 도덕과 공동체적인 경제적 효과를 중시했는데, 이것이 지방자치와 지방청년들의 규범으로 설파되었다.¹⁵

---

14 雨田英一, 「近代日本の青年と「成功」·學歷─雜誌『成功』の「記者と讀者」欄の世界」, 『學習院大學文學部 研究年報』第35集, 1989.9. 여기에서는 이 잡지의 이념을 보덕교와 사회 다위니즘적인 사회·인생철학의 절충에 있다고 보고 있다.

15 무라카미 다쿠로는 『세이코』에서 모범농촌에 대해 "보덕교 주의에 기초한 단체적 결사를 설립하고 경제와 도덕 두 방면으로 농촌에 근검과 역행의 미풍을 양성하는 근거로 삼는 것"이라고 서술하고 있다. 「模範町村視察隊を起せ」, 『成功』第14卷第4號, 1908.9, p.22.

　문부성 훈령 제1호가 발령된 이후 청년과 지방상을 규정짓고 규격화하려는 시대적 추세는 1908년을 기점으로 본격화되었다. 보신조서戊申詔書 발포와 함께 지방개량운동이 전개되기 시작한 것이다. 보신조서가 국민의 사치를 경계하고 근면검약을 설파했던 것은 잘 알려져 있다. 이를 계기로 지방촌락의 행·재정을 강화하기 위해 전국적인 규모로 전개되었던 것이 지방개량운동이다. 내무성은 자본주의 경제의 지방 확장과 농촌 재건을 목표로 했다. 이 점에 대해서는 앞서 말한 철도 국유법과의 연계성이 주목된다. 내무성은 농촌 지주제를 재편하기 위해 경제 정책뿐만 아니라 정촌町村 내부의 융화와 교육 진흥 등 여러 사회·문화적 슬로건을 내걸었는데, 보덕교는 그 도덕적 토대의 지표였다.

　러일전쟁 이후의 일본은 청년과 지방의 시대라고 말할 수 있다. 우선 바람직한 청년상과 그 지방적 가치가 미디어로 형성된 도시 청년의 부정적 이미지에 준하여 반작용적으로 도출된다. 이어서 이것이 촉매 역할을 하며 새로운 지방청년상이 구축된다. 보덕주의에서 전형적으로 나타나는 지배적 문화의 이데올로기는 보수적 경향에 걸맞는 순종적인 청년상을 필요로 했으며, 그 이미지는 중앙집권적인 경제기반의 정비를 노리기 위한 지방상을 매개로 구성되었다. 이런 측면에서 보면 폭넓은 독자층을 가졌던 『세이코』는 청년독자에게 시대의 흐름에 맞는 '성공'의 길을 제공함과 동시에,[16] 체제 측의 입장이 반영된 이데올로기를 독자에게 전달하는 미디어로서의 역할도 담당하고 있었다. 청년문화와 지방을 둘러싼 문화적인 구조는, 이처럼 본격적인 자본주의

---

16 이에 대해서는 앞서 언급한 논문과 함께 킨몬스E.H.キンモンス, E.H. Kinmonth, 『입신출세의 사회사—사무라이에서 샐러리맨으로立身出世の社會史—サムライからサラリーマンへ』(廣田照幸 ほか譯, 玉川大學出版部, 1995)에 자세히 나와 있다.

사회로 편성되기 시작한 시기에 미디어에 의한 지적 언설과 교육제도, 그리고 보신조서의 발포와 지방개량운동의 국가정책이라는 중층적 교배 속에서 형성되어 갔다.

2. 지배적 문화의 문학관, 바람직한 청년들의 독서

러일전쟁 이후에 나타난 사회를 '풍속괴란風俗壞亂'으로 표현했던 미디어의 언설들은 청년문화를 그 대항측으로 상정하고 계속 주시했다. 지배적 문화의 이데올로기는 바람직한 청년상과 지방적 가치의 창출을 통해 다음 세대를 이끌어나갈 청년들에게 어떤 특정한 문화적 규범을 제시했다. 이것은 이 시기에 현저히 사용 빈도가 증가한 '수양'이나[17] '모범청년'상이라는 형태로 나타났다. 그리고 청년에게 요구되는 사회적 의미작용을 전파하는 미디어의 언설들이 만들어지는 과정에 문학을 둘러싼 논의도 포함된다. 그 중에서도 주요 필자였던 보수적인 지적 엘리트와 교육관계자들의 문학관은 이 시대의 문학과 문화적 상황을 검토하는 데 빼놓을 수 없다. 말할 것도 없이 그 논의의 표적은 자연주의 문학이다.

우선 그 문학관의 큰 틀을 파악해 보도록 하자. 1907년 7월에 제출된

---

17 筒井淸忠, 「近代日本の敎養主義と修行主義－その成立過程の考察」, 『思想』第812號, 1992. 2. 여기에서는 수양주의의 위치를 대중문화의 에토스적 핵심으로 규정하고, 그 성립을 메이지 30~40년대로 보고 분석하고 있다.

각 학교의 보고서를 기초로 작성된「중등정도 제학교 학생 통독용 서적
中等程度諸學校生徒誦讀用書籍」목록은, 문부성의 요구와 각 지방장관의
검토를 거쳐 사범학교·중학교·고등여학교 교장에게 요청했던 "학생
들에게 통독시키기에 적당한 교과서 이외의 서적"이라는 기준으로 조
사된 결과이다.[18] 자세히 기술할 수는 없으나 회답한 396개 학교로부
터 집계된 목록에는 총 284개 서적이 3등급으로 분류되어 있다. 여기에
는 수는 적지만 중국과 일본의 한문서적(『일본외사日本外史』,『문장규범文章
規範』등), 에도 시대 이전의 고전(『카게츠소오시花月草紙』,『오리타쿠시바노키
折たく柴の記』,『헤이케모노가타리平家物語』) 등도 포함되어 있다. 이것은 동서
양을 막론하고 '전기문'이 많아진 것과 함께 주목할 만한 내용이다.[19]

　이 문부성 조사는 학교 기관으로 배포되고 교육잡지 미디어에 공표
됨으로써 각 방면에 큰 영향을 끼쳤지만, 이미 그 내용은 청년들에게
걸맞는 독서 체계의 규범으로 공유되고 있었다. 다시 잡지『세이코』의
「기자와 독자」코너의 응답을 참조해보도록 하자. 다음은 1906년 9월
『세이코』(제9권제6호)에 게재된「II生生」의「장래 문학자가 되기로 맘먹

18　「中等程度諸學校の報告に係る生徒誦讀用書籍目錄」,『六稜』第30號 記念號, 1907.12, p.213.
　　목록은 앞의 츠츠이筒井 씨 논문에 실려 있다. 이 목록은 나중에『테이코쿠교이쿠帝國教育』
　　제321호에 재록·공표된다.
19　동시대 문학에 대해서는 '문文'에 토쿠토미 켄지로德富健次郎의『자연과 인생自然と人生』
　　외에 이와야 사자나미巖穀小波·코다 로한幸田露伴·모리 오가이森鷗外·마사오카 시키
　　政岡子規의 유필집遊筆集, '시가詩歌'에는 도이 반스이土井晩翠·코다 로한·시마자키 토손
　　島崎藤村과 같은 작가들이 포함되어 있다. 더불어『자연과 인생』은 여학교 학생들에게 특히
　　인기가 있으며, '역사'에는 청일·러일전쟁의 전기물, 그리고 '기타'에는 사쿠라이 타다요시
　　櫻井忠溫의『육탄肉彈』이 이미 올라있다. 또한 보덕주의 관련 서적으로는 토미타 코케이의
　　『보덕기報德記』, 코다 로한의『니노미야 손토쿠二宮尊德』, 후쿠쥬 마사에福住正兄의『니노
　　미야 옹야화二宮翁夜話』등이 포함되어 있다. 그리고 '소설'란의 '50개교 이상'에는『사토미
　　핫켄덴里見八犬伝』,『춘설궁장월椿說弓張月』,『진서태합기眞書太閤記』,『한초군담漢楚軍
　　談』,『통속삼국지通俗三國志』,『부성물어浮城物語』,『소설기억기록小說思出の記』,『경국
　　미담経國美談』,『소공자小公子』,『취인의 아내醉人の妻』,『이솝이야기』등이 있다.

고, 직장 생활을 하면서 독학하고 있는 △생이 독서수양의 범위를 묻는다,는 질문에 대한 편집부의 회답이다.

> 먼저 철학 · 윤리학 · 심리학 · 사회학 일반과 일본 · 중국 · 서양 문학사의 개요를 파악하시오. 그리고 문장궤범文章軌範 · 당송의 팔대가문八大家文 · 시경詩経, 그 외 사기史記 · 좌전佐伝 등 역사에 관한 기본적인 한서漢書를 통독하고, 영어서적으로는 적어도 에머슨 · 칼라일 · 스콧 · 애디슨 · 새커리 등을 읽고, 마지막으로 일본의 문학자로는 적어도 헤이안平安 시대부터 토쿠가와德川 시대까지 모두 읽으시오. 단 메이지 문단의 저작물은 읽을 만한 게 없으니 읽지 마시오. 이렇게 어느 정도 풍부한 사상을 배우고 익힌 후 차근차근 창작에 매진하면 그 꿈이 실현되지 않겠는가.(p.57)

'문학자'로 입신하기 위해서는 그에 걸맞는 학문적 지식 습득의 필요성과 함께 정신적인 면인 인격향상에 중점이 두어지고 있다. 또한 편집부가 답한 '독서수양' 매뉴얼을 따르면 '독학'으로도 어느 정도 문학자로 대성할 수 있다는 점도 중요하다. 그러나 흥미로운 것은 문부성 조사목록과 이 독학용 매뉴얼 내용의 조응 관계이고, 그 동류성同類性이 보수적 문학관을 명확히 보여주고 있다는 점이다.

회답문에서는 '일본 · 중국 · 서양 문학사'만이 아니라 우선적으로 문학과 근접한 여러 인문사회과학에도 통달하도록 요구하고 있다. 그 다음에는 주로 한자문화권에서 관료 · 지식층의 자제교육에 사용되었던 한문서적과 일반적으로 메이지 계몽기에 수입된 영미작가 및 지식인의 저작을 원문 강독하고, 에도 시대까지의 문학관계 서적 등 매우 폭넓은 지식과 교양을 요하는 '독서수양' 매뉴얼을 제시하고 있다. 일을 하면서 '문학자'가 되기 위해 면학에 힘쓰려는 청년들에게 이 독학용 매뉴얼은 '메이지 문단의 저작물은 읽을 만한 게 없다'는 단서에서 알 수 있듯이, 그 목적이 문학지망자들을 달래거나 모범적인 문학자상을 지니도록 하는데 있었다고 말할 수 있다.[20] 『세이코』 편집부는 결코 문학적 행위를 부정하지는 않았다. 다만 메이지 시기 '문단의 저작'을 목록에서 제외했을 뿐이다.

어떠한 것을 문학으로 간주할 때에는 그것을 문학이라고 규정하는 가치기준이 선행되고, 이것은 어떤 특정 사회집단의 이데올로기에 의해 결정된다. 이런 의미에서 보면 적어도 두 가지 문학상의 대립을 지적할 수 있다. 즉 한자문화권의 사대부 문학 계통과 영미의 인문사회과학적 지식을 중심으로 구성된 계몽주의적 엘리트 문화의 문학상, 그리고 이 범주에서 제외된 동시대의 자연주의 문학으로 대표되는 청년문화의 문학상이다. 청년독자에게 제시되는 문학상은 세대론적으로 볼 때 보수적 경향을 띠고 있었으며, 이는 교육잡지 미디어와 지적 엘리트층에게도 널리 공유되었다.

보다 구체적으로 미디어에서 논의된 문학상의 틀을 검토해 보도록 하자. 『신코론新公論』에서는 1908년 5월부터 총 4회에 걸쳐 「청년 자녀

---

20 물론, 문학자 지망생 달래기는 잡지 『세이코』만의 특징적인 경향이 아니다. 예를 들면 와타나베 코후渡辺光風의 『입지의 토쿄立志之東京』(博報堂, 1909.10)에서는 "소호蘇峰를 생각하고 로한露伴을 생각하며 코요紅葉를 생각한다. 이들과는 별도로 최근에 명성이 자자한 소세키漱石와 돗포獨步 두 사람조차 이미 일부에서는 인기가 떨어지고 있지 않은 가. 이것이 실로 문단의 일반적인 모습이다. 문사의 말로는 역시 가련하다. 게다가 문단에는 벼슬이 없고 시간이 지난다고 연금이 나오지도 않는다. 하루아침에 명성이 바닥으로 떨어지면 사회적 자살이라는 운명만이 있을 뿐이다. 일류 문사라고 추앙받고 한 시대의 문호라고 공경 받던 자들도 이미 그러하거늘 하물며 ……"(p.119)라고 되어 있다.

를 둔 가정에게 조언, 읽을거리에 대해青年子女を有せる家庭への注意, 讀み物に就いて」라는 특집을 기획하고 지식인 38명의 의견과 각각의 추천도서를 게재했다.[21] 추천된 도서는 각양각색이었다. 하지만 이들의 공통적인 경향은 "첫째, 진실된 역사기록, 둘째, 위인명가偉人名家의 언행록, 셋째, 역사 기록이나 위인의 언행을 기록한 소설, 넷째, 의리가 있고 정이 두터운 인물을 그려낸 소설을 청년남녀의 읽을거리로 선택하는 것이 중요하다"는 입장이었다."(「미야가와 운가이宮川雲外君」 제23년 제7호, pp.1~2) 청년의 독서를 둘러싼 이러한 특징은 명백히 앞서 말한 문부성 조사에 입각하고 있음을 알 수 있다. 즉 추천도서들은 청년들의 "품성을 기르고 지식을 향상시키며 문학에도 도움이 되기"(「히라이 킨조平井金三君」 제7호, p.5) 때문이라는 기준으로 선택되었고, 그 주요 목적 중 하나는 당시 성행하던 자연주의 문학을 억제하는 데 있었다.

말할 것도 없이 지금의 서적은 그 수를 헤아릴 수 없을 만큼 많다. 하지만 자연주의에 대한 현대 청년 남녀의 열광이 삼복더위도 잊을 수 있을 정도의 청량제라 말하기는 어렵다. 소생이 보기에도 다음의 몇 종류에 불과하다.(「미야자키 코쇼시宮崎湖處子」 제8호, p.3)

---

21 『신코론』의 특집은 편집부가 각 집필진과 응답자에 대해 '청년남녀의 독서욕구를 충족시킬만한 독서목록'이란 테마로 의뢰한 것으로 추측된다(「宮川雲外君」 第7號, p.1). 게재자는 다음과 같다. 第23年 第5號 에는 前田彗雲, 「禁小說論」; 加藤弘之, 「健全なる新興國の風俗と作家の責任」; 阿辺勇磯雄, 「神代の要求せる憐むべき作物」; 佐冶實然, 「家庭と學校と及び小說」. 第6號 에는 井上哲次郎, 「小說と靑年男女」; 高島米峰, 「惡は默殺せよ」; 幸田露伴, 「余が靑年に推薦する書目」; 下田次郎, 「男女學生の讀むべきものは」. 第7號에는 宮川雲外・湯本武比古・三輪田眞佐子・小笠原長生・巖谷小波・增野悅興・山根正次・內藤鳴雪・磯辺弥一郎・村松介石・山縣五十雄・干河岸貫一・正宗白鳥・平井金三・加藤咄堂・山室軍平. 第8號에는 戶川殘花・肝付兼行・加藤弘之・坪井正五郎・境野黃洋・谷本梨庵・釋雲照律師・宮崎湖處子・花井卓藏・久津見蕨村・增田義一・福本日南・畔柳都太郎・井上作樂. (표제명이 없는 경우는 이름만 기재했다)

이어서 미야자키 코쇼시는 『구약성서』·『신약성서』·『천로역정』·『이솝이야기』·『코단 오이시 쿠라노스케講壇大石藏之助』·『삶生』 총 6권을 제시하고 있다. 청년들 사이에서 유행하는 자연주의 문학에 대한 '청량제'라는 표현은 지극히 정곡을 찌른 표현이라고 할 수 있다. 그 외에 코다 로한幸田露伴(1867~1947)은 『보덕기報德記』를 포함한 책 제목만, 이와야 사자나미巖谷小波(1870~1933)는 개인적인 입장에서 '동화お伽噺'를 추천한다고 했으며, 마사무네 하쿠쵸正宗白鳥(1879~1962)는 "한마디로 답하기 어렵다"며 투르게네프의 『전날 밤その前夜』(소마 교후相馬御風 옮김)만 추천했다. 자연주의 문학에 대해서는 카토 히로유키加藤弘之(1836~1916)와 이노우에 테츠지로井上哲次郎(1855~1944) 등이 비판을 했고, 다소 평가가 다르기는 하지만 카토와 타카시마 베이호高島米峰(1875~1949)는 구체적으로 이쿠타 키잔生田葵山(1876~1945)의 『도시都會』를 언급하고 있다.

청년의 독서를 둘러싼 이와 같은 문학상의 제시는 획일적인 정통 문학이라는 시선으로 파악할 수 없는 다양한 폭을 가지고 있었고, 이와 동시에 청년들에게 도덕적 규범을 제시하기 위한 유교적 문학상이라는 실용주의적 인상도 강했다. 이처럼 청년의 독서를 둘러싼 문학자와 작가 등의 논의는 확실히 자연주의 문학에 대한 '청량제'라는 형태로 나타났다. 하지만 반대로 이것은 지배적 문화가 제시하는 문학상의 영역을 명확히 함과 동시에, 다음 세대를 이끌어 나갈 청년문화에서 동시대 문학의 역할이 매우 중요하다는 공통적 인식 위에 성립하고 있었음을 보여주기도 한다.

3. 자연주의 현상과 청년문화

청년의 독서를 둘러싼 논의를 총괄할 때 그 표적이 자연주의 문학 그 자체에 있었다는 점을 유의할 필요가 있다. 앞서 말한 『신코론』의 특집에서 마에다 에운前田慧雲(1855~1930)의 「금소설론禁小說論」은 "소설을 읽는 것을 일종의 죄악으로 생각하는 습관을 만들어둘 필요가 있다"(제23년제5호, 1908.5, p.1)고 말한다. 1906년 문부성 훈령 제1호를 계기로 이러한 주장은 확실히 한동안 속출한다. 그러나 비판 대상으로 주목된 것은 청년이 좋아하는 '소설'이었다. 동시대 문학을 사회악으로 간주하는 상투적인 문구가 특별히 이 시기에 성립된 것은 아니다.[22] 보수적인 지적 엘리트층의 표적은 청년문화에 악영향을 끼치는 동시대 문학이었고 자연주의 문학이 이를 대변하는 것으로 논의되었다.

이렇게 보면 지배 문화에 의한 문학적 규범의 구축과 이에 대항하는 자연주의 문학이라는 구도를 청년문화를 매개로 가정해 볼 수 있다. 이것을 '자연주의현상'이라 부르기로 하자. 『신코론』과 『타이요』의 「교육과 소설教育と小說(청년 남녀에게 소설을 읽힐 것인가 말 것인가青年男女に小說を讀ましむる可否)」(제14권제1호, 1908.1) 같은 특집은 미디어가 청년문화와 동시대 문학이라는 논의의 틀을 보다 넓고 구체적으로 다루게 되는 커다란 요인으로 기능했다. 여기서 말하는 자연주의현상이란 미디어 상에서

---

22 高橋一郎, 「明治期における「小說」イメージの轉換―俗惡メディアから教育的メディアへ」, 『思想』第812號, 1992.2. 타카하시高橋 씨는 메이지 시기의 『쿄이쿠지론教育時論』에 실린 문학관계 기사 분석을 통해, 메이지 중기부터 소설이 '속악俗惡 미디어'로 간주된 이후 문부성이 '통속교육위원회通俗教育委員會', '문예위원회文芸委員會'를 설치해 도서의 선정이나 추천을 실시하게 되는 변용과정을 논하고 있다.

펼쳐지는 화제를 예민하게 포착하고, 논의의 옳고 그름과 관계없이 그 틀을 경험적으로 공유해버리는 지적 언설의 추세라는 의미이다.

검토해야 할 것은 자연주의현상이 문학계가 아닌 다른 곳에서도 전개되었는지, 그리고 이것이 청년문화와 어떻게 연결되었는지이다. 자연주의 문학의 옳고 그름을 둘러싸고 장르에 상관없이 이뤄진 논의는 오히려 문학이 사회나 도덕과 깊이 관계되어 있다는 의식을 문학계에 초래하기도 했다. 먼저 자연주의현상의 전형적인 틀을 파악해 보자. 토모나가 산쥬로朝永三十郎(1871~1951)의 「회의사조에 대해怪疑思潮に付て」(강연록)는 크게 '부화뇌동하는 자'와 '냉평冷評 혹은 조소하는 자'로 구분하고 다음과 같은 구도에서 자연주의현상을 파악하고 있다.

양쪽 모두 자연주의를 배덕난륜背德亂倫의 변호자로 보고, 육정肉情의 도발을 목적으로 보는 점에서는 일치한다. 하지만 이러한 자연주의 해석을 바탕으로 전자는 자신의 방종한 생활을 정당화하는 도구로 사용하려는 자가 많고, 후자는 이러한 파괴적 풍조에서 상투적인 도덕을 구출하려는 자들이다. 경박하고 혈기 넘치는 다수의 청년들이 전자에 해당하고, 형식적인 교육가나 도덕론자, 종교가는 주로 후자에 해당한다. 그러나 이들은 자연주의를 극히 피상적으로 이해하고 있는 것이다. 자연주의는 스스로를 정당화하는 인생관보다 위에 존재하는 일종의 주의이다.

—『쿄이쿠가쿠쥬츠카이敎育學術界』 제17권제3호, 1908.6, p.36

토모나가 산쥬로는 자연주의현상을 형성하는 공통기반에 대해 지적하고 있다. 그는 "자연주의의 회의론이 모든 개념적 체계를 배제하고 모든 규범·이상·가치를 배제한다"[23]고 말하는 하세가와 텐케이長谷川天溪(1876~1940)의 자연주의 사조를 어느 정도는 이해하고 있다. 즉 토모나가는 자연주의현상을 문예사조의 가능성과 명확히 구별한 다음, 도덕적 규범의 준수를 주창하는 지배적 문화와 그에 대항하는 청년문화라는 대립 구도 속에서 읽어내고 있다. 이를테면 자연주의현상을 세대론적으로 파악하고 있는 것이다. 이것은 '모든 개념적 체계를 배제한다'는 자연주의 문학의 슬로건을 어디까지나 세속적으로 해석한 것으로, '상투적'이라는 지배적 문화의 가치체계에 대한 자세가 주목된다.

물론 교육잡지 미디어의 주요 논조는 자연주의 문학의 유행을 일시적인 것에 불과하다고 보는 것이다. 이와 같은 외부의 비판에 대한 자연주의 문사들의 반응은 대부분 그 이론적 근거를 제시하거나 문학작품의 경향을 파악하여 반박하는 형태로 전개되었다. 물론 이렇게 일률적으로 말할 수 있는 것이 아닐지도 모르지만, 여기서는 시마무라 호게츠島村抱月(1871~1918)의 경우만 검토하고자 한다. 시마무라 호게츠는 「문예상의 자연주의文芸上の自然主義」(『쿄이쿠지론』 제830호, 1908.5, 담화 필기)에서 자연주의에 관한 '교육사회'의 '오해'를 풀기 위해, 자연주의가 '본능만족주의'와 다른 '무해결의 문예無解決の文芸'임을 다음과 같이 쉽게 설명한다.[24]

---

23 이것은 하세가와 텐케長谷川天溪가 말하는 '파리현실破理顯實'(「論理的遊戲を排す―所謂自然主義の立脚地を論ず」, 『太陽』第13卷第13號, 1907.10), '허무주의적 세계관'(「自然派に對する誤解」, 『太陽』第14卷第5號, 1908.4) 등을 염두에 둔 해석이라 생각된다. 토모나가의 강연록에 이름이 실린 것은 하세가와 텐케와 고토 츄가이後藤宙外이다.

24 시마무라 호게츠의 언설과 '실행과 예술'론의 관련에 대해서는 와다 킨고和田謹吾, 『묘사의 시대―하나의 자연주의문학론描寫の時代―ひとつの自然主義文學論』(北海道大學図書刊行會, 1975.11) 참조.

문예 중에는 자연파처럼 무언가를 해결하지 못하는 것만이 아니라, 해결해주는 것도 있다. 즉, 어떤 종교와 도덕상의 교훈을 목적으로 하거나, 의도적으로 사람을 소위 본능만족주의로 인도하는 것 등이 그것이다. ……다만 일반적으로 볼 때 해결문학은 천박하고 그 의도가 훤히 드러나 보이기 때문에 깊이 심사숙고하게 만드는 힘이 약하다. 심사숙고하게 만드는 힘의 강약은 문예의 마지막 가치로 정해진다. 따라서 자연파 문예는 해결문예 이상의 가치를 지닌다고 단언하는 바이다.(p.17)

시마무라의 의도는 명확하다. 그는 지배적 문화의 문학상과 자연주의로 오해받는 문학을 '해결문예'로 간주하고 무시한다. 물론 문학작품을 읽고 '심사숙고'한다는 독자의 내성적 자세에서 자연주의 문학의 가능성을 찾아야 하지만, 실제로 작품 경향에 따른 이러한 분류는 논하는 개개인의 본질론으로 귀착할 수밖에 없다. 그러나 자연주의 문학의 이론가 중 한 사람인 시마무라 호게츠의 언설이 교육잡지라는 미디어에 등장하면서 문학의 본질론을 둘러싼 논의의 틀이 확장되고, 동시에 그 언설들은 문화적 규제를 받으며 서서히 변용된다. 교육잡지 미디어는 자연주의현상을 형성하는 또 다른 교섭의 장이기도 했던 것이다. 자연주의 문학이 비판받으면서도 하나의 현상으로 공유되는 원인 중 하나가 바로 여기에 있었다. 이것은 교육계와 동시대 문학의 관심을 집중시켰고, 청년문화의 실상을 각각의 입장에서 초점화했다.

이때 자연주의 문학에 대한 비판은 앞에서 언급한 '상투적'이라는 용어가 말해주듯이, 가치체계에 대한 자세를 문제삼는다. 교육잡지 미디어가 자연주의 문학을 극단적으로 기피하기도 했지만, 대개의 경우 비판받는 대상은 자연주의 사조의 슬로건에 자신을 동일시하는 청년들이었다. 즉 '상투적'인 도덕규범으로 청년문화를 어떻게 억제하고 회수할 것인지가 논의의 대세였던 것이다.[25] 이것은 청년문화를 감화시키는 이데올로기에 대한 이해를 교육자에게 요구하거나, 자연주의에 관한 강연록 또는 연구논문을 게재하는 것으로도 나타난다.[26] 그 중에서도 가장 앞장서서 도덕에 의한 문학의 회수를 주장했던 이노우에 테츠지로의 다음 글을 보도록 하자.

> 자연주의자가 덕육德育에 대해 반항적인 태도를 취하고 무리하게 비난을 일삼는 것은 객기를 부리는 청년문사의 격렬한 언어에 불과합니다. 따라서 이러한 것들은 한 때의 유행으로 보아야 합니다. 이러한 징후는 결코 오래 가지 않습니다. 열렬히 불타오르는 듯 하다가도 얼음처럼 냉각되어 잊혀지는 것은 혼히 있는 일입니다.
>
> ─「쿄이쿠잣칸教育雜感」,『쿄이쿠카이教育界』제7권제9호, 1908.7, pp.19~20

미리 지적해 두어야 할 것은 보수적인 지적 엘리트와 교육관계자 사이에서 자연주의 문학상의 전형으로 언급되던 것이 문예잡지를 통해서 유통되고 있던 자연주의에 관한 문예사조였을 가능성이 크다는 점

---

25 예를 들어 이노우에 테츠지로의 「도덕과 문예道德と文芸」(『敎育界』第9卷第3號, 1909.12)는 문예로서의 자연주의에 대해서는 이해를 보이면서도, 「도덕상의 자연주의」에 대해서는 통렬히 비판하고 있다. "자연주의 소설 중에서는 그야말로 악성惡性의 소설이 산처럼 출판되고 있다. 특히 사회의 외설적인 어두운 면을 적나라하게 묘사하여 세상에 발표하니 자연히 그것이 청년의 눈에 띄게 된다."(p.8)

26 『쿄이쿠가쿠즈츠카이敎育學術界』(第17卷第4號, 1908.7)의 시론 「자연주의의 설명自然主義の說明」과 마찬가지로,『쿄이쿠가쿠즈츠카이』(第17卷第6號, 1908.9)의 하야시 하쿠타로林博太郎의 "자연주의에서 신인문주의에 이르는 교육적 사상의 진화를 논하고, 이것과 수양의 관계를 논한다" 등이 그것이며, 토모나가 산쥬로를 포함해 이러한 사례는 다수 있다.

이다. 소설을 비판하는 것이 오히려 광고해주는 결과가 되는 사태를 우려했는지, 발행금지 처분을 받은 이쿠타 키잔의 『도시』 등 드문 사례를 제외하면 자연주의 문학을 비판하면서 어떤 분야의 소설 제목을 구체적으로 언급하는 일은 의외로 적었다. 흥미로운 것은 이노우에 테츠지로가 '자연주의자' 중에서도 '청년문사의 격렬한 언어'를 그 대항측으로 보고 있다는 점이다. 즉 자연주의 문학이 청년들에게 악영향을 미친다는 주장이 동시대 청년문화를 감화시킨다고 본 것은 특히 청년문사가 주창하는 문예사조였던 것이다.

이 시기의 자연주의 사조가 지닌 큰 특징 중 하나는 문학의 영역을 넘어 보다 널리 사회를 향해 주장되었다는 점이다.[27] 그중에서도 비교적 젊은 세대의 문사는 자연주의를 비판하는 세평에 민감하게 반응했다. 예컨대 카타가미 텐겐片上天弦(1884~1928)은 「신흥문학의 의의新興文學の意義」에서 "가령 지금의 자연주의 문학이 그저 일부청년의 요구에 부응하는 것에 불과하다 해도 이것이 과연 천박하고 일시적인 유행으로 그치겠는가"라며, "근대의 문학은 오히려 실제 인생과 가장 밀접하게 교섭하는 것이 특징"(『타이요』 제14권제4호, 1908.3, pp.98~99)이라고 주장했다. 이러한 주장은 이노우에 테츠지로가 「쿄이쿠잣칸」에서 도덕적 규범을 역설하고 "도덕은 실제의 활동"(p.23)이라는 입장에서 자연주의 문학이 청년층에 악영향을 끼친다고 논한 것과 매우 대조적이다. 실제로 청년의 부정적 이미지도 층層으로 파악되었음을 고려하면, 자연주의현상의 대립구조는 이 시기에 등장한 '실행과 예술'론을 계기

---

27 예를 들어 "논리학자나 교육자, 사회경세가 등은 사회의 풍기를 문란하게 한다고 하고, 예술가는 예술의 이상을 파괴하는 것이라고 비난했다"는 하세가와 텐케의 「자연파에 대한 오해」(앞의 글)나 카타우에 텐켄의 「미해결의 인생과 자연주의未解決の人生と自然主義」 (앞의 글) 등이 있다. 물론 이 문제에 대해서는 보다 더 상세히 분석해야한다.

로 활약하기 시작한 청년문사의 자연주의 문예사조와 보수적인 지적 엘리트의 도덕론이라는 구도를 기반으로 한다고 볼 수 있다.

　다소 무리가 있을지 모르지만, 자연주의 현상은 세대론적 특징을 가지고 도시부를 중심으로 퍼진 청년상을 둘러싼 문화현상이라 할 수 있다. 단, 자연주의 문학이 청년을 타락시킨다는 견해가 구체적으로 무엇을 근거로 삼고 등장했는지 확인하는 것은 문제가 아니다. 오히려 이것은 원인과 결과를 혼동하게 만든다. 토모나가 산쥬로가 말한 것처럼 청년은 자연주의를 자기 동일화에 필요한 '도구'로 이야기하고, 보수적 지식인은 '도구'에 불과한 자연주의를 그 '파괴적 풍조'의 원인으로 규정한다. 그러나 문예사조에서 벗어난 자연주의라는 단어는 단순히 유행하고 있던 것에 불과하다. 이러한 언설의 유행은 필연적으로 잘못 전달될 가능성을 내포하고 있었다. 자연주의현상은 미디어를 매개로 유통되는 여러 언설의 교배를 통해서 형성되었다. 중요한 것은 이 현상을 초래한 것이 청년문화를 논하는 지적 언설의 틀 그 자체이고, 이것이 바람직한 청년상을 구축하는 문화적 과정과 연동되었다는 점이다.

4. 동시대 문학과 지방의 대화

　이 시대에 자연주의를 둘러싼 논의가 문학계만이 아니라 널리 영향을 끼친 이유는 이것이 다음 세대를 이끌어나갈 청년문화를 논하는 데 반드시 필요했기 때문이다. 자연주의 문학이 '청년의 문학'이기도 하다는 인식도 이러한 이유 때문에 만들어졌다. 청년이 자신을 이야기하는 전제에는 우선 타자가 앞서 논한 자기상이 있다. 그렇다면 문학계에서는 건전한 청년을 육성하는 데 걸맞다는 '지방'이라는 장소를 어떤식으로 이야기했을까.

사사카와 림푸笹川臨風(1870~1949)는 「문예혁신회의 사업文芸革新會の事業」에서 "실제 토쿄에서는 자연파 등에 그다지 관심이 없는데, 시골에서는 실로 단순히 생각하는 자들이 적잖이 있다. 본래 자연파는 도시의 산물이 아니라 시골에서 나온 것"(『분쇼세카이文章世界』 제4권제5호, 1909.4, p.55)이라고 말하고 있다. 이 시대의 지배적 문화는 바람직한 청년문화의 가치를 '지방'에 투영함으로써 활로를 열고자 했다. 이 과정은 이후에도 지방개량운동이라는 국가정책과 밀착된 형태로 전개된다. 당시의 문학계에서도 '지방'은 하나의 키워드였으며 이것은 '지방색local color'이라는 용어로 논의되었다.

로컬 컬러는 완전히 새로운 문예의 소산이다. 추상에서 구체, 보편에서 특수, 유사성에서 개성으로 옮겨가면서 점점 로컬이 필요해졌다. 사실 그대로의 수법을 점점 정확하게 구사할수록 로컬에 훨씬 주의를 기울여야 함을 알게 되었다.

—타야마 카타이田山花袋, 『소설작법小說作法』, 하쿠분칸博文館, 1909.6[28]

---

28 田山花袋, 「小說作法」, 『定本花袋全集』第26卷, 臨川書店, 1995, p.279.

타야마 카타이田山花袋(1872~1930)는 '지방색'을 '완전히 새로운 문예의 소산'이라 말하고 있다. '지방색'이라는 말은 1909년 무렵부터 현저히 사용되기 시작했다. 그중에서도 1월에 나온 『신세이新聲』(제20권제1호)에서 「지방색과 작품地方色と作物」이라는 소특집이 주목된다.[29] 그 대부분은 소설에 그려진 지방문화에 대한 호기심이나 작가의 출신지별로 본 지역성을 논하고 있다. 이중 미시마 소센三島霜川(1876~1934)은 특집주제인 '지방색'에 대해 "문단에도 계통이 있는데, 초기부터 바로 작년까지만 해도 지방색이라는 말은 들어본 적도 없었다"(「지방색과 작가地方色と作家」, p.34)고 적고 있다. 카타이의 말에도 나타나 있듯이, 이것은 '지방'이라는 용어가 의식적으로 사용되고 있음을 의미한다.

'지방색'이라는 용어가 야기한 문제는 자연주의 문학이 주도하는 문예사조 논의와 접목되어 갔다. 시마무라 호게츠의 「문예의 생명＝지방색文芸の生命＝地方色」(『슈사이분단秀才文壇』, 1910.11, 담화필기)도 '지방색 묘사의 진보'에 주목하면서, "그 시작은 허위를 피하고 사실을 있는 그대로 묘사하여 자연 인생의 진실을 그리려는 경향부터"라고 적고 있다.[30] 여기에는 자연주의의 영향으로 문학이 '지방색'을 구체적으로 표출하게 되었다는 견해가 은연중에 제시되고 있다. 그러나 이것은 단순히 자연주의 문학에 의한 것은 아니었다. 문학계에서 논한 '지방색'이라는 용어도 동시대문화를 논하는 지적 언설과 근본적으로는 공통성을 갖고 성립한 것이다. 이러한 의미에서만 보면, 이 시기에 '지방'이라

---

29 소특집 「지방색과 작품」의 필진은 다음과 같다. 秋田雨雀, 「郷土の性癖と郷土の文學」; 三島霜川, 「地方色と作家」; 相馬御風, 「作品の了解と地方色」; 正宗白鳥, 「二家族と五月幟と村塾」; 松原至文, 「地方色と文芸」; 德田秋聲, 「作家の個性と地方色」.

30 인용은 島村抱月, 『抱月全集』第2卷, 天佑社, 1920.2, p.276.

는 용어는 애매한 개념에서 벗어난 역사성을 지닌다고 할 수 있다. 타야마 카타이나 시마무라 호케츠는 토쿄와 그 밖의 여러 지역을 묘사한 문학작품이 갖는 소재의 차별화 추세를 '지방색'으로 파악한 것이다.

여기서 문제는 '풍기퇴폐'한 청년문화에 대해 지방적 가치를 도덕적 규범으로 규정했던 지적 언설 과정과의 관련성이다. 여기에서는 하세가와 텐케이와 고토 츄가이後藤宙外(1867~1938)의 '전원문학'을 둘러싼 논의와 그 파급에 주목하고자 한다. 이 논의는 1909년 4월 1일자『토쿄 니치니치신분東京日日新聞』에 게재된 고토 츄가이의「전원문학에 대하여田園文學に就て」로 시작된다.[31] 여기에서 츄가이는 "시골 생활은 단순 소박한 나체 생활이기는 하나 오히려 여기에서 인생의 본질을 찾을 수 있다"고 주장했다. 하세가와 텐케이는 이 '전원문학'론에 즉각적인 반응을 보였다. 그는「논객들에게 한마디諸論客に一言を呈す」(『타이요』제15권제6호, 1909.5)에서 "자연주의는 그[도시생활]의 복잡한 수식이나 허위를 배제하고 진정한 인생을 전개하기 위해 노력하는 것이다. 나체 생활의 전원에서 인생의 모습을 보는 그대는 어찌하여 이 자연주의를 배척하려 하는가"(p.160)라고 의문을 표시했다. 이에 대해 고토 츄가이는 '전원생활'이 도시생활과는 느낌을 달리 한다는 점에서 새로운 문학의 '재료'가 된다고 적었을 뿐이라고 반박했다. (「텐케이와 카타이 두 사람에게天溪花袋の二君に与ふ」,『신쇼세츠新小說』제14년제6호, 1909.6, p.312)

이들의 논의는 서로 엇갈렸다. 두 사람이 생각한 '나체생활' 자체의

---

[31] 고토 츄가이는 이미 1900년부터 '전원생활' 및 '전원문학'론을 주장하고 있다. 이에 대해서는 모리 에이이치森英一,「'전원' 문학론〈田園〉文學論」(『國語と國文學』第49卷第9號, 1972.9)이 상세하다.

의미와 내용이 서로 달랐기 때문이다. 단적으로 말하면 자연주의를 둘러싼 두 사람의 논의가 '전원문학'론에 투영된 것이다. 그러나 흥미로운 것은 1907년 8월의 『신쇼세츠』(제12년제8호)에 이미 고토 츄가이가 다음과 같은 글을 썼다는 점이다.

특히 무의미하게 도시 생활에 연연하며 집착하는 청년들은 당장 도시를 떠나 전원에 안주할 땅을 개척하는 것이 자신들을 위한 일이자 나라의 기초를 견고히 하는 일이다. 또한 실속 없이 화려하기만 한 도시 생활을 부러워하며 지방 사람들이 각지로부터 밀려들어 오는 것은 세찬 불꽃에 달려드는 여름벌레와 같은 것이다.

—「자연파와 기교파自然派と技巧派」, p.128

이 시기 고토 츄가이의 '전원문학'론은 앞서 이야기한 청년상 구축을 둘러싼 구조와 동일하다. 그렇다면 하세가와 텐케이는 어떠했을까. "본래 향토예술 자체의 목적이 지방적 색조를 묘사하는 데 있으므로 자연주의의 경향과 일치한다."(「츄가이 씨에게宙外君に与ふ」, 『타이요』 제15권 제10호, 1907.7, p.157) 그렇지만 아무리 텐케이가 츄가이의 '전원문학'론을 회유하려 해도 그것이 "지방적 색조를 묘사"하는데 있다면 기존의 가치체계를 뒤흔드는 자연주의 문학의 정치성은 느슨해질 수밖에 없다. '지방색'과 마찬가지로 텐케이의 '전원문학'론으로 지방적 소재를 파악하는 것은 그러한 자연주의 문학의 정치성이 수평방향으로, 즉 공간적으로 확장되는 계기라고 할 수 있다.

하세가와 텐케이와 고토 츄가이의 '전원문학' 논의에서 확인할 수 있는 것은 앞서 이야기한 '지방'에 관한 포섭의 패러다임과 동시대적인 정합성을 지니고 있다는 점이다. 이러한 문예사조는 다시 지방 독자의 주의를 환기시킨다. 『신세이』(제20권제8호, 1909.7)에는 텐케이의 언설에 영향을 받은 투고문이 바로 게재되었다.

> 도시 생활로 인해 육욕에 목마른 사람이 생기고 극단적으로 개인주의가 발달한다고 해서, 흙냄새 나는 시골에서도 이런 일이 실제로 발생하는지는 생각해 볼 일이다. 시골을 묘사할 때도 마치 토쿄와 동일한 사상을 지닌 것처럼 묘사한다. 그렇지 않으면 자연주의가 아니라고 하면서, 창백한 얼굴로 도시와 똑같이 시골을 그리는 것이 지금까지 자연주의에 많았다고 생각한다. 하지만 나는 실로 앞에서 기술한 텐케이 씨의 말을 자연주의에 대한 설명으로 삼고 싶다. 그렇다면 근자에 문제가 되는, 로컬 컬러를 그리는 풍조가 더욱 많아져도 된다. 지방색이 토쿄의 사상을 그대로 보여주는 것은 우스운 일이다.
>
> ―츠지이 로로辻井琅々, 「잘못된 자연주의誤られたる自然主義」, p.120

'지방색'과 '전원문학'에 주목함으로써 엿볼 수 있는 '지방'과 접속되는 논의의 횡단성은 반드시 당시 문단에 큰 영향을 미친 것은 아니었다. 그것은 '지방'에 대한 문제의 틀이 '전원' '시골' '고향'이라는 별개의 기득권을 가지는 관념적인 주제로 이미 공유되고 있었기 때문이며, 또한 각 지역의 독자성을 그리는 다양성이 그것을 그린 작가와 작품명에 의해서 개별적으로 거론되는 경향이 있었기 때문이다. 그러나 '지방색'이나 '전원문학'이 문예사조에 의식적으로 등장하게 된 사태는 대상에 불과하던 지방과의 대화가 시작한 것이기도 했다. 효고현兵庫縣에 사는 츠지이 로로라는 인물은 명백하게 토쿄 중심의 자연주의 문학에 이의를 표명하고 지방에서 출발하는 새로운 자연주의 문학의 동향에 기대를 걸고 있다. 그것은 종래에 "육욕을 묘사하는 문학" 또는 "정신병자적 문학"(p.118)이라 일컬어진 '잘못된 자연주의'에서 벗어나는 것으로 파악된다.

1910년에 『지방문예사地方文芸史』(쿄이쿠신분핫코쇼教育新聞發行所)를 간행한 오기소 콧코小木曾旭晃(1882~1973)는 '지방색'과 지방문사에 관해 다음과 같이 말했다.

> 지방문단을 논하려면 반드시 우선적으로 잡지에 대해 논해야 하며, 주의가 있고 기골 있는 잡지가 있어야 비로소 지방문단의 진수가 만들어진다. 이것이 없으면 지방문단은 필경 유명무실하고 논할 바가 못 된다. 혹시 지방주의가 결여되어 있지 않은지, 중앙문단과 무엇이 다른지 생각해보기 바란다. 오늘날 토쿄의 여러 잡지에 투고하는 자 중 대부분은 지방 거주자이다. 따라서 이들이 지방잡지에 박약한 작품을 투고한다고 해서 이들을 지방문사라 칭하는 것은 어이없는 일이다. 적어도 지방문단에서는 지방적 특색을 지닌 작품을 실어야 하며, 이것이 곧 토쿄와 지방의 특색을 나누는 데 반드시 필요한 요소이다.
>
> ―「작년의 지방문단昨年の地方文壇」, 『신세이』 제20권제1호, 1909.1, p.142

지방문단을 기반으로 하는 잡지를 만들어 지방문학을 게재할 것을 주장한다. 그리고 토쿄의 문예잡지에 투고하는 지방의 문학청년이 활약하는 장을 각 지역에 건설한다. 이를테면 오기소 콧코가 말하는 문학의 '지방주의'는 중앙문단에 대한 대항의 신호이다. 이러한 지방문사의 주장은 타야마 카타이나 시마무라 호게츠가 말하는 '지방색'과 명백히 그 성격을 달리한다. 오기소 콧코의 주요 저서인 『지방문예사』에 따르면 이러한 지방문학은 러일전쟁 이후 활발해진다고 한다. 문학의 '지방주의'를 지향하는 의식의 도래는 이 시대의 지배적 문화나 자연주의로 대표되는 문예사조와 같은 지적 언설이 바라본 '지방'에 대한 시선과 축을 같이 하며 나타난 것이다.

이상과 같이 러일전쟁 이후 한일병합시기까지 논의된 '중앙 / 지방'이라는 상호 교섭적인 틀은 마침내 조선인 일본어작가를 둘러싼 1930년대 문학계에서도 그 형태를 달리하여 나타난다. 여기에서는 이 구도를 성립시키는 일본열도의 경계 자체가 애매해지고 '중앙문단'은 종주국 문단의 다른 별칭이 된다. 이 시기 오기소 콧코가 주장한 '지방주의'라는 말은 이러한 의미에서도 주목할 만한 가치가 있는 슬로건이다. 지배적 문화가 만들어낸 건전한 청년상과 그 청년을 육성하는 곳으로 파악된 '지방'이라는 장소는 번민청년으로 대표되는 도시의 청년풍기 문제에 대처하기 위해 제기되었다. 그리고 이에 대항하는 측이었던 자연주의 문학도 '지방'으로 향하는 시선을 공유했다. 이처럼 지방을 포섭하는 역학은 하향적top-down으로 나타나고 파급되었다. 그러나 이것은 단순히 청년문화와 '지방'을 속령화하는 데 그치지 않고 지방으로부터도 목소리가 나오도록 만드는 문화적 과정이었다.

제2부
월경하는 문학과 장르적 교섭

제4장_ 종군문사의 도한견문록

청일·러일전쟁 시기의 조선상과 요사노 텟칸의 「관전시인」

청일전쟁과 러일전쟁은 한반도와 만주지역의 이권을 둘러싼 식민지 획득 전쟁의 성격을 띠고 있었다. 우치무라 칸조內村鑑三(1861~1930)는 청일전쟁 당시 "조선전쟁을 의로운 전쟁이라 규정"했다.[1] 주지하는 바와 같이 러일전쟁에서 그는 '비전주의非戰主義'로 전환한다. 세기에 걸친 두 번의 식민지 획득 전쟁은 우치무라 칸조의 전환에서 볼 수 있듯이, 코토쿠 슈스이, 키노시타 나오에木下尙江(1869~1937), 사카이 코센堺枯川(1871~1933) 등의 전쟁 비판과 요사노 아키코与謝野晶子(1878~1942)의 『그대 죽지 말지어다君死に給ふことなかれ』와 같은 반전시反戰詩의 흐름을 낳기도 했다. 그러나 미디어 보도와 여론의 주된 흐름은 정반대였다.[2] 오늘날과는 달리 일본이 서구열강과 어깨를 나란히 하는 일등국

---

1 內村鑑三, 「日淸戰爭の義(譯文)」, 『明治文學全集 39 － 內村鑑三集』築摩書房, 1967, p.311; 초출은 『國民之友』, 1894.9.
2 미타니 노리마사三谷憲正, 「『타이요』의 ≪조선관≫ーー어느 '기묘한 정열'에 대해『太陽』における≪朝鮮觀≫ーある〈奇妙な情熱〉について」, 『日本硏究』第17集, 1998. 여기에서는 당시

이 되기 위한 수단으로 제국주의를 표방하거나 식민지를 보유하는 것을 적극적으로 이야기하던 시대였기 때문이다. '제국주의'라는 용어가 지면을 떠들썩하게 만든 것은 20세기 초반부터이다.

청 그리고 러시아와 치룬 근대전쟁은 일본열도의 미디어 산업을 비약적으로 성장시켰다. 키무라 키木村毅 씨는 세이난전쟁西南戰爭에서 신문미디어, 청일전쟁에서 잡지미디어, 러일전쟁에서 양쪽 모두 발전했음을 전쟁문학과 관련지어 지적했다.[3] 전시 미디어 보도는 국민이 전쟁에 대해 관심을 불러일으키도록 전쟁을 재구성한다. 이 경우 단순히 전황이나 군사정보를 기록·보도하는 것이 아니라 무엇을 어떻게 말할 것인지가 중요하게 된다. 미디어는 어느 때는 국민의 전의戰意 고양을, 어느 때는 반전의식을 호소하며 전쟁을 정의한다. 그러나 대부분의 경우 전쟁을 떠받치는 것은 전쟁에 대한 호기심과 열광이다. 그 과정에서 전쟁에 관한 백과사전적인 지식이 수집된다. 청일전쟁과 러일전쟁에서 조선 정보 또한 마찬가지였다. 조선정부의 동향이나 군사 관련 정보에서 역사 그리고 각 지역의 풍속에 이르기까지 다양한 기사가 소개되었다. 전쟁터가 된 조선은 그 이전보다 훨씬 지적知的 대상의 장소가 될 수 있었다.

여기서 조선 표상은 새로운 국면을 맞이한다. 지금까지의 조선 텍스트 생산은 정한론·강화도사건 등 한일 근대사를 둘러싼 중요 사건과 밀접하게 관련되어 있었고, 그 지식을 뒷받침했던 것은 조선에 대해 상당히 조예가 깊은 사람들이었다. 그러나 청일전쟁과 러일전쟁에서는

조선에 대한 지식의 언설을 '기묘한 정열'이라 칭하고 있다.

3 木村毅, 「解題－日本戰爭文學大觀」, 『明治文學全集 97 明治戰爭文學集』, 築摩書房, 1969.

그때까지 조선에 그다지 관심이 없었던 사람들도 조선 정보를 발신하게 된다. 예컨대 모든 신문·잡지미디어가 파견했던 종군기자가 그들이다. 그 중에는 스스로 전쟁터로 뛰어 든 종군문사도 있다. 그들의 목적은 우선적으로 전쟁을 체험하는 것이었으며, 전쟁의 의미를 긍정적으로 파악하고자 했다. 종군문사를 전쟁터로 이끈 것도 전쟁에 대한 호기심과 열광이었다. 여기에는 전쟁과 타자를 둘러싼 상상력이라는 윤리적인 문제가 있다. 또 이러한 전쟁 체험은 그 자체로 러일전쟁 시기의 문학계에 일종의 변용을 초래했다. 이번 장에서는 종군문사의 르포르타주와 조선 표상의 관계를 검증하면서, 청일전쟁에 뒤늦게 종군한 청년문사 요사노 텟칸与謝野鐵幹과 러일전쟁 시기에 집필한 전쟁소설「관전시인觀戰詩人」에 초점을 맞추어 청일전쟁과 러일전쟁을 거쳐 탄생한 르포르타주와 소설 사이의 장르적 접근 과정을 밝히고자 한다.

1. 청일전쟁 시기의 조선인상

청일전쟁까지의 조선 텍스트에 대해 박춘일朴春日 씨는 "'정한론'의 고조를 계기로 시작된 조선지도·지리서·조선 안내서·조선어학서 등의 간행을 거쳐 마침내 조선 국내에서 자국 신문을 발행하기까지 그 영역을 확장했다"고 지적한 후, 1880년대 후반을 "임오군란을 계기로 일어난 최초의 '조선 붐'"으로 규정했다.[4] 또한 동시대 지식인의 조선

〈그림 7〉 1882년 7월, 한성에서 발생한 임오군란에서 일본공사관 습격을 그린 조선 니시키에錦絵(하시모토 치카노부橋本周延, 「조선변보록朝鮮變報錄」)

관에 대해 카미가이토 켄이치上垣外憲一 씨는 "조선 문제에 대한 일본인의 사고방식은 의외로 다양하다. 조선을 단지 침략 대상이나 청과의 패권쟁탈의 장으로밖에 보지 않았다는 생각과는 상당한 거리가 있다"고 언급했다.[5] 이 시기 조선에 관한 지식은 아직 발전도상의 단계였으며, 조선관 또한 견고하다기보다 유연한 폭을 가지고 있었다.

조선인상에 대해서도 어느 정도 동일하다. 예컨대 와타나베 분쿄渡辺文京(1857~1926)가 엮은 『회입조선변보록繪入朝鮮変報錄』 제5호에는 "조선은 가는 곳마다 모두 민둥산이다"라던가 "홋카이도의 선주민이나 중국 타이완의 원주민이라 할지라도 조선인의 가옥에는 절대 뒤지지 않을 것이다"라는 기록이 있는 한편, "동래 부산 근방의 인민은 대개 선명한

<hr>

4   朴春日, 『近代日本文學における朝鮮像』增補版, 未來社, 1985, p.332.
5   上垣外憲一, 「明治前期日本人の朝鮮觀」, 『日本研究』第11集, 1994, p.42.

의복을 입고 있으며 조금도 그 풍습을 어지럽히지 않는데 이는 우리 인민과 다르지 않다"[6]는 대조적인 기술도 있다. 청일전쟁 시기의 조선인상은 알기 쉬움을 기준으로 기호화된 부정적 이미지가 양산되는 경향이 있었다. 그 사례로 1894년 7월에 간행된 시미즈 키츠로清水橘郎의『조선사정 닭의 창자朝鮮事情 鷄の腸』(우메하라슛쵸텐梅原出張店)와 같은 해 9월『풍속화보風俗畵報』(제77호)에 실린 베이산진米山人의「조선인의 풍속 약해朝鮮人の風俗略解」에서 묘사된 조선인 형상을 비교 참조해 보도록 하자.

> 인민은 일반적으로 게을러서 시내에는 긴 담뱃대를 입에 물고 배회하는 자가 많고, 시골에는 관모를 쓰고 버선을 신은 채 경작하는 자가 적지 않다고 한다. ─시미즈 키츠로, p.54

> [조선인의] 성질은 귀족과 평민 모두 게을러서 시내에는 긴 담뱃대를 입에 물고 길거리를 걷는 자가 많고, 시골의 농부는 관모를 쓰고 버선을 신은 채 경작한다. 어쩌다 돈이 생겨도 저축하지 않고 금방 낭비하기 때문에 평생 눈앞의 작은 일에 쫓긴다. ─베이산진, p.6

『풍속화보』 제77호에서는 나와 에이넨名和永年의 삽화가 베이산진의 기사를 시각적으로 보완하고 있다. 또한 제79호에는 조선 각 계급의 전형적인 인물상을 상세히 해석하는 오타 사이지로大田才次郎의「조선의 인물해설朝鮮の人物解」이라는 소개 기사가 있고, 나와 에이넨

---

6   渡辺文京 編,『繪入朝鮮變報錄』第5號, 1885, pp.5~6.

의 삽화를 참조하라고 적혀있다. 이 시기 『풍속화보』의 내용과 대조해 보면 조선 관련 기사에 할애된 지면은 타이완보다 적다. 그러나 유의 할 것은 인용된 두 사례의 조선인상이 매우 흡사하다는 점이다. 이와 같은 유사성은 그때까지 생산된 조선 텍스트를 통해서 만들어졌을 가 능성이 높다.

『조선사정 닭의 창자』의 「머리말」에는, 역사에 관해서는 오토리 케 이스케大鳥圭介(1833~1911)가 지학협회地學協會에서 연설했던 것을, 정 치·풍속은 동방협회東邦協會 회원들의 연설과 담화를, 그 밖에는 에노 모토 타케아키榎本武揚가 번역한 『조선사정朝鮮事情』과 조선인에게 들 은 것 등을 참고로 작성했다는 내용이 기술되어 있다. 『조선사정 닭의 창자』는 말하자면 그 때까지의 조선 텍스트를 끌어 모아 만든 초록집 인 것이다. 청일전쟁 시기의 조선 텍스트는 전쟁 시기 높아진 수요에 지적 공급이 따라가지 못했던 면이 있다. 시미즈 키츠로는 "이 책 안에 는 우습기 짝이 없거나 경탄할 만한 내용"도 있는데, 이것도 "또한 그 나라의 인정과 풍속 일반을 엿볼 수 있는 자료가 될 수 있다"(p.2)고 말 했다. 그러나 이것은 취사선택을 거쳐 재생된 조선 정보이기도 하다. 그리고 이 "게으르고 긴 담뱃대"라는 이미지는 이후 조선인의 전체성 을 표상하는 지극히 알기 쉬운 과대광고로 널리 유통되기에 이른다.

청일전쟁의 미디어 보도는 이미 형성되어 있던 조선상을 새롭게 갱 신할 수 있는 기회였다. 예컨대 하쿠분칸博文館의 『일청전쟁실기日清戰 爭實記』에는 제1편부터 「내외휘보內外彙報」에 「조선朝鮮」 코너가 등장 한다.[7] 「조선」 코너는 상설은 아니지만 조선에 관한 일반인 대상의 소 개 기사가 두드러지는 잡보雜報적 성격을 띠고 있었다. 알려진 바와 같이 『일청전쟁실기』는 상업적으로 대성공을 거두었다. 이러한 전쟁실기물에 일희일비하는 독자가 조선 정보를 청일전쟁에 얽힌 지식으로 수용한 과정은 간과할 수 없다. 종군이라는 형태로 처음 조선에 건너간 문사들 또한 이러한 조선 정보와 조선인상을 공유하고 있었다. 종군기자로 청일전쟁을 취재한 마츠바라 이와고로松原岩五郎(1866~1935)는 『정진여록征塵余錄』(민유샤民友社, 1896)에 다음과 같은 기록을 남겼다.

〈그림 8〉『청일전쟁실기』 표지

천성이 게으른 것으로 유명한 조선인, 세상에 이들처럼 안일함을 즐기는 사람은 없을 것이다. 그들은 평소 혼자 있을 때는 오로지 잠만 자고, 두 사람이 만나면 농담으로 시간가는 줄 모르며, 세 사람이 모이면 반드시 놀음을 시작한다.(p.48)

"천성이 게으른 것으로 유명한"이라는 표현에서 짐작할 수 있는 것은 당시 이러한 조선인에 대한 차별적 표현이 드물지 않았다는 점이

---

7 『일청전쟁실기』 제1편(1895.2, 24版)은 「구회口繪」·「본기本紀」·「문원文苑」·「내외휘보」로 구성되어 있다. 「내외휘보」는 「일본」·「지나支那」·「조선」과 같이 세부항목으로 되어 있다. 예를 들면 「조선」란은 제5편(1894.10, 초판)의 「관기 80명의 주문官妓八十人の注文」과 같은 기사도 게재되어 있다. 이러한 잡지구성은 『일러전쟁실기日露戰爭實記』에도 답습된다.

다. 즉 조선인에 관한 기술이 이미 일반적인 이해사항이 되어 사회적으로 정착된 것이다. 신문, 잡지 등의 미디어 산업은 정보의 물량 작전을 통해 조선이라는 대상을 재구성해 나갔다. 조선인상의 규격화도 일본이 처음으로 체험한 근대 전쟁과 그것을 대대적으로 보도한 미디어라는 구조 속에서 이루어졌다. 조선의 부정적 이미지를 전파하는 것은 국가의 전도를 좌우하는 중대한 일이 되었고, 크든 작든 전쟁에 대한 여론의 호기심이 증가하는 가운데 이차적으로 진행되었던 것이다.

2. 종군문사의 전쟁과 조선에 대한 호기심

전쟁이 발발하기 1년 전에 빈민가 탐방의 기념비적 르포르타주인 『가장 어두운 토쿄最暗黑之東京』를 간행했던 마츠바라 이와고로는 『코쿠민신분國民新聞』이 파견한 종군기자로 곧장 전쟁터로 건너간다. 그 종군기 『정진여록』은 '여록'이라 명명되어 있듯이 조선의 문화풍속에 대한 내용이 많은 지면을 차지하고 있다. 같은 시기에 조선을 묘사한 문학작품으로는 앞에서 언급했던 토카이 산시의 『가인의 기우』와 핫토리 토루의 『소설동학당』 등의 정치소설이 있다. 그러나 조선 표상을 생각할 때 미디어의 전쟁보도와 파견된 종군문사의 관계도 중요한 문제를 제기한다. 이것은 청일전쟁을 직접 살펴보고 싶다는 문사의 호기심과 문학적 실천에 관련된다.

청일전쟁 때 전쟁터로 특파원을 파견한 신문 미디어는 모두 66개사이며, 그 수는 기자가 114명, 화가 11명, 사진사 4명으로 총 129명이었다고 한다.[8] 그 중 『코쿠민신분』에서는 마츠바라 이와고로 이외에 쿠니키다 돗포國木田獨步, 『유빈호치신분郵便報知新聞』은 치즈카 레이스이遲塚麗水(1866~1942), 『니혼日本』에는 마사오카 시키正岡子規 등을 파견했다. 그 중 한 사람인 치즈카 레이스이는 회사로부터 마에카와 요카쿠前川羊角와 함께 종군기자로 조선에 건너가길 추천받았던 때를 『진중일기陣中日記』(순요도春陽堂, 1894)에 다음과 같이 기록하고 있다.

이를 듣고 처음에는 대단히 기뻤지만, 또 한편으로는 근심스러워졌다. 미지의 산하를 둘러보며 이색적인 풍속을 관찰하는 것은 기뻤다. 그리고 일단 양국이 전쟁을 시작하면 다시 붓을 들고 군대를 따라 토요토미 공이 조선을 정벌한 지 오백 년이 지난 풍경을 볼 수 있다는 점이 기뻤다. 근심스러운 것은 백발의 노모를 집에 남겨두고 누구에게 부양을 부탁할 것인가이다.(p.3)

여기에는 한 사람의 문사가 종군기자 추천 소식에 기뻐하는 모습이 묘사되어 있고, 이것은 전쟁의 추악함에 대한 두려움이나 불안과는 거리가 멀다고 할 수 있다. 기행문을 자주 썼던 치즈카 레이스이의 이 종군기도 첫머리의 예고대로 전쟁터에서 보고 들은 조선의 문화풍속을 상세히 기술했다. 그가 종군에 들떴던 것은 '미지' '이색'의 조선풍토를 직접 관찰한다는 점, 그리고 그 땅에서 벌어지는 전투의 실제를 '토요

---

8   全日本新聞聯盟編 纂, 『日本新聞大觀』 第3集(p.370)의 기술에 따른다.

토미 공이 조선을 정벌'한 지 '오백 년이 지난 풍경'으로 바라본다는 생각을 하기 때문이다. 이것은 이국의 풍토와 전쟁에 대한 호기심이다.

이러한 호기심은 러일전쟁 때 타야마 카타이가 종군을 희망했던 것에서도 비슷한 양상으로 나타난다. "나는 전쟁을 생각하고 평화를 생각하고 포연이 하얗게 작렬하는 야산을 생각했다. 나도 가보고 싶다고 생각했다. 아산 전투, 경성과 인천 점령, 이어서 그 유명한 평양대전투가 벌어졌다. 달 밝은 밤에, 보름달의 아름다운 밤에……."[9] 실제 종군 여부와 관계없이 청년문사가 청일전쟁과 러일전쟁의 전장이 되었던 조선을 생각하는 이러한 사례에는 전황을 수시로 정확하게 기록하고 보도하는 종군기자 본래의 직무와 비슷하면서도 서로 다른 무엇인가가 있었다. 그것은 문사 본래의 문학적 속성과 관련된 욕망이며, 국가의 운명을 좌우하는 근대 전쟁의 광경이 그들의 입장에서는 반드시 관찰하고 그리고 싶은 소재로 보였던 것이다. 이것은 또 다른 청년문사 요사노 텟칸에서도 찾아볼 수 있는 성향이었다.

청일전쟁이 일어난 메이지 27년(1894), 22살이었던 나는 너무도 종군하고 싶었다. 하지만 요새要塞 포병의 예비 징원으로 만 1년간 묶여 있던 징병문제 때문에 갈 수 없었다. 레이스이와 시키의 종군이 은근히 부러웠다. 그래서 전쟁을 주제로 한 시와 와카和歌를 신문에 싣는 것으로 스스로를 위로하고

---

9 田山花袋, 『明治大正文學回想集成 2 東京の三十年』, 日本圖書センター, 1983, pp.91~92. 또한 타야마 카타이의 『제2군종정일기第二軍從征日記』(博文館, 1905)에는 "태고이래 미증유한 러시아 정벌의 한 역할로서 내가 종군한 것은 실로 더없는 행운이다. 대포연기와 빗발치는 총탄, 이것이 나의 미숙한 사상에 커다란 영향을 미친 것은 물론이고, 인간 최대의 비극, 인간 최대의 사업을 보았다고 생각하기조차 했다"(p.1)고 적혀있다.

있었다. 돌이켜보면 지금과 달리 전쟁 찬미자였던 것이 부끄럽지만, 당시 일본의 환경에서 그저 철없는 공상에 설렘을 느끼던 무식한 나로서는 어쩔 수 없는 일이었다.[10]

이어서 요사노 텟칸이 회상하듯, 당시에는 "박식한 모리 오가이森鷗外(1862~1922) 선생마저도 독일 사상에 물들어 클라우제비츠Carl von Clausewitz(1780~1831)의 『전쟁론Vom Kriege』을 번역하기도 했던 시대"였다. 청일전쟁이 일어났을 당시 그의 와카 중에는 "세상의 변천에 따라 분발하지 않으면 이 시대에 태어난 보람이 없다"는 내용도 있다.[11] 어엿한 문사가 될 것을 꿈꾸며 이제 막 상경한 혈기왕성한 청년이 상경 직후 발발한 청일전쟁에 종군기자로 파견된 다른 문사들을 부러워함과 동시에, 그 땅에서 현재 벌어지고 있을 전쟁을 상상하고 글로 묘사하여 이루지 못한 바람을 달래는 행위. 이것은 적어도 청일전쟁 당시의 문사를 둘러싼 한 측면을 말해 준다. 그러나 여기서 중요한 것은 지켜보지 못한 전쟁에 대해 '공상에 설렘을 느끼던' 청년 텟칸이 이듬해 조선으로 건너간 후 일본공사 미우라 고로三浦梧樓(1847~1926)의 지휘 하에 군인과 대륙낭인들이 자행한 명성황후 살해사건에서 암약하게 되는 경위이다.

1895년 4월 요사노 텟칸은 오치아이 나오부미落合直文(1861~1903)의 남동생 아유카이 카이엔鮎貝槐園(1864~1946)의 초청을 받아 조선으로 건너가, 그가 학장으로 있던 경성의 일본어학교 을미의숙乙未義塾의 분

<hr>

10 与謝野鐵幹, 「沙上の言葉(4)」, 『明星』 第5卷第5號, 1924.10, pp.133~134.
11 與謝野寬, 「宣戰令の出でたる日つゝしみて詠める」, 『日淸戰爭實記』第2編, 1894.9, p.83.

교 중 하나를 맡게 된다. 텟칸은 초창기의 일본어교사이기도 했던 것이다. 와카집『동서남북東西南北』에는 그때의 상황이 기술되어 있다. 즉 "1895년 봄 카이엔이 조선 정부와 의논하여 을미의숙을 경성에 세웠다. 성 안에 본교 외에도 분교를 다섯 곳 설치했고, 생도는 총 700명에 이른다. 특히 고려민족에게 일본 책을 가르치고 일본 창가를 부르게 하는 것은 카이엔과 내가 처음이다"라며 다음의 "개교 초 나의 와카"를 적고 있다.

　　　조선의 산에 벚나무를 심고 조선 사람에게 야마토 사내의 노래를 부르게
하리.[12]

이처럼 지극히 식민지주의적인 내용을 담은 탄카短歌는 젊은 일본어교사인 요사노 텟칸의 소신을 표명한 것이기도 하다. 그리고 나중에 텟칸은 아유카이 카이엔과 함께 일본영사관에 잠시 머물면서 영사관보 호리구치 쿠마이치堀口九万一(1865~1945)와 친교를 맺고, 같은 해 7월에 장티푸스를 앓아 한성병원에 2개월 동안 입원했을 때 세 사람이 기획했던 것이 명성황후 살해사건의 시작이었다고 말한다. 앞의 인용에는 "돌이켜보면 전쟁의 찬미자였던 것이 부끄럽다"며 스스로를 경계

---

12 『明治文學全集 51 与謝野鐵幹与謝野晶子集 附明星派文學集』, 築摩書房, 1968.5, pp.18~19. 현재의 시점에서 보면 이러한 직설적인 내용에 놀라지 않을 수 없다. 그러나 청일전쟁 당시를 고려하면, 이것은 요사노 뎃칸만의 특징적인 사례는 아니었다. 앞서 언급한『일청전쟁실기』제2편에는 "조선의 호랑이가 들에 엎드려 있는 곳에 천황의 [/] 빛을 발하게 하는 것은 경사스러운 일이다"(福羽美靜,「朝鮮の捷報をきし日盃を擧けてよめる」, p.84), "호랑이가 드러누워 있는 고려 황야의 여행 [/] 자지 않더라도 칼끝을 늦출 수 없다"(笹村良昌,「某軍の渡韓する別れに」, p.85)와 같은 와카도 보인다.

〈그림 9〉 1896년 2월 11일, 러시아 공사관으로 다가서는 일본군. 고종은 아관파천으로 러시아 공사관에 피신해 있었다.

한 구절이 있으나, 이 사건에 대해서만은 "훗날 역사가가 한일병합사를 쓸 때 이 사건이 23살의 객기 어린 풋내기 서생의 환상에 의해서라는 이면의 모습을 소홀히 하지 말아야 한다"[13]고 기록하고 있다.

뒤늦게나마 도한渡韓할 수 있게 된 요사노 텟칸의 종군 소망은 결국 그 직전에 발효된 휴전조약으로 사라진다. 그러나 그 기개는 그의 지사적 성격과 맞물려 명성황후 살해사건에서 암약하는 데 그치지 않고 히로시마 소환 직후 다시 조선으로 건너가 친일파 정부고관의 세력을 만회하기 위해 러시아 공사관으로 옮긴 조선국왕의 탈환을 획책하게 된

13 　与謝野鐵幹, 「沙上の言葉(4)」, 『明星』第5卷第5號, 1924.10, p.134.

다. 이와 같은 조선 체험이 마침내 그가 '호검조虎劍調'로 알려지는 데 결정적인 영향을 미쳤다는 것은 이미 알려진 사실이지만, 이후 그가 조선을 어떻게 묘사했는지에 관해서는 아직 많은 과제가 남아 있다.[14]

3. 요사노 텟칸의 「관전시인」

1895년 여름, 경성에서 입원 중이던 요사노 텟칸은 병상에서 와카 「조선에서 어찌 죽겠는가」 10수(『토자이난보쿠』, p.18)를 지었다. 그 중에는 "조선에서 어찌 죽겠는가. 죽어야 한다면 십년 후 전쟁을 본 다음에"라는 와카가 있지만 청일전쟁 종군에 뒤쳐졌던 텟칸은 10년 후 러일전쟁에서도 전쟁을 직접 체험하지 못했다. 그럼에도 전쟁과 조선을 상상하고 묘사하는 자세는 변하지 않았다. 1900년에 『묘죠明星』를 창간한 이후 요사노 텟칸은 조선을 소재로 하는 소설 두세 편을 발표했는데[15] 그 중 하나가 「관전시인」이라는 단편소설이다. 이것은 러일전쟁이 발발한 1904년 5월에 하쿠분칸博文館의 종합잡지 『타이요太陽』에 발표된 신작소설이다. 필자가 아는 한 「관전시인」에 관한 선행연구는 전혀 없

---

14 히노 히데코檜野秀子, 「요사노 텟칸과 조선与謝野鐵幹と朝鮮」(『季刊 三千里』第28號, 1981)에서 이 부분을 논하고 있다. 또한 '호검조'라는 명칭은 텟칸이 조선의 호랑이를 주제로 한 시가를 많이 읊었기 때문에 붙여진 것이다.

15 조선에 관한 소설로는 그 밖에 「개전開戰」(『第二明星』第1號, 1902.1)과 「소자객小刺客」(『第二明星』第4號, 1902.4)이 있다. 이러한 소설에 관해서는 위의 히노檜野 씨 논문이 자세하다.

으므로, 켄난이 『요미우리신분讀賣新聞』(1904.5.22)에 실은 「풍두어風頭語」의 평을 소개해 둔다.

「관전시인」은 요사노 텟칸이 근간 타이요에 게재한 소설이다. 한국에서 본인이 실험하고 시찰했던 것을 소재로 삼아 시국에 맞게 서술한 것이다. 문체가 우아하고 언어나 문장도 매우 고상하고 화려하며 호소력이 있다. 소설로서는 각색과 갈등이 부족하나 마치 실제 경험담과 같은 은은함을 특색으로 한다. 텟칸은 처음에 신체시로 시작하여 신파新派 와카를 거쳐 최근에는 때때로 산문을 쓴다. 그가 다방면이라는 것은 누구나 다 아는 바이지만, 나는 그 방면의 넓음이 아니라 오히려 그 감정의 열렬함을 바란다. 그대여 많은 것을 구하기보다 깊이를 추구하는데 힘쓰는 것이 어떠한가.

요사노 텟칸의 「관전시인」은 1895년 조선에 건너갔을 때의 경험을 중심으로 하는 세 번의 조선 체험이 소재이고, 이야기의 배경을 러일전쟁 개전 시기에 맞추어 구성한 작품이다. 청일전쟁에서 이루지 못한 종군이라는 청년시절의 꿈을 젊은 날의 텟칸과 거의 동일한 주인공에게 의탁하여 상상으로 구상된 이 전쟁소설은 조선을 무대로 한 종군시인 이리에 나츠오入江夏雄의 이야기이다. 다음은 그 서두이다.

이 배가 서둘러 행선지로 향한 이유는 경성과 인천의 물가가 2월 9일 개전 이후 갑자기 크게 치솟는 것을 구제하기 위해서이다. 때문에, 백미·소금·술·야채·채소절임·설탕뿐 아니라 이부자리·모포류 등 장소가 비좁을 정도로 짐을 실었다. 승객은 이 물건들의 주인들이다. 이들은 오사카

大阪·후쿠오카福岡·나가사키長崎 등의 상인들이고 대부분 자신에 차 있
다. 그 외에 신임 평양우체국장 1명, 군리軍吏 3명, 종군기자 7명, 종군배우
4명. 유일하게 단 한사람, 이름도 무시무시한 관전시인으로 내가 가담하였
다.(「관전시인」, 『타이요』 제10권제7호, p.97)

이와 같은 배 안 묘사에는 일본의 병참기지가 된 조선으로 건너가는
승객들의 의기양양한 정경이 그려져 있다. 러일전쟁은 조선 및 만주의
이권을 둘러싼 일본과 러시아의 제국주의적 식민지 획득 전쟁이었다.
제국주의는 말할 것도 없이 영토 확장의 논리이다. 이러한 관점에서
보면 「관전시인」 서두에서 조선으로 건너가는 도중의 배 안은 일본의
상업자본이 조선으로 확장되는 교통의 장이었음을 생생하게 보여주고
있다고 말할 수 있다.[16] 시인으로 종군하는 이리에 나츠오도 '자신에
찬' 승객 중 한 사람이다. 이리에 나츠오의 서사는 조선이라는 미지의
풍토를 문학적 소재로 수집하는 확장의 서사라고 할 수 있다. 우선 「관
전시인」에서 조선인을 묘사하는 방식을 고찰해보자.

이 나라의 천한 자들이 수하물을 짊어지려고 큰 소리로 욕설을 하고 비난하
는 모습, 옛 노래를 흥얼거리는데 참으로 알아듣기 어렵거니와 보기도 흉하
다. 해안에는 많은 일본 헌병들이 있다. 이 나라의 순사들도 삼각형 모자를

---

¹⁶ 러일전쟁 시기에는 일본의 상업자본뿐만이 아니라 일반적인 조선 도항자수도 증가했다
고 한다. 『요미우리신분』(1904.5.5)은 도항자의 다수가 "무자무산無資無産한 사람들로,
도항하기 전에 입에 풀칠하기도 어려워서 길거리를 헤매는 모습"이라고 하고, 모지門司
와 나가사키長崎에서는 승선할 때 경찰로부터 도항을 제지당하기도 했던 것까지 전하고
있다.(「朝鮮渡航者に就て」)

쓰고 섞여 있지만 금방 얼굴을 분별할 수 있다. 숱이 적은 턱수염 등 금세기의
인종이라고는 느낄 수 없다. 더구나 이 나라 백성들이 한가한 복장을 하고
석 자나 되는 담뱃대를 물고 걸어가는 모습을 얼핏 보면 마치 문인화 속의 사
람 같다.(pp.97~98)

이것은 인천항 정박 후 주인공이 처음으로 만난 조선인에 대한 소묘
이다. 우선 강조하고 싶은 것은 이 단편소설에서도 규격화된 조선인상
이 큰 차이 없이 계승되고 있다는 점이다. 앞에서 지적하지 못했던 것
을 덧붙이자면 '금세기의 인종이라고는 느낄 수 없다'는 조선인 순사에
대한 묘사에서 엿볼 수 있듯이, 일반적인 일본인과 비교 대조를 통해
성립하는 형상에는 확실히 문화적 의미의 측면에서 '인종'이라는 말이
사용되는 경향이 있었다. 더욱이 거류지인 '일본인 거리'와 비교되는
'한인 거리'를 '에타촌穢多村'과 '아프리카'라는 용어를 사용하여 비유하
는 사례도 마찬가지이다. "거리라는 것은 이름뿐, 마치 우리나라의 에
타촌처럼 불쾌하고 더럽다. 짐승 고기를 파는 가게가 제일 먼저 눈에
들어온다."(p.99)
이때까지 틀에 박힌 조선인상으로 유통되던 것은 주로 사회적 하층
에 속하는 사람들을 대상으로 했는데, 통례상 이러한 형상은 피차별
부락민으로 대표되는 사회적 이미지를 답습하여 그려지기도 했다. 이
러한 조선인상은 필자가 조선인에게서 피차별 부락상을 연상함으로
써 획정되는 경향이 있었다. 이러한 중층적인 형상 묘사에는 이중삼중
의 차별화가 내포되어 있다. 그러나 그림이 들어 있는 독본이나 기행
문 또는 종군기에서 보이는 전형적인 조선인상이 동일하게 문학작품

속에서도 그려지고 있다고 해서, 이것을 바로 문학의 조선 표상으로 단정하는 것은 성급한 판단이다. 중요한 것은 그 표상의 역학力學이 서사 구조에 어떤 효과를 부여하게 되는가이다.

「관전시인」은 종군시인으로 도한한 이리에 나츠오가 그와 비견할 만한 문학적 교양과 정열적인 애국심을 모두 갖춘 코사카香阪 부영사와 친교를 맺고, 두 사람이 동시에 한국의 외무대신 이지용의 딸을 사랑한다는 내용이다. 이리에 나츠오가 그 여성에게 첫눈에 반하는 장면은 이지용이 주최한 야회로 설정되어 있으며, 이 무대배경에는 한일의정서 조인에서 제1차 한일협약에 이르는 전시戰時 대한對韓 외교의 흐름이 복선으로 제시되어 있다.[17] 후반부 내용은 이렇게 전개된다. 마침내 압록강 전투에서 승리하고 평양으로 향하던 이리에 나츠오는 시가지에서 전투에 맞닥뜨린다. 여기서 우연히 부상당한 코사카 부영사와 재회하는데, 야전병원에서 이지용의 딸을 사랑한다는 그의 고백을 듣게 된다. 이리에 나츠오는 자신의 마음은 말하지 않고 다음날 죽음을 각오했는지 기병대 수행을 지원하여 최전선으로 향하는 것으로 끝난다.

이 단편소설의 내용은 나중에 조선의 종주국이 되는 일본인 남성 시인과 외교관이 식민지 지배를 받게 되는 조선인 여성을 획득하려는 이야기라고도 해석할 수 있다. 소위 식민지를 소재로 한 문학작품에서 정복의 도식은 지배자인 남성이 피지배자인 여성을 성적으로 소유한다는 비유적인 구조로 이야기되는 경우가 많다.[18] 여기에서는 이지용

---

17 「관전시인」에는 이지용을 비롯하여 이토 히로부미와 하야시 곤스케林權助와 같은 실제 인물이 다수 등장하고 있다.
18 이에 관해서는 이론적인 틀이라기보다도 러일전쟁 당시의 지식인 언설에서 단적으로 엿볼 수 있다. 예를 들면 『분게쿠라부文芸俱樂部』(第10卷第5號)에 게재된 오마치 케이게츠

의 딸과 두 일본인 남성 사이에 성적인 관계는 보이지 않는다. 그러나 그녀는 일본유학 경험자이자 토쿄 나가타초永田町의 화족華族 여학교를 졸업한 여성으로 그려지고 있으며 야회에서는 통역을 겸한다. 더욱이 이리에 나츠오와 코사카 부영사는 학창시절에 그녀와 꼭 닮은, 어쩌면 동일 인물일지도 모르는 화족 여학교의 여학생을 사모했던 과거가 있다. 이것은 불필요한 부분이라는 생각이 들지만, 중요한 것은 주로 언어의 비공유성을 중심으로 하는 일본과 조선의 문화적 차이가 외무대신 이지용의 딸이라는 존재로 메워진다는 점이다. 이리에 나츠오가 읊는 시의 진의를 가장 먼저 추측할 수 있었던 사람은 코사카 부영사와 그 여성이었다.

요사노 텟칸의 「관전시인」에는 조선인 여성을 둘러싼 두 사람의 일본인 남성이라는 삼각관계를 통해 마침내 일본에 의해서 실시되는 식민지 지배의 역학이 그려져 있다. 이 단편소설의 조선 표상은 이렇게 독해할 수 있는 내용 속에 틀에 박힌 조선인상을 배치함으로써 성립한다. "이 나라의 천한 자들"을 "매우 보기 흉하다"고 말하면서도 그 광경을 공들여 묘사하는 것은, "우리의 혼은 빼앗기지 않는다"고 서술되는 대극적인 장면, 외무대신이 주최하는 호화로운 야회에서 일본의 화족 출신자와 비교될 만큼 신분이 높은 조선인 여성을 사랑한다는 메인 플롯main plot의 서사적 효과를 역으로 두드러지게 만드는 결과가 되기 때문이다.

의 「시문時文」에는 본서의 제1장에서 소개한 다음과 같은 기술이 있다. "근래, 귀국은 우리나라와 일한조약을 맺었다. 이에 귀국은 또 다른 강자의 기세를 살필 필요가 없을 것이다. 예컨대 다수의 매춘부가 자산가 중에 가장 능력 있고 성실한 사람을 택하여 첩이 되는 것과 같다. 매춘부의 처지에 비하면 한 걸음 나아간 것이지만 여전히 그늘 속에서 살아야 하는 신세로다. 세상에는 얼굴을 내밀 수가 없구나. 왜 더 전진하여 입적하고 본처가 되지 못하는가."(「韓國に檄す」, p.179)

　　이렇게 해서 이후의 정복 시나리오를 등장인물의 섹슈얼리티를 통해 은유적으로 묘사한 「관전시인」은, 일본인 등장인물이 말을 건네는 대상이자, 일본어로 말할 수 있는 내면을 지닌 존재로 조선인 등장인물을 규정한 소설이 된다.[19] 주체성을 지닌 조선인 등장인물은 외무대신 이지용이고, 이를 매개하는 것이 이지용의 딸이다. 청일전쟁 시기에 종군문사의 르포르타주가 만들어낸 조선 표상과 이를 소재로 한 「관전시인」이라는 소설로의 장르적 이행은 묘사된 조선인이 일본어라는 언어를 공유함으로써 주체성을 부여받는 과정이기도 하다. 물론 이러한 내면성을 갖는 조선인 등장인물은 일본적 문명관으로의 동화라는 이데올로기를 대변하는 존재로 만들어지는 것에 불과하다.

4. 전쟁문학과 이것을 말하는 문사의 자격

　　요사노 텟칸의 「관전시인」에서 조선 표상은 서사화를 거친 문학 표상으로 결실을 맺었다. 여기에 응축되어 있는 인물과 풍경 묘사의 배치는 조선을 묘사한 문학의 요람기라는 관점에서 볼 때 매우 중요하다. 그러나 이것은 결코 요사노 텟칸 한 사람에게만 국한되는 문제가

---

19 이러한 「관전시인」 사상의 원형은 을미의숙에서 한국인 학생들에게 했던 일본어 교육의 실천에서 찾을 수 있다. 이것은 앞에서 언급한 "조선의 산에 벚나무를 심고 조선 사람에게 야마토 사내의 노래를 부르게 하리"라는 탄카로 상징된다.

아니다. 따라서 이러한 소설이 러일전쟁 시기에 성립되었던 근거를 동
시대 문학과 문화 속에서 찾는 작업이 필요하다. 여기에서는 전쟁과
이것을 말하는 문사라는 시점에서 고찰하고자 한다. 다음은 「관전시
인」 중 야회 장면에서 이지용이 하는 말이다.

> 이리에 공, 이 나라의 산하는 이렇게도 황량한데 당신의 시는 기와를 황금
> 으로 바꾸는 재주가 있구려. 원컨대 지금 이 나라 백성이 귀국을 신뢰하는
> 마음도 함께 노래하여, 돌아가서 귀국의 대大 황제폐하께 받쳐주시오. 이 나
> 라의 기후는 험악해 천금과 같은 몸을 부디 잘 돌보시길 바라오.(p.108)

'천금과 같은 몸'이라는 비유에서 알 수 있듯이 이리에 나츠오는 특
권적인 존재로 설정되어 있다. 그가 다름 아닌 시인이기 때문이다. "아
름다운 시와 글을 쓰는 사람"(p.99)으로 묘사된 그는 "기와를 황금으로
바꾸는" 언어의 연금술적인 자질을 지닌 사람으로 정의된다. 즉 이리
에 나츠오가 손을 대면 "인천의 작부도 천상의 여자와 같이"(p.101) 그
려진다는 것이다. 그렇다면 이처럼 특권적 속성을 가진 이리에 나츠오
가 왜 종군문사로 한국으로 건너온 것일까. 이와 같은 코사카 부영사
의 물음에 그는 다음과 같이 답한다.

> 내게 그렇게 질문을 해주니 고맙기 그지없소. 많은 비평가들이 전쟁문학
> 을 촉구하고 있소. 전쟁문학이 무엇이겠소. 전쟁소설, 정러征露 창가와 같
> 은 종류를 말하는 것이라면, 전쟁문학은 현재 실로 번창하고 있소. 귀도 마
> 음도 둔한 나는 이러한 때 호외판매를 외치는 소리에 맞춰 재빠르게 그 내용

을 알아내는 재주도 없소. …… 생각해 보시오. 실로 한탄스럽게도 나는 결국 빛도 들어오지 않는 토굴에 갇힌 신세가 되고 말았소. 아 그 쓸쓸함을 젊은 사람이라 하더라도 어찌 견딜 수 있겠소. 나에게 나의 본국은 토굴이오. 이때 우연히 전쟁이라는 창문을 발견했소. 나는 이 창문이 피로 물드는 것을 싫어할 틈이 없소. 단지 이 창문을 통해 다시 하늘을 볼 수 있는 행운을 기원할 따름이오.(p.102)

이것은 러일전쟁 시기 문학계의 상황을 말하고 있다고 보아도 좋을 것이다. 거의 같은 시기 오마치 케이게츠의 시평을 참조하면, 전시의 실상은 "세태를 반영하여 군가·전쟁소설·전쟁실기와 같은 종류가 두드러지게 활기를 띤다. 서점은 다른 저술의 출판을 보류하거나 심지어는 문을 닫는 곳"[20]도 있었다. 물론 「관전시인」은 그러한 '전쟁소설' 중 하나이지만, 소설 속에서 이리에 나츠오는 전시 문단에서 유행하는 전쟁문학이라는 상품적 가치를 내세우지 않는 문사 중 한 명으로 설정되어 있다. 여기서 유의할 것은 인용 후반부의 근대 전쟁과 국가에 대한 시인의 태도이다. '나에게 나의 본국은 토굴이오' 이하의 부분에서는 전쟁문학의 유행에 뒤쳐졌던 이리에 나츠오가 그 불운에서 벗어나는 실마리를 종군이라는 행위에서 발견하고 있음을 말해준다. 또한 이 지용의 말에서도 알 수 있듯이 국가를 대변하는 존재가 시인이라는 해석도 성립할 수 있다는 점을 주의해야 한다. 국가와 문학의 관계는 제1장에서 이미 언급한 바와 같다.

---

20 大町桂月, 「文藝時評」, 『太陽』第10卷第5號, 1904, p.154.

여기에서 문제가 되는 것은 이러한 문사상文士像이 러일전쟁 시기의 문학계에서 어느 정도 공유되었는가이다. 전시에 맞춰 개설된『분게쿠라부文芸俱樂部』의「문사의 전쟁관文士の戰爭觀」코너를 참조하도록 하자. 제1회의 츠보우치 쇼요, 코다 로한, 아네사키 마사하루姉崎正治(1873~1949)로 시작하여 총 6회에 걸쳐 계속된 이 코너는 전쟁과 문학에 관한 러일전쟁 시기의 인식을 살펴보는 데 대단히 중요한 내용이다. 물론 기고자의 전쟁관은 각양각색이지만 공통의 화제는 전쟁문학에 대한 것이었다. 예컨대 코다 로한은「외교와 바둑外交と囲碁」에서 전쟁문학에 관해 다음과 같이 말하고 있다.

작가가 종군하여 러시아 정벌의 고초를 맛보고, 전장의 참담한 광경을 목격하며 쓴 것이 단지 작가 자신의 안목을 넓힌 것에 머문다면, 이를 시의 소재로 삼는다고 해서 걸작이 나오겠습니까. 이것은 작가 본연의 재능에 의한 것이므로 몹시 의문스럽습니다. 문학자는 신선이어도 곤란하지만 초친야提灯屋[21]이어도 곤란합니다. (『분게쿠라부』 제10권제9호, 1904.7, p.196)

문사가 전쟁을 관전하는 것이 완벽하게 문학적 영위로 직결되는 것은 '작가 본연의 재능'에 좌우된다. 따라서 당시 유행하던 전쟁문학 일반에 대한 코다 로한의 소견은 그 참여도로 측정된다. 글 속의 '신선' 또는 '초친야'라고 대조적으로 평가되는 비유는 문사가 시류에 지나치게 무관심한 것도 초조한 나머지 상업주의적으로 영합하는 것과 다를 바 없다는 판단에서 나온 것이다. 이러한 로한의 생각을 부연하면, 러일

---

21 남의 시나 글을 그댈 모방하는 사람.(옮긴이 주)

〈그림 10〉 (좌) 『일러전쟁실기』의 표지-『일청
전쟁실기』의 성공으로 거대 미디어가 된 하쿠분
칸은 러일전쟁에서도 여러 잡지를 통해 다양한 전
쟁보도를 전개했다
〈그림 11〉 (우) 「한반도韓半島」란의 지면

전쟁이라는 국가의 중대 사건에 임하는 문사의 사회적 직능은 전쟁문
학의 유행에 대처하는 문사 각자의 도덕적인 선택에 맡겨지게 된다.

그러나 「문사의 전쟁관」 코너에서 보다 공유되고 있는 것은 전쟁체
험의 유무가 이후 문사로서의 활약을 좌우한다는 사고방식이다. 예컨
대 히로츠 류로廣津柳浪(1861~1928)는 「사회주의와 유행문학社會主義と
際物文學」(『분게쿠라부』 제10권제11호, 1904.8, p.197)에서 "우리들 일본 문학
자가 지금의 환경에서는 3백 엔이나 4백 엔의 사재를 털어 종군할 수
없으므로 도저히 회심작이 나올 수 없다"고 지적하면서, 하쿠분칸博文

館의 사진반 수행원으로 종군한 타야마 카타이에 대해 "그 '단순함'을 '전쟁'으로 보충한 것은 극히 절묘하며 이후 카타이가 쓰는 소설은 반드시 새로운 국면을 열어 갈 것"이라고 말했다.[22] 카타이의 종군체험이 마침내 '새로운 국면'을 보증할 것이라는 견해의 이면에는 종군을 원해도 기회가 주어지지 않았던 문사들의 존재가 있었다.

종군문사를 향한 선망을 필두로 하는 이러한 전쟁관에는 공통된 사고방식이 있다. 그것은 전쟁을 소상히 관찰하는 종군체험이 문학을 낳는다는 인식이다. 「관전시인」의 이리에 나츠오가 그러했던 것처럼, 러일전쟁은 새로운 문학적 활동을 내포하는 '피로 물드는' '창문'으로 파악되었던 것이다. 또한 이러한 인식에는 종군하는 자가 문사인지 아닌지의 여부조차 그다지 문제 삼지 않던 경향이 있었다. 우에다 빈上田敏(1874~1916)은 「호전론자와 비호전론자好戰論者と不好戰論者」(『분게쿠라부』 제10권제12호, 1904.9)에서 이 점에 대해 다음과 같이 말한다.

이번 전쟁과 같은 일이 생기면 비로소 문학의 진가가 드러난다. 군인의 통신이나 공보公報에도 상당한 명문名文이 있다. 문사라 하더라도 이에 미치지 못하는 자가 있다. 하지만 군인이 이 정도로 명문을 쓸 수 있는 근본은 문학일 것이다.(p.171)

---

22 덧붙이자면 『분게쿠라부』(第10卷第7號, 1904.5)에 실린 오마치 케이케츠의 「시문」에는 "지금까지 가타이花袋의 소설은 청년 남녀의 가련한 연애를 묘사하는데 그쳐서, 우아하고 아름다운 멋은 있어도 강하고 힘찬 멋은 찾아보기 힘들었던 것 같다. 이제는 천리 경계없는 만주의 들판으로 나가 세상에 좀처럼 없는 대전쟁을 목격한다. 가타이의 필치는 이후 일대변화를 가져올 것이다"(「人さまへ」, p.170)라는 글이 있다.

이 '문학'이라는 말은 '명문名文'이나 미문美文과 같은 일반적인 사용법에만 한정되지 않는다. 우에다 빈이 말하려는 것은 문학이 전쟁을 서술하는 것이 아니라 전쟁이 그것을 서술한 문학을 낳는다는 점이다.

이와 관련하여 츠보야 스이사이坪谷水哉(1862~1949)는 '문사라는 자격'이 자신에게 있는지 '의심스럽다'면서도 "평생 붓을 쥐고 세상에 서서, 더욱이 이번에는 랴오양遼陽까지 전쟁을 보러가 피로 물든 강과 주검으로 뒤덮인 산의 아수라장을 보고 왔기 때문에 망설임 없이 문사의 전쟁관을 말해보도록 하죠"(「전쟁과 문학미술의 조화戰爭と文學美術の調和」, 『분게쿠라부』 제10권제15호, 1904.11, pp.161~162)라고 말한다. 그리고 자신이 문사가 되는 이유를 "전쟁터에서는 종래 세상에 흔해빠진 주제 이외에 시로든 그림으로든 소설로든 국민의 원기를 고무하고 출정 장졸의 불후의 공적을 다룰 절호의 주제들이 무수히 많"(p.164)기 때문이라고 설명한다. 이와 같은 스이사이의 경험론적 견해는 실제로 전쟁을 체험하는 것이 문학적 소재를 수집하는 것임을 말해주고 있다. 여기에는 전쟁관의 기묘한 전도가 있다.

우에다 빈의 말처럼 '군인'이 문사가 무색할 정도의 '명문'을 쓴 사례로는 실제로 러일전쟁 이후 출판되어 '어람天覽'이라는 칭호를 얻고 국민적인 전쟁문학이 된 사쿠라이 타다요시櫻井忠溫(1879~1965)의 『육탄肉彈』을 떠올리게 한다. 「제1장 전우의 혈흔第一 戰友の血塊」에서 사쿠라이 타다요시는, "일러대전쟁기日露大戰爭記"는 "역사가와 문호의 영묘한 붓을 빌어 비로소 이루어져야 할 것"이나 '일개 미미한 군인'에 불과한 자신이 굳이 이를 편찬한 이유는 "검 대신 붓을 쥐고 이 난전에 대한 국민의 기억을 새롭게 하고 싶기 때문"[23]이라고 말한다. 근대 전쟁의 참여가 문학적 활동을 가능케 하고, '국민'에게 전쟁을 말할 자격을 갖출 수 있도록 한다는 인식의 양성이 어떤 의미에서는 당시의 문학계뿐 아니라 보다 폭넓은 일반적인 이해사항이었음을 짐작할 수 있다. 더군다나 이러한 관점에는 사쿠라이 타다요시의『육탄』처럼 귀환병사의 종군체험이 특권화되기에 이르렀을 때, 전쟁을 표상해야 할 '문사'라는 주체나 작가가 쓰는 것으로 간주되었던 '문학'이라는 제도 그 자체가 탈구축되는 전도의 논리가 숨겨져 있기도 했던 것이다.

청일전쟁과 러일전쟁 시기의 문사들은 조선에 대해 판에 박힌 부정적 이미지를 공유하고 있었다. 그 중에서도 실제로 조선으로 건너간 문사는 적어도 조선 체험을 활자화함으로써 사회적 수준의 조선상 전파와 갱신을 담당했다. 물론 그 중에는 토카이 산시 즉, 시바 시로로 대표되듯 조선과의 외교문제에 대해 정치적 발언을 했던 자도 있다. 그렇지만 보다 중요한 것은 이러한 이문화상異文化像의 전파와 갱신을 수행한 그들의 역할이다. 종군문사들에게 조선은 보고 듣고 생생히 그려낼 소재였다. 그 풍경은 근대 전쟁을 사모하는 2차적 파생물이었으며, 그렇기 때문에 우선적으로 호기심이 앞섰던 것이다. 그리고 그들이 생산한 조선 텍스트는 세상 사람들이 주목하는 과열된 미디어의 전쟁보도 속에서 조선의 부정적 이미지를 더욱 강고히 독자들에게 제시하며 새롭게 만들어 나갔다.

한편으로 청일전쟁에서 러일전쟁까지의 흐름은 종군문사들의 기행문·종군기라는 르포르타주와 요사노 텟칸의「관전시인」과 같은 전쟁소설 사이의 장르적 접근을 초래하고, 이로 인해 규격화된 조선상을

---

23 櫻井忠溫,「肉彈」,『明治文學全集 97 明治戰爭文學集』, 築摩書房, 1969, p.5.

문학작품 속에 이식시키는 과정이기도 했다. 이 전쟁소설이 청일전쟁 시기 이후 세 번에 걸친 조선 체험을 러일전쟁 시기의 시국에 맞추어 쓴, 책상 위에서 완성한 종군문사의 서사라는 점은 이러한 의미에서 흥미로운 성립과정이라 할 수 있다. 「관전시인」은 조선상의 배치를 통해 서사적인 효과를 높임과 동시에 그때까지의 르포르타주와는 명백히 이질적인 두 일본인 남성과 조선인 여성 간의 삼각관계를 주요 내용으로 하는 식민지주의적인 서사 구성을 제공하고, 신분이 높은 조선인 등장인물의 내면을 거짓으로 꾸며내는 시도를 했던 것이다.

종군문사의 르포르타주에서 요사노 텟칸의 전쟁소설 「관전시인」에 이르는 과정은 청일전쟁 시기 청년문사의 종군 희망으로 나타났으며, 러일전쟁 시기에 보다 널리 공유되기 시작한 어떤 인식의 형성과 불가분의 관계에 있었다. 그것은 근대 전쟁을 직접 체험하는 것이 전쟁을 말할 수 있는 문학을 낳는다는 경험론적 인식이다. 이것이 두 번의 식민지 획득 전쟁 속에서 전쟁문학을 둘러싸고 형성된 패러다임이다. 물론 이러한 인식의 양성이 어느 정도 확대되어 있었다고는 하지만, 당시 문학계의 한 측면을 이야기하는 것에 불과할 수도 있다. 그러나 여기에서 언급된 적이 없었던 타자 표상과의 관련성을 간과해서는 안 된다. 타자 표상을 둘러싼 윤리의 누락은 이미 일본인의 문화적 기억으로 공유되고 있던 조선상의 문제와 밀접하게 관련된 것이기 때문이다.

제5장_ 사생되는 조선, 흔들리는 관찰자의 시선

타카하마 쿄시의 『조선』 여행기

이시카와 타쿠보쿠는 「9월 밤의 불평九月の夜の不平」(『소사쿠創作』 제1권제8호, 1910.10)에 다음과 같은 두 편의 시를 남겼다.

시대폐색의 현 상황을 어찌할지 가을에 접어들어 생각하노라.

지도상의 조선국을 검디검게 먹칠하며 가을바람 소리를 듣는다.[1]

자연주의 문학의 퇴조, 대역사건, 문사의 생활고. 1910년 일본 일본열도를 둘러싼 안과 밖을 예민하게 포착한 이시카와 타쿠보쿠의 인식은 동시대 문학의 한 징후를 말해준다. '시대폐색'으로 뒤덮인 한일병합시기에 식민지가 된 조선을 그린 여행 소설이 문학계에 새롭게 탄생한다. 바로 타카하마 쿄시高浜盧子의 『조선朝鮮』이다. 이 소설은 한일병합 이

---

1 石川啄木, 『石川啄木全集』 第一卷 歌集, 筑摩書房, 1978, p.183. 덧붙여서 "지도상의 조선국을 검디검게"에 이어지는 것은 "누군가가 나에게 권총을 쏘아도 좋다. 이토伊藤처럼 죽어 보이겠다"는 내용이다.

듬해인 1911년 6월부터 『토쿄니치니치신분東京日日新聞』과 『오사카마이니치신분大阪毎日新聞』(상편 70회만)에 연재된 후 가필과 수정을 거쳐 이듬해 2월 지츠교노니혼샤實業之日本社에서 간행되었다. 훗날 카네코 카즈金子和는 조선을 그린 소설의 효시로 『조선』을 언급하며, 그 내용이 "인도주의적, 자유주의적인 세계관도 아니고 관조적, 저회적低徊的인 예술가적 태도도 아닌, 실제로는 당시 제국주의 부르주아지의 이데올로기에 지나지 않았다"고 비판했다.[2] 그 진위여부는 제쳐 두더라도 이 비판은 상징적인 의미를 지닌다. 1910년 한일병합을 통해 실질적으로 시작된 식민지 지배 역사와의 정합성이 시야에 들어오기 때문이다.

한일병합시기의 언론계에서는 신문 · 잡지 미디어의 합병론 · 식민지 경영론에서 식민 장려책과 동화정책에 이르기까지 조선을 주제로 한 내용이 큰 비중을 차지하고 있었다.[3] 오구마 에이지小熊英二 씨는 "한일병합이 일본민족론에서 지니는 의의는 새로운 논조의 탄생이라기보다 내지잡거논쟁[4]에서 20년에 걸쳐 각 논쟁의 논자들이 분산적으로 육성한 혼합민족론의 레토릭이 한꺼번에 논단에 분출된 것에 있다"고 지적한다.[5] 조선에 대한 일본열도의 사회적 관심도 한일병합을 계기로 급격히 높아졌다기보다는 러일전쟁 이후 추진된 식민殖民 정책을 통해 서서히 양성된 느낌이 강하다. 그러나 문학계에 한해서는 그렇지 않다.

---

2   金子和, 「現代小說に映じた朝鮮的現實―張赫宙論」, 『文學評論』第三卷第2号, 1936.1, p.152.
3   이에 관해서는 강동진姜東鎭, 『일본언론계와 조선 1910~1945 日本言論界と朝鮮 1910~1945』 (法政大學出版局, 1984)이 상세하다.
4   '내지잡거'란 내지개방이라고도 불리우며 외국인거류지 등의 외국인에 대한 거주, 여행, 외출 제한을 철폐하고 국내에서 자유롭게 거주 · 여행 · 영업이 가능하도록 허가하는 것을 말한다. 메이지시대 일본에서는 조약개정을 둘러싸고 격한 논쟁이 일었다. (옮긴이 주)
5   小熊英二, 『單一民族神話の起源―〈日本人〉の自畵像の系譜』, 新曜社, 1995, pp.104~105.

여기에서 타카하마 쿄시의『조선』이라는 소설에 주목하는 것은 이 시기의 조선을 무대로 하는 본격적인 소설이 거의 보이지 않기 때문이다.

청일·러일전쟁 시기의 조선 표상은 요사노 텟칸의「관전시인」에서 살펴본 바와 같이 근대 전쟁에 대한 호기심에서 파생되었다. 그러나 타카하마 쿄시의『조선』에 그려진 조선은 그 자체가 호기심의 대상이 된다. 그러나 이 소설이 반드시 식민지문화를 매력적으로 그린 완전한 서사로 읽혔던 것은 아니다. 이번 장에서는 타카하마 쿄시의『조선』을 중심으로 하여 조선을 사생寫生한다는 식민지문화의 번역적 행위에 주목하고자 한다. 타카하마 쿄시의 조선 표상이 사생주의寫生主義라는 리얼리즘적 탐구를 둘러싼 문화적 갈등을 거쳐 성립되는 과정을 검증하여, 한일병합시기의 문학과 식민지주의 사이에 발생한 균열을 해명하기 위해서이다.

1. 관광주의적 시선과 식민지문화

타카하마 쿄시는『조선』을 연재하기 시작한 1911년 4월과 6월, 두 차례에 걸쳐 조선을 방문했다. 두 번째 여행에 대해 "내가 지난달 하순 조선을 유람했을 때, 적지 않은 흥미를 느껴 다음 달 한 번 더 유람하기로 했다. 조선을 관광하는 것은 나에게 새로운 자극이고 얻을 수 있는 것이 적지 않다고 생각한다"(「『토쿄시』 휴재에 대해『東京市』休載につき」,『호토

토기스ホトトギス』제14권제11호, 1911.6)고 언급한 대로, 이 소설은 작가의 호기심에 의거한 경험의 산물이다. 그렇다면 이 소설은 어떻게 읽히도록 의도된 것일까. 신문연재 예고문에는 이렇게 기록되어 있다.

> 조선에 거주하는 내지인[6]의 활동상은 어떨까. 조선인의 생활은 어떨까. 유명한 기생이라는 자는 어떤 생활을 하고 있을까. 그녀의 사진첩 속에는 어떠한 사진이 끼워져 있을까. 이토伊藤 공의 사진일까. 안중근의 사진일까. 그녀가 태어난 진주晉州의 사진일까. 아니면 일본사람의 사진일까. …… 이 질문들에 답하기 위해 새 영토의 사회 상태를 모사하는 것이 이 소설의 목적이다. (『토쿄니치니치신분』, 1911.6.13)

이로부터 2개월 또는 5개월에 걸쳐 장기간 신문을 구매한 독자는 매일 이 소설을 접하게 된다. 독자에게 제시되었던 것은 새롭게 일본의 영토가 된 조선에 사는 일본인과 조선인의 생활상에 대한 정보였고, 예고문에는 마치 그것이 작가와 마찬가지로 식민지에 대한 호기심을 불러일으킬 듯한 광고로 기술되어 있다. '새 영토의 사회 상태를 모사하는 것'이 목적이라는 부분에 주목해 보자. 『조선』은 소설이기는 하나 결코 허구화된 서사가 아니며 어디까지나 '모사한다寫す'는, 진실성이 강조된 형태로 독자에게 제시된다. 즉 작가 또는 편집자에 의해 상정된 상품적 차이는 타카하마 쿄시가 실제로 체험한 식민지 경험에 기초하여 그 견문을 소설로 쓴다는 것 자체에 있었다고 할 수 있다.

---

6 일본인을 가리키는 말로서 조선인들과 자신들을 구분하기 위해 사용한 용어이다. (옮긴이 주)

이런 의미에서 『조선』이라는 소설은 저명한 작가의 권위성을 바탕으로 식민지 현지 경험에 준거하는 새로운 정보에 의한 문학적 가치의 창출이기도 했다. 검토해야 할 것은 조선을 모사한다는 행위를 성립시키는 문학적 활동, 더 나아가 그 문화적인 요청이다. 이것은 이 소설이 지닌 제국주의적 확장정책에 무의식적으로 공명하게 되는 그 무언가이다.

타카하마 쿄시의 『조선』은 중년 문학자인 '나'와 그의 아내가 부산에서 대구를 거쳐 경성 그리고 평

〈그림 11〉 평양에서의 다카하마 쿄시

양으로 조선을 북진하는 여행 이야기이다. 이 소설을 매일 읽어 나가는 독자의 관심이 조선 그 자체에 있다고 본다면, 이야기의 특징은 조선을 여행하는 등장인물들의 도정을 독자에게 제공하는 데 있다. 카네코 카즈는 독자 측에서 본 심성에서 이를 '이국적exotic 정서'라고 부른다.[7] 이것은 예컨대 다음과 같은 장면을 가리킨다.

---

7 "타카하마 쿄시의 『조선』을 한 손에 쥐고 가벼운 마음으로 현해탄을 건너가 보자. 구름 한 점 없이 끝을 알 수 없는 푸른 하늘에 넋을 잃고 아름다운 풍경에 감탄하며 낯선 사람들 사이를 왕래하고, 눈에 보이는 다른 풍습에 나도 모르게 미소 짓는다. 한낮의 무더위와는 달리 갑자기 시원해지는 대륙의 여름밤. 어딘가에서 흘러나오는 피리 소리를 들으며 이국적인 정서를 만끽할 수가 있겠지"(金子和, 앞의 글, pp.150~151)와 같이 이른바 독자 입장에서 본 시점에서 논하고 있다.

얼마 전에 어느 일본에서 온 여행자를 만났을 때, 그는 맑은 조선의 하늘을 바라보며,

"어떻습니까, 이 아름다운 하늘이. 이 하늘을 놔두고 왜 일본으로 돌아갈 필요가 있겠습니까"라며 진심어린 목소리로 말했다. 실업가인 이 사람은 일찍이 출세했지만 어쩌다가 지금은 묻혀 지내는 처지가 되어 몹시 불우한 상태였다. 그가 일본의 하늘을 증오하고 이 조선의 하늘을 열애하는 마음 속에는 쓸쓸한 울림이 있었다. 이때 나는 문득 이 사람의 말이 떠오르고 이 건 나와 상관없는 이야기가 아니라는 생각이 들어 자꾸만 그 투명한 하늘을 바라보았다. 어디서 부는 피리소리일까, 가끔씩 불어오는 바람에 섞여 간헐적으로 쓸쓸한 소리가 들려왔다. 조선인이 길가에 걸터앉아 피리를 부는 모습은 자주 보는 광경이었다.(타카하마 쿄시,『조선』, 지츠교노니혼샤, 1912, pp.168~169)

이 소설을 보고 독자가 느꼈을 '이국적 정서'는 자국에서 자신이 처한 사회적 상황과의 비교를 통해 측정된다. 이러한 정서적 기호를 가늠하는 기준이 되는 것은 도피적 또는 불가피한 이동의 경험이다. 우선 이 소설이 일본열도에서 식민지로 이동한 사람들의 이야기라는 점을 확인하자. 이것은 주인공인 '나'와 아내만이 아니다. 대구의 과수원에서 만나는 젊은 여행자이자 각본가인 츠루미 케이노스케鶴見慶之助, 경성에서 재회하는 '나'와 고향이 같은 대륙낭인 이시바시 코조石橋剛三와 오히츠お筆 등의 등장인물도 마찬가지이다. 이러한 일본인 여행자와 이주자들의 공통적인 성격은 대개 일본에서 실패했거나 불우했던 사람들 또는 이와 비슷한 콤플렉스를 지닌 사람들이다. 타카하마 쿄시

〈그림 12〉 『조선』에 등장하는 대동강의 그림배

의 다른 소설에서도 나타나는 이러한 특징은 일본인이 조선을 무대로 쓴 소설의 전형적인 부류에도 속한다.

이국정서란 자국의 문화관을 기초로 구성된 이문화異文化에 대한 일종의 심성이다. 이것은 이문화가 지닌 독자적인 문화적 본래성에 대한 응시가 아니라, 여행자적 심성을 주체로 하는 이미지로 이문화상을 그려냄으로써 성립된다. 이때 중요한 것은 관찰자라는 시점이다. 이 소설의 첫 부분에는 "드디어 배가 부산에 닿았을 때, 나는 아내와 함께 갑판에 나와 보고 깜짝 놀랐다. 구릉다리를 내려다보니 그곳에 줄지어 걷고 있는 키가 크고 흰 옷을 입은 사람들은 모두 조선인이었다"고 묘사되어 있고, "저게 조선인이다"(pp.6~7)라고 '나'가 손가락으로 가리키는 장면이 있다. 조선인은 응시되는 객체로서 양적으로 파악된다. '나'는 "이처럼 한편으로는 피정복자를 불쌍히 여기면서도 동시에 이 발전력이 대단한 국민을 탄미하는 마음"(p.34)을 토로하는 인물이며, 그 감정은 "해협을 건너 조선의 땅을 단 한 번 밟음"으로써 나타난 감정이라고 여겨진다.

여기에서는 우선 일본과 조선의 문화적 차이를 서열적으로 구축하는 인식을 지적할 수 있으며, '나'라는 여행자는 관찰자의 위치를 취한다. 즉 '나'의 심성은 그곳에 사는 타자와 차별되면서도 바로 그렇기 때문에 "피정복자를 불쌍히 여기"는 감정을 표방한다. 이 감정의 표출은 '일본 / 조선'이라는 지배ㆍ피지배 관계에 의한 이분법을 만들어 내고, 이것은 조선이 일본열도의 불우한 자라는 아이덴티티의 심상풍경으로 그려진다. 이러한 미적표상은 노골적인 표현보다도 거칠고 사납다.

이 관찰자라는 주체 설정에서 주목되는 것은 '나'가 43세의 중년 문학자라는 점이다. 요네다 토시아키米田利昭 씨가 지적하듯이, '나'와 그 아내가 조선을 여행하게 된 이유는 외동아들의 죽음과 함께 이미 퇴조하고 있던 자연주의를 둘러싼 동시대 문단의 동향이 배경으로 설정되어 있다.[8] 토쿄 생활에 권태로움을 느낀 심정을 '공허한 마음'으로 표현하던 '나'는 아내가 제안하는 조선여행을 도피처로 선택한다. 이때 '공허한 마음'은 토쿄라는 장소의 심리적인 음화陰畵인 동시에 바로 '공허'하기 때문에 재이용이 가능한 장소가 되기도 한다. 즉 조선으로 향하는 여행은 이동이라는 일탈의 경험으로써 '공허한 마음'을 채우는 계기가 된다. 이리하여 일본열도의 문단에서 낙오되고 문학자의 길을 포기

---

8 米田利昭, 「盧子の『朝鮮』」, 『日本文學』 23号, 1974.8. 여기에서는 처음 연재되었을 때와 지츠교노니혼샤판과의 차이를 통해서 이 소설의 변용을 면밀히 검토하고 있다.

〈그림 13〉 관광지로 유명한 평양의 모단대에서 바라본 대주강

했을 터인 '나'는 조선에서는 거꾸로 문학자로 인식된다. 경성에서 재회하여 동행하게 된 대륙낭인 이시바시 코조는 "이번에는 그저 조선을 구경하러 온 건가?" "그거 좋군. 자네와 같은 문학자도 이제 슬슬 오는 게 좋아"(p.46)라고 '나'에게 말한다.

참고로 식민지로 건너온 문학자라는 설정이 '나'의 음울한 내면을 이국 정서로 변화시켜 말하는 것만은 아니다. 이것은 관광지에서 뒷골목, 야외극장 그리고 기생집을 탐방하며 식민지문화를 취재하기 위한 아이덴티티라고도 말할 수 있다. 이시바시 코조는 "오늘은 내가 문학자를 안내해 줄 작정이었는데 오히려 내가 끌려 다니게 되었다"(pp.107~108)고도 말한다. '나'가 이시바시, 홍원선과 함께 기생인 소담의 집을 방문했을 때, 통역자이기도 한 홍원선은 소담의 말을 통역하고 다음과 같이 덧붙인다.

이 분은『춘향전』과 같은 소설을 쓰시는 분이니까 네 신상 이야기를 들려 드리고 써달라고 부탁드리면 좋을 것이라고 했더니, 소담이 부디 잘 써 달라고 말했습니다.(『조선』, pp.127~128)

문학자이기를 포기했을 터인 '나'에게 집요하게 행해지는 소설 집필 요청은 후반부에서 '나'와 가상의 부부 관계를 연기하게 되는 오히츠라는 일본 여성으로부터도 집요하게 이루어진다. "오라버니, 제가 만주에 가거든 소설을 써서 보내 주세요. 알겠죠?"(p.549) 이러한 관점에서 보면 문학자＝관찰자인 '나'를 주축으로 전개되는 것은 조선을 모사하는 번역자의 르포르타쥬로 해석할 수도 있다.

이 소설을 일단 관광주의적 시선으로 식민지문화를 회수하는 서사라고 간주해 보자. 이 경우 관광주의적 시선이란 여행자가 흔들림 없는 관찰자의 위치를 유지하면서 여행지 문화를 번역하고 수집한다는 의미로 사용한다. 이것은 타자 혹은 이문화를 객체로서 관찰하는 것이며, 여행자가 속한 문화적 아이덴티티를 재확인하는 작업이기도 하다. 그 기반이 되는 것이 바로 조선에 대한 호기심이다. 실제로 이 소설은 식민지 관광이라는 관점에도 기여하게 된다.[9] 그러나 일본열도에서 낙오된 문학자의 자기회복담이자 이국정서를 통한 식민지문화의 회수이기도 한

<hr>

9 후에 타카하마 쿄시는『조선』의 간행 당시 초대 조선총독인 테라우치 마사타케寺內正毅로부터 감사의 뜻을 전해 받은 이유를 "합병 당시 조선에 있던 내선인內鮮人의 상태와 국위가 북천北遷해 가는 기세를 모사하고 또한 조선의 대륙적 풍광을 그리는 것을 목적으로 했던 것이 식민정책에 유효한 서적으로 평가 받은 이유일지도 모른다"(高浜虛子,『高浜虛子全集』第五卷, 改造社, 1934, p.8)고 회상하면서 소설에 등장한 '목장의 찻집' 등을 소개하고 있다. 이에 관해서는 타카사키 류지高崎隆治, 「타카하마 쿄시의『조선』을 해부한다―총독은 무엇을 알아차렸을까高浜虛子の『朝鮮』を解剖する―總督は何を讀みとったか」(『季刊三千里』22號, 1980. 夏)에서 상세히 논하고 있다.

내용은, 일단 작가가 모델이 되는 여행소설로서 독자들에게 읽힐 때 그 문학자＝관찰자로서의 권위자체가 문학적 갈등 속에서 흔들리게 된다.

2.『조선』과 동시대 평가의 해석

타카하마 쿄시는『조선』을 소설로 발표했다. 그러나 여기에서 전개되는 것은 소설과 같이 기복이 있는 줄거리라기보다 '나'와 아내의 여행 도정을 그리는, 단조로운 인상을 줄 수 있는 내용이다. 동시대의 평도 많든 적든 이 점을 지적한다. 소설은 작가의 저명성이나 발표 미디어의 광고 전략 등을 통해서 소설에 대해 말하는 부차적 언설을 파생해 나간다. 타카하마 쿄시의『조선』의 경우는 처음 연재됐을 때와 지츠교노니혼샤판이 간행될 때 등장하는 작품평과 신간 광고가 그 역할을 담당한다. 물론 소설에 관해 말하는 작품평이 부차적인 위치에만 놓여 있는 것은 아니다. 이러한 언설은 독자에게 하나의 해석 틀을 정보로 제공하고, 소설을 읽든 읽지 않든 그 소설상像을 규정짓는 요인이 된다. 또한 이것이 어떠한 문학 상황에서 탄생했는지를 측정하는 기준이 되기도 한다. 이렇게 생각하면 이 소설의 작품평이 편성되는 것을 통해 작가와 작품으로 환원할 수 없는 타카하마 쿄시의『조선』의 해석 틀을 추정할 수 있을 것이다.

이 시기 타카하마 쿄시는 사생문寫生文의 기술적 기능을 소설 집필에 활용하는 방법을 모색하고 있었다. 장편소설로는『하이카이시俳諧師』,『속 하이카이시續俳諧師』와『토쿄시東京市』등의 작품들이 여기에 해당되며, 일단『토쿄시』연재를 중단하고 집필된『조선』은 이른바 이 계보의 집대성이다.[10] 즉 작가의 의도라는 점에서 말하면 이 소설은 두 번의 조선여행 경험을 바탕으로 한 사생문을 통한 창작의 실천으로 파악할 수 있다. 이에 관해서는 뒤에서 다시 언급하도록 하겠다. 다만 여기에서 중요한 것은 타카하마 쿄시의『조선』이 그러한 문학적 실천으로서 성립됐다는 점이며, 동시에 그러한 행위가 작가의 저명성과 더불어『조선』에 대한 독자의 주목을 적잖이 불러일으켰다는 점이다.

그렇다면 이 소설의 동시대 평은 타카하마 쿄시의『조선』에서 어떤 징후를 읽어냈을까. 우선 상편 연재가 끝났을 때 나온 스즈키 미에키치鈴木三重吉와 지츠교노니혼샤판이 간행되었을 때의 아베 요시시게安部能成의 평에 나타난 공통된 특징을 검토해 보겠다.

문단의 흐름상『조선』이 조선을 소재로 하고 있다는 사실만으로도 나는 이 작품이 문단의 단조로움을 타개한 공적을 인정하지 않을 수 없다.(스즈키 미에키치,「쿄시 씨의『조선』(2)虛子氏の『朝鮮』(二)」,『토쿄니치니치신분』, 1911.9.2)

타카하마 쿄시의 최근 작품『조선』은 작년에 했던 두 번의 조선여행을 통해 얻은 수확이다. 조선이라는 장소를 무대로 했다는 점에서 이 소설은

---

10 타카하마 쿄시의 소설 작품에 관해서는 相馬庸廓,「高浜虛子—寫生派文學論」,(『文學』第36卷第2號, 1968.2); 相馬庸廓,「高浜虛子—寫生派小說の成立」,(『國語と國文學』第45卷第4號, 1968.4); 相馬庸廓,「小說『俳諧師』の位相—高橋虛子論」,(『文學』第36卷第11號, 1968.11)을 참조했다.

흔치 않은 작품이다.([아베] 요시시게, 「쿄시 씨의 『조선』虛子氏の『朝鮮』」, 『요미우리신분讀賣新聞』, 1912.3.10)

스즈키와 아베의 평 모두 이 소설이 조선을 그리고 있다는 점에 주목하고 있다. 새롭게 일본의 영토가 된 조선을 문학적 소재로 삼은 점. 두 번에 걸친 작가의 조선 여행 경험이 그 소재의 확장을 가능하게 한 점 등이 평가의 이유이다. 이것은 조선을 여행한 문학자에 의한 식민지문화의 회수라는 서사 내용과도 일치한다. 그리고 이러한 평가에서는 1910년 전후 문학계에 존재했던 일종의 폐색감을 거꾸로 읽어낼 수 있다. 예컨대 스즈키가 '문단의 단조로움을 타개한 공적'이라고 평한 것은, "어떻게 그려낼 것인가 하는 How의 역량에서", "원숙한 사람들이 작품에 관해 고심하는 부분은 What을 포착하는 것에 관한 고심으로 귀착하게 되기"(앞과 동일) 때문이다. 즉 스즈키 미에키치는 당시의 문학계에서 생산되는 소설의 기술적 교착 또는 작품 경향의 형식적 발전의 한계성을 지적하고 있다.

이 시기는 하세가와 텐케이·타야마 카타이·시마무라 호게츠 등이 이끌었던 자연주의 문학운동이 퇴조기를 맞이하고 있던 상황이었다. 여기에는 보수적 지식인과 교육계로부터 청년문화에 악영향을 끼친다고 비난을 받은 자연주의로 대표되는 동시대 문학의 문제와 대역사건으로 한층 더 심각해진 내무성의 검열 위협도 깊게 관련되어 있다. 이러한 폐색감을 타개할 것으로 기대되었던 것이 일종의 새로움이다. 1910년 5월 『분쇼세카이文章世界』(제5권제7호)는 「변화 없고 단조롭기만 한 지금의 소설? 平板單調なる近時の小說?」이라는 특집을 편성했다. 시마무라 호게츠는 「진실로 통절하기 짝이 없는眞實にして痛切なる限り」에서 "재료의 문제를 살펴보면 확실히 지금의 많은 소설이 다소 정체된 모습을 보이고 있다"(p.16)고 말했다. 또한 고토 츄가이도 「세간의 요구를 등한시하지 말라世間の要求をも閑却せざれ」에서 "작가 자신이 경험한 범위 내에서만 재료를 취한다면 자연히 그 작품은 단조로워질 수밖에 없다"(p.23)며 이로부터 벗어날 방도를 모색했다.[11]

거의 같은 관점에서 타카하마 쿄시도 「진보하는 보리바둑進步したる筰碁」에서 "자신의 주변에 대해서만 쓰기 때문에 단조롭다는 것은 잘못됐다. 제각기 다른 주변을 갖고 있다면 단조로워질 리가 없다. 주변에 관해 쓰는 것이 나쁜 것이 아니라 똑같은 주변을 가진 것이 나쁜 것"(p.19)이라고 발언한다. 그리고 이후 고토 츄가이도 "언제까지나 똑같은 상황에 집착하지 말고 무엇인가 신예술, 신경지를 개척하면 어떨까. 일본 문학에는 아직 개척해야 할 여지가 많다"(「문장을 사랑하는 청년에게文章を愛する青年に与ふ」, 『분쇼세카이』제6권제13호, 1911.10)는 글을 남겼다. 이렇게 보면 타카하마 쿄시가 문학적 소재로 제출했던 조선은 한일병합시기 작가들에게 그 새로움이 아직 답파되지 않은 공백의 장소로 인식되었다고 할 수 있다. 그러나 이 소설이 개척한 조선이라는 문학적 소재가 반드시 평론가들의 기대에 미쳤던 것은 아니었다.

---

11 시마무라 호게츠는 작가의 "과거의 경험, 향토생활 등에 깊숙이 잠재되어 있는 기억을 불러일으키고 그려내며 점점 더 왕성하게 인생의 복잡한 방면을 다양한 측면에서 그려 보도록"(p.17) 하라고 주장하였고, 고토 츄가이는 "사회 모든 계급의 사람이 모여 자유롭고 딱딱하지 않은" "사교클럽"(p.26)을 만들면 좋을 것이라고 제안하고 있다. 이와 같이 『분쇼세카이』특집에서는 단조로움을 타개할 새로움에 대한 구체적인 방향성은 제시되지 않았다.

그러나 이 소설에 나타난 조선은 안에서 본 조선이기보다는 오히려 밖에서 본 조선이다. 조선에서 생활하는 사람이 본 조선이 아니라 유람여행자가 본 조선이다. 그렇기 때문에 식민지 생활 그 자체가 독자에게 다가와 독자를 흡입하는 부분이 적다.([아베] 요시시게, 「쿄시의 『조선』」)

아베 요시시게는 이 소설이 관찰자 시점을 고집한 것에 대한 불만을 지적한다. "이 소설에 그려진 조선에는 식민지다운, 어딘가 모르게 살벌하고 불안한 공기가 강하게 다가오는 부분이 빈약한 것이 가장 부족한 점이다." 아베가 문제시하는 것은 이 소설에 그려진 조선상과 그가 지니고 있는 식민지상의 차이이다. 이것은 '식민지 생활 그 자체'라는 본래성을 그려 넣는 작업이 문화인류학적 시점을 보강하는 요청이라는 측면도 있을 것이다. 그러나 그가 언급하는 위화감은 타카하마 쿄시의 『조선』에 의한 식민지 표상이 시종일관 관광주의적 시선을 지녔음을 명확히 말해준다.

물론 타카하마 쿄시의 『조선』에 대한 평가는 '기행문적 소설'(아베), '일종의 기행문'(치카마츠 슈코近松秋江, 1876~1944)[12]이었다. 이런 평가들과 반드시 똑같다고는 할 수 없으나, 타카하마 쿄시와 보다 가까운 위치였던 스즈키 미에키치는 "현재 조선의 실상을 그린다는 것은 소설 『조선』에서 아무런 의미도 없을 것이다"(「쿄시의 『조선』(4)」, 『토쿄니치니치신분』, 1911.9.6)라고도 말했으며, 뛰어난 풍경묘사를 칭찬하는 것은 다른 사람들과 마찬가지였다. 이러한 각각의 평론가들에 의해서 이 소

---

12 近松秋江, 「高浜盧子氏の『朝鮮』」, 『文章世界』第7卷第5號, 1912.4.

설이 조선을 그리는 방법에 주목하게 된다. 이것은 식민지를 문학적 소재로 활용하기 위한 방법론의 검증 작업이다. 이런 의미에서 흥미로운 것은 『토쿄니치니치신분』 제2회 비평에 당선된 하시다 우시고橋田表吾의 「『조선』에 부쳐『朝鮮』に添へて」의 다음과 같은 부분이다.

> 실제로 나는 이 작품이 아무리 객관적 또는 평면적 묘사와 태도에 무게를 두고 작성되었다고 해도 그 속에 어딘가 톡 쏘는 주관의 그림자, 즉 관점에 개성의 번뜩임이 없다면 나로서는 어떠한 동정도 베풀 수 없고 어떠한 이해도 없다. 이것이 소위 주관적 의의의 추억이나 영탄과 같은 의미가 아님은 말할 것도 없다. …… 요컨대 '눈'의 문제가 아니라 '머리'의 문제이다. What의 문제가 아닌 How의 문제이다. '무엇을 볼 것인가'의 문제가 아니라 '어떻게 해석할 것인가'의 문제이다. (『토쿄니치니치신분』, 1912. 4. 23)

앞에서 언급한 『조선』에 대한 평을 적잖이 참조한 하시다 우시고는 후반부에 들어서야 이 소설에 대해 평가한다. 그럼에도 불구하고 이 독자의 비판에는 중요한 관점이 명확히 제시되어 있다. 하시다는 스즈키가 비평한 틀을 전용轉用하면서, 이 소설에서 부족한 것은 "'어떻게 해석할 것인가'의 문제"라고 주장한다. '추억'·'영탄'과 같은 미적 정서에 머물 수 없는 '주관', 이것은 조선을 모사하는 관찰자 시선의 문제화이기도 하다. 하시다는 "나는 쿄시가 저만큼의 재료와 기량을 지녔음에도 어째서 좀 더 안으로부터 묘사하는 것에 힘을 쓰지 않았는지 유감스럽게 생각한다"고 말했다. 그가 '안으로부터 묘사하는 것'에 무엇을 기대했는지는 불분명하나, '주관의 그림자, 즉 관점'을 묻는 것은 필연적으로 조선을 묘사하는 시선을 문제화하는 계기가 되었을 것이다. 그러나 결과적으로 신문연재 소설이었던 탓에 타카하마 쿄시의 『조선』에 대한 동시대의 평가는 산발적으로 발표되기는 했으나 조선을 묘사하는 것에 대해서는 크게 논의가 되지 못했다.[13] 그러나 지금까지 본 동시대 평가의 특징, 즉 조선을 문학적 제재로 삼는 것에 대한 압도적 찬동과 이것을 묘사하는 작가 또는 등장인물의 관찰자 시선의 문제화는 타카하마 쿄시의 의도와는 기묘하게 어긋나 있었다. 바꿔 말하자면 이 소설은 식민지 표상의 주체의 흔들림을 둘러싼 문제로 다시 읽히고 있었던 것이다.

3. 사생주의와 대주관

하시다 우시고가 이 소설에서 '주관의 그림자, 즉 견해'를 문제시했던 것은 타카하마 쿄시가 소설을 창작하면서 사생주의를 주창했던 것과 관련이 있다. 이것은 1907년 전후 나츠메 소세키의 「사생문寫生文」(『요미우리신분』, 1907.1.20)과 『분쇼세카이』의 특집 「사생과 사생문寫生と寫生文」(1907.2) 등으로 주목받은 사생문에 대한 논의가 모습을 달리해서 타카하마 쿄시의 『조선』에 대한 동시대의 평가에도 영향을 미쳤던 것으로 생

---

13 이에 관해서는 앞에서 다룬 스즈키 미에키치의 「다카하마 쿄시의 『조선』」이 잡지게재가 아닌 신문연재였기에 이 소설의 평가가 등한시되었다는 불평을 서술하고 있다.

각된다.[14] 모습을 달리했다는 말은 소설의 묘사나 관찰자 문제가 식민
지 표상 문제와 연쇄적으로 다뤄졌다는 정도의 의미이다. 물론 주관이
나 객관이라는 문제로 환언되었던 것은 작가가 그렇게 주장했기 때문이
다. 타카하마 쿄시는 「소설 『조선』 자서小說『朝鮮』自序」(『호토토기스』 제15
권제4호, 1912.1)에서 다음과 같이 언급했다.

> 단 기교에 대해 한마디 하고 싶은 것은 객관묘사를 주의主義로 삼는 사생
> 문의 기교와 주관적인 소설 사이에는 종종 어긋나는 부분이 있다는 것을
> 의식한다. 하지만 나는 확실한 객관묘사 솜씨에 의하지 않고는 대주관大主
> 觀의 문예는 탄생하지 않는다고 확신한다. 이런 의미에서 기존 작품도 이
> 작품도 사생주의와 소설의 우둔한 전투의 역사이다.(p.5)

현실을 객관적으로 모사할 것을 취지로 하는 사생주의 주장이 그 소
재와 함께 "통일되지 않고 무계획적인 것이 곧 이 작품의 두드러진 특
질"이라는 하시다 우시고의 인식을 낳은 것이다. 그러나 하시다의 인
식은 타카하마 쿄시의 의도와는 대조적이며, '주관'이라는 개념을 파악
하는 방식이 엇갈린다. 타카하마 쿄시가 본디 사생문에서 터득 가능한

---

14 1907년 전후의 타카하마 쿄시의 소설 창작 또는 사생·사생문에 대해서는 최근 연구가 활
발히 이루어지고 있다. 예를 들면『분쇼세카이』 특집 「사생과 사생문」에 관해서는 나가이
마사요시永井聖剛, 「'쿄시의 사생에서 소설로'의 의미ー『분쇼세카이』의 '사생과 사생문' 특
집에서〈虛子の寫生から小說へ〉の意味ー『文章世界』の「寫生と寫生文」特集から」(『日本文學』
46号, 1997.12)가 있다. 또 시모야마 죠코下山孃子, 「쿄시ー사생문으로부터 소설虛子ー寫生
文から小說」(『東京女子大學 日本文學』44·45合倂号, 1976.3), 야마시타 코세이山下航正,
「소세키의 사생문과 동시대ー쿄시와 자연주의, 그 양상漱石の寫生文と同時代ー虛子と自然
主義, その樣相」(『近代文學試論』37号, 1999.12) 등을 참조했다.

기술을 소설 창작에 응용했던 것은 하이쿠俳句라는 장르로부터의 횡단이었다. 하지만 이와 동시에 "요즘 일본에서 나오는 소설이 경박하고 허무맹랑하며 진부하고 무미건조한 것은 모두 이 사생문을 쓰는 수행이 부족하기 때문이라고 생각"(타카하마 쿄시, 「마사오카 시키」, 『분쇼세카이』 제1권제2호, 1906.4)하는 동시대 소설에 대한 불만 때문이기도 하다. 여기에서 문제시하려는 것은 사생문과 자연주의로 대표되는 소설의 기술적 차이도 상호 간의 교섭도 아니다. 사생문의 제창 또는 그 실천의 근간에 있는 리얼리즘적 욕망이 조선을 그리는 문학적 영위를 성립시켰다는 과정을 살펴보려는 것이다.

우선 사생주의에 의한 객관묘사를 따르면 '대주관의 문예'가 된다는 「소설 『조선』 자서」에 주목하도록 하자. 이 '대주관'이라는 개념을 제공한 것은 타야마 카타이이다. 1901년 카타이는 "주관에는 두 종류가 있는데 그 중 하나를 작가의 주관이라 하고 다른 하나를 대자연의 주관이라 한다"(「작가의 주관作者の主觀」, 『신세이新聲』, 1901.8)고 썼다. 그의 설명에 따르면 '작가의 주관'(소주관小主觀)이 '추상적'이고 '비슷한 성질의 것을 그리는' 것인 데 비해, '대자연의 주관'(대주관大主觀)은 '구체적具象的이고 명상적瞑搜的'이며 '다양한 경향, 주의, 주장이 포함된' 보편적 지향성을 지닌다.[15] 물론 타카하마 쿄시도 '대주관'이란 개념은 객관묘사와 모순되는 것이 아니라고 생각했다. "최근의 주관적 경향, 특히 어떠한 일파一派가 주창하는 대주관 운운의 주장 같은 것은 매우 재미있지만 그것을 따르는 데는 반드시 객관의 연구가 충실히 이루어져야 한

---

15 타야마 카타이의 「작자의 주관」 인용은 稻垣達朗·佐藤勝 編, 『近代文學評論體系2 明治期Ⅱ』(角川書店, 1972, pp.47~48)에 의한다.

다."(「사생문계의 전화寫生文界の轉化」, 『분쇼세카이』 제2권제14호, 1907.12, p.14)
이 점에서 치카마츠 슈코가 「타카하마 쿄시의 『조선』」高浜虛子氏の『朝鮮』」에서 카타이와 쿄시의 작풍作風은 다르나 그 문예사조가 매우 흡사하다고 지적한 점은 매우 흥미롭다.

중요한 것은 '대주관'이라는 말에 담긴 끝없는 리얼리즘 탐구를 위한 발상이다. 본래 사생이란 탄카短歌나 하이쿠의 방법론이었다. "사생은 화가의 말을 빌린 것"(마사오카 시키, 「서사문敍事文」)이라는 말처럼 이것은 나카무라 후세츠中村不折(1866~1943)나 시모야마 이잔下山爲山(1865~1949) 등을 매개로 한 서양 회화의 영향을 받았다. 그러나 마사오카 시키가 시모야마 이잔과 일본화·서양화 우열론을 논의하는 가운데 감화를 받았듯이,[16] 이것은 단순히 서양회화를 일방적으로 수용한 것이 아니었다. 본디 사생이란 중국에서 들어온 수입어輸入語이며, 여기에 탄카나 하이쿠의 이론으로 자리 잡은 또 하나의 이유가 있다. 코노 모토아키河野元昭 씨가 분석한 중국에서 일본으로 전파된 사생의 뜻에는 '객관사생'·'정밀사생'·'대간對看사생'과 함께 눈에 보이지 않는 대상의 생기生氣를 모사하는 '생의生意사생'이 우선적으로 언급되어 있다.[17] 예컨대 이것은 마사오카 시키가 '사생'의 개념을 설명할 때 '유화 화가'가 '신이나 요괴'도 '생生의 사실寫實'로 리얼하게 그리는 것을 예로 들어 설명한 것과 부합된다.[18]

---

16 正岡子規, 「畵」, 『ホトトギス』第3卷第5号, 1900.3.

17 河野元昭, 「江戸時代「寫生」考」, 『日本繪畵史の硏究』, 吉川弘文館, 1989.10. 여기에서는 중국과 일본의 '사생'의 어의를 검토하고 '사생'이라는 단어가 그림에 관한 논리에 자주 나타나는 에도 시대의 네 가지 용법을 분석하고 있다.

18 正岡子規, 『歌よみに與ふる書』, 1902. 여기에는 "살아있는 사실寫實이란 합리·비합리·사실·거짓을 말하는 것이 아니다. 유화가는 반드시 사생에 의거하지만 신이나 요

여기에서는 마사오카 시키와 타카하마 쿄시가 주장했던 사생 또는 사생문의 기원을 획정하는 것이 문제가 아니다. 아마도 서양회화의 리얼리즘과 에도 시대의 사생 개념은 그 의미가 다를 것이다. 그러나 주목하고자 하는 것은 중국에서 수입된 '사생'이란 말이 서양의 미술용어로 유통되고 이것이 탄카나 하이쿠라는 순 국산 단시短詩 형식의 문예 용어로도 사용되는, 번역되어 귀화한 혼효적混淆的 문화라는 점이다. 또한 있는 그대로 대상을 모사한다는 의미에 그치지 않고 대상의 배후에 있는 보편성을 인식론적으로 파악하려는 세계적 유사성이 이 과정에서 보인다는 점이다. 이것이 타카하마 쿄시의 「소설『조선』자서」에서는 '대주관'이라는 개념으로 표현되고 있다.

게다가 이러한 개념은 그려지는 대상에 대한 관찰자의 시각차를 특권화한다. 예컨대 나츠메 소세키는 사생문이 한자문화권에서 나온 미온적인 장르라는 사실에 입각하여 "여전히 피아彼我의 경계를 지닌" 상태에서 "나의 관점으로 그것을 그려야 한다"(「사생문寫生文」, 『요미우리신분』, 1907.1.20)며, 이것을 "어른이 어린아이를 바라보는 태도"에 비유했다. 이런 관점에는 더 높은 차원에 위치한 관찰자 시점을 구축하는 것이 큰 전제가 된다. 이런 의미로 보면 '대주관'이란 개념은 '대자연의 주관'이라는 타야마 카타이의 말에서도 알 수 있는 것처럼 그리는 대상 안에 자기를 투영시키는 행위가 철저히 수동적이라는 인식이 필요하며, 이때 비

괴나 눈에 보이지 않는 것을 재미있게 그린다. 그러나 신이나 요괴를 그릴 때도 물론 사생에 의거해야 한다하여 그저 있는 그대로 사생하거나, 부분 부분의 사생을 모으면 차이가 생긴다. 살아있는 것을 사실寫實해도 마찬가지이다"라고 서술되어 있다. 즉 "신이나 요괴"를 그리는 것 또한 사생이라는 견해는 사실과 객관에 의한 일반적인 의미의 영역을 초월하고 있다.

로소 시각차의 특권화는 이른바 그 개념 속에 무의식화 되는 것이다.

그렇다면 어째서 타카하마 쿄시의 사생주의가 조선을 모사하는 문학적 행위를 낳았던 것일까. 타카하마 쿄시는 「사생문의 유래와 그 의의寫生文の由來とその意義」(『분쇼세카이』제2권제3호, 1907.3)에서 다음과 같이 적고 있다.

> 오늘날 사생을 표방하는 소설가들의 서술을 보면 매우 객관적이고 정밀하지만, 사생문가寫生文家의 눈으로 보면 이따금씩 비사생적이다. 왜냐하면 객관묘사 속에는 반드시 그것을 가까이하여 연구해야만 생각해낼 수 있는 일이나 대화 등이 결핍되어 있기 때문이다. 조금이라도 상상력이 있는 사람이라면 책상 위에서 만들 수 있을 법한 것이 진열되어 있다. 그래서는 가령 아무리 세밀하다고 해도 사생문이라고 할 수 없다. 결국 사생문의 생명은 이 자연계 깊은 곳에서 맨손으로 채취한 것이 활약을 펼치게 하는 참신한 점에 존재한다.(p.19)

여기에서는 사생문과 사생문이 아닌 것의 장르적 갈등이 드러나며, '대주관'이라는 개념으로 연결되는 구체적인 차별화를 위한 사생문의 역할이 특징으로 규정되고 있다. 사생이라는 행위는 본디 펜과 수첩을 들고 밖에 나감으로써 성립된다는 인식이 전제된다. 게다가 그 행위는 '자연계 깊은 곳에서 맨손으로 채취한다'는 '활약을 펼치게 하는 참신한' 발상으로 제시된다. 바로 이 때문에 타카하마 쿄시의 사생주의는 그 기술적 측면과 더불어 끊임없는 이동이라는 경험주의적 실천 활동을 기조로 한다. 특별히 이것은 "넓은 의미에서의 모험"(p.18)이라 일컬어지며, 끊임없이 신기한 문학적 제재를 찾기 위해 모험하는 것이 우선시된다.[19] 특권화된 시각차를 지닌 관찰자의 권위는 이동한다는 자세를 통해서도 그 특징을 부여받는다.

지금까지 살펴본 바와 같이 타카하마 쿄시의 『조선』에 나타난 식민지 표상은 지극히 혼효적으로 구성된 사생주의를 배경으로 성립하고 있다. 여기에서는 단순히 그리는 대상을 사생하는 것뿐만 아니라 새로운 대상을 끊임없이 발견해 가는 관찰자의 자세와 권능이 우선시된다. 그리고 책상 위에서 교외로, 일본열도에서 식민지라는 이동과 월경越境이 조선을 사생하는 행위와 결합된다. 이것은 매우 흥미로운 과정이다. 왜냐하면 타카하마 쿄시의 『조선』은 본래 제국주의적 확장이라는 이데올로기를 제일의 모티프로 삼아 성립된 서구적 여행기나 모험소설과는 그 전제부터 다르기 때문이다. 이 소설이 성립된 기반에 그보다 앞서 존재하는 것은 이러한 이데올로기가 아니라 사생주의를 내건 소설의 리얼리즘적 탐구였던 것이다.

---

[19] 이 '모험'이라는 말은 비유적으로 사용되고 있으며 반드시 문자 그대로 '모험'을 가리키는 것은 아니다. 그러나 문제의 소재는 그러한 소재적 수집의 확장과 그 방향성에 있다. 예를 들면, 쿄시의 「하이카이 일구신―口噺―사생문 4법四法」(『國民新聞』, 1906.12.13)에서는 '사생문을 재미있게 만드는 방법'의 으뜸으로 "그다지 사람들이 잘 알지 못하는 무대를 선택할 것, 배경도 아무것도 없을 경우 평범한 재료로는 만족스럽지 못하다. 따라서 작가는 넓은 의미의 모험을 한다. 빈민굴에 들어간다든가 어떤 가정에 들어간다든가, 외국행 배에 사환으로 고용된다든가 광산의 광부가 된다든가 하는 것이다. 이런 일을 하면서 보고 들은 것을 사생하면 반드시 재미있다"고 서술하고 있다.

4. 작가의 자국문화관과 사생된 문화영역

이 시기 타카하마 쿄시의 리얼리즘적 탐구나 서사적 욕망은 그 하나의 결과로『조선』의 식민지표상을 창출한다. 그러나 여기에서 도출되어야 할 것은 사생주의를 내건 소설이 필연적으로 문학 속 식민지 표상의 선구적 작품이 된다는 결론은 아니다. 카네코 카즈는 이 소설을 '제국주의 부르주아지의 이데올로기'적 산물로 규정했다. 이것은 1936년 당시에 중요한 의미를 지니며, 오늘날에도 이러한 위치 규정에 반론을 제기하기는 쉽지 않을 것이다. 그러나 이 관점은『조선』이 본래 문학적 행위를 통해 성립되었다는 관점을 불문에 부치고, 또한 비판적으로 언급되는 제국주의나 식민지주의가 그 정도로 견고한 이데올로기일 수 있었는가 하는 문제를 등한시하게 된다.

그러면『조선』의 번역적 욕망을 동시대에 다양한 형태로 편성되었던 언설과 비교해 보도록 하자. 이 시기에 편성된 것은 주로 조선의 지리·풍속 관계의 서적이나 여행기·안내서와 같은 것이 많다. 잘 알려진 것으로는 조선에 도달하기 직전에 중단된 나츠메 소세키의『만한 이곳저곳滿韓ところゞ』이 있고, 소세키와 경성에서 만난 시부카와 겐지澁川玄耳(1872~1926)의「무서운 조선恐ろしい朝鮮」(『토쿄아사히신분東京朝日新聞』, 1909.11.5~30), 독특한 것으로는 이토 긴게츠伊藤銀月(1871~1944)의『한일병합 미래의 꿈日韓合邦未來の夢』(산쿄쇼인三教書院, 1910.4)과 같은 미래기未來記, 사무라 하치로佐村八朗의『도한의 권장渡韓のすゝめ』(라쿠요샤樂世社, 1909)과 같은 실용적인 서적까지 간행되는 등 장르적으로도 매

우 다채롭다. 이 중에서 도한 경험자에 의한 조선상의 위상에 대해 주
목하고자 한다. "이토 공은 조선인에게 살해당했다"라는 구절로 시작
하는 시부카와 겐지의 「무서운 조선」에는 다음과 같은 부분이 있다.

바칸馬關의 여관에 머물며 드디어 오늘밤에는 연락선을 타고 조선으로
건너간다고 생각하니 뭐라 말할 수 없이 즐겁다. 아니 이래서는 안 된다.
나쁜만이 아니다. 겨우 120리 10시간 뱃길에 불과한 건너편 기슭을 매우 신
기한 이국처럼 생각하기 때문에 조선에 대한 일본인의 생각이 어쨌든 빗나
가는 것이다. (『토쿄아사히신분』, 1909.11.5)

여기에는 '일본 / 조선'이라는 국가적 줄긋기에 의한 이분법이 상상
을 통해 만들어지는 일본인의 조선상을 왜곡한다는 견해가 드러나 있
다. 시부카와 겐지가 말하는 것은 조선이 '이국'과 같은 먼 거리가 아닌
'겨우 120리 10시간 뱃길에 불과한' 지리적 가까움이다. 고정된 조선과
의 지리적 위치관계가 각각의 조선관을 형성하는 것이다. 이러한 시부
카와라면 비판할 법한 일반적인 사례를 한 가지 들어 보자. 야마무라
코이치山村光一의 「조선으로朝鮮へ」(『츄가쿠세카이中學世界』 제13권제13호,
1910)는 경성에 거주하는 투고자가 도한했을 때의 모습을 담은 짧은 기
행문이다. "이 아름다운 순간, 원래 그림은 영원히 전해져야 할 순간을
그리는 것이 아닐까 생각한다. 아아, 인간의 시작과 끝은 오로지 이 찰
나라는 것을 마음속 깊이 느꼈다. 녹색 풀이라고는 보이지 않는 민둥
산 아래로 인가 같은 것이 많이 보였다. 나는 아직 보지 못한 조선을 여
러 가지로 상상했다."(p.172) 관부연락선으로 짐작되는 선상에서 '이국'

에 대한 동경을 이렇게 쓴 필자는 상륙 후 실제로 본 조선에 대해 다음과 같이 기술하고 있다.

> 얼마 안 되는 짐을 들고 상륙한 나는 '조선'을 보고 실망했다. 쓰레기통 같은 일본가옥과 페인트가 칠해진 판잣집 외에 조선의 역사를 말해주는 것은 침착한 조선인의 얼굴뿐이었다. 어떤 나라나 마찬가지로 급격한 진보가 이루어지려면 반드시 그곳에 이상한 우스꽝스러움이 발생하게 된다. 그들은 마麻로 만든 조선 복장에 빨간 가죽 구두와 중절모를 쓰고 흐뭇해하고 있었다.(p.173)

상상했던 조선과 실제 조선의 낙차가 그 표상의 모습을 규정한다. 조선이 '실망'할만한 곳이라는 인식은 그곳이 '이국'이라는 이분법의 기반이 되며 그 낙차에 의해 획정된다. 물론 이런 이분법에 의한 인식은 정도의 차이가 있을 뿐 나츠메 소세키나 타카하마 쿄시 그리고 시부카와의 언설에서도 확인할 수 있다. 그러나 문제는 그 인식과 표상을 단락적으로 비판하는 데 있지 않다. 왜곡된 일본인의 식민지 표상은 분명히 제국주의 혹은 식민지주의라는 이데올로기와 연계하여 성립되고 있기는 하다. 하지만 '일본 / 조선'이라는 이분법에 의한 문화의 구분을 해체하는 작업 역시 이러한 정치·경제적 확장 또는 지배·피지배 이데올로기가 지닌 월경성에서 발견되기 때문이다. 한일병합시기 언론계의 주류는 혼합민족론에 의한 합병 또는 동화정책에 대한 적극적인 찬동이었다.[20] 야마무라 코이치라는 투고자가 "'조선'을 보고 실망했"던 것은 미적 감성으로 머릿속에 그린 '이국'이 아니라 '쓰레기통 같은 일본가옥', '페인트가 칠해진 판잣집', '침착한 조선인'이라는 잡종혼효적인 풍경이었기 때문이다.

그러면 이러한 시점에서 타카하마 쿄시의 『조선』을 보도록 하자. 대구에서 과수원을 경영하는 친구의 조선가옥은 "마룻대가 낮아 딱해 보인다"고 묘사되어 있고, 김성룡의 부인으로 경성에서 부인회 활동에 전념하는 오후사お房의 얼굴은 "어쩐지 조선화된 듯한 편평한 이마"(p.49)로 비유되어 있었다. 작가지망생인 츠루미 케이노스케가 여자 역할을 하고 조선인과 일본인 관객이 갈채를 보내는 경성의 메이지좌 극단 요시미단芳美団의 공연은 소위 '일본인이 조선화되는 하나의 현상'(pp.152~153)으로 파악되고 있었다. 이것은 조선인이 모이는 경성의 극장 엔유샤円融社에 대한 '나'의 호기심이 조선인이나 중국인의 연기보다 '관람석 쪽에서 보다 많은 흥미를 발견'(p.100)하는 것과 대조적이다. 이런 서술 방식에서 엿볼 수 있는 것은 조선에 사는 일본인 이주자의 이종혼효적인 문화의 다양성과 이것을 나타내는 판에 박힌 표현 사이의 편차이다. 예를 들어 다음은 경성에서 '나'가 친구 호시노星野와 조선인 거리를 산책하는 장면이다.

어느 날 모처럼 여유가 생겨서 호시노의 안내로 조선인 거리를 걷고 있었다. 대부분 조선인 가게들이 늘어선 가운데 문득 한 가게 앞에서 일본인

---

20 동화정책의 사례를 한 가지 들어보겠다. 키다 사다키치喜田貞吉의 「이종족동화선례異種族同化先例」(『東京日日新聞』, 1910.8.27)에서는 "한일병합이 된 이상은 …… 우선 조선인을 동화시켜 충량한 일본신민으로 만드는 일이 가장 시급한 일이다 …… 이것을 과거의 역사에 비추어 생각해 보면 우리 야마토 민족은 오랜 옛날부터 이종족을 동화시켰던 경험을 많이 가지고 있으며 훌륭히 동화정책을 성공시킨 바 있다"고 언급되어 있다.

아이와 조선인 아이가 일본어와 조선어를 반씩 섞어 말하며 놀고 있는 것
을 발견했다. 자세히 보니 그곳은 일본인의 작은 가게로 조선인 가게와 별
반 다를 바 없이 보잘 것 없고 더러운 물건만을 진열해 놓고 있었다. 하지만
그 물건을 나열한 모습이 조선인보다 똑바르게 정돈해 놓은 점이 다소 분
위기를 달리하고, 서른 정도의 여자가 더러운 일본 옷을 입고 좁은 오비帯
를 묶어 가게 구석에 앉아 있었다. 그리고 그 여자는 왼손에 작은 거울을 오
른손에 빗을 들고 먼지투성이 머리를 빗고 있었다. 양 갈래로 묶은 머리는
쳐져 있었다. 호시노는 "이래서야 일본인 쪽이 조선화되고 만다"며 얼굴을
찡그렸다.(pp.60~61)

이 풍경에 대해 '나는 전적으로 호시노의 말에 동의하지 않았다'(p.61)
고 말하고는 있다. 그러나 여기에서는 '조선인 거리'에서 생활하는 일
본인에 대한 호시노와 '나'의 인식이 모멸인지 연민인지가 문제는 아니
다. 양쪽 모두 일본과 비교해서 조선의 문화적 차이를 열등시한다는 인
식의 방식은 그 기반에서 차별적이기 때문이다. 중요한 것은 이러한 감
정의 구조를 벗어나 정연하게 모사되는 "일본인 쪽이 조선화되고 만다"
고 일컬어지는 풍경이다. 이 소설에서 사생되는 한일병합시기의 조선
은 '나'의 관광주의적 시선과 미적 감성에 의한 이국정서에 의거하므로
이곳에 있는 일본인 이주자의 생활 또한 응시되고 생생하게 묘사된다.
그리고 그 대부분은 일본인 이주자가 조선에 동화='조선화'되는 풍경
으로 그려지게 된다.

조선의 문화적 차이를 열등시하는 인식은 일본인 이주자의 문화에
도 적용된다. 그렇게 인식되어야 할 기준은 '일본 / 조선'이라는 지리 ·

문화적 구분에 의한 이분법에 의거하며, 이것이 작가의 주관=자국문화관이라는 형태로 획정된다. 그러나 '일본인 쪽이 조선화'된 풍경은 이 이분법에 의한 자국문화관으로는 파악할 수 없는 다양한 면을 포함하고 있다. 타카하마 쿄시의『조선』이 그리고 있는 것은 러일전쟁 이후에 건설된 일본인 이주자의 거주민 문화이기도 하다. 이것은 조선에서 발생한 문화의 이종혼효성이라는 새로운 측면이다.

타카하마 쿄시는 사생주의를 본뜬 리얼리즘적 수법을 우선적으로 표방했다. 조선을 사생한다는 문학적 행위는 자못 관광주의적인 노정과 시선의 범위 안에서 한일병합시기 조선의 이종혼효적인 문화를 표층적·망라적으로 생생하게 묘사한다. 물론 이러한 묘사 방법은 일본의 식민지정책을 지원하는 것이기도 하다. 이 소설의 표상 정치학이 '일본/조선'이라는 경계를 자국문화관에 의거해 명백히 구별한다는 점은 계속 언급되어 왔다. 그러나 작가의 주관=자국문화관을 벗어나 실제로 사생되고 있는 것은 정연하게 나누어진 문화도 아닐 뿐더러 반드시 조선이 일본에 동화된다는 풍경도 아니다. 이것은 열등시되어야 하는 식민지문화라는 관점에서는 측정할 수 없는, 이른바 지배자의 의도에서 벗어나 출현한 일본인 이주자와 조선인 사이의 새로운 문화 영역인 것이다.

제6장_ 지방 농촌과 식민지의 경계

나카니시 이노스케의 『적토에 움트는 것』과 농민문학 담론

일본이 한국을 병합한 1910년, 경성의 신한토샤新半島社에서 『병합기념조선사진첩倂合記念朝鮮寫眞帖』이 출판되었다. 천장절天長節[1]에 맞춘 신한토샤 사장 스기이치 로헤이杉市郎平의 머리말에서도 알 수 있듯이, 이 사진집에는 메이지천황과 황후의 초상을 시작으로 조선의 서민생활, 전통적인 풍속과 명소, 유적 등을 망라한 사진이 백 수십여 장 실려 있다. 이 중에는 〈들판의 농부Farmers in the fields〉 등과 함께 〈노상의 수면 Sleeping along the Road side〉이라는 제목으로 긴 담뱃대를 물고 흰 옷을 입은 조선인의 사진이 수록되어 있다.(그림 14, 15) 주목하고 싶은 사진이 하나 더 있다. 『나가츠카 타카시 전집長塚節全集』 제1권(슌요도春陽堂, 1929)에 〈『흙土』의 모델이 된 농가와 노인(소설 『흙』의 우헤이卯平)〉으로 소개된 사진이다.(그림 16) 나가츠카 타카시長塚節(1879~1915)의 『흙』은 『토쿄아

---

1 천황탄생을 기리는 축일祝日로, 1868년에 제정되었다. 1945년 패전 이후 천황탄생일로 개칭했다.(옮긴이 주)

〈그림 14〉 노상의 수면

〈그림 15〉 들판의 농부

〈그림 16〉『흙』의 모델이 된
농가와 노인(소설『흙』의 우혜
이)

사히신분東京朝日新聞』에 1910년 6월 13일부터 11월 17일까지 약 반 년 동안 총 151회에 걸쳐 연재된 장편소설이다. 연재 초기에는 독자와 구매부에서 불평이 나올 정도로 평판이 대단히 나빴지만 훗날 굴지의 농민문학으로 평가된다.

이 사진들은 직접적인 관계는 없다. 그러나 바로 이것이 표상이기 때문에 두 장의 사진에 하나의 가설을 설정할 수 있다. 만약 조선인이 긴 담뱃대에 흰 옷을 입고 있지 않았다면, 또는 『흙』의 모델이 된 농민이 긴 담뱃대에 흰 옷을 입고 있었다면? 그렇게 가정하고 이 사진들을 보면 각각의 시각적 효과로 결정되는 '일본인 / 조선인'이라는 차이화의 시도에는 애매함이 따른다. 곰방대에 흰 옷을 입었다는 민족적 특징이 그 신체의 인종이나 민족성ethnicity을 결정한다면 조선인과 늙은 농부라는 두 신체는 본래적으로 대체 가능한 위상에 놓이기 때문이다. 이때 긴 담뱃대와 흰 옷이라는 의상이 조선인이라는 근거를 부여한다.[2] 긴 담뱃대에 흰 옷이라는 형상은 청일 · 러일전쟁 시기에 형성된 조선인의 부정적 이미지의 전형적인 표상 중 하나였다.[3]

---

2 〈노상의 수면〉과 〈들판의 농부〉의 공통된 부분은 흰 옷이지만, 〈노상의 수면〉은 '상민'(서민)의 표상이기 때문에 엄밀하게 말해 〈들판의 농부〉의 조선인 농민과 미묘한 차이가 있다. 또 『병합기념조선사진첩』의 출판 의도 역시 고려해야 한다. 천황의 초상과 함께 설정된 새로운 국민의 표상은 매우 미온적일 수밖에 없기 때문이다.

3 동시대 일본인의 시각을 중심으로 단순히 관습적으로 억측하고 있는 사례를 들어본다. 문학박사 하기노 요시유키萩野由之는 지토持統 천황의 '하얀 옷을 입은 듯한 하늘같은 산'에서 옛날 일본인 농민과 현재 조선인의 흰 옷을 비교하여 "[조선인의] 의식주는 옛 일본의 700~800년 전의 풍속이 그대로 오늘날 현재 조선인에 나타나 있는 듯하다"(『新公論』 第25卷第7號, 1907.1)고 말했다. 조선인과 흰 옷의 문제에 대해서는 권영석權永錫, 『'백의'라는 표상白衣'という表象』(『日本近代文學』 第65號, 2001.10)이 있다.

황량한 야산에는 초록빛이 드물지만 그래도 메마른 밭은 무르익어 곳곳에서 흰 옷을 입은 농부가 수확을 하고 있다. 서리 내리는 계절이라 보기만 해도 춥고 낮에 보아도 망국의 망령, 상중에 있는 농민을 상징하듯 쇠약한 기운이 산과 들에 떠돈다. 일본 장례식의 소복에 익숙한 탓인지, 죽음의 나라, 장례식의 나라, 지나간 옛 나라라는 느낌이 머리에서 떠나지 않는다. 조선의 부활은 여름 이외에는 흰 옷을 입는 것을 금지하는 것으로 시작해야 한다고 생각한다.(토쿠토미 켄지로德富健次郎, 『죽음의 그림자에死の蔭に』, 오에쇼보大江書房, 1917, pp.453~454)

이것은 토쿠토미 로카德富蘆花(1868~1927)가 1913년 10월에 평양을 방문했을 때 쓴 글이다. 어떠한 생물학적 근거도 될 수 없는 민족적 특징인 흰 옷을 자국의 문화적 관습에서 유추하여 "망국의 망령"이라는 부정적 이미지를 형성한다. 톨스토이를 신봉하는 휴머니스트로 알려졌던 그는 나중에도 "나는 일찍이 말했다, 조선은 백의를 벗어야 부활할 수 있다고. 나는 다시 말한다, 근동 각국은 붉은 터키모자를 벗어야 부활할 수 있다고"(토쿠토미 켄지로 · 토쿠토미 아이德富愛, 『일본에서 일본으로―동쪽의 권日本から日本へ―東の卷』, 카네오분엔도金尾文淵堂, 1921, p.296) 거듭 말한다. 물론 토쿠토미 로카의 조선인 표상은 농업을 국가의 기반으로 하는 농본주의적인 사고로 설명할 수 있다. 농본주의는 인간을 균질한 노동력으로 간주한다. 그러므로 그는 '조선의 부활'을 위해 "망국의 망령"과 같은 흰 옷을 입은 조선인 농민을 우려한 것이다. 그러나 이러한 편의주의적인 견해는 무지 탓일 수도 있다. 예컨대 그는 흰 옷을 입은 농민들이나 터키모자를 쓴 사람들이 어떻게 생활하는지 모른다. 일본

열도에 살고 있는 농민에 대해서도 마찬가지이다. 한일병합시기에 조선으로 건너간 일본인 대부분은 이러한 식민지주의적인 사고를 갖고 있었다. 그러나 이와 동일한 것이 일본인 농민 표상에서도 나타났다.

일본열도의 지방 농촌과 식민지에 살고 있는 사람들의 표상. 이번 장에서는 이러한 시점에서 나카니시 이노스케中西伊之助의 장편소설 『적토에 움트는 것赭土に芽ぐむもの』과 농민문학의 장르적 형성에 초점을 맞추고자 한다. 일본인과 조선인의 차이. 이 차이는 한일병합시기에 인종이라는 유사생물학적인 근거를 통해 확정되는 경향이 있었다. 조선인은 일본인보다 열등한 인종으로 간주되었다. 한편 그 당시 농민은 인구의 70%였으며 일본인을 대표하는 신체였다. 그러나 일본농민의 표상은 조선인상과 공통된 점이 많았다. 참고로 농민에 대한 인식은 10년 정도 지난 뒤 획기적으로 전환된다. 이 과정을 보다 단적으로 엿볼 수 있는 것이 농민문학의 장르적 형성이며 이것이 한창 진행되고 있던 1922년에 나카니시 이노스케는 조선인 농민을 그린 『적토에 움트는 것』을 발표한다. 이 소설은 지방 농촌 출신자인 나카니시가 한일병합시기의 조선 체험을 바탕으로 쓴 작품이다.

1. 일본열도 속의 신영토

소설에는 독자가 익숙하지 않은 환경과 그곳에 사는 사람들을 즐겨 그리는 소재론적 기호嗜好가 있다. 가장 좋은 소재는 독자가 모르는 해외나 식민지이다. 러일전쟁 이후부터 한일병합에 이르는 시대, 이러한 미개의 소설적 영토는 특별히 일본열도 외부로 한정된 것은 아니었다. 도시 노동자와 하층 빈민의 생활, 지방 농촌과 멀리 떨어진 곳의 풍속 또한 작가와 독자가 아직 모르는 미지의 영역이었다. 소재의 강도라는 점에서는 해외나 식민지에 뒤질 수도 있으나, 센다이仙台 교외 지방 농촌의 최하층을 그린 마야마 세이카眞山青果(1878~1948)의 「미나미코이즈미 마을南小泉村」(『신쵸新潮』 제6권제5호, 1907.5)도 이러한 영역에 발을 디뎠던 좋은 예 중 하나이다.

> 농민만큼 비참한 것은 없다. 특히 오슈奧州 지역 빈농은 끔찍하다. 넝마를 입고 잡곡밥을 먹으며 아이만 낳는다. 마치 벽의 흙처럼 시커멓고, 더럽고, 희망 없는 나날을 보낸다. 땅을 기는 파충류의 일생, 먼지를 핥으며 살아가는 것에 비유할 수 있다. 몸은 서서 걷고 있으면서도 마음은 대부분 땅을 기어 다니고 있다. 좋게 생각하면 불쌍하기도 하지만 나에겐 동정하는 취미가 없다. 나는 그 습기 차고 둔하며 비참한 생활을 볼 때마다 언제나 추한 것을 증오한다는 일종의 불쾌함과 혐오감을 느낀다. 실제 그들 중에는 '태어나지 않았더라면' 오히려 행복했을 것이라 생각되는 자들이 있다.(p.101)

토호쿠 지방의 빈농이 냉철하게 묘사된 부분은 그 처참함 때문에 다른 미온적인 농민소설에 비해 강도를 가진다. 또한 이 작품은 현실을 폭로하는 비판적 경향과 상통하는 자연주의 문학의 지류와 지방 농촌이라는 소재가 접합된 것이기도 했다. 농민문학연구의 반영론적 파악

이라는 관점에서 말하자면, 이러한 농민상은 "반半봉건적이고 기생적인 지주적 토지소유의 지배와 이를 기초로 한 자본주의 발전의 모순"[4]을 그린 것이다. 그러나 농민을 '땅을 기어 다니는 파충류'라고 표현하는 데 주저하지 않는 마야마 세이카의 표현은 단순히 일본인 농민에게만 주어지는 고유한 형용이라 할 수 없다. 그들의 '사람을 두려워하는 짐승의 눈'을 '대부분 터키에 살고 있다는 천족賤族 집시의 눈'으로 비유하는 것처럼, 이러한 표현법에는 자신과 다른 환경에 있는 열성劣性의 문화적 타자라면 바로 대체가능한 언설의 유형성이 인정되기 때문이다. 이쿠타 쵸코生田長江(1882~1936)가 「마야마 세이카를 논한다眞山青果氏を論ず」(『신쵸』 제16권제1호, 1912.1)에서 "세이카의 평소 표현은 우리가 속한 '농민' 계급이나 '상인' 계급을 심하게 멸시하는 듯하다"(p.8)[5]고 평한 것처럼, 여기에는 열등한 위치의 사람들을 엄연히 구별하는 하강적 시선이 있음을 알 수 있다.

마야마 세이카의 글쓰기에 나타나는 첫 번째 큰 특징은 민속학자의 현지조사처럼 농민 모습에 대한 세밀한 관찰과 비유를 열거한다는 점이다. "피부는 두껍지만 노인과 어린이 모두 빈티 나는 누런빛을 띠고, 윤기 없이 건조하다. 대개 치아와 턱이 큰 편안偏顔이며, 기생충이라도 있는 것처럼 눈꺼풀이 늘어져있다. 볼품없이 손발만 크고—십중팔구 평발이다—가슴과 어깨 근육에는 긴장감이 없으며 아랫배가 보기에

---

4 小田切秀雄, 『日本農民文學史の展望』, 犬田卯 著, 小田切秀雄 編, 『日本農民文學史』 增補版, 農山漁村文化協會, 1976, p.184.
5 이쿠다 죠코는 마야마 세이카에 대해 다음과 같이 말한다. "단, Culture는 즉 Convention이다. Convention이 없다고 하는 것이 그의 강점이다. Naive한 면, Primitive한 부분이 있다고 생각한다."(p.13)

도 무겁게 처져 있다."(p.102) 물론 온갖 왜곡이 더해져 그려진 농민상이지만, 독자는 여기에서 진정성을 발견하고 자신들과 다른 그들의 모습과 생활환경에 동정과 연민 혹은 경이로운 감정을 갖게 된다.

이와 동시에 이러한 농민상이 그들의 형상 묘사를 일원화시켜 농민과 독자 사이를 단절시킨다는 점도 간과할 수 없다. 두 번째 특징은 농민을 그 집단성에 준하는 양적量的 개념에 입각하여 유사한 종種의 차이로 파악한다는 것이다. 여기에서 이쿠타 쵸코가 말하는 '계급'은 하위下位에 놓인 사람들을 양적으로 파악하여 이해하기 위한 포괄적이고 편의적인 용어이다. 이 소설을 읽는 독자는 이러한 과정을 통해 농민에 관한 지知를 형성한다. 이러한 농민표상은 마야마 세이카의 「미나미코이즈미 마을」에 국한되지 않는다. 「미나미코이즈미 마을」과 대조적으로 평가받는 나카츠카 타카시의 『흙』(1910)도 작가의 시선과 입장에는 결정적인 차이가 있으나 그 표현방법에 공통점이 있다.

칸지勘次는 매우 좁은 세계에서 살고 있다. 그러나 그의 작고 야윈 체구는 그 좁은 세계에 반발하고 있는 듯한 관계를 자연스럽게 형성하고 있다. 그는 결코 타인과 싸움을 일으킨 적도 없고 오히려 매우 평온한 태도를 유지하고 있다. 다만 그들처럼 가난한 생활자들은 시기와 질투의 눈을 서로 치켜세우고 있다. 칸지는 보통 이상의 노동으로 보수를 받으려고 생각하는 한편, 비록 한 푼이라도 쉽게 쓰지 않을 것을 마음먹고 있다. 그들처럼 낮은 계급 사이에서도 친분을 조금이라도 손상시키지 않기 위해서는 반드시 약간의 금전적인 희생이 따라야 한다. 그 금전적 희생을 아깝게 여기는 자는 타인에게 증오는 사지 않겠지만 서로 소홀해질 수밖에 없다. 그러나 그러한 것은 칸지

를 괴롭혀 칸지의 그 천박한 마음의 무엇인가를 만회할 수 있는 힘이 없을 뿐
아니라 그의 마음에 어떠한 영향을 끼칠 수 있는 것도 아니다.(p.161)[6]

　나가츠카 타카시의 『흙』에 나타난 농민 표상의 특징은 오시나お品와
칸지와 같은 등장인물 각각의 심성에 역점을 두고 정성들여 묘사하는
데 있다. 이 작품이 굴지의 농민소설로 꼽히는 것은 자연의 유물론적인
은유로서의 '흙'이 소설 곳곳에 삽입되어 있으며 농촌생활과의 융합을
바탕으로 조성되는 담담한 리듬 덕분이다. 마야마 세이카와는 달리 이
바라키茨城의 부농 출신인 나가츠카의 의식은 양심의 가책을 느끼고
농민에게 진솔한 자세를 취하며 선의의 역학을 발동시킨다. 그러나 초
점화된 칸지의 심성이 두드러지는 것은 '그들처럼 가난한 생활자' '낮은
계급사이'라는 이미 결정된 열성을 가진 농민의 집단성 속에 놓이기 때
문이기도 하다. 그래서 "자연히 형성된 계급의 차이를 지닌 자, 또는 오
랫동안 그의 생활을 속속들이 알고 있는 자는 동정의 눈으로 그를 보고
있"(p.162)는 것이다. 타자의 개성을 그릴 때에는 자기를 기준으로 한 편
차와 함께 타자가 속한 집단성의 차이도 논의하여 결정할 필요가 있다.
　이 점에 있어 나가츠카의 『흙』이 어떻게 읽혔는지 생각해 보면 작가
에게 이러한 묘사를 요구하는 지적 풍토가 보다 분명해진다. 「미나미
코이즈미 마을」과 『흙』에 나타나는 메이지 말기의 농민 표상은 농민
이란 무엇인가라는 명제를 바탕으로 자신들과 다른 그들의 모습이나
심성을 표현하는 방향으로 나아간다. 모리타 소헤이森田草平(1881~

6　長塚節,『長塚節全集』第1卷, 春陽堂, 1976, p.161. 이하 본문 인용의 쪽수는 이 책에 의한다.

1949)가 쓴 것으로 알려진 『흙』의 「소설예고小說予告」에는 "진짜 농민을
그린 소설이다. 서양 소설을 읽던 눈으로 본 것이 아니다. 직접 농민을
보고 쓴 소설이다"(『토쿄아사히신분』 1910.6.8)라는 취지가 거듭 강조되어
있다. 묘사된 농민의 생활은 일반 독자에게 그다지 익숙하지 않은 세
계였고 그래서 충격적이었던 것이다. 이것은 지방 농촌과 같은 소재에
접근해서 응시하는 자세가 새로운 문학적 풍토를 낳았다는 증거이기
도 하다.[7] 나츠메 소세키도 「나가츠카 타카시의 소설 『흙』長塚節の小
說『土』」(『토쿄아사히신분』, 1910.6.9)에서 다음과 같이 말하고 있다.

세상에서 장점을 인정받은 작가들의 특색을 염두에 두고 이를 기준으로
새로운 작품을 대하면 이미 그 작품을 읽기도 전에 그 유형 안에 머물고 만
다. 따라서 나의 평론이 성실하더라도, 나의 태도가 독립적이더라도, 또한
나의 언설 내용이 타당하더라도, 처음부터 이쪽에서 정한 척도를 가지고
그 척도로는 평가하지 말아야 할 것까지도 판단하고 싶어하는 폐해가 발생
한다. 그 결과는 의미 없는 죽은 비평으로 전락하는 경우가 자주 있다.

한편 지금까지 문단에서 인정받지 못했거나 주목받지 못했던 새롭고 특
별한 취향을 어떠한 작품에서 발견하고 그것을 세상에 소개하는 것이 평론
가에게는 통쾌한 경우가 많다. 또한 그 특수한 취향이 대다수에게 받아들
여지지 못할 경우, 결연히 앞장서서 이를 주장하는 것이 평론가의 마음을
흐뭇하게 하는 점인 것 같다. 문단은 이로 인해 신영토를 손에 넣은 것과 마
찬가지가 되기 때문이다.

---

[7]　오다기리 히데오와 야마다 세사부로山田淸三郎가 지적하듯이, 농민을 소재로 한 소설에
　　는 히로츠 류로廣津柳浪의 「소주람小舟嵐」과 타야마 카타이의 『츄에몬의 마지막重衛門
　　の最後』 등이 있다.

나츠메 소세키는 나중에 농민문학의 대표작으로 평가되는 나가츠카 타카시의 『흙』이 지닌 상품적 가치를 이렇게 발견한다. 그렇다면 이 소설의 새로움 때문에 『흙』에 대한 평가가 대체로 나빴다는 말이 된다. 그런데 간행판에 실린 「『흙』에 대해―나가츠카 타카시 저 『흙』 서문長塚節 著 『土』序」에서도 나츠메 소세키는 "흙과 함께 나고 자란 구더기처럼 가련한 농민의 생활" "고통스러운 농민의 생활에서 가장 짐승에 근접한 부분을 섬세하게 서술했다"[8]라고 표현한다. 물론 '신영토'의 획득은 단순히 농민을 '구더기 같은' '가장 짐승에 근접한 부분'이라 표현하는 경이로운 감정으로 일관하지 않는다. 이 서문에서는 "이런 생활을 하고 있는 인간이 우리와 동시대에 그것도 수도에서 그리 멀지 않은 시골에 살고 있다는 비참한 사실"을 강조하며, 이를 언급하는 것이 독자의 "미래의 인생관에 …… 일상의 행동에 참고하면 유익하지 않을까"라는 표현도 찾아볼 수 있다. 이렇게 매우 도덕적인 소감은 특히 "환락을 동경하는 젊은 남녀"(p.592)를 대상으로 했다.

기존 문예비평의 '척도'로는 측정할 수 없었던 '특수한 취향'을 파악하고 그것을 뒤집어 자기가 속한 사회에 대한 교훈으로 돌리는 것. 문학계의 '신영토' 획득 지향은 주위로 뻗어가는 소재론적 확장과 함께 타자에 대한 인식이 자기 상대화로 전환되는 과정을 내포한다. 이 두 견해가 반드시 모순되는 것은 아니다. 그러나 기존의 문예비평의 '척도'를 비판적으로 간파한 소세키도 이 소설에 그려진 농민상을 '벌레 같은' '가장 짐승에 근접한 부분'이라는 식으로 기술했다. 나가츠카 타카시가 『만한 이곳저곳滿韓ところどころ』의 편견적인 중국인 표상에 대

---

8   夏目漱石, 『漱石全集』 第11卷, 岩波書店, 1975, p.590.

해 유감의 뜻을 표명했던 일화가 말해 주듯이, 소세키가 극복할 수 없었던 것은 농민과 중국인 같은 타자를 틀에 집어넣어 부정적 이미지를 재생산하는 이른바 표상의 공동체라고 할 법한 '척도'였다.

2. 나카니시 이노스케의 '조선' 표상

한일병합시기의 문학계에서 비로소 '신영토'로 인지된 지방 농촌에 사는 농민의 생활. 한편 조선을 무대로 한 소설이 등장하기 시작하는 것은 청일전쟁 시기로 거슬러 올라간다. 그 시기가 일본의 제국주의적 확장을 위한 '신영토'로 조선반도가 본격적으로 포착되는 시기와 겹친다는 것은 거듭 언급했다. 청일전쟁 시기 토카이 산시의 『가인의 기우』와 핫토리 토루의 『소설동학당』에서 러일전쟁 시기 요사노 텟칸의 「관전시인」을 거쳐, 한일병합시기 타카하마 쿄시의 『조선』에 이르는 조선을 그린 소설의 계보는 식민지화로 가는 과정을 잘 말해준다. 이 소설들을 장르적으로 살펴보면 정치소설에서 전쟁소설을 거쳐 여행소설로 변천하고 있기 때문이다.

또 이러한 대한對韓 외교의 흐름을 따르지 않는다고 해도, 조선은 변경을 의미하는 장소로 그려지는 경향이 있었다. 이른 시기의 것으로는 코다 로한의 『고래잡이いさなとり』(1891)가 그에 해당한다. 이 소설에서 조선은 주인공 히코에몬彦右衛門이 살인을 저지른 후 표류하여 부산 근교 해안에 다다른다는 부負의 인과율을 구성하는 장소로 설정되어 있다. 이 시기 농민소설로는 쓰시마를 무대로 한 요시다 겐지로吉田絃二郎(1886~1956)의 「이소고요미磯ごよみ」(『와세다분가쿠早稲田文學』 제100호, 1914.3)에는 이런 장면이 있다. "'나는 왜 이런 시골, 그것도 일본보다 조선에 가까울 것 같은 섬에 무슨 생각으로 뛰쳐나왔던 것일까' …… '운명인가 우연인가, 만약 인간의 눈에 보이는 어떤 힘의 지배가 있다면, 나는 분명 운명의 장난감이 된 것이다.'"(p.333) 조선은 일본열도에서 멀어지는 심리적인 장소로 주인공 토쿠지德二가 술회하는 내면묘사를 두드러지게 만드는 중요한 역할을 담당한다.[9]

더 나아가 이 시대의 조선이라는 장소의 특성에는 지방화라고도 할 수 있는 의미가 부가된다. 마야마 세이카의 「패배자敗北者」(『신쵸』 제7권 제3호, 1907.9)에는 주인공의 옛 친구 이노 쿄스케猪野亨介가 자신의 처지를 한탄하며 "'차라리 조선이나 갈까?' …… '아, 난 토쿄가 정말 싫어졌어'"(p.56)라고 말하는 장면이 있고, 치카마츠 슈코의 「우츠리가移り香」에는 조선행을 상담하러 온 오미야お宮에게 "나는 이 여자를 멀리 떠나보내는 것이 안타까워서 그 소리를 듣는 순간 실망을 느끼며 '조선 같은 곳에 가지 않더라도 토쿄에서 어떻게든 될 거요'"[10]라는 장면이 있다. 이러한 장면이 설정되는 배경에는 러일전쟁 이후 식민정책으로 조선

9　"조선 바람이 날로 거칠게 불고, 백옥白獄의 단애斷崖에는 겨우 살아 버티고 있는 듯한 하얀 줄기가, 따가울 정도로 껍질 벗겨진 채 깊은 계곡을 들여다보고 있었다. 바다의 섬으로부터 멀리 북쪽으로 흐르고 있는 한반도의, 동부산맥과 연결된 산의 허리가 새파란 하늘밑에 늘어서 있다."(p.341) 이 소설을 지탱하는 쓰시마의 지리적 특성은 조선과의 지리적 근접함으로 특징지어지고 있다.

10　인용은 『明治文學全集 70 眞山靑果 · 近松秋江集』, 筑魔書房, 1973, p.318. 초출과 원제는 「규수閨秀」(『新小說』, 1915.6~7)이다.

의 취업시장이 확대되었던 사회 상황이 있었다. 마야마 세이카의 「패배자」와 치카마츠 슈코의 「우츠리가」에는 토쿄와 조선의 지리적 관계가 중앙과 지방의 관계를 본뜬 것처럼 배치되어 있음을 알 수 있다.

　지금까지의 논의를 바탕으로 나카니시 이노스케의 조선 표상에 주목해 보자. 1922년에 발표된 그의 실질적인 데뷔작『적토에 움트는 것』에는 이러한 한일병합시기의 상황이 직접적으로 그려지고 있다.

　　사업 축소, 임금 인하, 실업자 속출. 물가 하락, 구매력 격감, 농산물 정체. 이러한 전후의 공황은 도시와 농촌을 더욱 침울하게 만들었다. 사람들은 깊은 한숨을 쉬면서, 그곳에 펼쳐진 새로운 천지를 향해 근심어린 눈초리를 보낸다. 자신들의 자식, 형제, 남편, 아버지의 생생한 선혈로 값을 치른 새로운 영토, 그곳이야말로 그들이 쉴 수 있는 유일한 녹지였다. 풍요로운 들판은 그들이 와서 경작해 주기를 기다리고 있다. 무한의 보물창고는 그들 손에 들린 열쇠를 기다리고 있다. 농부도, 직공도, 하급 월급쟁이도, 소상인도, 남자도, 여자도, 청년도, 노인도 모두 새로운 영토로! 식민지로! 그들은 얼마 되지 않는 가재와 토지를 몽땅 팔아치워 여비로 바꾸고 눈사태가 난 것처럼 모두 C반도로 몰려간다. 그리고 마키시마槇島 자신도 3년의 군복무를 마친 후 그 무리에 합류했다.(p.62)[11]

　이 시대 도한자의 모습을 대단히 비장하고 적확하게 그려낼 수 있었던 것은 자가 자신이 실제 체험에 바탕을 두고 있기 때문이다. 나카니시

11　『日本プロレタリア文學全集6 中西伊之助集』, 新日本出版社, 1985. 이하 본문인용의 쪽수는 이것에 의한다.

시 이노스케가 어머니를 따라 조선으로 건너간 때는 1910년 무렵이었다.[12] 이 소설의 주인공 마키시마 히사키치槇島久吉는 일본열도에서 "무산 계급을 모욕한 자"(p.60)로 그려지는데, 실제로 이와 비슷한 경험을 하고서 조선 이민 물결에 동참했던 나카니시는 거의 동시대에 도한渡韓했던 타카하마 쿄시나 토쿠토미 로카 같은 여행자와는 다른 시점에서 당시의 조선을 파악하게 된다.

나카니시 이노스케는 쿄토 우지宇治에서 소작 7할, 자작 3할을 경작하는 소작농의 아들로 태어났다. 어릴 적에 집이 몰락한 그는 기관차 청소부, 육군화약제조공 등의 직업을 전전하면서 독학한다. 이 시기에 크리스천 세례도 받았다. 19세에 해군병학교海軍兵學校 입학을 희망하여 상경했으나 사생아였던 탓에 입학하지 못하고 타이세이大成 중학교에 편입했다. 남보다 학구열이 강했던 그는 입신출세를 위해 일하면서 고학하는 길을 선택했다. 상경 후 히비야 방화사건과 코쿠민신분國民新聞 습격사건에 가담하여 검거, 구속되기도 했고 바로 그 무렵부터 사회주의에 관심을 갖게 되었다. 기독교도이면서 사회주의에도 흥미가 있는 애국 청년. 얼마 되지 않는 학비를 손에 쥐고 상경한 지방 농촌출신자에게 20세기 초반을 해독하는 이 키워드들은 모두 매력적인 것이었음에 틀림없다.

이리하여 그는 후시미공병伏見工兵 제16대대에 입대하고 퇴역 후 조

---

12 나카니시 이노스케가 조선에 건너간 정확한 시기는 불분명하다. 또한 나카니시의 이력에 관해서는 『신흥문학전집新興文學全集』 제2권 [일본편 II](平凡社, 1928)에 수록된 「애독자에 대한 이력서愛讀者への履歷書」가 있다. 또 나카니시 이노스케의 연구에는 『일본 프롤레타리아 문학 전집6 나카니시 이노스케집日本プロレタリア文學全集6 中西伊之助集』에 수록된 코바야시 시게오小林茂夫의 「해설」과 타카야나기 토시오高柳俊男의 「나카니시 이노스케와 조선中西伊之助と朝鮮」(『季刊三千里』 第29卷, 1982.2)이 자세하다. 조선 도항에 관해서는 1909년과 1911년이라는 견해가 있다.

선으로 건너가게 된다. 조선에서는 한때 자연주의에 심취했으나 『평양니치니치신분平壤日日新聞』의 기자가 되어, 후지타구미藤田組의 노동자 학대를 폭로하는 기사를 쓰고 투옥되었다. 이후 만주로 가 만철滿鐵에서 근무하지만, 상사와 싸우고 귀국한다. 이러한 경력은 평양에서 신문기자가 되고 신문사에 들어온 투서를 통해 S탄갱의 일본인 노동자 학대의 실태를 신문에 폭로하여 투옥되는 마키시마 히사키치의 이야기와 그대로 겹친다. 주의해야 할 것은 나카니시가 지방 농촌출신자였다는 점이며, 그 경험을 살려 쓴 『적토에 움트는 것』에 작가를 모델로 한 주인공을 설정하고 또 다른 주인공으로 조선인 농민 김기호를 배치했다는 점이다.

나카니시의 『적토에 움트는 것』은 한일병합시기의 조선을 무대로, 도한한 몰락농가의 자식 마키시마 히사키치와 토지를 빼앗겨 살인을 범한 김기호의 해후를 클라이맥스로 설정한 두 개의 이야기가 전개된다. 이 장편소설은 서두에서 '토인土人 김기호'라는 차별적 표현이 강조되지만, 오다기리 히데오小田切秀雄 씨와 야마다 세이사부로山田淸三朗 씨 등에게 조선인 농민을 그린 초기 프롤레타리아 문학이나 농민문학으로 평가를 받게 된다.[13] 지금까지도 작자의 의도와는 반대로 작품 이곳저곳에서 보이는 차별적인 표현이 비판받는 한편, 일반적으로 식민지통치의 실태를 김기호의 입장에서 고발했다는 점이 평가를 받고

---

13 오다기리 히데오小田切秀雄, 「일본 농민문학사의 전망日本農民文學史の展望」(山田淸三朗, 『近代日本農民史』上卷(理論社, 1976) 참조. 그리고 카네코 카즈金了和, 金三圭, 「현재소설에 비친 조선적 현실─장혁주론現代小說に映じた朝鮮的現實─張赫宙論」(『文學評論』第3卷第1号, 1936.1)과 김달수, 「일본 문학 속의 조선인日本文學のなかの朝鮮人」(『文學』第27号, 1959.1)에서는 '토인 김기호'라는 표기가 문제시되고 있으나, 소설 전체에 대해서는 평가하고 있는 경향이다.

있다. 여기에서 문제가 되는 것은 일본인과 조선인이라는 알기 쉬운 차이 속에서 지방 농촌 출신자라는 과거를 애써 배제하는 마키시마 히사키치가 김기호를 어떻게 말하는가 하는 점이다.

> 토인 김기호가 이 부락에서 꽤나 훌륭한 대문을 가진 집에서 호리호리한 몸을 구부리면서 나왔다. 낙엽 진 버드나무가 그 집의 두꺼운 기와 위에 가지를 늘어뜨리고 있었다.
>
> 천연두 흉터가 있고, 뼈가 앙상한 그의 얼굴에 지저분한 콧수염이 듬성듬성 자라있는 것이 아무리 봐도 적적하다. 하지만 햇빛에 그을린 얼굴이나 손끝의 구리 빛 피부를 보면 그가 이 토인들에게서 흔히 볼 수 있는 게으른 자에 속하지 않는다는 것만은 알 수 있다. 목면으로 만든 흰 저고리와 바지는 그래도 새것이었다. 그 눈이 매우 빛났다.(p.5)

이처럼 소설 앞부분에서 조선인 농민의 형상 묘사는 일본인의 농민 표상과 그 특징이 거의 일치한다. 조선의 농촌 풍경과 함께 김기호의 모습을 자세히 써 내려가는 이 이후의 묘사도 마야마 세이카의 「미나미코이즈미 마을」에 대한 이쿠타 쵸코의 '인간 역시 자연의 일부로 다뤄질 때 가장 평온하고 선명하게 그려질 수 있다'는 평가와 의미가 통한다. 농민이라는 타자가 풍경으로 그려지는 것. 이것은 '문명 / 자연'이라는 구도가 담겨있다는 것을 의미한다. 더구나 '게으른 자'에 비해 조금 나은 김기호의 생활환경은 '문명 / 야만'과 같은 판에 박힌 식민지 표상의 내레이션에 의해 배가된다. 다음 인용문에서는 조선 표상만이 아니라 농민 표상의 특징도 알 수 있다.

서방 대륙에서 불어오는 사막의 황진을 품은 폭풍은 태곳적부터 이 반도에서 타성에 젖어 살아가는 사람들의 생활을 제멋대로 위협했다. 토인은 그 폭위를 막기 위해 거친 흙을 바른 튼튼한 동굴 같은 작은 집에 살고 있다. 그것은 마치 인류의 혈거시대에서 전혀 조금도 진화하지 않은 것 같았다. (p.5)

김기호에 관한 내용은 이러하다. 일본의 토지수용정책으로 조상 대대로 이어져온 토지를 헐값에 빼앗긴 그는 부인마저 죽자 망연자실하여 D강에서 익사한 친구의 미망인 이소사李召史를 찾아 헤맨다. '소사'는 미망인을 의미한다. 자식을 키우기 위해 일본인이 경영하는 유곽에서 일하는 그녀의 비밀을 알고서 그녀에게 덤벼들어 그 자식까지 함께 때려죽여 버린다. 김기호는 토지에 대해 "모두 꺼져버려! 나 혼자 이 사랑스런 향토에서 돌로 머리가 깨져도 꼼짝하지 않고 지키겠다!"(p.10)며 강한 집착을 보인다. 이소사를 살해하게 되는 심성도 "저 여자가 더 강한 힘에 의지하기 전에 내가 먼저 저 여자를 약탈해야 한다!"(p.168)고 묘사된다. 이소사의 존재는 헤테로섹슈얼리티에 기반한 식민지주의적 은유로 보이며 그녀를 향한 살의는 그 끝에 몰린 충동의 표현으로 이야기된다. 말할 것도 없이 '더 강한 힘'은 'N인'이다.

나카니시의 『적토에 움트는 것』을 구성하는 마키시마 히사키치와 김기호를 둘러싼 두 개의 이야기는 자본가의 횡포와 총독부 정치의 결탁에 과감하게 맞서는 용맹한 일본인과 불합리한 착취로 토지를 빼앗기고 결국은 살인을 저지른다는 조선인의 이야기가 매우 대조적으로 전개된다.[14] '일본인 / 조선인'이라는 이 차이는 마지막까지 이어진다. 주목되는 것은 에필로그와 다름없는 마키시마와 김기호의 해후 장면이다. 함께 수감되면서 두 사람이 만난 후 김기호에게 사형이 선고되던 날 밤, 김기호는 다음과 같이 묘사된다.

> 마키시마가 움직여 그 인간[김기호]이 눈을 번득이며 이쪽을 뒤돌아보았을 때, 두 눈은 푸른 마그네슘이 타고 있는 것 같았다. 마키시마는 흠칫 놀라 숨을 죽였다. 그는 그 순간 매우 신비한 느낌에 사로잡혔다. 문득 유현幽玄[15]의 경계로 끌려들어가는 듯한 기분이었다. …… 살아 움직이는 인간이 자신의 완전한 자유를 희망하며, 그러한 강한 욕구를 위해 전신을 태워 버릴 듯한 불과 같은 번민의 표현—그것이 귀기鬼氣를 품고, 바짝바짝 사람에게 조여 오는 기분을 마키시마는 그 순간에 맛보았다. 신비와 유현은 그 모습이 지닌 예술적인 경지였다. 토굴에 살았던 고대의 예언자 같은 모습을 한 그 인간의 얼굴은 끌로 깊이 새겨진 소상塑像처럼 짙은 음영을 만들며 창백하게 빛났다.(pp.304~305)

두 사람이 감옥에서 만난 이후 이야기는 줄곧 마키시마의 시점에서 서술된다. 마키시마에게 이 식민지 타자의 이름은 알려지지 않는다. 김기호는 단지 '수인 28호'로 인식된다. 에필로그에 가까운 이 구절에서도 김기호는 마키시마가 본 객체로서 감성에 의거한 비유의 나열로 그려질 뿐이다. '신비한 느낌' '유현의 경계'와 같은 '예술'적 비유와 함께 '고대의 예언자' '소상' 등으로 열거되는 조선 농민의 미적 표상은

---

14 大杉榮, 「勞働運動と勞働文學」, 『新潮』 第37卷第4号, 1922.10. 여기에서는 "저 일본인은 이노스케 자신이 기분 좋아서 자신을 이상적으로 상상하면서 써내려간 허구의 이야기"(p.4)라고 쓰여 있다.
15 정취가 깊고 그윽함. 중세 일본 문학의 미적 이념 중 하나. 깊은 여운이 남는 것.(옮긴이 주)

'문명 / 야만'의 구도가 발견되어 재현되기 이전의 '자연'의 숭고성으로 묘사되는 것이다. 이 장면은 처음에 자신보다 먼저 수감된 사람들을 보며 "문명을 자랑하는 현대 인류의 얼굴이 아니다"(p.260)라고 말했던 마키시마가 어머니가 넣어준 도시락을 나누어 먹음으로써 다른 수인들과 마음을 터놓고 지내게 된 이후이다. 김기호의 형상이 아무리 활력이 넘치고 마키시마와 우정 비슷한 관계를 맺었어도 그 이미지는 최종적으로 마키시마와는 이질적인 타자로서 부정적으로 형성되고, 결국에는 두려움의 대상인 듯 신비화된다. 이것은 김기호가 '자연'으로서 예정 조화적으로 가공되었음을 의미한다.

3. 농민문학의 담론

나카니시 이노스케의 『적토에 움트는 것』에 나타난 조선인 농민의 표상에는 마야마 세이카의 「미나미코이즈미 마을」, 나가츠카 타카시의 『흙』에서 살펴 본 농민상의 특징—농민을 집단성에서 파악하고 자기와 타자를 차별화하는 언급 자세—을 한층 명료하게 엿보였다. 나카니시는 조부를 모델로 한 『농부 키헤에의 죽음農夫喜兵衛の死』(1923)이라는 농민소설도 썼는데 여기에서도 김기호상像과의 관련성을 지적할 수 있다. 그러나 한일병합시기의 농민상과 1922년 발표된 『적토에 움트는 것』 사이에는 명백한 시간차가 있다. 식민지통치를 고발한 소설

로서 조선인 농민의 목소리를 강력하게 대변했던 『적토에 움트는 것』이 마지막에서는 김기호를 말하지 않는 타자로써 미적으로 신비화했던 것은 나카니시의 문제라기보다 메이지 말기에서 타이쇼데모크라시에 이르는 지적 풍토의 변용이 깊은 관련이 있다고 생각한다. 여기에서는 이것을 농민문학의 장르적 형성에 입각하여 검토한다.

1918년 8월 토야마富山에서 시작된 쌀소동이 전국규모로 확대된 민중운동으로 상징되듯 제1차 세계대전 후에는 다양한 시민·노동운동이 전개된다. 이 무렵 나카니시 이노스케는 노동운동가로 활약하면서 『적토에 움트는 것』의 착상으로 이어지는 「젊은 개혁자若き改革者」(『신샤카이新社會』 제4권제8호, 1918.5)를 발표한다. 1920년에는 요시노 사쿠조吉野作造(1878~1933)의 민본주의사상으로 촉발된 보통선거운동이 일어났고, 5월에는 일본 최초의 메이데이가 우에노 공원에서 개최되었다. 이러한 기운 속에서 1921년 5월에는 일본해운조합이, 나아가 1922년 4월에는 카가와 토요히코賀川豊彦(1888~1960)와 스기야마 모토지로杉山元次郎(1885~1964) 등이 일본농민조합을 결성한다.[16] 피차별 부락의 해방을 목표로 한 전국수평사全國水平社의 창립은 1922년 3월, 일본공산당 결성은 같은 해 7월이다. 제1차 세계대전 이후의 상황은 민중이 집단성을 띠고 목소리를 높였던 시대였다.[17]

지방 농촌에서도 메이지 시기 이후 사회구조에 변화가 생기고 있었

---

[16] 카가와 토요히코賀川豊彦는 당시 베스트셀러 『사선을 넘어서死線を越えて』(1920)의 작가이다. 나카니시 이노스케는 "이 정도 소설이라면 나도 쓸 수 있다"고 말하며, 『적토에 움트는 것』의 집필 이유를 말했다고 한다.

[17] 1919년에는 타이쇼데모크라시를 반영한 『카이조改造』를 시작으로 오야마 이쿠오大山郁夫가 편집하고 발행한 『와레라我等』과 시마자키 토손島崎藤村 등을 고문으로 맞이한 『카이호解放』 등과 같이 시대의 분위기를 반영한 잡지명의 창간이 이어졌다.

다. 제1차 세계대전에 따른 대전大戰 경기는 쌀값 급등, 임금 상승과 함께 노동력의 도시 유출을 초래했다. 지방 농촌의 환경은 확실히 상품 경제 속으로 편입되었다. 지방에서 도시로 향하는 인구이동이 사회적 문제가 되는 것은 메이지 후기로 거슬러 올라가지만 농촌 청년이 취업 기회의 확대로 가속되는 그 이동에 가담하는 것은 이 시대이다. 물론, 이후 공황으로 농산물 가격이 하락하고 지주와 소작인 사이의 알력과 농공업의 산업적 격차가 확대되면서 신문 잡지는 '농촌 문제'를 자주 다루었고 각지에서 소작쟁의가 다발했다.[18] 농촌 청년은 도시에서 새로운 작업을 구할 것인지 아니면 고향에서 지역문화에 기여할 것인지 선택의 기로에 놓였다.[19]

이러한 상황에서 농민문학이라는 장르에 대한 의식적 접근이 시작되었다. 그것은 '흙의 예술'(이누타 시게루犬田卯), '대지주의'(나카무라 세이코中村星湖) 등으로 불렸다. 이누타 시게루는 "소위 전원문학이나 향토문예와 우리 흙의 예술의 차이는 '흙으로'와 '흙에서'의 차이"라고 거듭 주장했다. 여기에는 착취당하는 소작 농민을 해방하기 위한 '혁명문학'이라는 정치성이 가미된다.[20] 농민문학을 넓은 의미로 받아들인 나카무

---

18 소작쟁의 건수는 1918년부터 1920년에 걸쳐 250~400건이었지만, 1921년에는 1680건으로 급증하였다.(橋本壽郎·大杉由香,『近代日本經濟史』, 岩波書店, 2000)
19 大門正克,『近代文學と農村社會-農民世界の變容と國家』(日本經濟評論社, 1994) 참조.
20 「第1講 農民文芸の意義に就いて」, 農民文芸會 編, 『農民文芸十六講』, 春陽堂, 1926, p.10. 이누타 시게루는 「농민문학, 흙의 문예」를 이하 6항으로 규정한다. ① '현실직사'를 근간으로 할 것, ② '농민을 위한 농민문예'일 것, ③ '도회주의에 맞서는 지방주의'를 찬양할 것, ④ '농민계몽의 농민문예'일 것, ⑤ '농민의식 내지는 흙의 관념 표현'을 지향 할 것. ⑥ '입장을 사회비평가적 고소에 둘' 것.(인용 내용은 pp.3~5) 이누타의 주장은 다음 세 가지로 집약할 수 있다. 첫 번째는 소설의 기교를 최대한 배제한다. 두 번째는 지방주의까지도 시야에 포함하여 지역적인 정치성을 짙게 내건다. 세 번째는 사회비평 혹은 문명비평이라는 포괄적으로 향상시키는 비판을 전개하는데 있다. 농민문학을 "'흙'에서"의

라 세이코는 「향토문예에 대한 요구鄕土文學に對する要求」(『슈칸아사히週刊朝日』 제3권제19호, 1923.4.22)에서 "진흙냄새가 난다거나 비료에 더럽혀졌다고 조소당하고, 학대받고, 압박받아 온, '하쿠쇼百姓'－'농민'이야말로 흙을 대신해 흙의 의지를 말하는 사람이어야 한다"고 말했고, 이것을 더 급진적으로 받아들인 이누타 시게루도 「'대지주의'에 대한 의문大地主義に對する疑問」(『와세다분가쿠』 제224호, 1924.10)에서 "흙의 예술이 농촌 혁명을 주요 목적으로 삼지 않는다면 우리와 하등의 밀접한 관계가 있는 것이 아니다"(p.42)라고 단언했다.

농민문학의 장르적 형성은 독자적으로 진전되었다기보다 타이쇼데모크라시의 추세에서 발견된 하나의 조류였다. 지방 농촌의 소작농이나 도시 노동자를 해방시키기 위해 그들의 바람직한 세계관을 대변하는 문학, 이것을 통틀어 '신흥문예'라고도 불렀다. "신흥문예는 어디까지나 기존 문명 앞에 나설 수 없고, 자기들의 표현을 가질 수 없고, 그러면서도 일국의 대다수를 형성하고 있는 계급자의 각성을 일으킬 것을 기조로 해야 한다."(요시에 타카마츠吉江喬松, 「신흥문예의 사명新興文芸の使命」, 『지지신포時事新報』, 1923.1.1) 그 속에서 농민이 주목되었다.

현재는 이미 묘사론과 표현론의 시대가 아니라 무엇을 묘사하고 무엇을

문학이라고 정의한 이누타의 주장에는 타이쇼에 들어서면 나카무라 세이코中村星湖나 이와노 호메이岩野疱鳴 등이 주장한 묘사론의 영향이 보이고, 도시문화에 대항하기 위해 지방의 전통주의까지도 허용하고 있는 부분은 메이지 말기의 오키소 쿄코小木曾旭晃의 지방주의에서 향토문예론에 이르는 주장이 포함되어 있다. 이것은 후쿠시 코지로福士幸次郎의 지방주의와도 통한다. 말할 것도 없이 이것은 무정부주의나 사회주의, 마르크스주의적 사조의 영향으로 생각된다. 농민문예회편, 『농민문학 16강農民文學十六講』의 「편집자 서문」에는 "흙의 문학은 모든 의미에서 혁명문학"(p.2)이라고 적혀있다.

표현해야 하는가를 고민해야 할 때이다. 이것이 문예를 해방하고 다수자의 공유 영토로 만드는 유일한 길이다.

　대다수 농민을 먼저 소재로 삼아 문예 안으로 해방하면 이윽고 그들의 생활 속에서 대지에서 발하듯 신선한 광휘가 생겨날 것이다. 현재 우리 문예가의 대다수는 그 향토를 일본의 전원으로 갖고 있을 것이다. 널리 인간을 대하는 애정의 시선을, 잠시 그대들의 향토 사람들 속으로 쏟으라. 자연으로 돌아갈 것도 없이, 한번 그 향토로 돌아가라. 그대들의 애정의 시선은 그곳에서 무엇을 발견할 수 있을까.(요시에 코간吉江孤雁, 「농민생활과 현대문예農民生活と現代文芸」, 『카이호解放』 제4권제1호, 1922.1, p.185)

농민을 그리라는 요시에 타카마츠의 문예선언은 '어떻게'라는 묘사론보다 '무엇을'이라는 주제에 역점을 둔다. 이러한 의미에서는 농민문학을 이른바 인구 비율적으로 다수자를 대변하는 '신흥문예'의 주류로 생각했던 것이다. 여기에 "향토"라는 지역적 특징도 추가된다. 농민의 계몽을 중시하는 요시에의 알기 쉬운 슬로건은 노동자 계급과 그것을 대표하는 전위당으로서 공산당이 계급투쟁을 주도하고 사회주의 혁명을 지향했던 프롤레타리아 문학운동과 일맥상통하는 방향성이기도 하다.[21] 그러나 그 대상이 되는 농민의 모습은 보이지 않는다. 오히려 지금 문학이 농민의 '무엇을 표현해야 하는가'라는 물음에 대한 답변은 미리 준비되어 있었다고 생각하는 것이 좋다. 농민이 어떻게 묘사될지는 상상할 수 있는 것이었다. 지방 농촌의 비참함 속에서도 진

---

21 本間久雄, 「時評－農民小說の問題, 『農夫喜兵衛の死』を讀む, 演劇檢閱と官憲濫用」(『早稻田文學』第213号, 1923.8) 등 참조.

지하게 살아가는 농민의 모습을 극명하게 그리고 그 토지와 자연을 일본인의 '향토'로서 시적으로 승화시키는 것. 이것이 결코 '농민문학'으로 불리지 않고 '흙의 예술' '대지주의' '향토문예' 등으로 불렸던 타이쇼 시기의 농민문학 담론이다.

물론 농민이 타자라면 그 타자표상 속으로 몰아넣는 또 하나의 구조도 존재한다. 더 넓게 지방 농촌의 농민상을 생각할 때 간과할 수 없는 것은 메이지 시기 이후 재생산되어 온 문명론 패러다임의 투기投棄 또는 방향 전환이 이미 일어났다는 점이다. 예컨대 나카자와 린센中澤臨川(1878~1920)은 「현대문명을 평하고 다가올 신문명을 점친다現代文明を評し、当來の新文明を卜す」(『츄오코론中央公論』, 타이쇼신기운호大正新機運号, 1915.7)에서 "근대 문명이 낳은 방종과 무질서한 생활은 사람의 정신을 지치게 만들고, 그로 인해 육체까지도 해를 입는다. 이러한 징후를 일컬어 우리는 '데카당스'라고 부른다"(p.55)며 다음과 같이 말한다.

이를테면 우리 문명은 교통의 발달과 함께 모든 전원과 시골마을까지 도시화했다. 근대 도시 문명은 일개 도시만의 산물이 아니라 모든 사회에 공통된 현상이다. 사람은 농경 생활과 신념 생활의 건전한 평형을 잃고, 도시 생활과 이지理智 생활의 위험한 줄타기를 세상을 살아가는 방편으로 삼게 되었다. 만약 우리들에게 네 개의 눈과 네 개의 귀, 두 개의 두뇌와 두 개의 척수가 없음에도 불구하고, 우리의 신경이 이렇게 과중한 자극을 견뎌낼 수 있다는 것은 기적이다. 그 결과 신경증이 격증하고 더불어 우리들의 육체와 정신을 갉아먹는다. 그리고 여기에는 광인과 죄인의 수가 정비례로 따른다.(p.56)

도시에 사는 인간의 부정적 징후인 '신경증' '광인' '죄인'을 예로 들며 '도시문명'을 비판한다. 현대인은 근대문명에 의해 바람직하고 건전한 생활을 빼앗기고 많은 희생을 강요당하고 있으며 그렇기 때문에 그 해로운 문명을 쫓아내야 한다는 주장이다. 이 '도시문명'이라는 단어는 자본주의에 의한 상품경제의 확대로 바꿔 읽을 수 있다.[22] 도시로 대표되는 '문명'이 갉아먹은 '농경'과 '신념'의 균형을 회복한다는 주장은 문명론의 문화적 전환이기도 했다.[23] 무로후세 코신室伏高信(1892~1970)은 「도시문명에서 농촌문화로都會文明から農村文化へ」(『카이조改造』 제5권제4호, 1923.4)에서 "문명이란 기계적 질서다. 문화가 영성靈性의 표현인데 비해 문명은 정신의 기계화이다. 문화는 영적 비약이고, 문명은 물적 질서"(p.51)라고 설명한다.[24] 지방 농촌은 '영성의 표현'으로 간

22　쿠보타 우츠보窪田空穗는 「파멸로 향하는 농촌破滅に向ひつつゐる農村」에서 이것이 시골 시나노信濃의 구래舊來의 생활을 압박하는 농민의 '욕망'으로 파악했다. "이 부락의 모든 사람은 욕망에 개방되어 있다. 얼마 전까지도 이 사람들의 가슴 속에는 오랜 기간 동안 계급제도 안에서 싹터 온 욕망을 욕망으로 쫓는 일을 죄악으로 생각하는 마음이 있었다. 뭐라 할것도 없이 오히려 관습으로 소박하게 지켜왔다. 하지만 어느새 이것이 사라지고, 욕망은 새롭게 눈을 뜬 것의 기쁨을 느끼며, 이제는 욕망을 향해 돌진한다."(窪田空穗, 『窪田空穗全集別冊』, 角川書店, 1968, p.197) 초출은 1914년 6월의 『코쿠민분가쿠國民文學』로 여겨진다. 또한 쿠보타 우츠보는 마츠모토 중학교에 다녔는데, 나카자와 린센中澤臨川은 2년 후배, 요시에 타카마츠吉江喬松는 3년 후배이다.
23　정신성을 고양한다는 의미에서 '경농耕農'과 '신념'의 관계는 '문화culture'란 어의와 연결된다. 오츠키 켄지大槻憲二의 「다가올 문예사조로서의 대지주의当來文芸思潮としての大地主義」(『太陽』第31卷第10號, 1925.8)에서는 "그렇다면 와야 할 문명은 어떤 것인가. 이것 또한 문예상 직접적인 관련 없는 문명론에 관계된 것으로 여기에서 자세한 설명은 생략하지만, 이것을 대지주의로 명명해야 한다는 것만 말해 두고자한다"(p.90)고 말하는 것처럼 '대지주의'는 문명론으로 인식되고 있다.
24　이러한 무로부세 코신의 주장에는 다음과 같은 틀이 전제가 된다. "이리하여 우리는 지금 문명의 절정기에 있다. 문명이 멸망하는 때가 모든 문화가 멸망하는 때이다. 문명의 기반으로 이뤄진 문화는 문화가 아니라 하나의 기계작용인 것이다. 문명의 부속물이다. 문명의 상부 구조다. 종교가가 정치를 살피는 것처럼 예술가가 자본가와 영합하는 시대는 본질적인 문화를 생성하는 시대가 아니다. 여기에서 나는 세 번 모든 문화의 문제에 맞서지 않으면 안 된다고 말한다."(p.51)

주되는 '문화'의 지리적인 영역이며 농민은 그곳에 사는 자기를 투영한 타자상인 것이다.

메이지 일본이 매진해 왔던 문명개화 프로그램에 대한 이러한 비판은 메이지 말기부터 타이쇼 시기에 걸쳐 수많은 사례가 확인된다. 10년 후 나가츠카 타카시의 『흙』의 가치를 재확인하는 혼마 시게오本間久雄(1886~1981)는 「도시문예와 전원 문예—메모都會文芸と田園文芸—覺え書き」(『츄오코론』 제36권제8호, 1921.8)에서 "근대의 도시가 물질문명을 대표하는 것은 자연의 이치이지만, 이에 대해 저주와 찬미의 상반된 경향을 우리는 근대문학 속에서 쉽게 찾을 수 있다"(p.57)는 관점에서 '전원문예'를 논한다.[25] 또한 후지모리 세이키치藤森成吉(1892~1977)는 「소위 전원의 문학所謂田園の文學」(『와세다분가쿠』 제172호, 1920.3)에서 "현재 일본의 소위 중앙 문단은 너무도 중앙으로 세력이 집중되어 피할 수 없는 일종의 도시문학의 기풍을 띠고 문단의 특수한 분위기를 형성하여, 소위 시골의 생활, 지방의 생명과 가공할 몰교섭이 되어가고 있다"(p.78)며 나츠메 소세키가 『흙』에서 본 논의를 계승한다.[26]

---

25 '도시'로 상징되는 문명의 회의론은 1920년 전반에 많이 나타난다. 예를 들면 치바 카메오千葉龜雄의 「향토예술론鄕土藝術論」(『早稻田文學』 第221號, 1924.7)에서는 "도시가 문화의 절정의 목표인 것은 확실하다해도, 문화 그 자체가 의심할 여지없이 가치 있는 유일한 것일까"(p.223)와 같은 질문에서부터 그 문학계에 있어서의 장르적 경향을 "이리하여 첫 번째 경우에는 일찍이 독일에서 일어났고, 지금은 미국에서 일어나고 있는 향토문예나 '마을로부터의 반역' 등이 필연적으로 발생하고 있는 것이다. 두 번째 경우에 있어서는 도시문학과 대립하고 있는 지방색이 나타나는 문학이 번성하는 것"(p.224)이라고 파악한다.

26 후지모리 세이키지가 주목하는 것은 지방적 소재다. "언제나 진정한 의미의 신선한 문학은 반드시 지방에서 발생한다. 지방인의 생명과 활력과 정기를 소홀히 하거나 잊어서는 그 나라의 문학은 반드시 어떤 일종의 추락과 기형에 빠지지 않을 수 없다."(p.78) 덧붙여 말하자면 후지모리는 1930년대에는 희곡 「강남제비江南燕」를 비롯한 '초센모노'를 발표하였고 조선에 관한 글도 남겼다.

이러한 문예사조가 농민문학의 장르적 존립을 재촉했다. "자신들 대다수를 형성하고 있는 직업과 계급을 업신여기고 그 총칭을 비웃음에 이용하며 자신들만이 특권자인 양 진리의 소유자인 사람들이 만들어낸 문명이야말로 저주의 대상이 되어야 한다."(요시에 타카마츠, 「하쿠쇼, 도하쿠쇼百姓、土百姓」, 『와세다분가쿠』 제212호, 1923.7, p.104) 기존의 '도시문예'에서 농민문학으로 전환할 것을 촉구하는 이러한 민주주의적 논리는 문명사회를 비판함으로써 의미를 부여받는다. 그러나 이러한 주장에서도 농민문학이 반드시 프롤레타리아 문학처럼 정치성을 가지는 장르라는 인상을 주지 않았던 것은 '전원'으로 회귀하라는 미학적 슬로건으로 채색되었기 때문이며, 또 그 모럴리즘moralism적 견지가 현실 사회의 모순을 바로잡을 것처럼 받아들여졌기 때문이다.

4. 식민지로의 월경

일본열도의 지방 농촌과 식민지. 그 경계를 쉽게 넘나들면서 동시에 차별화하려는 표상의 욕망은 자기와의 편차에서 저마다 거주하는 사람들의 이미지를 보다 명확하게 표현하기 위해 공통의 형상figure을 필요로 했다. 그 대표적인 신체가 농민이었다. 이런 의미에서 농민은 타자이다. 본래 농민은 '하쿠쇼'를 포함하는 민중을 시사하는 신체이기도 하고, 그래서 그들의 목소리를 대변하는 데 힘을 쏟았던 것이다.[27]

타이쇼 시기 농민문학의 장르적 형성은 농민을 그리라는 슬로건을 성급하게 내세우고 지방 농촌이라는 장소를 '향토'나 '대지'로 간주하려는 시도였다. 나카니시 이노스케의『적토에 움트는 것』의 탄생도 그 문화적 요청과 무관하지 않았다.

나카니시 이노스케가 여러 직업을 전전하며 고학했던 러일전쟁 시기를 중심으로 한 시대는 사회적 하류층 또는 주변에 놓인 다양한 민중상像이 소설에 그려지기 시작한 시기이기도 하다. 예컨대 타야마 카타이가『쥬에몬의 마지막重衛門の最後』을 발표한 것이 1902년, 키노시타 나오에가 사회주의 문학의 선구적 작품이 되는『불기둥火の柱』과『남편의 고백良人の告白』을 잇달아 연재한 것이 1904년, 피차별 부락 출신 아라이 산조荒井三藏 오누이의 이야기를 그린 오쿠라 토로大倉桃郎 (1879~1944)의『비파가琵琶歌』가 작가가 출정한 동안 현상소설 당선작으로 연재되었던 것이 그 이듬해, 시마자키 도손의『파계破戒』가 발표된 것은 1906년이다. 자연주의 문학에서 사소설로 이행하던, 러일전쟁 이후 자기 혹은 개인화를 추구하는 문학계의 추세도 농민문학의 장르적 형성과 관련된다.[28] 지방으로 향하는 지리적 이동, 농민과 노동자

---

27 요시에 타카마츠吉江喬松의「하쿠쇼, 도하쿠쇼百姓、土百姓」(『早稲田文學』第212號, 1923.7) 에서는 '하쿠쇼'라는 어의를 매개로 농민과 민중에 관해 다음과 같이 설명한다. "대체 '하쿠쇼'란 무엇을 의미하는 것일까. 일본어의 사전은 '천하의 민民에게는 모두 족성族性이 있다' 고 설명한다. 이것은 지나인의 해석이다. 백성이란 단어는 지나에서 온 것에 틀림없다. 하지만 이 단어가 일본에서 사용될 때, (1) 햐쿠ひゃく－쇼しゃう는 모든 계급의 사람四民을 통칭하고, 천하의 백성民을 총칭한다. (2)오로지 농민을 칭하고, 농사를 말한다. 그렇다면 '하쿠쇼'를 현대어로 해석하면 첫 번째 '민중'을 의미하고, 두 번째로는 '농민'을 의미한다."(p.101)

28 농민문학이란 장르는 카타야마 코손片山孤村과 사쿠라이 덴란櫻井天檀 등에 의한 독일 향토문예론 소개와 타야마 카타이 등의 '지방색' 묘사 제창으로 시작되고, 타이쇼 시기에 들어와서는 요시에 타카마츠吉江喬松와 코노 히로미河野博美 등의 향토문예론, 혼마 시

층으로 향하는 계급적 이동. 이러한 시선의 지적知的 이동은 러일전쟁을 전후로 한 시기부터 서서히 일어났다.

농민문학의 담론을 배양했고 자연으로 회귀할 것을 목표로 하는 반동적인 문명론도 러일전쟁 이후 독일에서 이식된 문화를 말하는 틀에 바탕을 두고 있다. 리엔하르트의 독일 향토예술론을 소개하는 데 주력했던 카타야마 코손片山孤村(1879~1933)은 「향토예술론鄕土芸術論」에서 "향토예술은 시인의 향토, 즉 그 민족Stamm과 그 밖의 자연을 취하여 시화詩化하려는 것이다. …… 이[도시와 도시인의] 부패와 타락Decadence을 주요 주제로 삼는 문예는 작가가 고상하고 훌륭한 인격을 갖추고 있지 않은 것보다 한결같이 타락한 문예의 길을 피할 수 없다"(『테이코쿠분가쿠帝國文學』 제12권제4호, 1906.4, p.9)고 말했다. 카타야마 코손은 다음과 같은 지知의 구조를 기조로 한다.

> 인류의 고향은 곧 '자연'이다. 하지만 문명의 발달에 따라 인류의 사회는 자연으로부터 멀어져 결국 문명의 폐해로 괴로워하게 된다. 문명의 폐해, 바꾸어 말하면 문명의 초과, 즉 '초문명Überkultur'을 의식함과 동시에 인류는 고향인 자연을 그리워하고 자연으로 돌아갈 것을 꿈꾼다. 이 향수가 예술로 표현된 것이 바로 향토예술이다. 따라서 적어도 고등 문명을 산출한 민족은 반드시 일종의 향토예술을 갖고 있다.(『테이코쿠분가쿠』 제12권제5호, 1906.5, p.3)

게오本間久雄와 카토 카즈오加藤一夫 등의 민중예술론을 거쳐 형성된다. 본격적인 문학 운동의 계기는 1923년 샤를르 루이필립 기념강연회 개최부터라고 할 수 있다.

여기에서 '자연'은 야만이 아니라 더 세련된 문명이 소유하는 '고향'으로 정의되고 있다. 이러한 발상은 '문명 / 자연'이라는 이항 대립적 파악을 통한 프리미티비즘primitivism 또는 노스탤지어의 구도로 일관되는 것은 아니다. 이것은 근대 문명의 여러 모순을 억제하며 지양하는 청량제로서 문명의 구성요소에 포함되어 내적으로 특권화된 형태로 재발견되는 것이다.[29] '향토문예' '흙의 예술' '대지주의' '지방주의'와 같은 주장이 여러 대립과 절충을 반복하면서도 공유하는 인식의 원형이 여기에 있다.

이러한 문명론은 정치적으로 네이티비즘nativism을 지향하는 것이 특징이다. '흙의 예술(이누타 시게루)'이나 '지방주의(후쿠시 코지로福士幸次郎)' 등이 그 계열에 포함된다.[30] 그러나 이러한 네이티비즘과 서로 모순되는 듯한 코스모폴리타니즘cosmopolitanism을 지향하는 언설도 등장한다. 나카무라 세이코와 요시에 타카마츠 등이 주장한 '대지주의'가 그것이다. 나카무라 세이코는 「문예운동으로서의 대지주의」(『와세다분가쿠』 제

---

[29] 이점에 대해서 후의 카타야마 코손의 주장을 살펴보자. 카타야마는 「자연생활自然生活」(『日本及日本人』, 第845號, 秋季臨時增刊, 1922.9)에서 "지금 문화생활의 소리가 떠들썩하게 들린다. 약소한 인간들이 문화로서 자연을 정복하려는 기세로 사상누각을 세우며 지나치게도 문화의 승리를 소리 높여 외친다. 소위 자연의 정복이란 실은 자연의 법칙에 순응하며 복종하는 것에 불과하다는 점을 잊고 있는 것은 가소로운 일이다. 어째서 좁고 옹색한 인간세계를 떠나 자연생활에 뜻을 두지 않는가. 자연생활이야말로 진정한 문화생활이 아닌가. 문화의 극치는 자연과 하나이기 때문이다"라고 쓰고 있다.

[30] 이 네이티비즘적 지향은 말할 것도 없이 폐쇄적이면서도 배타적 특징을 갖고 있고, 후에 내셔널리즘과도 상통한다. 이누타 시게루의 「대지주의에 대한 의문大地主義に對する疑問」(『早稻田文學』第224號, 1924.10)에서는 "나는 지금 '흙의 예술'에 묻혀있다. 자신의 출신 계급을 위해 예술의 힘을 사용한다. 그들의 표현이 나 자신의 표현이다"(p.45)라고 적고 있다. 후쿠시 코지로福士幸次郎의 「지방주의의 철학地方主義の哲學」(『新潮』第42卷 第6號, 1925.6)에서는 "향토문학은 기존의 의미로 도시문학과 대립하고 있지만, 지방주의의 뿌리 깊은 근본정신에서 말한다면 문학상 이렇게 말하는 대립관계를 일축한다. 만약 굳이 그 대립자를 원한다면 그것은 코스모폴리탄의 문학이다"(p.32)라고 설명한다.

223호, 1924.9)에서 "요시에 씨가 말하는 '대지大地'의 의미는 세계와 통하는 동시에 국토 또는 지방과 통해야 한다. 그렇지 않으면 결국 시적詩的, 공상적인 표현expression에 지나지 않을 것이다"(p.8)라고 말했고, 그 전의 「향토문학에 대한 요구鄕土文學に對する要求」에서는 "'대지의 마음'은 곧 '세계의 마음'이므로 '향토문예'는 국경과 인종을 초월하는 또는 그 차별을 관통하는 '공존성'을 자각하고 있어야 합니다"[31]라고 했다.

물론 이러한 네이티비즘 / 코스모폴리타니즘적 지향이 반드시 일본 열도와 식민지의 경계를 없애 월경을 촉구했다는 것은 아니다. 그것은 '국경'과 '인종'에 관계없이 다른 환경에 사는 사람들을 동일하게 파악하도록 요청한 이데올로기이기도 했으며 농민문학의 담론은 자기를 투영한 타자상으로 그들을 묘사하기 위한 틀을 제공한 것에 지나지 않는다. 『적토에 움트는 것』의 김기호상像이 그것을 말해준다. 이 문제는 1930년대로 미뤄지는 과제가 된다. 그러나 표상 시스템의 한계에 부딪치는 것은 타자에 관한 지知를 보다 깊게 사고하려는 것으로도 이어진다. 조선인에게 자기를 투영하는 행위는 조선의 문화와 사회 분야를 대변하는 입장에 자신이 놓이는 것을 의미하기 때문이다. 적어도 나카니시 이노스케의 『적토에 움트는 것』은 그렇게 탄생한 소설이었다.

나카니시 이노스케는 『적토에 움트는 것』을 발표한 후 얼마 지나지 않아 전혀 다른 작풍의 소설 「후테이센진不逞鮮人」(『카이조』 제4권제9호, 1922.9)을 발표한다. 이 소설은 3·1독립운동 몇 년 후 자칭 '세계주의

---

31 이 점에 대해 나카무라 세이코는 다음과 같은 예를 들며 설명한다. "예컨대 일본의 땅을 계속 파 내려가면, 미국이나 다른 소위 정반대의 국토까지 가게 될 것이다. 얕게 파 내려가면 차별이 있고, 즉 국경 인종 등에 고민하게 되지만, 깊으면 깊을수록 그것들을 초월하거나 혹은 관통하고 통일한다."

자' 우스이 에이사쿠碓井榮策가 '배일선인단排日鮮人団의 우두머리'를 만나기 위해 조선인 통역과 함께 조선 북서부의 한 마을에 방문한다는 이야기이며, 조선인에 대한 끝없는 공포에 쫓기지만 결국 기우杞憂로 끝나는 경위를 그린 심리소설이다. 이 작품은 조선인을 그렸다기보다 일본인이 품고 있는 조선인에 대한 공포와 불안을 그려낸 것이며『적토에 움트는 것』과 매우 대조적인 관계이다. 에필로그에는 "모든 것은 각자의 민족이 짊어져야 할 죄"(p.52)라고 적혀있다. 이듬해 칸토대지진 후 토쿄에서는 근거 없는 유언비어가 퍼져 재일조선인이 대량 학살되고, 박열朴烈(1902~1974)과 카네코 후미코金子文子(1903~1926)가 검거되는 사건이 발생했다. 그때 나카니시는「조선인을 위해 해명함朝鮮人のために弁ず」(『후진코론婦人公論』제8권제11호, 1923.11)을 써 일본인의 조선관을 비판하고 독자에게 반성을 촉구했다.[32]

이 시대 일본인의 식민지주의 비판은 민족문제를 계급적으로 생각하는 경향이 있었다. 농민과 조선인에서 보이는 타자 표상의 양상과

---

[32] "한번 조선과 일본에서 발행되는 일간신문의 조선인에 대한 기사를 보세요. 거기에는 어떤 것들이 보도되어 있습니까. 제가 잘 몰라 그런지, 조선국토의 수려함, 예술의 아름다움, 서민들의 우아한 정서 등을 소개한 기사를 아직 본 적이 없다고 말해도 좋을 것입니다. 그대신 폭탄, 단총, 습격, 살상, 전부 전율할 만한 단어를 나열해서, 소위 불령선인─최근에는 불평선인으로 바꾼 신문도 있습니다─의 불령 행동을 보도하고 있습니다. 그것도 신문기자의 비꼬인 과장적인 필법으로."(p.54) 그리고 당시 나카니시 이노스케는 대역죄로 기소된 박열과 카네코 후미코, 그리고 정연규와 친분이 있었다. 정연규는「혈전의 전야血戰の前夜」와『방랑의 하늘さすらひの空』 등으로 일본열도에서 일본어 소설을 처음 발표한 재일조선인 작가로 알려져 있다. 이후 그의 문학 활동은 창작과 함께 조선 문학의 소개와『춘향전』의 번역작업으로 이어진다. 또한 나카니시 이노스케와 조선의 프롤레타리아 문학과의 관계에 대한 자료는 권영민權寧珉,「자료소개 나카니시 이노스케와 1920년대 한국 계급 문단資料紹介 中西伊之助と1920年代の韓國階級文壇」(『社會文學』第7號, 1993.7); 오황선吳皇禪,「나카니시 이노스케와 조선 문단─프롤레타리아예술동맹 결성과 관련해서中西伊之助と朝鮮文壇─プロレタリア芸術同盟の結成と關連して」(『國際日本文學硏究集會會議錄』, 1993.10) 등이 있다.

이러한 묘사를 요청하는 이데올로기 또한 같은 문제에 부딪쳤다. 유형적으로 그려진 타자상의 평면성이나 농민문학 문예사조의 평이성은 비록 타자를 향한 진지한 시선이 뒷받침되어 있다고는 해도 단조로움과 종이 한 장 차이라는 인상을 가질 수밖에 없던 것이다. 그러나 이것이『적토에 움트는 것』발표 이후의 나카니시 이노스케와 같이 능동적인 움직임을 가져온다는 것을 기억해야 한다.

제3부
문학의 진흥과 다문화주의

제7장_ 지방으로서의 조선, 상경하는 작가

조선인 일본어작가 장혁주의 탄생

1932년 4월 『조선일보』에 어느 교사가 쓴 조선 남부의 '보릿고개'와 관련된 수필이 게재된다. '보릿고개'란 전 해에 수확한 곡물이 바닥나는 춘궁기를 의미한다. 이 시기에 '교원'은 누런 얼굴의 한 소년을 만난다. 집에 돌아가 식탁에 앉자 주인집에서는 근처에 사는 학수와 분선네 집의 빈곤함이 화제가 되었다. 이를 듣게 된 '교원'은 무서움을 느낀다. "굶은 사람들은 얼굴이 좀 누렇고 보기 흉했다." 이 생각은 "한 달에 사십오 원씩 받는 월급을 노리고 도둑이 들지 않을까"하는 의심으로도 이어진다. '사십오 원'이라는 월급은 서민 가운데 고급 부류에 속하기 때문이다. 이 수필의 필자 장혁주張赫宙(1905~1998)는 고등보통학교를 졸업하고 교원검정시험에 합격하여 '소학교 교사' 자격을 갖고 있는 청년교사이다. 이 수필에는 학교에도 가지 못하고 나무를 베고 있는 열두세 살 소년의 등을 바라보면서 그 마을의 빈곤한 사람들을 측은하게 여기는 '교원'의 감정이 다음과 같이 적혀 있다.

　　그는 아이의 뒷모습을 보고 있다가 봄이 된 후 일어난 여러가지 일과 그
가 혼자서 굶주린 사람들을 무서워했던 일들이 떠올랐고, 부끄러움과 굶
주린 사람들에 대한 미안한 감정으로 머리가 아팠다. 그는 분선네 집으로
가보고 싶어졌다. 그의 죄―굶주린 사람을 무서워하는 것이 죄라고 생각
했다―를 가볍게 하려고 간 것이다.(장혁주, 「농촌 · 봄 · 교원(상)農村·春·教員
(上)」,『조선일보朝鮮日報』, 1932.4.3, 한국어)

　‘교원’은 소년의 뒷모습을 보면서 며칠 동안이나 아무것도 먹지 못하
고 있다는 분순이 집으로 향한다. 빈곤한 사람들을 만나러 가는 것이 ‘교
원’으로서 그나마 할 수 있는 행위였던 것이다. “농촌은 나날이 쇠하여
갔다. 봄이 되면 좁쌀이 떨어지고 감자가 끊어져서 햇보리가 날 때까지
굶고 굶으며 기다렸다”(장혁주, 「농촌 · 봄 · 교원(하)」,『조선일보』, 1932.4.5)고
적혀 있듯이, 당시 조선의 농촌지역은 빈곤에 시달리고 있었다. 세례를
받은 크리스천이자 아나키즘 운동에도 가담한 적이 있는 장혁주는 어
쩔 수 없이 발만 동동 구르는 자신에게 화가 났을 것이다. “굶주린 사람
을 무서워하는 것이 죄”라는 말에는 속죄의식 같은 것이 나타나 있다.
그러나 이 수필이 게재되었을 무렵 그의 머릿속은 또 다른 기쁨으로 가
득 차 있었을 것이다. 교원생활을 하는 한편 신문이나 잡지에 계속 투고
를 하던 그에게『카이조改造』현상 창작 당선소식이 전해졌기 때문이다.
　장혁주의 「아귀도餓鬼道」가 종합잡지『카이조』의 제5회 현상 창작 2
등 당선작으로 발표된 것은 「농촌 · 봄 · 교원」이『조선일보』에 게재된
것과 같은 1932년 4월이었다. 이는 종주국 문단에 조선인 일본어작가
가 등단했음을 의미한다. 주로 식민지통치하에 놓인 조선을 소재로 하

는 그의 작품들은 1930년대 조선인 작가의 일본어 창작으로는 발군의 작품수를 자랑한다.[1] 그 가운데서도 초기 일본어 작품을 관통하고 있는 것은 「농촌·봄·교원」과 같이 피폐한 조선의 현실을 그리는 진지한 자세이다. 그러나 1905년생 장혁주의 일본어 문학의 탄생은 1911년 시행된 제1차 조선교육령 이후 '국어' 교육의 산물이기도 했다. 식민지 교육의 성과로서 조선의 현실을 일본어로 호소하는 것, 그것은 불문곡직하고 일본의 식민지주의에 저촉되지 않을 수 없다.

이번 장에서는 일본열도의 문단이 조선인 작가의 일본어 문학을 어떻게 길들이고 지배했는가라는 문제와 조선이라는 미지의 이야기 소재를 개척하는 출판 산업의 제국주의적 확장논리에도 초점을 맞추면서 장혁주의 일본어 문학과 이를 받아들인 일본열도의 문학계 상황을 검증한다.

1　장혁주에 관한 선행연구로는 하야시 코지林浩治, 『재일조선인 일본어 문학론在日朝鮮人日本語文學論』(新幹社, 1991); 임전혜任展慧, 『일본에 있어서 조선인 문학의 역사—1945년까지日本における朝鮮人の文學の歷史—1945年まで』(法政大學出版局, 1994); 시라카와 유타카白川豊, 『식민지조선의 작가와 일본植民地期朝鮮の作家と日本』(大學敎育出版, 1995) 등 참고할 것. 특히 시라카와 씨는 그의 이력, 발표작품, 동시대평 등을 상세하게 살펴 장혁주 문학의 전모를 밝히고 있어서 도움을 받은 부분이 많다. 또한 조선인 작가의 일본어 문학에 관해서는 오무라 마스오大村益夫·호테이 토시히로布袋敏博 편, 『조선 문학관계 일본어 문헌목록朝鮮文學關係日本語文獻目錄』(錄陰書房, 1997)을 참조.

1. 장혁주의 등단

<그림 17> 「아귀도」 발표시 게재된 장혁주의 사진

1932년 4월 종합잡지 『카이조』 편집부는 장혁주의 소설 「아귀도」와 사카나카 마사오阪中正夫의 희곡 『말馬』을 제5회 현상 창작 2등 당선작으로 추천한다고 발표했다. 추천이라고 한 것은 당선작으로 할 만한 작품이 없었기 때문이다. 발표기사는 "응모작품을 읽으면서 가장 크게 느낀 것은 작년이나 재작년 당선작의 작풍을 따르거나 현대 유행작가를 모방한 듯 보이는 것이 많았다는 점"이라며 "새로운 문학을 지향하는 사람들은 이러한 경향에 주의하여 창의적인 문학을 위해 노력하길 바란다"는 반성을 촉구하기도 했다. 상금은 각각 750엔이었다. 제5회 현상 창작의 원고마감이 이전보다 한 달 빨랐음에도 불구하고 응모작이 약 1,200편이었다는 사실은 그 규모가 어느 정도였는지 짐작케 한다. 『카이조』 편집부의 발표기사는 2등 당선작 장혁주와 사카나카의 두 작품에 대해 "모두 올해 문단의 2대 수확임을 의심하지 않는다"고 보도하고 있으나 특히 각광을 받은 것은 장혁주였음을 아래의 인용문에서 확인할 수 있다.

올해 가장 큰 기쁨은 조선의 청년작가 장혁주 군의 역작을 얻은 것이다. 이는 필시 우리나라 문단에 웅비하는 조선 최초의 작가일 것이며, 넓게는 세계에 조선작가의 존재를 강하게 주장하게 될 것이다.(카이조 편집부, 「제5회 현상 창작 당선발표第五回懸賞創作当選發表」, 『카이조』 제14권 제4호, 1932.4, p.274)

여기에서는 조선인 일본어작가의 탄생을 "세계에 조선작가의 존재를 강하게 주장한다"는 표현으로 소리 높여 말하고 있다. 같은 호에 실린 「편집후기」에도 "장혁주 씨가 당선된 것은 여러 의미에서 기념해야 할 일"(p.142)이라는 문장이 있는데, 이를 통해 심사 선고 초기부터 화제가 되었음을 짐작할 수 있다. 장혁주의 일본열도 데뷔작 「아귀도」는 2등으로 당선될 만한 문학적 가치가 있다는 판단 외에 이것이 조선인의 일본어 소설이라는 사실이 『카이조』 편집부의 다소 편향된 문장에 나타나 있는 것이다.

그러면 장혁주의 「아귀도」가 당시 문예저널리즘에 수용된 경위를 살펴보겠다. 이에 관해서는 『카이조』 편집부가 기대한 만큼의 반향은 없었다고 보아도 좋다. 예컨대 "카이조의 현상소설 아귀도는 창작적인 면보다는 리포트적인 면에서 볼 때 재미있었다. 이러한 소재는 좀 더 오래 부화시키면 공식적인 폭로 경향이 강해진다"(「분게이슌쥬文藝春秋」, 『분게이슌쥬文藝春秋』 제10권 제5호, 1932.5, p.41)는 평가를 받게 된다. 주의할 것은 '리포트' 그리고 '공식적인 폭로 경향이라고 적혀 있는 「아귀도」의 특징이다. '리포트'란 조선을 소재로 한 보고서임을, '공식적인 폭로 경향'이란 프롤레타리아 문학의 전형적인 내용 구성을 가리키는 것인데 이와 관련하여 히로츠 카즈오廣津和郎는 「문예시평文芸時評」(『카이

조』제14권제5호, 1932.5)에서 다음과 같이 말하고 있다.

> 「아귀도」는 사실적인 면에서 보면 전율할 만한 사실이 많이 열거되어 있
> 다. 작가가 열심히 써서 보여주려고 애쓰고 있다는 점에 호의를 갖고 읽어
> 나갔지만 창작솜씨가 부족한 탓인지 전혀 이들 사실이 구체적으로 독자의
> 가슴에 와 닿지 않는다. 이러한 사실을 독자에게 호소하는 것을 목적으로
> 하는 이러한 작품에서는 '창작' 형식보다는 오히려 '견문기' 혹은 '사실보고
> 기' 형식을 취하는 편이 이해하기 쉬울 뿐 아니라 독자에게 주는 인상도 강
> 하고 효과적일 것이라고 생각한다. 소설처럼 '쾅, 콰앙' 하고 다이너마이트
> 소리 같은 것으로 시작하기 때문에 도리어 인상이 단조로워지고 고조되지
> 못한다.(p.197)

이러한 견해는 장혁주의 「아귀도」가 조선의 '전율할 만한 사실'을 보
고하고 있다는 점 때문에 평가할 만한 가치가 있음을 말하고 있다.[2] 이
것은 소설이라는 형식으로 형상화하기보다는 르포르타주 형식으로
독자에게 호소하는 편이 낫다는 의견이다. 장혁주는 작가로서의 질적
재능보다 일본인 작가가 그릴 수 없는 서사적 소재를 갖고 있다는 점

---

2   장혁주의 『아귀도』에 대한 동시대 평으로는 그 밖에 아오노 스에키치青野季吉(「文芸時評
     四」, 『東京朝日新聞』, 1932.3.29), 스기야마 효스케杉山兵助(「豆戦艦」, 『東京朝日新聞』,
     1932.3.30)의 짧은 평이 있다. "정직하고, 솔직하고, 정확한 느낌이 좋으나 재료의 생명이
     빛나고 있을 뿐 특별히 뛰어난 작품은 아니다", "심각한 사실에 심각한 묘사가 따르지 않
     고, 구성도 경직된 프롤레타리아 작품 스타일 그대로이다"(아오노), "다만 우리들이 이 작
     가에게 기대하는 것은 공식적인 프롤레타리아 문학의 추종이 아니라 필자 자신이 대변하
     는 민족적 고뇌를 지면에 선혈처럼 써내려가 주길 바란다는 점이다"(스기야마)라며 히로
     츠와 거의 같은 견해를 보여주고 있다.

이 평가됨으로써 종주국 문단에 수용된 측면이 강한 것이다. 또한 히로츠 카즈오는 "이들 작품을 읽으면 일본 및 조선의 농민이 얼마나 부당하게 착취당하고 괴롭힘을 당하고 있는지 어렴풋하게나마 상상된다"(p.196)며 좌익적 경향을 보이는 「아귀도」를 간취하고 있다. 히로츠의 평을 참고로 하는 조선 문단의 「아귀도」 평이 '전율할 만한 사실'에 대해 의문을 던지고 있는 것과 비교하면 그 차이를 확인할 수 있다.[3] 즉 일본열도 문단의 「아귀도」 수용과정에는 지배계급에게 학대받는 조선인 농민의 모습을 '어렴풋하게나마 상상'하는 서사적 욕망이 강조되어 있는 것이다.

장혁주의 문단 데뷔 등용문이 되었던 『카이조』의 현상 창작은 잡지 창간 10주년을 기념하여 1928년에 설립된 이른바 문학상 제도이다. 이 현상 창작을 창설한 의도는 무명의 신인을 발굴하여 문단에 공헌하는 것이었는데 아쿠타가와상芥川賞·나오키상直木賞을 비롯한 각종 현상과 문학상이 잇달아 창설되는 것이 1935년 전후임을 고려하면 무명의 작가지망생에게 『카이조』 현상 창작의 지명도는 매우 높았다고 할 수 있다.[4] 물론 「아귀도」는 이미 쇠퇴하고 있던 프롤레타리아 문학의 동

---

3 김동인 외, 「문사좌담회文士座談會」(『三千里』 第4年第6號, 1932.5.15)에서 히로츠의 평이 소개된 후, 서해(최학송)는 장혁주의 「아귀도」를 다음과 같이 평가한다. "우리가 보기에는 그리 칭찬할 점도 없었지만 어쨌든 대단한 역작이었습니다. 묘사가 억세고 거칠면서 사람의 가슴을 때리는 점, 소재가 조선 남부 농촌에서 일어난 눈물겨운 점, 조선 문단의 수준에 달하고 남는 작품이지요. 다만 결말에 가서 너무 미약하게 끝낸 것이 불만입니다." 그리고 계속해서 "그 작품에 확실히 조선의 현실상 또는 조선의 정조情調가 드러났습니까"라는 질문에 대해서는 "그런 것도 아니지요. 도리어 과장이 아닌가 하는 점도 많더군요"라고 말하고 있다.(p.15, 한국어)

4 이에 관해서는 시라카와 씨가 지적하였다. 자세히 살펴보면 1935년에 아쿠타가와상芥川賞·나오키상直木賞(日本文學振興會), 문예간담회상(文芸懇談會), 미타문학상(三田文學會), 1936년에 분가쿠카이상(文圃堂書店)이 설립되었고, 이러한 문학상 창설 붐은 '문예

반자문학적 작품인데다 당시 유행하던 농촌소설로 평가된 면도 있다. 그러나 현상소설을 모집하는 잡지 편집자 측이 요구한 것은 이러한 문학적 작풍보다 '소재의 특이성과 뛰어난 기술'[5]이라는 점이었다. 이러한 점에서 본다면 『카이조』 편집부는 장혁주를 통해 식민지 조선이라는 새로운 소설 풍토를 개척한 셈이다.

그러나 신인작가 장혁주의 탄생은 단순히 일본열도의 문학계 혹은 출판 산업에 의한 전략적인 조선인 작가의 발굴로 봄으로써 해결될 수 있는 문제는 아니다. 「아귀도」는 당시 '조선 대구 난산쵸南山町'에 거주하고 있던 장혁주가 종주국 문단에 등단할 것을 꿈꾸며 제5회 『카이조』 현상 창작에 직접 응모한 투고 작품이었기 때문이다.

> 어떻게 하면 문단에 나갈 수 있을까? 문단에 친구 한 명 없던 내게 이것은 실로 괴로운 문제였다. 여러 문장을 읽고 나는 마침내 현상이나 동인지로 인정받는 것 외에는 달리 방법이 없다는 것을 알게 되었으나, 먼 곳에 살고 있었기 때문에 동인지 참여를 단념했다. 그래서 현상으로 결정한 것이 26세 때이다.(「[앙케트 기사] 현상소설의 추억 / 묻혀버린 작가アンケート記事] 懸賞小説の思ひ出 / 埋もれて了つた作家」, 『분게츠신文藝通信』, 제3권제2호, 1935.2, p.35)

부흥'기의 신인발굴을 위한 시도로 파악할 수 있다. 덧붙여 장혁주가 데뷔한 1932년은 '순문학의 위기'가 다분히 논의된 해이기도 하다. 이러한 상황에서 「아귀도」는 『추오코론』과 함께 '고급잡지'로서 잡지 저널리즘의 선두를 다투는 종합잡지 『카이조』에 게재된 것이다.

5 佐藤績, 「創作募集の経驗から」, (『文芸通信』 第3卷第1号, 1935.1, p.21). 사토佐藤는 『카이조』 현상 창작 담당 편집사였나. 또헌 이 지점이 현상수설 투고 작품의 경향은 같은 호에 게재된 『추오코론』의 사토 칸지로佐藤觀次郎, 「모든 생명을 불어 넣은 작품全生命を打ち込む作品」과 『신쵸』의 나라사키 츠토무楢崎勤, 「오로지 신인을 기다린다ひたすら新人を待つ」에서도 살펴볼 수 있다.

장혁주의 말에 따르면 그는 1930년 무렵부터『카이조』현상 창작 당
선을 목표로 삼았고, 또한 다른 부분에서는 제4회로 여겨지는 현상 창
작에 희곡을 응모하여 낙선한 경험도 있음을 알 수 있다. 잡지에 처음
으로 게재된 그의 일본어작품이 「백양목白楊木」(『대지에 서다大地に立つ』
제2권제10호, 1930.10)이었다는 사실을 고려하면 당시 문단 등용의 증거
가『츄오코론』·『카이조』·『분게슌쥬』·『신쵸新潮』 같은 주요 상업
잡지의 문예란에 자작을 발표, 게재하는 것이었음을 확인할 수 있을 것
이다. 낙선을 하고 습작을 몇 차례 고쳐 쓰면서 만전을 기해 응모한 「아
귀도」의 2등 당선 소식에 장혁주는 "이 작품이 당선되었을 때 솔직히
꿈같은 이야기라 잡지가 나올 때까지는 통지서를 몇 번이나 다시 읽으
면서 의심하기도 했다"(p.35)고 말했다. 주목해야 할 것은 등단의 경위,
그리고 2등 당선의 기쁨이 이 시대에 무수하게 존재했을 무명의 일본
인 작가지망생의 그것과 조금도 다르지 않다는 사실이다. 이는 신문 잡
지 미디어를 매개로 한 동시대의 일본 문학에 관한 정보들이 조선에 유
통 및 침투되고 있었다는 증거이기도 하다.

2. 지배당하는 현실, 식민지 조선의 표상

무명 작가지망생들의 모범이 될 만한 길을 걸었던 장혁주가 당초 일
본어창작으로 말하고자 했던 주제는 조선의 절망적인 현실이다. 그렇

기 때문에 장혁주의 「아귀도」는 완전한 찬사라고 할 정도는 아니더라도 다음 달 문예시평의 지면을 할애하여 '리포트' 또는 '견문기'나 '사실 보고기'로서 주시된 것이다. 반대로 생각해 보면 히로츠가 "전율할 만한 사실"이라고 평한 이유 가운데 하나는 그때까지 일본열도에 주로 알려졌던 조선상과의 차이에서 유래하는 것임을 알 수 있다. 장혁주에 의하면 일본인이 일반적으로 품고 있던 조선상은 다음과 같은 이미지였다.

조선을 다녀간 사람들의 기행문을 읽으면 대부분 조선을 민둥산의 나라, 적토의 나라 등으로 묘사하고 있다. 이는 곧 가난을 의미하고 퇴폐를 표현한 것이다. 긴 담뱃대를 입에 물고 한가롭게 움직이는 조선 백성을 보면 게으른 민족이라고 말해버린다. 지금도 지방의 일본어 신문에 '초여름의 점경'이라는 제목으로 스케치한 사진이 자주 실리는데 지게를 땅바닥에 내려놓고 기대어 낮잠을 자는 일용 노동자가 항상 있다. 언뜻 보기에 이는 정말로 일하기 싫어서 나무그늘에서 낮잠을 자며 빈둥거리는 것처럼 보인다.(「나의 문학僕の文學」, 『분게슈토』 제1권제1호, 1933.1, pp.11~12)

여기에서 언급되는 '지방의 일본어 신문'이란 재조在朝 일본어신문을 가리키는 것으로 보인다. 장혁주가 지적하듯 조선을 대상으로 한 기행문이나 사진에 표상되는 '민둥산' · '적토' · '백성' · '일용노동자'라는 말은 이 시대가 되어도 '빈곤' · '퇴폐' · '나태' 등을 말해주는 식민지주의적 은유로 기능하고 있었다. 때문에 그는 일본열도와 조선에서 유통되는 이러한 조선상에 의문을 제기한 후 "나는 한걸음 더 나아가 그들 농민과 노동자들이 그런 식으로 보이게 된 원인을 찾아보고 싶다.

그들은 결코 게을러서 일을 하지 않는 것도 아니고 노는 걸 좋아해서 빈둥거리는 것도 아니다"(p.12)라고 주장한다.[6] 그러나 「아귀도」의 조선 표상이 그때까지의 조선상을 거듭 강조한 것에 지나지 않는 것도 사실이다. 앞서 언급했듯이 히로츠가 느낀 '전율할 만한 사실'이란 조선인 작가의 고백이 야기한 격화된 식민지 표상이다. 이러한 까닭에 그가 불만을 표명한 틀에 박힌 조선상과 거듭 격화된 새로운 조선상이 서로 보완하는 조항이었다는 점에 대해 종합잡지 『카이조』의 미디어 전략과 함께 고찰해 보기로 하겠다.

이 시기 신문 잡지가 조선에 관심을 보이게 된 것은 1931년 7월 장춘長春 교외에서 일어난 만보산万宝山 사건[7]과 그 직후에 발발한 만주사변이 계기가 된다. 이것이 만주뿐만 아니라 조선에서도 있었다는 것은 만보산 사건이 조선에서 토지를 빼앗긴 조선인 이민자와 현지 중국인의 대립에서 발생한 이른바 조선총독부의 식민지정책에서 유래하는 사건이며, 여기에 일본의 중국 침략 의도가 개재해 있던 정치적 배경을 함께 살펴봐야 한다. 만보산 사건 보도 관련기사는 나카니시 이노스케나 이토 에이노스케伊藤永之介 등이 발표했는데, 그들의 평론 및 소설이 당시 백만을 헤아렸다는 조선인 이민자들이 처한 상황 분석에 초점을 맞추고 있었음을 간과할 수 없다.[8] 이렇게 시국을 반영하는 미

---

6 장혁주는 이 원인을 조선내부 특권계급(양반)의 착취와 한일병합 후 토지 정책에 있다고 했는데, 조선총독부의 식민지 정책을 시야에 넣은 이와 유사한 견해를 전년에 나카니시 이노스케도 지적하고 있다. 또 「나의 문학僕の文學」에는 내용이 내용인 만큼 발매 금지될 것 같다고 기재되어 있고, 글의 말미에는 '1932년 7월 6일'에 기록했다고 명기되어 있다.
7 1931년 7월 2일 중국 지린성吉林省 창춘현長春縣 만보산 지역에서 일제의 술책으로 조선인 농민과 중국인 농민이 벌인 유혈사태. (옮긴이 주)
8 中西伊之助, 「万宝山事件と鮮農」(『中央公論』第46卷第8号, 1931.8); 中西伊之助, 「滿州に

디어보도는 장혁주가 조선의 농촌소설 「아귀도」로 데뷔하는 직접적인 포석이 되기도 한다.

신인작가 장혁주가 탄생한 1932년은 발표매체가 된 종합잡지 『카이조』의 미디어전략이라는 관점에서 보아도 매우 흥미로운 해였다. 「아귀도」가 발표된 4월호에는 「신만주국대관新滿州國大觀」이라는 제목의 화보가 권두에 실리고 6월호(제14권제6호)에는 이광수李光洙의 「조선의 문학朝鮮の文學」, 10월호(제14권제10호)에는 장혁주의 「쫓기는 사람들追はれる人々」과 윤백남尹白南의 「휘파람口笛」이 게재된다. 물론 1930년대가 되어도 여전히 조선 관련 지리서 및 지방사가 출판되는 경향이 있었으나 『카이조』라는 '고급 잡지'에 조선인 작가가 기고하는 것은 드문 일이었다.[9] 그러나 이와 함께 주목해야 할 것은 종합잡지 『카이조』가 이 해 7월호(제14권제7호)부터 야마모토 사네히코山本實彦(1885~1952)의 조선 및 만주 기행 에세이를 연재했다는 사실이다.

카이조사改造社 사장이었던 야마모토 사네히코는 만주국 건국 다음 달인 1932년 5월부터 한 달 정도 조선 및 만주 시찰여행을 단행했고, 이 여행의 모습을 담은 에세이가 『카이조』에 게재된다.[10] 이것은 같은

漂迫ふ朝鮮人」(『改造』 第13卷第8号, 1931.8); 中西伊之助, 「慘たり! 在滿朝鮮同胞」(『中央公論』 第46卷第12号, 1931.12)이 있고, 伊藤永之介, 「万宝山」(『改造』 第13卷第10号, 1931.10) 등이 있다. 또 만보산 사건에 대해서는 張赫宙, 「開墾」; 李泰俊, 「農軍」(申建 譯編, 『朝鮮小說代表作集』, 教材社, 1940, 초출『文章』, 1937.7) 등으로 소설화되었다. 이에 대해서는 타나카 마스죠田中益三, 「수난의 폴리그래프-'재만' 조선인상에 대해受難のポリグラフ-「在滿」朝鮮人像について」(『昭和文學研究』 第25集, 昭和文學會, 1992.9)에서 논하고 있다.

9 장혁주가 크게 관여하게 되는 조선 붐이 일어난 것은 이로부터 5년 정도 후의 일이다. 이에 대해서는 박춘일朴春日, 『근대 일본의 조선상近代日本文學における朝鮮像』 증보판(未來社, 1985) 등을 참고하길 바란다.

10 1932년 7월부터 「만주신경일별滿州新京一瞥」, 「간도間島 · 나진羅津」, 「봉천奉天」, 「하얼빈哈爾浜」 순으로 기행문을 연재했다.

〈그림 18〉 야마모토 사네히코『만・선』의 광고

해 10월에『만・선滿・鮮』이라는 제목으로 간행된다. 국회의원이기도 했던 야마모토 사네히코는 만주사변 발발을 전후로 정계에서 물러난 경위에 대해 "이 전환기에 무엇보다 우선 만주에 탄생한 신제국을 직접 보고 와야겠다고 생각해서"[11]라고 말했다. 야마모토의 주된 목적은 만주시찰이었으나 경성에서는 이광수 등 저명한 문학자와 지식인과도 회견을 가졌다. 이광수의 「조선의 문학」이 게재된 것도 이와 관련된 것으로 보인다. 『카이조』편집부는 시찰여행에 관한 야마모토의 에세이 「만주신경일별滿州新京一瞥」이 실린 7월호부터『만・선』의 출판광고를 내고 대대적인 선전을 개시한다. 그 일부는 다음과 같다.

바이런의 필치로 일컬어지는 열렬한 필치를 가지고 민족의 피가 검게 물든 만주의 최전방을 방문한 저자의 시적 정서는 바야흐로 국민 대중에게

---

11 木村毅,「改造二十周年―傍觀者の思ひ出」,『改造目次總覽』中卷, 新約書房, 1967, p.11.

개선장군과 같은 환호를 받고 있다. 만반의 준비를 갖추고 놓치지 말라! 이제 우리 일본이 민족으로서 쌓아온 모든 것을 기울이는 싸움에서 우리들은 무엇을 생각해야만 하는가. 이에 대해 제군은 본서를 껴안고 저자와 직접 이야기해 보시라.(뒤표지 광고 『카이조』 제14권제11호, 1932.12)

『카이조』에 실린 『만·선』의 광고문에는 이 밖에도 "도의적으로 민족적으로 대중의 실천을 지표로 한다. 힘차게 약동하는 그의 뜨거운 피의 흐름을 알려라" 라든가 "어떠한 이즘ism에도 갇히지 않고 만선의 전모를 파악하며 정열을 갖고 우리 민중이 나아갈 바를 지향한다" 등의 문구가 있는데, 여기에는 독자에게 호소하는 제국주의적 욕망으로 가득 차 있다. 예컨대 야마모토의 기행에세이는 조선의 풍경을 다음과 같이 묘사하고 있다.

지금으로부터 7일 전에 부산에서 경성으로 가는 기차에서 보낸 하루. 길가의 작고 초라한 집들과 거리를 바라봤을 때 그 정경이 어떠했는가. 담뱃대를 물고서 기차가 지나가는 것을 유유히 지켜보는 노인, 하던 빨래를 멈추고 기차를 유심히 바라보는 여인네들, 한창 일할 나이에 거리나 마을 길가에서 빈둥대는 남녀, 그렇게 놀고먹는 사람들이 남선南鮮에 얼마나 많았던가를 생각하는 사이에 기차는 어느새 용평龍坪, 주을朱乙을 통과하여 경성에 도착했고, 나는 그 사이 논밭 여기저기에 몇 십 개, 몇 백 개의 무덤이 죽 늘어선 모습을 보고 있었다.(『만·선』, 카이조샤, 1932, p.38)

우선 야마모토가 회상하고 있는 '남선'의 풍경이야말로 장혁주가 지적한 전형적인 조선상임을 확인해 두고 싶다. 위의 인용은 중국을 좋아하고 탄카短歌를 즐겼다는 야마모토가 '북선北鮮' 지역의 차 안에서 상기한 '남선'에 거주하는 사람들의 이미지로 그려져 있다. 주의해야 할 것은 이러한 '남선'의 예사로운 풍경은 그렇지 않은 '북선'의 사람— "아직 날이 완전히 밝지 않았는데 논에서 부지런히 일하는 그들!"—을 목격했기 때문에 그와 대조적인 사례로 소개되고 있다는 점이다. 이로써 야마모토는 '북선'의 차창에서 '한창 일할 나이에 빈둥대는 남녀' '그렇게 놀고먹는 사람들'이 아닌 조선의 새로운 풍경을 발견한다. "그들이 민족으로서의 피로, 생활에 대한 피로와 위협! …… 이처럼 헛간 같은 작은 집에서 오락 등의 혜택도 전혀 받지 못하고 한평생 힘들게 살아야 하는 운명!"(p.39) '북선'의 풍경에 놀라면서 검소하고 근면한 사람들에게 초점을 맞추는 그 시선은 국위를 발양함으로써 그들을 구제하는 방향으로 향한다.

그러나 우연히 차창 밖의 풍경으로 보인 '그들'이 과연 '아무 혜택도 받지 못하고 한평생' '힘들게 살고' 있는 것이라고 말할 수 있을까. 게다가 야마모토는 그 이유를 조선총독부의 식민지정책이 아니라 조선의 봉건제도에서 찾고 있는 것이다. 이처럼 그는 '조상숭배의 나라' '자본주의의 나라' '군국주의의 나라'라는 선택지를 두고 식민지 조선의 현상을 내려다봄으로써 종주국 일본이 나아갈 길을 모색하고 있는 것이다. 위의 인용은 야마모토에 의해 내면화된 '북선'상像에 불과하다. '북선'의 풍경을 풍부한 시적 정서로 표현하는 조선민족에 대한 선의는 예컨대 야마모토의 '시인적 기질'을 중요시하는 아베 지로阿部次郎(1883~1959)의 "적과 아군의 차별 없이 인간의 생활과 운명에 대한 완숙한 이해"라는 『만ㆍ

선』평에서 느낄 수 있다.(「『만·선』의 저자에게『滿·鮮』の著者へ」,『카이조』제15
권제2호, 1933.2, p.78)

동시대 조선총독부의 주요한 식민지정책 중 하나가 '북선' 개발이었
고, '북선'을 거쳐 만주로 향한 조선인 이민자가 주로 '남선'지역 출신자
들이었음을 고려하면 '남선'에서 '북선' 그리고 만주로 향하는 야마모
토의 확장적 시선이 매우 중요함은 말할 필요도 없다. 이 점에서 '남선'
지역을 무대로 하는 장혁주의 「아귀도」가 '견문기' 또는 '사실보고기'
로 평가된 경위와 마찬가지 귀결을 쉽게 엿볼 수 있다. 장혁주의 「아귀
도」의『카이조』현상 창작 2등 당선과 카이조샤 사장 야마모토 사네히
코의 시찰여행, 그리고『만·선』의 간행 사이에는 이러한 미디어전략
이 개재되어 있었다. 장혁주의 탄생에서 알 수 있는 조선에 대한 서사
적 욕망은 그 발표매체였던 종합잡지『카이조』의 의도에 편입된 측면
이 많았다.

3. 식민지주의 비판의 양성

장혁주의 일본열도 문단 등단은 공교롭게도 「아귀도」가 발표된 종합
잡지『카이조』의 미디어전략의 일부로 기능했다. 물론 장혁주가 일본
열도의 문학계에 처음 등장한 조선인 일본어작가는 아니다. 그 효시는
1922년 「혈전의 전야血戰の前夜」(『신흥문학 29인집 예술전선新興文學二十九人集

芸術戰線』, 시젠샤自然社, 1922.6)를 발표한 정연규鄭然圭라고 한다. 장혁주의
등장은 유력 종합잡지였던『카이조』의 현상 창작을 수상했다는 화제성
과 일본열도 문단에서의 주목도, 이후 장혁주의 왕성한 창작활동에서
특징을 부여할 수 있다. 그의 활약이 종합잡지『카이조』의 미디어전략
의 산물임은 동시대 조선 문단에서도 지적되던 견해이기도 했다.

백세철白世哲은 「카이조 문예란과 조선작가改造文芸欄と朝鮮作家」(『다
이잇센第一線』 제1권제7호, 1932.11)에서 장혁주와 이광수 등의 일본열도 문
단 진출을 "부르주아문학의 급격한 파쇼적 현상"(p.103)이라며 야마모
토의 시찰여행과의 관계성 등을 지적했다. 백세철의 논의에서 흥미로
운 것은 이 현상을 '에로 · 그로 · 난센스'[12]가 풍미한 후 봉착한 일본열
도 자본주의 문화에 대한 하나의 타개책으로 보고 있다는 점이다. 이
로써 "일본 부르주아 문단"은 "조선에 특수한 사정에 기인하는 이국풍
의 읽을거리"(p.103)를 요구한 것이 된다.[13] 옳고 그름은 차치하더라도
장혁주의 일본어 문학이 '이국풍의 읽을거리'로써 요구되었고 독자의
서사적 욕망을 부추긴 것은 사실이다. 그러나 이것이 일방적인 문학의
식민지주의였는지는 논의될 여지가 있다.

---

12 에로eroticism · 그로grotesque · 난센스nonsense는 당대에 유행하던 야하고, 괴상하고, 웃긴
이야기들을 가리키는 말로 일본에서 처음 유행하여 조선에 도입되었다. 일본에서 이 용어
가 유행하게 된 것은 1920년대 이후 산업구조의 변화와 관련되어 있다. (옮긴이 주)
13 백세철의 논의에는 이에 대한 상세한 분석은 없다. 그러나 조선에서 일본열도를 보는 시
점은 이와 같은 포괄적인 틀을 취하는 경우가 많다. 특히 그가 조선작가의 일본열도 문
단 진출을 문화현상으로 파악하는 점은 중요하다고 생각한다. 또한 에로 · 그로 · 난센
스 풍조가 1933년 이후의 '문예부흥'기라는 문학계와 어느 정도 관계를 맺고 있었던 것도
사실이다.

"마산이, 빨리 돌아가게."

"응, 조심해서 가게."

"매동이. 한걸이. 모두 조심해서 돌아가게나."

"그래."

마을로 사라지는 농민들과 헤어지고 난 마산이, 매동이, 한걸이(주—이것은 모두 본명이 아니다. 농민들의 집을 호칭하는 것인데 이는 각각의 아내가 살았던 마을 이름이다. 예컨대 마산이의 본명은 김명출이고 그의 아내는 마산리 사람이었다) 등 배곡리 2구 사람들은 이제 조금만 더 가면 된다며 힘을 내어 걷기 시작했다.

(「아귀도」, 『카이조』 제14권제4호, 1932.4, p.6)

장혁주의 「아귀도」는 '남선'지역 가뭄대책으로 건설되는 저수지 공사에서 감독과 십장什長에게 착취당하는 농민들이 연대하여 자신들의 요구를 주장한다는 이야기이다. 현상 수상작이기는 하지만 『카이조』 게재 시에는 검열 대책을 위해 몇 개의 단어가 복자伏字[14] 처리되는 결과를 낳는다. 그러나 조선의 속어가 가타카나片仮名 루비로 표기되고 조선의 사회적 관습도 '주註'로 소개되어 있다. 이러한 의미에서 '이국풍의 읽을거리'로 불릴만한 것일지도 모른다. 그러나 「아귀도」의 식민지표상은 이러한 것으로 일관된다고 할 수 없다. 여기에는 필연적으로 식민지주의에 대한 비판이 담겨 있기 때문이다.

물론 「아귀도」에는 '마산이' 등 농민의 가상의 적으로 그들을 사역하는 감독이나 지주층이 설정되어 있지만, 여기에 식민지정책이 어떻게

---

14 인쇄물에서 내용을 밝히지 않으려고 일부러 비운 자리에 '○', '×' 따위의 표를 찍음. 또는 그 표.(옮긴이 주)

관여하는지는 명확히 기술되어 있지 않다. 그러나 일본에서 집필한, 등단 후 첫 작품인 「사코타 농장迫田農場」(『분가쿠쿼털리 2』, 1932.6)에서는 전 농장지주였던 아라이新井와 누마타沼田 지배인, 새로 지주가 된 사코타 迫田라는 자본가와 농장지배인, 그리고 농민이민자라는 일본인 등장인물이 설정되며, 또한 「쫓기는 사람들追はれる人々」(『카이조』 제14권 제10호, 1932.10)에서는 착취당하는 소작농민들이 북으로 방황한다는 비교적 이른 시기의 만주이민에 대한 주제가 도입된다. 그리고 「분기한 자奮ひ起つ者」(『분게슈토』 제1권 제9호, 1933.9)에서는 교사 김철金哲이 근무하는 보통학교의 일본인 교장 하야시林의 훈계 중에 "야만인처럼 신문화를 모르던 너희들이 오늘날과 같은 문명사회에 살 수 있게 된 것이 누구 덕분이라고 생각하는가"라는 말이 삽입되기에 이른다. 다음 인용은 하야시 교장과 주인공 조선인교사 김철이 맡고 있는 소학생 윤尹의 대화이다.

> 하야시는 인도에 관한 이야기를 하고 있었다.
> "만약 인도가 독립하거나 없어진다면 영국은 강국으로서의 체면을 유지할 수 없는 것이다. 따라서 영국은 인도를 꽉 붙들고 놓지 않으려고 한다."
> 그때 윤이라는 학생이,
> "선생님, 그러면 인도는 ××과 같은 나라입니까?"
> 하고 물었다.
> 하야시는 순식간에 얼굴이 빨개졌다.(pp.88~89)

'××'(조선)이 '인도'와 마찬가지로 식민지라면 '인도'의 종주국 '영국'이 바로 '일본'으로 치환됨은 말할 필요도 없다. 이 장면 직후 '문명사회'를 대표해야 할 유일한 일본인 등장인물이기도 한 하야시 교장은 마치 '날뛰는 맹수처럼' 윤이라는 학생을 때리고 발로 걷어차는 폭행을 가하는 것이다. 앞서 언급했듯 장혁주는 일본열도에서 유통되는 조선상에 의문을 제기하고, 이와 같이 표상되게 된 '원인'을 탐구하는 것이 문학적 주제라고 말했던 인물이다. 이 의도는 「아귀도」 이후 조선에 대한 일본의 식민지주의 비판을 글로 씀으로써 제시된다. 이렇게 하여 식민지조선을 소재로 한 문학작품은 새로운 소설 풍토로 가치를 얻게 되고 동시에 식민지조선의 '전율할 만한 현실'을 엮어가는 것이다. 그러나 일본의 식민지교육 실태를 폭로한 「분기한 자」는 결과적으로 내무성 경보국警保局으로부터 발매금지 처분을 받게 된다. "「분기한 자」라는 제목의 기사는 나라의 안녕을 어지럽히는 것이므로 삭제를 명하지 않을 수 없다"[15]는 것이 그 이유였다.

검열의 수난을 겪기는 했으나 일단 장혁주의 초기 일본어 문학은 일본의 식민지정책에 대한 비판으로서 이 시대의 문학이 이루어낸 하나의 성과였다. 그러나 여기에는 매우 중요한 문제가 남는다. 일본의 식민지통치와 조선인 일본어작가의 비판이라는 관계이다. 「분기한 자」에서 하야시 교장은 "교실에서 가르치는 수신, 역사, 지리, 기타 모든 교과서에 ××××는 예로부터 일본의 ×국이므로 오늘날의 상황은 오히려 너무나 당연한 것이며, 성은을 입어 세계 문화를 접하게 된 것은 조선민족에게 무한한 영광이다"라고 말한다. 그러나 이 글을 쓴 장혁주 자신도 일본어를 '국어'로 정한 1911년 제1차 조선교육령으로 "8세에 일본어를 배우기

---

15 『出版警察報』第60号, 內務省警保局, 1933.9. 이와 같은 게재 처분은 발표매체였던 분게 슈토샤文藝首都社에 8월 30일 부로 통지된다.

시작하여 12~13세가 되었을 때는 유창하게 구사하게 되었고 14~15세 때에는 뛰어난 작문도 했"**16**던 인물이었다. 이러한 점에서 본다면 장혁주의 활동은 '빈곤' '퇴폐' '나태' 등을 의미하는 조선인의 틀에 박힌 형태의 신체가 식민지교육으로 습득한 유창한 일본어로 일본열도를 향해 이야기하기 시작했다는 해석에 그칠 수밖에 없는 것도 사실이다.

장혁주의 식민지주의 비판은 진지한 자세로 글을 쓰면 쓸수록 그 이야기에 비해 단조로워지는 경향이 있다. 스토리나 내용 구성을 파고드는 힘은 늘어나지만 비판 내용은 상투적인 영역을 벗어나지 못했던 것이다. 일례를 들어보기로 하자. 1928년 2월 『분게센센文藝戰線』(제5권제2호)에 이장계李長啓의 「인도는 ××과 같습니까?印度は××と同じですか?」라는 시가 게재된다.

지리시간이었다

너희들의 선생은

인도가 영국의

식민지임을 자랑하고

대영제국의 위력을 칭송했다

그때 너희들 중 한 사람은

"선생님, 그러면 인도는 ××과 같습니까?"

이 질문은 순식간에 대일본제국의

충량한 선생들의 머리를 돌게 만들었다.(pp.140~141)**17**

---

16 張赫宙, 「翻譯の問題·其の他」, 『文芸首都』 第1卷第10号, 文學クオタリイ社, 1933, p.40.
17 이 인용 다음에는 "다음 순간 너희들 중 한 사람은 [/] 끌려나와 [/] 가축처럼 맞았다. [/]

　여기에서는「분기한 자」의 표절문제를 검토하려는 것은 아니다. 표절
했다고 해도 사실 이처럼 동맹휴교에 이르는 사건은 조선 각지에서 빈번
히 일어났고 장혁주는 이러한 현실과 가장 가까운 곳에 있었던 조선인
교사였다.[18] 인용된 시에는 "너희들은 / '인도도 ○○과 같음'을 알고 있
는 것이다"(p.141)라고 되어 있는데 장혁주도 이를 알고 있었던 것이다.
「분기한 자」도 조선의 현실을 호소하려는 일관된 자세를 보이기 때문에
'안녕을 어지럽히는 것'으로 검열대상이 되었다. 그러나 '인도는 ××과 같
은 나라입니까'라는 구절은 매우 정곡을 찌르는 비판이기 때문에 알기
쉽고 당시에도 흔한 것이었다. 1930년을 전후로 한 프롤레타리아 문학
계의 문예잡지에는 3·1독립운동이나 칸토대지진 이후의 조선인학살
을 보다 직접적으로 그린 김용제金龍濟(1909~1994)와 백철白鐵(1908~
1985) 등의 일본어 시도 발표되었다.[19] 시와 소설의 차이, 발표지의 특징
과 창작 의도 등은 달라도 식민지주의를 비판하는 구절이 명기된 문장에
서 몇 가지 공통점을 지적할 수 있다. 장혁주는 조선이 처한 현실을 일본
독자에게 호소하려는 강한 의지를 갖고 있었다. 그러나 이것은 반드시

　　'그런 말을 하는 놈은 [/] 간도로 가 버려! [/] 꺼져 버려!'"(p.141)라는 부분도 있다. 또한
　　'이장계李長啓'는 '이장경李長敬'의 잘못된 표기일 가능성이 높다. 목차에는 '이장경'으로
　　표기되어 있다.

18　실제로 이와 같은 사례는 1929년 3월 28일자 조선총독부 경무국,「조선에 있어서 동맹휴
　　교 고찰朝鮮における同盟休校の考察」(渡部學 ほか編,『日本植民地教育政策史料集成(朝鮮
　　篇)』第17卷, 龍溪書舍, 1987)에서도 보고되었다.

19　조선인의 일본어 문학은 모두 이 시대부터 시작된 것은 아니다. 1920년대부터 프롤레타
　　리아 문학운동 가운데서 자라났다고 할 수 있다. 3·1독립운동을 그린 작품으로는 백철白
　　哲,「3월 1일을 위해三月一日のために」(『プロレタリア文學』第1卷第3号, 1931.3)와 김용
　　제金龍濟,「3월 1일三月一日」(『プロレタリア文學』第1卷第3号, 1932.3)이 있고, 칸토대지
　　진 이후 조선인 학살을 그린 작품으로는 도로공사 중에 발굴된 백골을 보고, "지진 당시에
　　××된 [/] 조선인 노동자의 ― 그것일지도"(p.9)이라고 상기하는 김용제金龍濟,「선혈의
　　기억鮮血の思出―9월 1일을 위해九月一日のために」(『戰旗』第4卷第8号, 1931.9)가 있다.

식민지주의 비판을 명확히 표명하는 정치적 자세가 뒷받침된 것은 아니었다. 그가 힘을 기울인 것은 그 의지를 일본어로 표현하는 것, 문학작품으로 그려내는 것이었다.

4. 지방으로서의 조선, 상경하는 작가

장혁주는 일본열도 문학계에서 소리 없이 조선민중의 대표자로 자리 매김 된다. 그러나 이후 친일적 언동으로 "파렴치한 '내선일체화', '황국신민화' 추진자"[20]라고 비난받게 되는 과정은 이 무렵부터 준비되어 있었다고 보아야 한다. 「아귀도」 이후 장혁주는 「사코타 농장」 「쫓기는 사람들」 「형의 다리를 자른 남자兄の脚を截る男」(『분게슈토』 제1권제5호, 1933.5) 「분기한 자」 「권이라는 남자權といふ男」(『카이조』 제15권제12호, 1933.12) 「아내女房」(『분게슈토』 제2권제1호, 1934.1) 「갈보ガルボウ」(『분게文藝』 제2권제3호, 1934.3) 등의 소설을 차례로 발표한다. 우선 확인해 두어야 할 것은 각 발표지가 장혁주의 일본어 문학을 요구했다는 사실이다. 적어도 외관상으로는 각종 문학상이나 현상으로 데뷔한 다른 작가들과 비교해도 그 과정이 매우 순조로웠다. 그러나 결국 이러한 점 때문에 등단으로 얻은 신진작가라는 지위와 조선민중의 대변자라는 자격은 그의 내면에서 서로 갈등하는 모습으로 서서히 드러나는 것이다.

20　朴樸日, 『增補版 近代日本文學における朝鮮像』, 未來社, 1985, p.353.

분게슈토샤文藝首都社에서 온 편지. 기쁘다. 문단에서 멀리 떨어져 있기에 문단을 노려보며 침착하게 준비하여 곧 대작을 써서 문단을 깜짝 놀라게 해 줄 거라고 생각하면서도 얼마동안 토쿄의 소식을 접하지 못하면 허전해서 견딜 수 없다.(「가을날의 기록秋日抄」, 『분게슈토』 제1권제12호, 1933.12, p.29)

이 시기 장혁주에게 중요한 관심사가 된 것은 조선과 토쿄 사이의 어쩔 수 없는 심리적 거리감이었다. 인용문의 '분게슈토샤', 엄밀히 말해 『분카쿠쿼털리』와 『분게슈토』를 주재했던 야스타카 토쿠조와의 관계는 카이조샤 사장 야마모토 사네히코가 가죠엔雅敍園에서 개최한 제5회 『카이조』 현상 창작 당선자 초대 만찬회에서 시작되는데, 이후 3개월간 야나기바시柳橋에 있는 야스타카의 집에 머물면서 두 사람은 친밀해진다.[21] 순문예잡지 『분게슈토』라는 문학서클이 장혁주의 일본어 문학 활동에 결정적인 역할을 담당했다는 사실은 작품 발표수를 보아도 분명히 알 수 있다. 인용문에서도 짐작할 수 있듯이 '문단에서 멀리 떨어져' 있는 조선에서 토쿄를 사모하는 심정은 『분게슈토』를 매개로 성립하고 있는 것이다.

이후 장혁주의 문단=토쿄관東京觀은 1935년 『이경의 슬픔離京の悲しみ』에서 "나를 태운 기차가 시나가와品川를 지나 요코하마橫浜를 벗어나자 나는 잠시 낙오자처럼 슬픈 생각이 들었다"(『분게슈토』 제3권제5호, 1935.5, p.23)라는 기술로 이어지는데, 토쿄에서 조선의 대구로 돌아가는 자신을 '낙오자'라고 표현하기에 이른다. 물론 조선에 대해서는 "대

21　야스타카는 제1회 『카이조』 현상 창작 2등 당선으로 문단에 데뷔한 인물로 신인작가를 위한 발표기관이라고 할 수 있는 순문예잡지 『분카쿠쿼털리』를 1932년에 창간하였다.

구에서도 풍부한 소재와 문학적 노력으로 나의 천분이 허락하는 한 좋은 문학을 만들 수 있다고 믿는다"고는 말하지만, 동시에 토쿄를 떠나 귀향하는 것에 대해서는 "언제나 그렇듯이 이번에도 나는 돌아가고 싶지 않았다. 문화의 중심지에서 떠나고 싶지 않았기 때문이다"라고 기술한다. 여기에는 '문화의 중심지' 토쿄와 지방으로서의 조선이라는 심리적 틀을 확인할 수 있다.

토쿄를 중심으로 하는 조선인 일본어작가의 심상지도는 일본에 의한 식민지정책의 산물이다. 장혁주의 일본어 문학이 아무리 조선이라는 명확한 차이를 내세웠다 해도 여기에는 '문화의 중심지' 토쿄와 지방으로서의 조선이라는 문화지정학적 역학이 존재하는 것이다. 더구나 이것은 토쿄가 문학 또는 문단의 '중심지'라는 사실을 전제로 기능하고 있다. 토쿄라는 도시가 문단 그 자체의 장소를 의미한다는 것은 당시에도 일반적인 견해였다고 할 수 있으나,[22] 이러한 견해는 외부로 편재하는 지방으로부터의 인식이 없이는 성립하지 않는다. 장혁주는 「특수한 입장特殊の立場」(『분게슈토』 제1권제2호, 1933.2)에서 이미 "이리하여 지금 나는 문단 밖에 서 있다. 문단 밖에 있지만 문단에서 활동하고자 한다"(p.67)며 지방으로서의 조선에서 문학을 지향하는 자세를 보여준다. 즉 데뷔 후 장혁주의 언설에는 일본어로 소설을 쓰는 행위가 종주국의 문학으로 환골탈태될 위험성을 내포하고 있다는 근본적인 인식이 희박한 것이다.

그 때문인지 일본어작가로서 장혁주의 활약은 점차 조선 문단과 알력

22　카와카미 테츠타로河上徹太郎, 「지방과 문단地方と文壇」(『文藝通信』第2卷第12号, 1934.12)에는 "문단이라는 특수왕국이 토쿄에 있다"(p.49)고 적혀 있다.

을 만들게 된다. 이 알력은 '토쿄의 이××'로부터 받은 편지를 소개하는 형식으로 발표된 장혁주의 「문단의 페스트균文壇のペスト菌」(『삼천리三千理』 제7권제10호, 1935.10)이라는 글에 상징적으로 나타나 있다. 여기에서 그는 조선 문단의 특징을 "시기와 증오"에 있다고 하며, "시기와 증오 편에 서면 결코 문학은 수확을 거둘 수 없습니다. 이 두 가지를 문학의 페스트균이라 하지 않을 수 없습니다"(p.252)라고 말한다. 이 '시기와 증오'라는 표현에는 조선 문단에서는 '천재적 문학'이 탄생해도 적절하게 평가받지 못하고 매도되는 경향이 농후하다는 점, 조선인 작가가 조선어로 쓰지 않고 외국어로 창작하는 것을 싫어한다는 등의 의미가 담겨 있다. 이것이 조선 문단의 '페스트균'으로 표현된 것이다. 대표적 인물로 이북명李北鳴과 유진오兪鎭午의 이름을 들고 있으나 이는 자신을 인정하지 않으려는 조선 문단에 대한 장혁주의 다소 온당치 못한 비난이었다.[23] 이러한 장혁주의 발언은 조선 문단에서 점차 물의를 일으켰다.[24]

즉시 반박한 이무영李無影은 식민지조선이 안고 있는 여러 문제는 불문에 붙이고 이를 '시기'에만 눈이 먼 조선 문단의 책임으로 전가하는 것은 유감이라고 하며 장혁주에게 "조선 문단에서 그다지 평가받지 못하는 원인이 어디 있는지 연구해야 한다"며 반성을 촉구한다. 또한 김문집金文輯은 일본열도에서의 장혁주라는 존재를 둘러싼 특수성을 지적하면서 그의 일본어작품은 "토쿄 문단에서는 지방의 문학청년 영

---

23 이와 관련하여 마지막에는 "나는 아마도 조선 문인이 될 영광은 영원히 바라지 않으리라고 생각한다"(p.354, 한국어)고까지 언급하고 있다.
24 '조선민족성'의 관점에서 「문단의 페스트균」 사건 이후의 장혁주와 관련된 논쟁과 그 과정에 대해서는 남부진南富鎭, 『근대 일본과 조선인상의 형성近代日本と朝鮮人像の形成』(勉誠出版, 2002)이 상세하다.

역을 한 발짝도 벗어나지 못했다"고도 언급한다.[25] 장혁주는 조선 문단에서의 불평이 어디에서 유래하는지 이해할 수 없었던 것일까. 일본 열도에서 스스로의 위치를 되돌아볼 수 없었던 것일까. "시기와 증오"라는 표현은 장혁주에게 조선 문단 또한 타자였음을 시사하고 있는 것이다. 종주국 문단과 조선 문단 사이에는 절대적인 차이가 있다. 그러나 그는 일본어작가로서 그 사이를 왕래하면서 이를 중앙과 지방이라는 느슨한 관계로 비유하게 되었다. 「문단의 페스트균」 문제의 핵심은 조선인 작가가 일본어로 문학작품을 써서 데뷔하고, 조선이 아닌 종주국 문단에서 활약하는 것을 둘러싼 윤리에 있다.

장혁주가 마음속에 그린 심리적 지도는 작가가 되기 위해 상경을 꿈꾸는 지방의 문학청년의 그것과 비슷하다. 앞에서 인용한 「농촌 · 봄 · 교원」에는 농촌의 빈곤을 깊이 우려하면서도 한편으로는 도시에 대한 동경을 버리지 못하는 청년교사의 모습이 그려져 있다.[26] 도시에 대한 동경과 문학적 정열은 "[조선] 민족의 비참한 생활을 세계에 널리 알리고 싶다. 호소하고 싶다"(「나의 문학」, p.13)는 진지한 그의 주장과 모순되는 것은 아니었다. 여기에 문학 식민지주의의 하나의 귀결이 있다. 이

---

25 李無影, 「文壇페스트菌의 再檢討(三)(四)」(『동아일보』, 1935.10.22,23) 및 金文輯, 「張赫宙君에게 보내는 公開狀 1 ─ 文壇페스트菌爭後感」(『조선일보』, 1935.11.3) 모두 조금 감정적이지만 그 내용은 주목할 만한 점이 많다.

26 여기에서 인용된 '도시'가 반드시 '토쿄'를 의미하는 것은 아니다. 그렇지만 이러한 도시에 대한 동경이 당시 장혁주에게 있었다는 점, 이것이 그의 창작의도와 무관하지 않음은 충분히 짐작할 수 있다. 내용은 다음과 같다. "그는 도시의 꿈을 꾸고 싶었다. 언제나 이런 농촌을 벗어나 도시에 가려고 애썼다. 그러나 그는 교원이 되기 전에 그리고 지금도 책에서만은 모든 가난한 이들을 구할 길은 하나밖에 없고 그도 그 일에 몸을 던지려고 생각하고 있음을 생각하며 도시를 그리워하는 그의 마음이 미웠다 [/] (인텔리!) [/] 그는 그렇게 부르고 모순된 마음을 모호하게 하려 했다."(장혁주, 「농촌 · 봄 · 교원 (하)」, 『조선일보』, 1932.4.5, 한국어)

시기 장혁주는 일본어를 어떻게 다듬을 것인가를 고민하고 있었다.
「오쿠리가나 등送り仮名のことなど」(『분게츠신』 제3권제7호, 1935.8)에서는
작품집을 교정할 때 자신이 쓴 서툰 일본어에 대해 '화가 치미는 감정'
을 적었다. 여기에는 자신과 비슷한 예로 루쉰魯迅과 궈모러郭沫若의
일본어를 들며 이렇게 말하고 있다.

> 결국 문장이란 언어를 미화한 것이며, 평소 일본어 환경에서 생활하지
> 않았고 토쿄나 기타 일본 내지에도 오래 정주한 적이 없는 나에게 이 문장
> 연습은 지금도 큰 문제이다. 그러나 부질없이 탄식만 해봤자 소용없을 것
> 이다. 분명 무언가 좋은 방법이 있을 것이다.(p.15)

식민지교육으로 일본어라는 '국어'를 학습하여 교단에 선 장혁주는
조선인 일본어작가로 등단한 후에도 '문장 연습'에 몰두했다. '오쿠리가
나送り仮名' '카나즈카이仮名遣' '아테지あて字' 등 조금이라도 헷갈리는
것이 있으면 수년간 애용하고 있는 오사카마이니치신분샤大阪每日新聞
社의 『스타일 북スタイル・ブック』을 찾아가며 정확한 일본어 표기를 하
려고 노력했다. 장혁주에게 문학이란 올바른 일본어로 구성된 '미화'된
것이었을 것이다. 미학적이라고도 할 수 있는, 안으로 향하는 문학적 지
향은 일본열도 문단이라는 이름의 도시로 상경하기 위한 매너를 익히
는 수단이었고, 이후 종주국 문학에 밀착하는 중요한 요인 가운데 하나
였던 것이다. 장혁주가 토쿄로 생활 기반을 옮긴 것은 1936년의 일이다.

제8장 _ 문예부흥기의 식민지문학

종주국 문단의 다문화주의

1933년 8월 『진부츠효론人物評論』(제1년제6호)의 머리말을 장식한 카나마루 시게네金丸重嶺(1900~1977)의 「만선 카메라 여행滿鮮カメラの旅」에는 경성이 다음과 같이 묘사되어 있다.

이조 340여 년간 한국의 수도로 영화를 누린 경성은 지금 소비도시로서 거대한 모습을 드러내고 있다.

실제로 오마츠大町 근처의 번화가는 오사카의 신사이바시거리心齋橋通り에 버금가는 문화도시이다. 하지만 이곳은 경성 인구 39만 4천 명 가운데 10만 6천명에도 못 미치는 내지인內地人 중심의 거리이다.

28만 명의 조선인은 어디에서 생활하고 있을까.

그들은 폐궁을 중심으로 한 종로 부근에 모여 살면서 예부터 흰 옷, 기다란 담배의 한가로운 생활방식을 하고 있다.

그들의 얼굴에서는 생활에 대한 초조함도 고뇌도 찾아볼 수 없다.(p.1)

〈그림 19〉 1930년경의 혼마치本町 (현재의 충무로)

이 시점에서 경성은 이미 모던 도시로서의 모습을 보이고 있었다. 그러나 여기에 사는 조선인은 '예로부터 입었던 흰 옷, 기다란 담배의 한가로운 생활방식'이라고 표현하듯 모던한 양상과는 매우 대조적으로 그려지고 있다. 메이지 시기 이후 상투화된 조선인상은 '소비문화' '문화도시'라 불리는 경성 일곽에 배치된다. 물론 변모를 이룬 것은 경성만이 아니었다. 소년기를 조선에서 보냈던 유아사 카츠에湯淺克衛(1910~1982)는 '고향'에 대한 향수와 더불어 옛 친구의 편지를 읽고 변모하고 있는 동시대의 조선에 대한 호기심에 사로잡혔다.[1] 조선의 1930년대는

---

1   유아사 카즈에의 「원산의 여름元山の夏」(『文學評論』 第2券第8号, 1935.7)에는 "나는 요즘 소년시절의 고향으로 돌아가고 싶나는 생각을 한다. 이런 생가을 하고 있던 차에 나의 결심에 더욱 힘을 실어주듯이 원산의 옛 친구로부터 편지가 왔다. 이 친구는 지금 경성에서 신문기자를 하고 있다. '네가 알고 있는 조선은 이제 시대에 뒤쳐져. 조선은 계속 변하고 있어. 어떻게 해서든 빨리 돌아와서 북선北鮮에서 국경, 북만주를 돌지 않겠냐고

일본의 대륙진출을 지탱하는 병참 기지로써 한층 더 중요성을 띠었고, 시국에 편승한 산업자본주의의 확장으로 공업화가 추진되었다. 한일병합시기에 단지 발전도상의 상품시장에 불과했던 조선은 1920년대 이후 거대산업자본의 적극적인 투입을 통해 일본열도 자본주의경제의 일익을 담당하는 식민지 공업권으로 기능하게 되었다.[2]

같은 시기 일본열도의 문학계에서는 대공황을 발단으로 장기간에 걸친 경제 불황과 만주사변의 발발로부터 '만주국'의 건국, 국제연맹탈퇴라는 일본의 대륙확장정책에 대한 불안이 어두운 그림자를 드리우고 있었다. 장혁주가 데뷔했던 1932년 여름, 일본열도의 문학계에서는 '순문학의 위기'라는 화제가 끊이지 않았다.[3] 검열로 대표되는 언론탄압에 대한 위기감이 고조되었고, 여기에 프롤레타리아 문학의 조락凋落과 나오키 산쥬고 등 대중문학작가가 국가권력과 영합하려는 움직임을 보였던 것이 그 위기감을 한층 심화시켰다. 그런데 1933년 가을에 이러한 침체 분위기가 급변했다. 부진에 허덕이던 문학계에서 『분가쿠카이文學界』・『코도行動』・『분게文藝』와 같은 문예잡지가 잇달아 창간되는 현상이 일어났기 때문이다. 이에 대해『분가쿠카이』동인 중 한 사람이었던

친구는 유혹했다"(p.213)는 서술이 있다.

2　참고로 조선이 근대문명관에 준한 미개지역이라는 인식이나, 조선인을 노동력으로 간주하는 견해도 경제권적 파악의 관점에서 말하면 구조적으로 산출된 은유라고도 해석할 수 있다. 개발이 뒤쳐지고 있다는 것은 19세기 후반 이래 일본을 비롯한 산업자본주의의 확장에 의해 필연적으로 그렇게 되도록 강요받았던 것이며, 그 결과 조선은 일본의 식민지경제권의 주변으로서 머물게 된 것이다.

3　『신쵸』는「순문학은 어디로 가는가純文學は何處へ行くか」(1932.7)라는 특집을 구성하고, 아베 토모지阿部知二, 오카다 사부로岡田三郎, 치바 카메오千葉龜雄, 아라이 카쿠新居格, 나카무라 무라오中村武羅夫 등의 소견을 게재했다. 또 정확히 1년 후에는「'순문예의 갱생'에 대해「純文芸の更生」に就いて」라는 특집에 이쿠미 세이지井汲淸治, 후카야 큐야深田久弥, 나카무라 무라오 등의 기고를 게재했다.

카와바타 야스나리川端康成(1899~1972)는 "때는 바야흐로 문학부흥의 싹이 트고, 문학잡지가 쏟아져 나왔다"고 말했다.[4] 문학사에서는 이 해를 시작으로 몇 년간을 '문예부흥'기 또는 '쇼와 10년 전후前後'라 부른다.[5]

이런 기운으로 흔들리는 문학계에서 새롭게 창간된 문예잡지 『코도』에는 사소하지만 다음과 같은 기사를 발견할 수 있다. "만주·조선·홋카이도에서 토쿄에 이르는 각지로부터의 성원의 편지에 대해 지면을 통해서 감사의 말씀을 드립니다. 창간호를 보신 분은 모두 2호를, 2호를 보신 분은 창간호를 찾아주신 덕분에 본지의 고정 독자가 급속히 증가하고 있어서 실로 마음이 든든합니다. 다음 호의 비약을 앞두고."(「편집후기編輯後記」, 『코도』 제1권제3호, 1933.12, p.184) 이러한 성원의 편지를 통해 '외지外地'라 불리는 지역에서 일본열도 문학계의 동향을 살피는 사람들의 존재와 함께 조선과 만주에는 이미 이것을 가능하게 하는 출판유통망이 정비되어 있었음을 알 수 있다.

1930년대는 조선 표상을 둘러싼 전기를 맞이하는 시대이다. 장혁주로 상징되는 조선인 작가들의 일본어 문학이 등장하는 이 시기에는 그 존재가 적잖이 문단의 주목을 받았으며 '식민지문학'이라는 문예 장르도 탄생했다. 이러한 문화현상이 도래한 데에는 변모를 거듭하던 조선과 함께 '문예부흥'기로 일컬어지는 일본열도 문학계의 상황이 밀접하게 연관되어 있다. 그들의 일본어 문학은 프롤레타리아 문학의 지류에

---

4 川端康成, 「編輯後期」, 『文學界』 創刊号, 文化公論社, 1933.8.
5 '쇼와 10년 전후'라는 명칭은 히라노 켄平野謙 씨에 의한 시대구분이다. 이른바 '문예부흥기'에 대해서는 타카미 준高見順, 『쇼와문학성쇠사昭和文學盛衰史』(講談社, 1965); 노구치 후지오野口富士男, 『감촉적 쇼와문단사感触的昭和文壇史』(文藝春秋社, 1986); 소네 히로요시曾根博義, 「'문예부흥'이라는 꿈〈文芸復興〉という夢」(『講座昭和文學史』) 第2券 所收, 有精堂, 1988) 등 참조.

서 파생되었지만, 프롤레타리아 문학운동 전성기의 김용제나 백철 등
이 지은 격렬한 시가 아닌 소설이며, 심경소설에서 대중문학까지 그
장르적 폭도 넓었다. 작품 속의 조선인도 '예로부터 입어온 흰 옷, 긴
담뱃대'와 같은 식으로 묘사되지 않았다. 이러한 조선인상을 즐겨 그
렸던 것은 오히려 일본인이었다. 이것은 또한 그들의 일본어 문학이
식민지문학으로서 종주국 문학에 예속되었음을 의미한다. 그러나 단
순히 그것을 식민지주의라는 이름으로 일괄하여 묶을 수는 없다. 애당
초 조선총독부가 추진했던 것은 조선인은 일본인이 되어야 한다는 동
화정책이고, 식민지문학이라는 문예 장르가 탄생한 의의는 일본인 작
가와의 이질성에서 찾을 수 있기 때문이다.

　이번 장에서는 조선 문학청년의 동향과 그들의 일본어 문학이 주목
받는 경위를 검증하고, 조선인 작가에 의한 종주국 문단으로의 개입을
월경하는 문화투쟁으로 파악한다.

1. 조선의 문학청년과 일본어 환경

　「아귀도」 이후 2년 동안 신진작가가 된 장혁주의 일본어 소설이 주로
발표된 곳은 『카이조改造』와 『분게슈토文藝首都』였다. 『카이조』는 『츄
오코론中央公論』・『분게슈토』・『케이자이오라이経濟往來』와 함께 잡
지계의 패권을 다투는 유력 종합잡지였다. 『분게슈토』는 『카이조』 현

상 창작 수상자 중 한 사람이었던 야스타카 토쿠조가『분가쿠쿼털리文
學クオタリイ』의 후속지로 1933년에 창간한 동인잡지이며, 이른바 '문예
부흥'기에 제일 먼저 '순수문예진흥'을 내건 문예잡지로 알려져 있다. 이
시기 장혁주의 일본어 문학 활동을 지원했던 것은 문단의 등용문으로
불렸던『카이조』의 현상 창작이라는 문학적 제도, 그리고 투고라는 방
법을 통해 무명의 문학청년들이 실력을 시험해 보는 문학 서클이었다는
것은 앞 장에서 말한 바와 같다. 그러나 이러한 경위는 장혁주에게만 국
한된 것은 아니었다. 1934년 2월의『분게슈토』(제2권제2호)에는 이러한
투고가 실렸다.

> 저는 조선의 압록강 근처에 살고 있는 자입니다.
> 이번 달부터 분게슈토의 그룹에 들어가게 해 주십시오.
> 이 기회에 분발할 생각입니다.
> 동지 여러분의 훌륭한 지도를 청하고 싶습니다.
> 무엇보다도 본지의 장 선생님께는 한층 두터운 교시와 편달을 부탁드립
> 니다.
>
> 조선 진명섭(p.143)

　이 투서의 '이 기회에 분발'이라든가, '동지제형의 훌륭한 지도를 청
하고 싶습니다'와 같은 기술에는『분게슈토』를 통해 일본어로 문학 활
동에 도전해보려는 적극적인 의사 표명을 읽어낼 수 있다. 진명섭이라
는 인물은 스스로 창작한 일본어 작품을 분게슈토샤에 보내 감상이나
첨삭의 형태로 창작 지도를 받아 장혁주와 같은 작가가 되기 위해 문학

수행에 힘쓰는 조선 문학청년의 모습을 보여준다. 1930년대는 이러한 형태로 일본열도 문학계에 접근하는 조선인 독자와 작가 지망생이 나타나기 시작한 시대이기도 했던 것이다.

물론 이러한 조선 문학청년의 존립 기반은 일본어 읽기와 쓰기 능력의 정도에 따라 제한된다. 1930년도 국세조사에 의하면 일본어 가나仮名의 읽기와 쓰기 능력을 지닌 조선인은 전체인구의 6.8%에 머물렀다.[6] 여기에는 일본어 사용에 대한 민중의 암묵적인 저항이라는 측면과 함께 식민지교육이 안고 있는 여러 가지 제도적 · 경제적인 문제도 있음은 말할 필요도 없다. 그러나 소수이기는 하나 이 시기의 조선에서는 일본어에 능통한 학생과 사회인 층을 중심으로 한 독서문화가 어느 정도 형성되어 있었다.

우선 조선의 신문 잡지 분포상황을 살펴보자. 조선총독부 경무국 조사자료『1930년 조선의 출판물 개요昭和五年 朝鮮に於ける出版物槪要』에 따르면, 1929년에 조선으로 수입된 신문 잡지는 총 313,018권(신문 145,696, 잡지 167,322)이다. 이 추이는 1919년에 51,594부에서 1927년에는 266,397부가 되고, 1929년 시점에 30만부를 돌파했다.[7] 3 · 1독립운동 이후의 신문 잡지 구매층은 조선에서 문화정치의 전개와 칸토대지진 이후의 일본열도 출판시장의 부흥 때문인지 증가 일변도의 추세를 보였다. 조선총독부 경무국은 이러한 출판유통계의 활황에 대해 "간행물의 이수입移輸

---

6   조선총독부 편, 『증보 조선총독부 30년사(2)朝鮮總督府三十年史(2)』(クレス出版, 1998)의 「읽고 쓰기 정도별 인구讀み書きの程度別人口(쇼와 5년 국세조사國勢調査)」(p.32) 통계에 따른 수치.
7   『쇼와 5년 조선의 출판물개요朝鮮に於ける出版物槪要』의 「이수입 신문 잡지 종류수량표 移輸入新聞紙雜誌種類數量表」에 의함.

人이 매년 증가하는 경향은 바로 조선 문화의 향상을 여실히 보여주는 것이며 실로 기뻐할 만한 현상"이라고 파악하면서도, "다수 간행물의 이수입에 따라 민중의 사상에 미치는 영향 또한 적지 않으므로, 이 방면에 대해서는 특히 깊은 주의를 기울이고 있다"(p.146)고 적고 있다.

이어서 구체적으로 잡지의 분포상황을 살펴보자. 조선인이 많이 구매하는 것은 1,248부(내지인 16,443부)의 『킹キング』과 532부(내지인 14,023부)의 『슈후노토모主婦の友』이다. 종합잡지만 보면 『카이조』가 254부(내지인 2,566부), 이어서 『분게슌주文藝春秋』가 90부(내지인 934부), 『츄오코론』이 61부(내지인 1,397부)의 순이다. 이외에는 『후지富士』가 106부(내지인 3,856부), 『선데이마이니치サンデー每日』가 101부(내지인 3,205부)이다. 신문에서는 『오사카마이니치신분大阪每日新聞』과 『오사카아사히신분大阪朝日新聞』이 각각 2,566부(내지인 46,220부)와 2,046부(내지인 39,458부)로, 타신문에 비해 단연 압도적이다.[8] 이 두 신문은 각각 조선 지역판을 발행했다.

이러한 통계자료를 통해서 일본열도의 출판 산업이 조선시장으로 확장되는 경위를 알 수 있다. 그러나 문학작품이 게재된 잡지의 조선인 구독층은 그 총수를 보아도 매우 적다. 하지만 신문 잡지의 구독층과 실제 독자층을 동등하게 취급할 수는 없다. 예컨대 쿠사카리 로쿠로草刈六郎[9]의 「성장育つ」(『분카슈단文化集団』 제2권제7호, 1934.7)에는 조선의 독서습관의 단면을 추측할 수 있는 다음과 같은 구절이 있다.

8　『쇼와 5년 조선의 출판물 개요』의 「이수입 신문지 잡지 분포 상세일람표移輸入新聞紙雜誌頒布狀勢一覽表」에 의함.

9　쿠사카리 로쿠로는 펜네임이고, 『분카슈단』 편집부는 조선인으로 추측하고 있다.

학교 공부를 조금 잘해서 기준과 수석을 경쟁하면서도 시간이 있으면 도서관
에 가서 책을 읽었다. 일본인은 돈이 있어 책을 사서 읽을 테고, 도서관에 오는
사람은 거의 조선인이었다. 일요일에 총독부도서관에 가보면 나와 같은 고등보
통학생이나 전문학교학생이 개관하기 전부터 몰려든다.(p.141)

쿠사카리 로쿠로의 「성장」 후반부에는 주인공 성기의 관점에서 경
성의 고등보통학교에 다니는 조선인 학생의 일상생활이 그려져 있다.
이 장면에서 17세인 성기가 즐겨 읽는 것은 『다윈의 진화론』 같은 자
연과학계 서적이나 위인전이고, 문예서에 관한 기술은 같은 하숙집에
살고 있는 사촌 기득이 '소설을 엎드려서 읽고 있거나'라는 정도에 그
치고 있다. 그러나 주의해야 할 것은 조선의 공공도서관이 조선인 학
생들의 독서공간이었다는 기술이다.

조선도서관연구회의 『조선의 도서관朝鮮之図書館』에는 대체로 매 호
마다 조선총독부도서관을 비롯한 각종 공공도서관의 열람상황이 게재
되어 있다. 「조선총독부도서관 열람 개황朝鮮總督府図書館閲覽槪況」 중
「본관 열람자 직업별」 도표에 의하면, 1933년 1월 통계에는 열람자 총수
8,480명 중 5,480명으로 약 65%를 차지한 '학생'이 2위인 '무직'(1,382명)
이하와 큰 차이를 보이고 있다. 또 다른 「본관 열람 도서별」 도표에서는
'제5문(어학, 문학)'으로 분류되는 분야가 4,504권으로 1위(약 23%)를 차지
했지만, 그 수는 2위인 '제7문(이학, 의학)' 4,273권을 약간 웃돌고 있다.[10]

---

10 『朝鮮之図書館』第3券第1号, 朝鮮図書館研究會, 1933.4, p.19. 참고로 「본관 열람도서별」
　에서의 제3위 이하는 '전서 · 잡찬', '법률 · 정치', '경제 · 통치'가 뒤를 잇고, 최하위는 '조
　선문(조선 · 만주 · 몽고 · 시베리아)'과 같은 부문이다. 이것으로 보건데 '어학 · 문학'은
　주로 일본서적 및 서양서였다고 추측할 수 있다.

이는 조선총독부도서관의 주된 이용자가 이과 계열의 서적과 함께 어학·문학관계 서적도 즐겨 읽는 독서습관이 있었음을 말해준다.

또한『조선의 도서관』의 말미에는 각호 발행 전월분前月分까지『토쿄니치니치신분東京日日新聞』,『토쿄테이다이신분東京帝大新聞』및『경성일보京城日報』지상에 실린 출판광고를 총망라한 목록란(「신간편리장新刊便利帳」)이 게재되어 있다. 각 공공도서관이 도서를 구입할 때 편의를 도모하기 위한 것인데, 세 신문 중에는 재조在朝 출판사의 출판목록을 가려내기 위한 것으로 추측되는『경성일보』가 들어가 있다. 토쿄도東京堂에서 발행한『출판연감』(1931.5)에 따르면 1930년도『경성일보』의 출판광고 누계 행수는 475,782행으로『만주일보滿州日報』와 거의 비슷하며, 이 규모는『후쿠오카니치니치신분福岡日日新聞』의 387,545행을 크게 능가할 정도였다.[11] 이것은『경성일보』만이 아니었다. 조선에서 발행된 그밖의 일간신문에도 일본열도에서 발행된 출판광고가 다수 게재되었다. 일본열도에서 발행된 신문 잡지와 단행본의 유통판매망은 1920년대를 거치면서 비약적으로 확대되어 조선서적상조합이 1922년(조합수29)에 조직되었고, 1930년에는 그 조합수도 291개로 급성장했다.[12]

이와 같은 출판 산업에 의한 정보유통망 확장이 조선에 일본어 문학환경의 토양을 형성했던 것이다. 조선의 문학 환경에 관한 또다른 사례를 들어보자. 1943년 5월의『녹기綠旗』(제8권제5호)에 게재된 좌담회「오늘날의 반도문학今日の半島文學」에서 목양牧洋 이석훈李石薰(1908~?)은

---

11 「쇼와 5년 전국 20개 신문 출판물 광고 행수 누계월 비교표昭和五年全國二十新聞出版物廣告行數累月比較表」(p.87)에 의한 통계. 이외에는『토쿄니치니치신분』이 약 124만행,『타이완니치니치신분台湾日日新聞』이 약 39만행의 수치가 기준이 된다.

12 「전국 서적잡지상 조합원 증감표」의 통계에 의함.(東京堂 編,『出版年鑑』, 1931.5, p.83)

다음과 같이 회상하고 있다.

> 내가 춘천에서 오사카마이니치신분의 통신원으로 있었을 때 내지문단
> 으로 진출하려는 야망을 가지고 있었습니다. …… 그래서 열심히 공부하
> 여 「카이조」의 현상에 출품하려고 했습니다. 그런데 장혁주라는 사람의
> 당선이 발표되었습니다. 실제로 그 당시는 쾅하고 머리를 한 대 얻어맞은
> 듯 한 기분이었습니다. (웃음) 당장 책방에 달려가서 읽었는데 인정할 수
> 밖에 없었습니다.(p.52)

여기에서는 첫째, 장혁주가 데뷔한 1932년에 일본열도 문단에 등단
하기를 꿈꾸는 작가 지망자가 적지 않게 존재하고 있었다는 점, 둘째,
『카이조』 현상 창작이라는 문학적 제도가 신인작가의 등용문으로서
조선의 문학청년들에게 잘 알려져 있었다는 점을 추측할 수 있다. 그
리고 이것을 뒷받침했던 것이 일본열도와 조선을 연결하는 출판유통
망이었다. 이석훈은 장혁주가 『카이조』 현상 창작 2등에 당선되었다
는 정보를 듣자마자 바로 당선작이 된 「아귀도」를 지방도시의 서점에
서 읽을 수 있었다. 이 시기 조선에서는 일본열도의 출판사가 발행하
는 서적과 잡지가 중개인을 거쳐 서점의 책장에 진열되는 유통판매망
이 정비되어 있었고, 공공도서관이라는 공간을 매개로 일본열도의 문
학정보에 정통할 수 있었던 것이다. 이러한 환경 속에서 종주국 문단
에서 활약하는 일본어작가가 된다는 것은 조선의 문학청년에게 하나
의 선택지가 될 수 있었던 것이다.

2. 식민지문학 탄생의 패러다임

진명섭이라는 조선의 문학청년이 『분게슈토』에 투고문을 보냈을 때 일본열도 문학계는 '문예부흥'의 기운이 뒤덮고 있었다. '문예부흥'을 더 적절하게 말하면, 대중문학과 프롤레타리아 문학에 주요잡지의 지면을 빼앗긴 순문학의 헤게모니 탈환을 위한 슬로건이라는 의미가 강했다.[13] 그러나 '문예부흥'이라는 말이 가지는 분위기와 함께 실제로 새롭게 문예잡지나 문단정보지가 연이어 창간됨에 따라 문학작품의 발표기회가 늘어난 것이 동시대 문학청년들에게 큰 영향을 미쳤다. 세 사람만 모이면 동인잡지를 만들 수 있다던 시대였다. 무엇보다 문학계에서는 재능 있는 신인작가의 출현을 바랐다. 문단의 활황과 신인작가 대망론이 고조됨에 따라 문학청년들은 창작원고와 동인잡지를 모아 작가나 잡지 편집부로 보냈다.

이러한 시대 분위기는 인식과 정도의 차이가 있을 수는 있겠지만, 식민지에서 일본어작가를 지향하는 문학청년들에게도 공유되었다. 『츄오코론』과 『카이조』 등 유명한 종합잡지의 현상공모뿐만 아니라, 이 시기에 새로 창간된 『분가쿠효론文學評論』이나 『분가쿠안나이文學案內』와 같은 프롤레타리아 문학계 잡지의 독자투고란에도 조선과 타

---

13 아오노 스에키치靑野季吉는 「문예시평文芸時評」(『改造』第15券第12號, 1933.12)에서 "대중문예에게 한 영역을 빼앗겨 입지가 좁아지고, 프롤레타리아문예에게 다른 한 영역을 침범당한 순문학이 전자의 비예술성의 자기폭로와 후자의 불가피한 후퇴를 좋은 기회로 삼아 자신의 존재가치를 높이려고 초조해하고 있는 것에 지나지 않는다"(p.226)고 서술하고 있다.

이완에서 보내온 투고가 눈에 띈다. 이 시대에 조선인 일본어작가가 등장한 이유로는 장혁주의 경우처럼 그들 대부분이 제1차 조선교육령 이후의 식민지교육을 받은 세대였다는 점과 프롤레타리아 문학이 갖는 정치성이 식민지주의 비판을 내포한 형식으로 기능했다는 점 등을 들 수 있다. 그러나 그 이전의 세대에서도 김동인金東仁·전영택田榮澤·주요한朱耀翰 등 토쿄 유학 경험자의 문학 활동이 있었고, 일본어에 의한 식민지주의 비판 역시 1920년부터 정연규鄭然圭·김희명金熙明·한식韓植·강문석姜文錫·백철白鐵 등이 앞서 실천했으며 그 테마는 매우 급진적이었다.[14]

이러한 문화현상의 도래는 조선의 일본어 문학 환경과 더불어 프롤레타리아 문학운동의 전성기를 거쳐 찾아 온 '문예부흥'기로도 불리던 일본열도 문학계의 상황을 빼놓고는 이야기할 수 없다. 만주사변 이후 '비상시非常時'라는 단어가 유행하면서 식민지의 일본어작가 지망자 대부분은 현상소설이나 각종 문학상 같은 문학적 제도를 통해 활약하려는 경향을 보이고 있었다. 이름도 없는 문학청년이 신인작가로서 일약 주목을 받을 수 있는 기회가 증가했기 때문이다. 여기서 다시 잡지 편집자가 추구한 문학상文學像에 대해 파악해 보자. 『카이조』 현상 창작의 편집자 사토 이사오佐藤績의 「창작모집의 경험에서創作募集の経験から」(『분게츠신』 제3권제1호, 1935.1)에는 다음과 같은 흥미로운 구절이 있다.

매년 여러 지방에서 응모작품이 모인다. 멀리는 남미, 북미, 이탈리아 근

방의 재외 일본인에게서도 온다. 때문에 소재나 지방색이라는 점에서 보면 실로 버리기 아까운 독특하고 재미있는 것이 있다. 그러나 이들 가운데 대부분의 작품이 가작에는 드나 당선에는 이르지 못한 경우가 많다. 그 원인은 역시 소재를 예술작품으로 형상화하는 수련 부족에 있다고 보아야 할 것이다. 소재의 특이성을 생각하면 실로 안타깝다. 토쿄, 그 외 내지의 도시에서 온 응모작품이 기술적으로는 매우 뛰어나더라도 내용은 심경소설이나 모방작인 것이 많은 것과 비교하면 흥미로운 대조를 이룬다.(p.21)

여기에서는 현상 창작의 응모자에게 '소재의 특이성과 기술의 뛰어남'이 요청되고 있다. '기술의 뛰어남'이 '소재를 예술작품으로 형상화하는 수련'을 가리킨다면 '소재의 특이성'은 '소재 또는 지방색'이 된다. 이렇게 보면 사토는 응모자에게 재능이나 소질이라는 천부적인 자질을 요구하는 것이 아니다. '소재의 특이성과 기술의 뛰어남'은 응모자의 거주 환경과 갈고 닦은 테크닉을 가리킨다고 할 수 있다. 이 두 가지는 소재의 지방, 기술의 도시라는 좋은 대조로 파악되고 있으며, 둘 중에 더 강조된 것은 '소재의 특이성'이다. 즉 지방 응모자에게 '기술의 뛰어남'을 요구한 것이다. '내지의 도시'라는 표현의 이면에는 이와 다른 환경으로서 이문화를 다루는 소재가 주목받았음을 쉽게 추측할 수 있다. 이것이 사토가 넌지시 시사한 '지방색'의 의미인 것이다.

『카이조』의 현상 창작에서 '지방색'을 다룬 입선 혹은 게재 작품을 개관하면 이러한 경향이 더욱 명확해진다. 장혁주의 「아귀도」(제5회, 1932) 이전의 당선작으로는 제3회에 오에 켄지大江賢次(1905~1987)의 「시베리아シベリア」(1930), 제4회에 타사토 토라오田郷虎雄(1901~1950)의 「인도印

度」(1931)가 당선되었다. 또 「아귀도」 이후에도 제8회 유아사 카츠에의
「불길의 기록焰の記錄」(1935), 제9회 류에이 무네龍瑛宗(1911~1999)의 「파
파야가 있는 거리パパイヤのある街」(1937)가 있다. 제7회에는 3·1 독립운
동을 다룬 유아사 카츠에의 「간난이カンナニ」(1934)가 검열을 염두에 두
고 가작으로 처리되어 발표의 기회를 놓치기도 했다. 물론 응모작에 이
러한 소재가 눈에 띄었다고 해서 이것이 유난히 많았다고는 말할 수 없
다. 오히려 이것은 이문화적 소재를 다룬 응모작이 당선되는 경향이 있
었음을 말해준다. "올해의 가장 큰 기쁨은 조선의 청년작가 장혁주 군의
역작을 얻은 것"이라고 선언한 이듬해 제6회 현상 창작의 발표기사에는
이렇게 쓰여 있다.

　　작년 장혁주 군의 입선에 자극을 받았는지 조선에서 응모가 매우 많았
　다. 소재 선택의 측면에서 보면 농촌을 다룬 작품이 많았으나 일반적으로
　프롤레타리아 문학에 속하는 것으로 보이는 작품이 예년보다 적어진 듯 느
　껴지는 것은 무언가를 시사해주고 있는 것이 아닐까.(「제6회 현상 창작 입선
　발표第六回懸賞創作入選發表」, 『카이조』 제15권제5호, 1933.5, p.232)

또한 「제7회 현상 창작 당선발표第七回懸賞創作入選發表」(『카이조』 제16
권제8호, 1934.7)에서는 "간혹 식민지 생활을 그린 작품이나 만주사변, 비
적匪賊토벌 체험에 관한 작품 등이 있었다"(p.246)고 기록되어 있을 뿐
이다. 조선에서 응모가 많았던 것은 제6회뿐이었다.[15] 그럼에도 불구

15　편집부의 발표기사는 연도에 따라 게재되는 경우와 게재되지 않는 경우가 있다. 이 후에
　　식민지나 해외로부터의 응모가 주목받은 것은 1939년 5월의 카이조편집부, 「제10회 현

〈그림 20〉 김성민, 「반도의 예술가들」 삽화

하고 『카이조』의 현상 창작이 이문화적 소재를 요구했고 장혁주의 「아귀도」가 그에 응한 것이 상승효과를 가져와 조선 문학청년의 응모 의욕을 부추겼음을 알 수 있다. 게다가 이후의 응모작은 프롤레타리아 문학적인 작품이 감소하고 시국적인 내용을 그린 응모작도 드물었다고 한다. 이러한 경향은 『카이조』 현상 창작에 국한된 현상이 아니라 프롤레타리아 문학운동이 조락한 이후의 한 조류였다. 투고소설이지만 특필된 쿠사카리 로쿠로의 「성장」과 함께 이 시기에는 이북명李北鳴(1910~?)의 「초진初陣」(『분가쿠효론』 제2권제6호, 1935.5), 정우상鄭遇尙(1911~?)의 「목소리聲」(『분가쿠효론』 제2권제12호, 1935.11), 김래성金來成

상 창작 입선발표」이다. 여기에는 "멀리 북미합중국, 지나支那, 만주국으로부터의 응모를 비롯하여 조선, 타이완, 홋카이도 등에서 보낸 원고는 상당한 양이었다. 그 중에서도 북·중부 지나의 전선戰線으로부터의 기고는 본지로서는 매우 감격스러운 부분이었다"(p.210)고 기술되어 있으며, 이는 조선 붐과 겹친다.

(1909~1957)의 「탐정소설가의 살인探偵小說家の殺人」(『프로필ぷろふいる』제3권제12호, 1935.12), 김성민金聖珉의 「반도의 예술가들半島の芸術家たち」(『선데이마이니치』제15년제38~46호, 1936.8~9) 등 다양한 작풍의 일본어작품이 주목받았다.[16]

조선인 작가만 주목받았던 것은 아니다. 예컨대 무려 46장을 삭제한 후 게재된 유아사 카츠에의 「간난이」(『분가쿠효론』제2권제4호, 1935.4)를 비롯하여 히로츠 카즈오의 추천을 받아 게재된 카자마 로쿠로風間六郎의 「반도남하半島南下」(『분게슈토』제2권제2호, 1934.2), 제16회 대중문예상에 입선한 후지시로 에이지藤代映二의 「국기國旗」(『선데이마이니치』제14년제24호, 1935.5), 우에다 히로시上田廣(1905~1966)의 「온돌야화—한 남자 이야기オンドル夜話—ある男の話」(『분가쿠효론』제2권제9호, 1935.8) 등과 같이 조선 경험을 살린 일본인 신인작가의 작품도 같은 시기에 발표되었고,[17] 타이완으로부터는 양쿠이楊逵(1905~1985)의 「신문배달부新聞配達夫」(『분가쿠효론』, 1934.10), 르흐루어呂赫若(1914~1951)의 「소달구지牛車」(『분가쿠효론』, 1935.1)와 같은 일본어 작품도 류에이 무네의 「파파야가 있는 거리」(『카이조』, 1937.4) 이전에 발표되어 주목을 받았다. 이러한 현상 속에서 '식민지문학'이라는 장르가 탄생하게 된다.

---

16 이 중에서 김래성만 당시 와세다대학 독법과獨法科 3학년에 재학 중이었다. 「탐정소설가의 살인」은 『프로필ぷろふいる』의 특별현상모집 입선작이다.

17 후지시로 에이지의 「국기」는 행군 도중인 일본인 병사와의 만남을 통해 그 때까지 일본인 병사를 무서워하던 한반도 북부 마을에 사는 부부가 마을에 1개도 없었던 '국기'를 구입하기까지의 경위를 그린 작품으로, 프롤레타리아 문학적 작품과는 정반대의 방향성이다. 또 카자마 로쿠로의 「반도남하」와 우에다 히로시의 「온돌야화 — 한 남자 이야기」는 둘 다 신인작가의 작품으로, 소설 내용을 보면 재조在朝 경험이 있다고 생각된다.

식민지문학의 진출도 올해의 특징이다. 장혁주의 식민지문학은 쿠사카리 로쿠로(조선)의 「성장」(『분카슈단』, 7월호), 양쿠이(타이완)의 「신문배달부」(『분가쿠효론』, 10월호) 등과 같은 후속작품들로 이어지고 있다.

식민지문학의 환경과 의욕이 그들 자신의 표현에 의해 일본 문단에 등장한 것, 특히 장혁주의 「갈보ガルボウ」(『분게』, 3월호), 「장례식 밤에 일어난 일葬式の夜の出來事」(『분게』, 8월호) 등이 착실한 관찰과 소박한 정신으로 초기 리얼리즘의 본격적인 양상을 드러내고 있는 점 등은 특필할 만하다.(『카이조연감 1935년판改造年鑑一九三五年版』, 카이조사改造社, 1935, p.287)

식민지문학이라는 새로운 문예장르는 원래 프롤레타리아 문학의 하위 장르로 성립되었다.[18] 이 명칭이 미디어에 등장하는 것은 1935년 전후이다. 예컨대 라이 아키히로賴明弘는 「식민지문학을 지도하라!植民地文學を指導せよ!」(『분가쿠효론』 제1권제9호, 1934.11)에서 "일본의 프롤레타리아 작가가 앞으로도 따뜻한 동지의 입장에서 식민지문학을 육성하고, 지도해 주길 간절히 희망한다"(p.37)고 적고 있으며, 츠보이 시게지壺井繁治(1897~1975)는 「문예시평文芸時評」(『분가쿠효론』 제2권제2호, 1935.2)에서 "최근 식민지 작가가 일본 문단에서 활약하기 시작한 것은 높이

---

18 이 점에 대해서는 카와무라 미나토川村湊 씨가 『태어난 곳이 고향―재일조선인문학론生まれたらそこがふるさと―在日朝鮮人文學論』(平凡社, 1999.9)에서 아시아·태평양전쟁 이후의 재일조선인 문학과의 관계라는 측면에서 인용하고 있는 아타가키 나오코板垣直子의 『사변하의 문학事変下の文學』(第一書房, 1941)을 우선 참조하도록 하자. "사변 기간에 식민지의 문학이 새롭게 우리들의 시야에 들어왔다. 식민지의 문학이라는 것은 대륙문학의 장章에서 본 바와 같이 일본인이 대륙을 다룬 문학은 아니다. 식민지의 인간이 식민지를 그린 문학을 가리킨다."(p.124) 이와 같은 이타가키의 서술은 그 장르적 성립의 시기나 프롤레타리아 문학적 특성 등 『카이조연감』의 규정에 비해서 다른 점이 다수 보인다. 이타가키는 '식민지문학'을 '대륙문학'과의 차이에서 파악하고 있기 때문이다. '대륙문학'이란 일본인 작가가 만주·조선 등 동아시아지역을 다룬 문학을 가리킨다.

평가해야 할 현상"(p.106)이라고 지적하고 있다.[19] 필자가 아는 한, 식민지문학은 식민지 사람들에 의한 일본어작품을 가리켜 사용하는 경향이 있으며, 이것이 번역인지 아닌지는 그다지 문제시되지 않았다. 식민지라는 현실에 처해있는 사람들의 문학작품이 번역된다는 것은 그 당시로서는 아직 드문 일이었기 때문이다.

식민지문학의 특징은 앞에서 인용한 장혁주에 대한 서술―'소박한 정신' '초기 리얼리즘의 본격적 양상'―에서도 드러나듯이 그 대부분이 요람기 단계의 작품으로 간주된다는 점에 있었다. 이것은 일본인 작가의 작품과 동등한 문학 감상적 가치관을 통해 파악되었음을 의미하며 '소재의 특이성과 기술의 뛰어남'이라는 평가 구도와의 관련성을 지적할 수 있다. 이때 '소재의 특이성'이란 그들의 신체가 갖는 민족색ethnicity에 의해 결정되었다고 할 수 있다. 예컨대 이것은 작가가 조선인이라는 점이 그들의 일본어 작품을 식민지문학으로 간주하는 전제가 되었음을 말한다. 그러나 '식민지문학의 환경과 의욕'으로 표현되듯이, 식민지문학이라는 문예장르의 탄생은 식민지의 일본어 문학 환경과 일본열도 문단의 정세가 중층적으로 뒤얽히는 과정에서 식민지출신의 일본어작가가 종주국 문학계를 향해 적극적으로 개입했던 것이 결정적인 계기였음을 잊어서는 안 된다.

---

[19] 츠보이 시게지가 주목한 것은 타이완 출신의 일본어작가이다. "『분가쿠효론』에 발표된 양쿠이의 「신문배달부」, 르후루어의 「소달구지」 등을 읽고 깊은 감명을 받았다. 이 두 사람의 식민지 작가의 문장에는 공통된 부분에서 질실質實함과 소박함을 느낄 수 있다. 그들과 비교하면 같은 식민지 작가인 장혁주의 문장은 매우 다른 스타일을 갖고 있다." 이 경우, 장혁주와의 차이점이 강조되는 한편 양쿠이나 르후루어도 '질실함과 소박함'이 강조되고 있다. 또 '식민지문학'을 프롤레타리아 문학의 하위 장르로 파악하는 이유는 『분가쿠효론』이나 『분가쿠안나이』와 같은 프롤레타리아 문학계 문예잡지에 그들의 작품이 많이 게재되었기 때문이기도 하다.

3. 조선인 일본어작가의 차이

이 시기 식민지출신 일본어작가의 문학작품이 많이 발표된 것은『분가쿠효론』이나『분카슈단』과 같은 프롤레타리아 문학계의 문예잡지였다. 이들의 일본어 문학도 하나의 원인이 되어 활성화된 지면誌面은 프롤레타리아 문학운동이 조락한 이후의 전개로서 간과할 수 없는 과제를 안고 있다. 이것은 식민지 타자와의 연대이다. 그러나 그들의 일본어 문학에 대한 평가가 '소재의 특이성'의 단계를 벗어났는지에 대해서는 의문이 남는다. 예컨대 토쿠나가 스나오德永直(1899~1958)는 「1934년도에 활동한 프로파 신인들三四年度に活動したプロ派の新人たち」(『분가쿠효론』제1권제10호, 1934.12)에서 이 해에 발표된 양쿠이와 쿠사카리 로쿠로의 일본어 작품을 평가하는 데 지면을 할애하고 있다. 양쿠이는 프롤레타리아 문학 작가로 타이완에서 알려져 있었지만, 쿠사카리 로쿠로는 소설의 내용으로 보아 조선인 작가로 간주되었던 이름 없는 문학청년이었다. 이들의 작품은 모집원고의 응모작과 편집부에 도착한 투고소설이다. 이런 의미에서『분가쿠효론』이 식민지출신 일본어작가의 탄생에 기여한 역할은 크다. 그러나 그들의 위치를 규정하는 방법에는 다분히 유의할 필요가 있다고 본다.

토쿠나가 스나오는 「1934년도에 활동한 프로파 신인들」에서 "양쿠이가 '타이완'의 농민을 그리고, 쿠사카리 로쿠로는 '조선'의 노동자를 그렸다. 이것은 식민지인 스스로가 식민지를 그린 문학이라는 의미에서 올해에 가장 의의를 지닌다"(p.18)는 평가와 함께, "두 작가가 식민지

하층계급의 가장 정직한 대변자로서 앞으로 더욱 이러한 소설을 일본의 노동자와 농민에게 제공해 주길 진정 희망한다"(p.19)고 언급하고 있다. 토쿠나가의 주장은 양쿠이와 쿠사카리 로쿠로를 "식민지 하층계급의 가장 정직한 대변자"로 규정함으로써 일본열도의 노동자와 농민에게 그들의 생활을 전달하는 매개자적 존재로 위치를 부여하는 것이다. 여기에서 그들을 매개자로 간주함으로써 외부로 확대되는 횡단적 시선에는 주의가 필요하지만, 양쿠이나 쿠사카리 로쿠로 등의 일본어 문학에 대한 이러한 평가는 종주국 문화에 비해 항상 주변부로 규정되는 식민지문화라는 구도에서 벗어나지 못했다는 것도 시사하고 있다. 토쿠나가는 더 나아가 다음과 같이 말한다.

> 우리들은 개념적으로 '조선'과 '타이완'을 알고 있다. '조선'의 금강산이나 기생, 타이완 총독이나 큰 바나나 등은 알고 있다. 그러나 조선의 농민이나 타이완 본도本島 노동자의 생활은 거의 모른다. 일본의 노동자는 그것을 알고 싶어 한다. '박람회'나 '풍물사진'으로 보는 우리 일본의 영토는 이미 식상하다. 일본 내지에서도 노동자와 농민들은 조선과 타이완의 노동자 농민의 생활을 의외로 알지 못한다. 우리들은 우선 이런 의미에서 양쿠이의 「신문배달부」와 쿠사카리의 「성장」을 재미있게 읽는다.(pp.18~19)

이 시점에서 토쿠나가 스나오가 프롤레타리아 문학의 가능성 중 하나로 '식민지 하층계급'과의 연대를 시야에 포함시키고 있음을 확인해 두자. 종주국과 식민지라는 지배ㆍ피지배 관계는 계급론적 관점에서 구조적으로 파악되는 측면이 있다. 토쿠나가는 민족과 계급이라는 개

넘의 유사성에 따라 그들의 일본어 문학을 매개로 '식민지 하층계급'과
의 연대를 모색하고 있는 것이다. 또한 이것은 식민지출신의 일본어작
가가 이의를 제기하도록 요청하는 전략이기도 하다. 그러나 이 주장은
식민지를 향한 호기심의 형태로 표명되고 있다. 토쿠나가의 호기심이
세상에 유포되는 '조선'상과 '타이완'상을 향한 것이 아니라 '노동자 농
민의 생활'에 집중된 것이라 해도 이것이 식민지 표상의 격화에 따른
것이라는 사실에는 변함이 없다. 그렇다면 식민지의 일본어 문학은 일
본열도 문학계에 어떤 변용을 야기한 것일까.

식민지의 일본어 문학이 양적으로 증대하는 문화현상은 1930년대
일본 문학이 외부를 향해 열려 있었다는 증거이고, 이것은 식민지출신
의 일본어작가가 어떠한 저항문화를 창출해내는 도정과도 관계가 있
다. 그들이 창작하는 일본어 문학의 특징은 주로 농촌이나 노동자문제
를 다룸으로써 프롤레타리아 문학적 작풍에 식민지주의 비판을 담는
것이다.[20] 그러나 이 시기에 등장한 일본어 문학이 반드시 이러한 특
징을 공유했던 것은 아니다. 도일渡日 전후부터 장혁주의 작풍은 심경
소설로 기울었고, 그의 '순수소설'적 작풍을 염두에 두었던 김성민은
경성의 영화와 음악업계를 그린 「반도의 예술가들」로 치바 카메오상
千葉龜雄賞 제1회 장편대중문예에서 1등으로 입선하는 성적을 거뒀다.
앞서 말한 바와 같이 김래성의 「탐정소설가의 살인」 등을 포함시킨다

---

20 예를 들어 카네코 카즈金子和, 「장혁주론張赫宙論 - 현대소설에 비친 조선의 현실(2)現代
小說に映じた朝鮮的現實(二)」(『文學評論』第3券2号, 1936.2)이 있다. 여기에서는 장혁주
작품을 주된 대상으로 삼아 "우리들은 여러 작품을 검토하는 과정을 통해 조선이 어떤
곳인지, 조선을 어떻게 보아야 하는지를 대체적으로 이해할 수 있었다. 동시에 우리들은
거기에서 세 가지 중요한 문제가 있다는 것을 알았다. 첫 번째로 …… 의 문제이고, 두 번
째는 농민문제이고, 세 번째는 노동자문제"(p.131)라고 말한다.

해도 이들의 일본어 문학은 우선적으로 식민지를 그린 문학이라는 점에서 주목받았던 것은 변함이 없지만 그 작풍이나 장르에는 폭이 있었다.

그런데 조선인 작가의 일본작품이 잇달아 발표되기 이전에 조선인의 생활이나 식민지적 소재를 그린 일본인 작가의 작품들은 통속적으로 '쵸센모노朝鮮もの'라 불리고 있었다. 후지사와 타케오藤澤桓夫(1904~1989)의 「상처투성이의 노래傷だらけの歌」(『신쵸』 제27년제1호, 1930.1)와 「싹芽」(『카이조』 제13권제3호, 1931.3), 마에다코 히로이치로前田河廣一郎(1888~1957)의 「조선朝鮮」(『분센文戰』 제8권제

〈그림21〉 마에다코 히로이치로, 『조선』 표지

9~11호, 1931.9~11), 이토 에이노스케(1903~1959)의 「만보산万宝山」(『카이조』 제13권제10호, 1931.10), 쿠보카와(사타) 이네코窪川(佐多)稻子(1904~1998)의 「싸구려 과자 한 봉지―袋の駄菓子」(『분게순쥬』 제13년제6호, 1935.6) 등과 같은 계보가 그것이다. 21 주로 '쵸센모노'라고 불렸던 작품들은 1930년

---

21 「상처투성이의 노래」는 '제3인터네셔널의 노래'를 의미하고, 이 소설은 후지사와 타케오의 대표작이다. 나중에 『화전 외 6편火田他六篇』(六芸社, 1938)에 수록되는 마에다코 히로이치로의 「조선」은 사토무라 긴조里村欣三・다카하시 타츠지高橋辰二 등 조선 체험자로부터 조언이나 자료제공을 받아 당초에는 『분센文戰』에 3부작으로 반년 간 연재될 예정이었던 장편소설의 일부이다. 또 앞장에서도 다룬 바와 같이 이토 에이노스케의 「만보산」은 만보산 사건에 예민하게 반응하며 집필된 소설. 이외의 신인작가로는 선원의 밀수를 다룬 호리타 쇼이치堀田昇一, 「최崔」(『文化公論』 第2券第2號, 1934.2)가 있다. 쿠보카와 이네코, 「싸구려과자 한 봉지」는 재일조선인의 생활을 소재로 한 작품이다.

전후부터 프롤레타리아 문학계열 작가들이 주로 생산했다. '쵸센모노'라 일컬어졌던 작품군들에 대한 주목도는 조선인 작가의 등장으로 완전히 변했다. 예컨대 쵸센모노를 자주 쓰는 작가 중 한 사람으로, 호평을 얻은 희곡 「강남제비江南燕」(『카이조』제15권제9호, 1933.9) 이후 「바보阿呆」(『분가쿠효론』제1권제3호, 1934.5) 등을 통해 조선의 문화풍속을 면밀히 조사하는 것으로 정평이 나있던 후지모리 세이키치藤森成吉(1892~1977)가 있다. 이 후지모리의 「아귀餓鬼」(『카이조』제16권제5호, 1934.4)에 대해 토쿠나가 스나오는 "형식적"이라는 평가를 내렸다.[22] 이러한 사례는 식민지적 소재를 수용하려는 점에서 조선인 작가와 재조在朝 경험이 있는 작가의 차이가 서서히 두드러지면서 일본인 작가가 쓰는 '쵸센모노'의 심화가 요구되었음을 단적으로 보여준다.

이와 대조적으로 조선인 작가의 경우는 '소재의 특이성'에 바탕을 둔 정형화된 평가와 함께 주목을 받았으나 자세히 들여다보면 다소 상황이 달랐던 듯하다. 예컨대 시마키 켄사쿠島木健作(1903~1945)는 이북명의 「초진」을 추천하면서, "「초진」의 소재는 굉장하다. …… 그러나 그 이상은 아니며 '예술화'의 단계에 이르렀다고는 말하기 어렵다"고 하면서도 "조선 프롤레타리아트의 생산 장면을 생생하게 그리고 있다"(「『초진』에 대해서『初陣』について」, 『분가쿠효론』제2권제6호, 1935.5, p.168)는 평을 했다.[23] 시마키의 평에서 주목할 점은 '생생함'이라는 표현이다. 예술적 관

---

22 토쿠나가 스나오德永直는 「꽃샘추위春さむし」(『文學評論』第1券第3号, 1934.5)에서 "조선인의 '동승'은 성격이 없다. 다양한 지방색이나 토지적 특수성에 대해서는 주력하고 있다고 판단되지만, 중요한 주인공이 그렇기 때문에 지루하다"(p.150)고 부정적인 평가를 하고 있다. 후술하는 바와 같이 조선인 작가의 일본어 작품이나 재조在朝 경험이 있는 유아사 카츠에湯淺克衛 등의 작품 평가와 비교하면 대조적이다.

23 시마키는 "어떤 독자는 나에게 쟁의라는 소재 자체가 이미 프로문학으로서 진부하고,

점에서 보면 미성숙하다는 평가는 이 소설 전체에 대한 평가와 일치하는 것이 아니고, 여기서 말하는 '생생함'은 '소재의 훌륭함'과 밀접하게 관련되기는 하지만 동일한 가치의 개념은 아니다. 즉 조선인 노동자의 생활환경을 사실적으로 그려냈다는 '생생함'은 '예술화'의 대극으로 상정되는 소재적 특성과 함께 상승효과로 잘 다듬어진 「초진」이 갖는 또 하나의 가치인 것이다. 여기에 조선인 작가가 기록하는 일본어라는 문제가 부상한다. 이것을 바탕으로 아래의 정우상에 대한 타테노 노부유키立野信之(1903~1971)의 「『목소리』에 대해서『聲』について」(『분가쿠효론』 제3권제1호, 1936.1)가 말하는 평가를 검토해 보자.

모국어로도 문장을 쓰는 데 있어서 단어를 자유롭고 창조적으로 구사하는 것은 상당히 어려운 일이다. 그렇기에 모국어가 아닌 언어를 가지고 문장을 쓰는 것만으로도 상당한 노력이 필요하다. 그러나 그들은 그것을 하고 있다. 특히 내지작가보다도 아름답고 격조를 갖춘 문체로 소설을 쓴다. 정우상의 「목소리」가 그것이다.(p.186)

이 한 구절에서는 정우상의 「목소리」에 대한 문장표현력이 강조되어 있다. 필자가 아는 한, 이렇게 조선인 작가의 평가가 문체에까지 미친 사례는 극히 드물다.[24] '내지작가보다도 아름답고 격조를 갖춘 문

'아! 또 이거야'라는 느낌밖에 사람들에게 전하지 못한다고 말했다"(p.169)고 했다. 이북명의 「초진」은 『조선일보』(1932.5.29~31)에 발표된 「질소비료공장質素肥料工場」의 번역이고, '진부'라는 이미지는 이것에 기인한다. 그럼에도 불구하고 이북명의 「초진」이 게재되었다는 점에서 이 소설에 대한 시마키나 편집부의 평가를 짐작할 수 있다.

24 이것과 비슷한 평가로 앞서 말한 김래성의 「반도의예술가」에 대한 선평選評이 있다. 「심사후기」에서는 "「반도의 예술가」는 조선의 영화 회사를 둘러싼 젊은 예술가들의 순수한

체로 소설을 쓴다'는 평은 '소재의 특이성'이라는 특징으로 고정된 식
민지문학의 틀이 아니라 정우상의 세련된 문장표현력으로 가치를 부
여하고 있다. 소재를 보다 리얼하게 묘사하는 문장표현력으로 인해 시
마키 켄사쿠가 본 「초진」의 '생생함'이 독자에게 전달되었을 것이다.
그렇다면 이렇게 생각할 수는 없을까. 이북명의 「초진」이나 정우상의
「목소리」의 작품평에서 역으로 짐작할 수 있는 것은, 일본열도 문학계
는 조선인 작가의 일본어작품을 '예술화'라는 기존의 문학감상적인 입
장에서 파악하려고 한 나머지 무시되는 어떠한 감성이 있었다고. 이것
은 말할 것도 없이 그들 각각의 문장표현력에 대한 감탄이다. 이 감탄
은 그들의 일본어 문학을 식민지문학이라는 틀에서 일괄적으로 파악
하는 것이 아니라 일본인 작가의 작품과 같은 선상에서 논하려는 자세
에서 나온 것이다.

노력을 그린 작품으로 그 소재가 흔하지 않고 화려한데다가 인간을 묘사하는 펜의 확실
함은 응모작품 중 단연 뛰어났다"고 평했다. 이어서 "조선 사람이 일본어 문장을 쓰기 때
문에 서술에는 아직 소설의 격에 충분히 맞추기 어려운 점도 있지만, 이것을 자각해서인
지 작자는 서술이 필요할 때면 되도록 간략하게 회화를 많이 늘린 점도 좋았다"(『サンデ
ー毎日』第15年第38號, 1936.8, p.8)는 평이 있지만, 1등 입선작으로 선발된 점을 생각하
다면 그렇게 간단히 판단할 수는 없다. 또한 같은 관점에서 키쿠치 칸菊池寬의 선평選評
「현대물 2작現代物二作」에도 "조선인이 대중문예를 쓰기 위해서는 일본 대중의 기분을
이해하지 않으면 안 된다. 순문학보다 훨씬 어려움에도 불구하고 이 작자가 이것을 성공
한 것에도 경의를 표한다"(『サンデー毎日』第15年第38號, p.9)고 평했다.

4. 식민지문학과 지방주의문학, 그리고 표방되는 '세계'

조선인 일본어작가의 문장표현력에 대한 감탄은 식민지문학이라는 문예장르의 탄생을 뒷받침하는 근간적인 요소라고도 부를 만한 것이다. 이북명이 쓴 「초진」의 '생생함'이나 정우상이 쓴 「목소리」의 문장표현력이 세련되었다는 평으로 에둘러 표현한 감탄은 조선인 일본어작가가 가진 이중성을 재차 시사하는 중요한 관점이다. 이것은 일본어로 발표된 작품이기는 하지만 일본인이 쓴 것은 아니고, '일본'이라는 영토에 거주하는 '국민'에 의한 것이기는 하지만 여기에 그려진 모습은 그다지 익숙하지 않은 이문화세계이다. 이들의 일본어 작품은 안內이기도 하고 밖外이기도 한 양면성을 가진 문학인 것이다. 그러나 일본열도 문학계에서는 이러한 감성이 무의식적으로 은폐되었다고는 말할 수 없지만 지극히 미온적인 것으로 인식되고 있었다. 이것은 '조선'이라는 지역성을 대변하는 것으로 단지 즉각적으로 주시되는 데 그친 느낌이 있다.

그 때문인지 식민지문학이라는 문예장르가 확실히 성장해 나가던 1934년 하루야마 유키오春山行夫(1902~1994)의 「신지방주의소설론新地方主義小說論」(『코도』제2년제10호, 1934.10)과 같은 견해가 등장한다.

문단이 당파적으로 보이거나, 문학이 중앙집권적, 직업적으로 전문화되는 것이 모더니즘 문학과 프롤레타리아 문학에 참된 문학적 대립의식을 희박하게 만들고 있는 듯한 현상에서 볼 때, 이시자카 요지로石坂洋次郎 씨나 장혁주 씨와 같은 지방 거주 작가가 등장한 것이나, 『카이조』의 현상소설

에 사카이 류스케酒井龍輔 씨의 「유마등 꽃油麻藤の花」과 같은 모더니즘과 프롤레타리아 문학이 대립하고 있던 시기였다면, 분명히 오늘날 문학의 한 경향을 차지하는 작품이 될 수 없었을 지방주의적인 작품이 선발된 것은 거기에 무엇인가 원인이 있는 듯이 생각된다.(p.24)

도시를 표상으로 삼아 한없이 분절화된 모더니즘 문학의 한계와 무산계급의 대변을 목표로 도시의 노동자에서 지방 농민에 이르는 연대를 주장하는 프롤레타리아 문학의 대립은 이 시기에 느슨해지게 된다. 하루야마 유키오가 시도하는 것은 모더니즘 문학과 프롤레타리아 문학의 길항 관계로부터 작자의 환경 또는 소재적 특징에 의거한 '지방주의문학'으로의 패러다임 전환이다.[25] 즉 문학작품의 형식적 파악에서 그려진 지역성을 중시한 내용적 파악으로의 전개가 그 증거이다. 하루야마가 제창한 '지방주의문학'의 범주에는 장혁주도 포함되어 있다.

식민지문학과 지방주의문학. 각각의 범주로 파악된 장혁주의 일본어 문학은 일본 문학의 안이기도 하고 밖이기도 한 이중성을 시사한다. 이러한 조선인 일본어작가의 분류방식은 일본인의 문화적 기억 속에 조선이 기지既知의 이문화상으로 뿌리박혀 있었다는 증거이기도 하다. 1910년 한일병합 이후 4반세기가 지난 조선은 일본열도와의 사이에 명

---

[25] 하루야마는 "지방주의소설이라는 것의 독자적인 영역이 있고, 게다가 이것이 오늘날의 모더니즘이나 프롤레타리아 문학 이후에 나왔기 때문에 '신新'이라는 접두어를 붙였다고 막연하게 생각했다"고 하며, "지방을 다룬다는 의미에는 보통 Provincialism과 regionalism의 두 종류의 용어가 있다. 둘 다 구분하지 않고 사용하는 비평가도 있지만, 안드레 비Andre Bie에 따르면 지방적 생활을 다룬 전자는 '지방소설'이고, '지방주의소설'은 후자에 속한다"(p.28)고 한다. 이 점은 이미 고찰한 농민문학의 장르적 형성 논의가 형태를 바꿔 반복되고 있다고 판단된다.

확한 경계선이 그어진 식민지임과 동시에 '지방' 즉 '일본'의 원격지역으로도 인식되는 경향이 있었다. 이러한 의식은 일본인만이 가지는 특징이 아니었다. 토쿄에서 문학 활동을 시작한지 얼마 되지 않아 장혁주는 「문학적 생활에 관해文學的生活のこと」(『분게』 제4권제8호, 1936.8)라는 제목의 에세이에서 다음과 같이 말하고 있다.

> 문단생활을 오랜 기간 반복하면서 제한된 소재의 탐색에 곤란해 하는 사람은 나와는 반대로 지방생활을 통해 그것을 구하고 있다. 하지만 이것은 소재를 얻는 것, 새로운 자연을 접하는 것 외에는 작가를 풍요롭게 하는 데 부족하다고 생각한다. 오히려 소재의 생생한 현실에 압도되어 문학적 분위기를 잃어버렸을 때에는 제작력마저 잃어버리기 쉽다.(pp.278~279)

조선인 작가에 의해서 양성되는 지방의식에는 무엇보다도 일본에 의한 식민지주의의 완벽한 문화적 작용이 엿보인다. 식민지 조선이 '지방'이기도 하다는 인식이 장혁주의 정신적 자세에서도 효과적으로 나타나고 있기 때문이다. 장혁주의 일본어 문학이 서서히 '지방생활'에서 '문단생활'로 기울어갔던 것은 이미 앞 장에서 논한 바와 같다. 그러나 이를 다른 측면에서 보면 하루야마 유키오와 장혁주가 가지고 있는 의식은 조선인 일본어작가가 가진 이중성을 일본의 지방의식에 대한 동요로 읽을 가능성을 남기고 있다. 장혁주의 주장은 지방생활이 '소재의 생생한 현실'에 굴복할 수밖에 없다는 것이기 때문이다. 부연하자면 이러한 의식을 야기한 문화적 과정은 조선인 작가의 일본어 문학이 일본열도 문학계에 대해 가질 수 있는 차이성과 이것의 기폭제적

인 효과를 논리적으로 긍정하는 것이기도 하다. 그리고 이러한 지방의
식의 양성은 느슨한 경계인식 하에서 '세계'를 지향했던 장혁주가 실제
로 식민지와 일본열도를 오가며 만들어 낸 것이었다.

이 점을 보다 정확하게 평가해보자. 앞서 말한 바와 같이 장혁주의
「아귀도」가 제5회 『카이조』 현상 창작에서 2등 당선작이 되었을 당시
발표기사에는 "세계를 향해 조선작가의 존재를 강하게 주장하는 자일
것"이라고 되어 있었다. 그리고 장혁주 자신도 "나는 우리 민족의 비참
한 생활을 널리 세계에 알리고 싶다. 호소하고 싶다. 나의 문학은 그렇
기 때문에 존재하고 그렇게 평가되길 바란다"(「나의 문학僕の文學」, 『분게
슈토』 제1권제1호, 1933.1, p.13)고 주장했다. 여기서 공통되는 것은 '세계'
라는 단어이다. 종합잡지 『카이조』가 조선인 일본어작가의 탄생을 '세
계'에 호소한 것은 저항문학으로도 읽을 수 있는 「아귀도」를 이른바 문
화적 다양성으로 받아들임으로써 식민지문학을 '지방'으로 획득하려
는 선언이기도 하다. 그에 반해 장혁주의 표명은 일본어 창작을 통해
서 조선의 현실을 문자 그대로 '세계'를 향해서 보다 널리 알리기 위한
내발적인 바람으로 규정할 수 있다. 종합잡지 『카이조』와 장혁주로 상
징되는 것은 종주국 문학의 확장적인 지배에 대한 욕망과 식민지출신
일본어작가의 진지한 소망의 교차이다. 그러나 조선인 작가가 일본어
문학을 통해서 '세계'를 지향했던 것에 대해서는 조금 유의해야 할 필
요가 있다. 예컨대 훗날 김사량은 「조선 문학풍월록朝鮮文學風月錄」(『분
게슈토』 제7권제6호, 1939.6)에서 다음과 같이 말했다.

내지어로 써야만 하는 것일까. 물론 쓸 수 있는 자는 써도 좋다. 그렇지만

군이 온갖 희생을 감내하며 내지어로 쓰는 경우에는 그 당사자에게 매우 적극적인 동기가 있어야 한다. 조선의 문화, 생활 그리고 인간을 보다 넓은 내지의 독자층에 호소하고자 하는 동기. 겸손한 의미로 말하면, 더 나아가 조선 문화를 동양과 세계를 향해 널리 알리기 위한 중개자로서의 노고를 감수하겠다는 동기. 이와 같은 존엄한 동기가 없다면 자신의 언어로 대화해야 하는 수많은 독자가 있음에도 불구하고 지금 상황에서 굳이 그것을 버리고 쓰기 어려운 내지어로 쓸 필요가 있는 것일까.(p.101)

이런 의미에서 김사량은 "장혁주를 인정하려 하지 않았던 조선 문단의 협량狹量함은 부당한 것"이라고 말했다. 조선인 일본어작가는 일본 열도의 문학계에서 활약하면 할수록 조선 문단에서는 비판을 받았다. 이것은 조선 문학이 조선어에 의한, 조선인을 위한 문학이라는 인식에 근거한다. 하지만 다른 한편으로 조선인 작가의 일본어 문학은 조선인이 목소리가 없는 민족이 아니라는 것, 그리고 그들이 활약하는 장소가 조선 문단이라는 한정된 영역만이 아님을 드러낸 것이다. 일본어 문학은 조선 문학의 또 다른 방편인 것이다. 김사량의 말은 장혁주를 겨냥한 것이었다고도 할 수 있으나, 조선을 '내지'의 독자, 더 나아가서는 '동양'이나 '세계'의 독자에게 호소하기 시작했다는 점에서 그는 장혁주를 평가했다. 여기에는 조선어로 써야 하는 것인지, 아니면 일본어로 써도 좋은 것인지의 문제가 있었다. 이 문제는 1940년 전후에 조선 붐이 도래하면서 조선인 작가와 일본인 작가에 의해 다시 논의된다.[26] 여기서 김사량이 제안하는 것은 경성제국대학 등과 같은 기관을 이용한 '조선 문학의 번역'이고, 이를 통해 "토쿄 문단이나 세계 문단과도 교류를 도모하며, 조선 문학의 현 상황과 조선 문학을 조선말로 써야만 하는 근거를 제시해야 한다"(p.106)는 것이었다. '세계' 또는 '세계 문단'은 종주국 문학이라는 영역의 상대편에 있는 것이며, 이 시점은 '세계 문단'과의 '교류'라는 명목 하에 종주국 문학을 '토쿄 문단'으로 상대화하는 것에 주안점이 있다.

'제재의 특이성과 기술의 뛰어남'이라는 평가에서 알 수 있듯이, 일본 열도의 문학계에서는 식민지문학을 요람기에 있는 일본 문학으로 평가하는 경향이 있었다. 그러나 김사량의 논의에서 전제가 되는 것은 조선 문학은 본래 일본 문학과 다른 성질의 것이고, 그렇기 때문에 조선어로 써야만 한다는 차이의 인식이다. 여기에는 조선인 작가의 일본어 문학이 갖는 불안정성이 있다. 이 시기의 조선근대문학은 이광수와 김동인 등에 의한 사실주의와 자연주의의 수용에서 시작되었다고 일컬어지는 바와 같이 토쿄 유학 경험자를 통해 만들어졌다는 견해가 있다. 즉 일본 문학의 영향 하에 탄생했다는 견해이다. 그러나 이것은 일본열도와 조선이라는 구도만으로 파악한 근시안적인 견해에 지나지 않는다. 예를 들어 유진오는 「조선 문단의 경향─일본 문단을 향한 의존과 괴리朝鮮文壇の傾向─その日本文壇への依存と乖離」(『테이코쿠다이가쿠신분帝國大學新聞』1937.5.17)에서 "많은 조선의 작가들이 일본어로 문학을 배운 것은 사실이나 그들은 일본 문학의 '일본적인 것'을 배웠다기보다 오히려 일본 문학을 통해 혹은 일본 문학의 서양적인 것을 배웠다고 말하는

---

26 이 점에 대해서는 김윤식金允植,『상흔과 극복─한국의 문학자와 일본傷痕と克服─韓國の文學者と日本』(大村益夫 譯, 朝日新聞社, 1975)과 김석범金石範,『'재일'의 사상「在日」の思想』(筑摩書房, 1981)이 상세하다.

편이 진실에 가까운 것"이라고 말했다. 김사량 등도 크게 공유하는, 핵심을 찌른 이러한 인식은 일본 문학을 '서양적인 것'과 교류하기 위한 하나의 경유지로 간주한다. 이것은 조선 문학을 주체로 삼아 종주국 문학과의 단순한 영향과 수용관계를 세계사적 관점에서 부드럽게 바꾸는 예민한 인식이다.

'문예부흥'기 식민지문학의 특징은 식민지주의라기보다 다문화주의라고 부를 만한 역학으로 규정할 수 있다. 이것은 조선인 일본어작가가 종주국 문학에 편입된 것을 의미함과 동시에 일본인 작가와는 이질적인 일본어 문학이 분명히 존재하는 근거를 장르적 차원에서 제공한 것이었으며, 그들이 자기표현을 하는 장소를 확보했다는 점은 과소평가해서는 안 된다. 이러한 시점에서 보면 조선이 식민지이자 '지방'이기도 하다는 의식 또한 종주국 문학에 의한 조선인 일본어작가의 포섭이라는 해석만으로는 파악할 수 없다. 이것은 종주국 문학이 상대화되는 경위와도 연결되기 때문이다. 이러한 의식의 양성은 종주국 문학계에 새로운 전체성을 제공하는 것이 되기도 한다. 그러나 그 전체성은 '일본'도 여러 '지방'으로 성립된 지역임을 그 이면에 드러낸다. 물론 현실적으로 이것은 지배 역학의 범위를 벗어나지 못한 불충분한 것에 머물렀다. 그러나 이 시대에 조선인 작가의 일본어 문학이 양적으로 등장한 의의는 종주국 문학에 그러한 요동을 야기한 것에서 찾아야 한다. 그리고 그 요동 속에서 조선인 일본어작가는 세계사적 관점으로 조선 문학의 독자성을 파악하여 세계를 지향한다는 인식을 표명한 것이다.

제9장_ 민주주의와 재일코리안 문학의 거리

김달수와 『민슈쵸센』을 둘러싼 전후 일본의 '조선' 표상

재일코리안 문학이라는 문예장르의 탄생에 대해서는 주로 두 가지의 견해가 있다. 기원을 장혁주와 김사량이 등장한 1945년 이전으로 볼 것인지, 그렇지 않으면 김달수金達壽(1919~1997) 등이 활약한 패전 이후로 볼 것인지가 그것이다. 어느 것이 정당한지는 그다지 중요하지 않으나, 각각의 견해를 주장하는 근거에는 주목할 필요가 있다. 하야시 코지林浩治 씨는 장혁주와 김사량이 조선어와 일본어의 이중언어자bilingual이고 두 언어로 창작했던 점을 강조하며 이렇게 말하고 있다.

"조선태생이기는 하지만 소년기에 일본으로 건너와서 일본어로 일상생활을 하고 제대로 조선어교육을 받은 적도 없었던 김달수는 조선어로 문학작품을 쓸 능력이 없었다. 즉 조선어로 쓰는 것을 강권으로 금지당했던 시대와 분명히 구분되는 전후戰後에는 이미 조선어로 말하지도 쓰지도 못하는 세대에 의한 일본어 작품이 나오기 시작했던 것이다."(『전후비일문학론戰

後非日文學論』, 신칸샤新幹社, 1997, p.13)

　이처럼 재일코리안 문학의 탄생에는 식민지 지배시기 이후에 옛 종주국의 언어로 자신을 표현할 수밖에 없는 사람들이 나타나는 뒤틀린 상황을 빼놓고는 말할 수 없다. 패전 이후 분명해진 이러한 사태는 반드시 아시아·태평양전쟁에서 일본이 패전했기 때문에 생겨난 것은 아니다.[1] 이것은 일본의 식민지 지배와 그 경제권 안의 인적교통으로 인해 필연적으로 초래된 사태이다. 종주국의 패전과 동시에 출현한 재일조선인의 언어·문화적인 식민지 상황. 이 때문인지 현재 재일코리안 문학을 규정할 때 자주 참조되는 오다기리 히데오小田切秀雄 씨의 「이 책에 관해この本のこと」에서는 김달수의 『후예의 거리後裔の街』에 대해 다음과 같이 기술되어 있다.

　일본어로 쓴 이 작품은 조선민족의 문학임과 동시에 일본 문학 중 하나로서, 침체된 오늘날 문학계에 뛰어난 수확 중 하나이다. ……『후예의 거리』는 그 현실비판의 건전함 …… 이 명백히 이어지며, 일본 민주주의문학의 독자적인 일익을 형성한다.(『김달수 소설 전집4金達壽小說全集四』, 치쿠마쇼보築摩書房, 1980, p.300)

　일본어 창작 능력 밖에 갖추지 못한 김달수가 대표하는 것은 '조선민족의 문학'을 '일본 문학 중 하나'로 쓸 수밖에 없는 조선인 작가의 일

---

[1]　김달수 등의 문학 활동이 개시된 시기는 이미 논한 1930년대~1940년대 '식민지문학'의 직접적인 영향 아래에 있었다.

본어 문학형태이다.[2] 물론 전시와 전후에 걸쳐 집필된 김달수의『후예의 거리』에 부여된 이 규정은 지금의 마이너리티 문학·포스트콜로니얼 문학과 공통되는 점이 있다. 일본의 식민지통치 아래에서의 경험과 옛 종주국 문학의 형식을 활용하는 행위는 피지배자 측으로부터 저항문학으로 인식되어, 견고한 일본 문학에 대한 차이로 제시되고 있다고 해석할 수도 있다. 즉 그 집단적 존재의 정치성을 자기 주장하는 것이 재일코리안 문학인 것이다.

그러나 '조선민족의 문학인 동시에 또한 일본 문학 중 하나'라고 파악하는 것이 그 의도와는 반대로 식민지주의의 지배·피지배라는 틀을 무의식적으로 답습하는 것도 분명하다. 김달수의『후예의 거리』에 대한 평가에는 일본 문학계에 '수확'으로 회수될 수밖에 없는 역학이 여전히 인정되기 때문이다. 그렇지만 이 역학을 간단히 비판할 수는 없다. 이것은 식민지 지배시기의 문화적 과정에 농락당한 역사가 종주국의 패전으로 절단되는 것은 아니라는 점을 보여주기 때문이다. 일본어로 소설을 쓰고 이것을 일본에서 발표하는 형태로 재일코리안 문학을 파악하기 위해서는 일본의 식민지 지배의 역사를 비판적으로 소급하는 시선과, 각각의 일본어 문학을 성립시키는 문학·문화적인 상황을 살펴보아야 한다.

이번 장에서는 1945년 이후에 재일코리안 문학이 본격적으로 출발했다는 관점에서 패전＝해방 후 그들의 일본어 문학 활동에 초점을 맞

---

2 이 부분에 관해 말하자면 주로 조총련계 작가를 중심으로 일본에서 조선어 문학 활동을 하는 계보도 있다. 나중에 김달수는 그러한 재일코리안 문학의 두 가지 형태를 제시하면서 "재일조선인이라는 특수한 위치에서 후재[일본어 작품]라 해도, 일본 문학이 그렇다는 점에서 약간의 논의가 있겠지만, 한편으로 그는 조선어로 창작을 해도 그것이 일본어로 쓰인 이상 그 내용의 여하를 불문하고 일본 문학의 일환으로 취급되어야 한다고 생각한다"고 말한다.(金達壽,「在日朝鮮人作家と作品」,『文學』第27卷第2號, 1959.2)

춘다. 물론 이것이 기원이라는 의미는 아니다. 이후에 재일코리안 문학의 전개를 고려하면 이 시대의 문학적 행위가 결정적인 영향을 끼쳤다고 생각되기 때문이다. 여기에서는 먼저 GHQ점령 하에 개시된 종합잡지 『민슈쵸센民主朝鮮』에 주목하여, 신일본문학회를 중심으로 한 일본인 작가와 지식인이 그들의 문학적 활동을 어떻게 간주했는지 검토한다. 이를 통해 김달수의 일본어 문학이 문화적 아이덴티티를 구축하는 과정을 검증하고 전후의 지적 상황 속에서 재인식되는 재일코리안 문학상을 고찰한다.

1. 일본어잡지 『민슈쵸센』의 창간

전후 재일코리안 문학은 김달수를 중심으로 1946년 4월에 창간된 일본어잡지 『민슈쵸센』에서 비롯되었다고 말할 수 있다.[3] 이 잡지는 GHQ점령 하에서 민간검열 지대支隊의 사전검열잡지 중 '극좌極左'로 분류되어 있다. 『민슈쵸센』은 정치·경제·교육 등 폭넓은 주제를 다룬

---

3 『민슈쵸센』(民主朝鮮社 / 朝鮮文化社 / 文化朝鮮社)은 1946년 4월~1950년 7월까지 간행된 월간종합잡지(전33호)이다. 창간호는 재일조선인 연맹 카나가와神奈川 본부장인 조진용趙進勇(사장·발행인), 장두식張斗植(총무부장), 김원기金元基(업무부장·편집인), 원용덕元容林(주간)이며 2호부터는 김달수가 편집장이 된다. 하지만 창간호를 실질적으로 편집한 것은 김달수와 원용덕이고, 잡지경영면에서 이를 지원한 것이 재일조선인연맹이었다. 『민슈쵸센』에 대해서는 『복간 민슈쵸센復刻 民主朝鮮』(名石書房, 1993)의 별권인 박종명朴鐘鳴, 「민슈쵸센 개관民主朝鮮槪觀」 참조.

종합잡지이지만, 그 기원은 아시아·태평양전쟁 말기에 김달수·김성민·이은직·장두식 등이 발행하던 회람잡지回覽雜誌 『계림鷄林』이라는 동인잡지로 거슬러 올라갈 수 있다. '계림'은 조선을 아름답게 일컫는 단어이다. 또한 당초 이 잡지는 김달수와 원용덕이 중심이 되어 『쵸센진朝鮮人』이라는 이름으로 창간할 예정이었으나 조련朝連 카나가와현神奈川縣 본부에 있던 한덕수의 제안으로 『민슈쵸센』으로 변경되었다.[4] 이렇듯 문예잡지에서 종합잡지로 향하는 흐름을 염두에 두고 창간호에 실린 김달수의 「편집후기」를 살펴보도록 하자.

> 토쿄에서는 이미 조선의 활자를 주조할 수도 있고 조선민중신문 등이 발행되고 있다. 하지만 저주받은 운명 아래서 습득되었다고는 하나 일본어를 사용하는 잡지가 하나 둘 존재하는 것도 우리들 조선인에게도 일본인에게도 반드시 필요하다고 믿는다. 그리고 장래 우리 조국에서 일본인도 조선어로 된 잡지를 발행하길 희망한다. 이것이 자유와 해방이 아니겠는가.(p.50)

『민슈쵸센』은 조선인은 물론이고 일본인 독자도 상정했던 종합잡지였다. 발행부수는 1948년 현재 약 7,000부이고 독자층은 주로 지식인이었다고 알려져 있지만, 그 밖의 상세한 사항은 그다지 확실하지 않다.[5] 재일조선인에 의한 일본어잡지 발행은 일본인이라는 타자에게

---

4   김달수의 「나의 문학과 생활わが文學と生活」(『金達壽小說全集 5』, 築摩書房, 1980)에 자세히 나와 있다.

5   「GHQ문서」 민간보고국民間諜報局ファイル, 「재일조선인 간행물과 단체에 관한 특별보고서在日朝鮮人刊行物と団體に關する特別報告書」(Korean Publication and Organization in Japan)에 있는 통계자료에 의한다. 이에 대해서는 코바야시 카즈오小林知子, 「GHQ에 의한 재일조선인 간행 잡지 검열GHQによる在日朝鮮人刊行雜誌の檢閱」(『在日朝鮮人史研究』

말을 건다는 필연적인 조건을 갖는다. 그러나 이 구절에서 알 수 있는 것은 그것이 오히려 적극적으로 표명되고 있다는 점이다. '저주받은 운명 아래서 습득된' 일본어로 이처럼 말을 거는 자세에는『민슈쵸센』이라는 잡지가 지닌 양식적인 멘탈리티를 말해준다. 그러나 본래 전후 일본에 재류在留하는 조선인 작가에게도 조선어로 쓸 것인가, 아니면 일본어로 써도 되는가 하는 절실한 문제가 있었다.

이 시기『민슈쵸센』과 동일한 형태로 창간된 일본어잡지『쵸센분게朝鮮文藝』(제2권제2호, 1948.4)에는「용어문제에 대하여用語問題について」라는 특집이 실려 있다. 여기에서 중심적인 주제는 조선인 작가의 일본어 문학이었다. 예컨대 이은직은「조선인인 나는 어째서 일본어로 쓰는가朝鮮人たる私は何故日本語で書くか」에서 "나는 깊은 자각도 없이 몇 개의 단편을 발표했다. 그저 써냈다고 말해도 어쩔 수 없는 태도였다"(p.9)고 말했다. 김달수는 앞에서 토쿄에서는 조선어로도 출판이 가능했다고 했지만, 귀환사업이 진전되면서 이러한 편집출판 기술을 가진 인재는 점차 부족해졌다. 게다가 조선어로 문학작품을 창작할 능력과 과거에 대한 도덕적인 문제가 그들 앞에 좋든 싫든 가로놓여 있었다.

해방이 되었을 때 나는 어떻게 해야 할지 몰랐다. 나는 곧바로 해방된 조국으로 돌아가 무언가 도움이 되는 일을 하고 싶어서 견딜 수 없었지만, 이야기하는 것도 쓰는 것도 잊어버린 자신을 되돌아볼 때 치욕과 가책심으로 도저히 조국 땅을 밟을 용기가 나지 않았다. 나는 얼이 빠져있었다. 국어를, 우리들의 문자를 술술 사용할 수 있도록 열심히 공부해야 한다고 안달

第22號, 1992.9)을 참조했다.

하면서도 습관적으로 멍하니 일본어로 뭔가를 쓰고 있었다.(이은직, 「조선인인 나는 어째서 일본어로 쓰는가」, p.9)[6]

　조국으로 돌아갈 생각을 하면서도 모국어를 망각한 자신에 대한 양심의 가책으로 결단할 수 없다. 다시 조선어를 학습하려는 의욕은 높아지지만, 그러면서도 습관적으로 일본어를 사용하고 마는 자신이 어처구니없다. 이러한 이은직의 심정은 일본에서 해방을 맞이한 조선인 일본어작가에게도 적잖게 공유되었을 것으로 추측된다. 게다가 해방 후 조선에서 이들의 일본어 문학은 비판받기도 했다. 예컨대 어당魚塘은 「일본어로 된 조선 문학에 대하여日本語による朝鮮文學に就いて」(『쵸센분게』 제2권제2호, 1948.4)에서 "현재 조선 문학이라면서 일본어로 된 문예운동이 전개되고 있다. 하지만 이는 거듭 말할 것도 없이 조선 문학의 하나의 기형이자 앞에서 예를 들었듯이 일본 문학의 한 장르이다. 이들 문예지들도 조선작가의 일본 문단 등용문에 불과하며 조선 문학운동에 조금도 도움 되지 않는 것"(p.11)이라고 혹독하게 평가했다.[7] 패전 직후 일본에서 창간된 『민슈쵸센』을 둘러싼 상황은 해방된 재일조선인에게 결코 우호적이지 않았다. 『민슈쵸센』의 「창간사創刊の辭」에는 이렇게 기술되어 있다.

6　물론 이은직이 그저 '멍하니' 있었던 것은 아니다. "자연히 자신이 쓴 문장은 우리를 멸시한 일본인에 대한 노여움과 일본인 전체에 대한 호소로 이루어져 있다. 즉, 나는 일본의 문학을 가지고 일본인을 향해 연설을 하고 있었던 것이다."(p.9)

7　어당의 논의는 『쵸센신보』에서 김달수의 논의를 반박한 것의 재론이다. 주장의 골자는 "문학이 언어예술인 이상, 그 민족의 문학은 그 민족어에 종속해야만 한다"는 것에 있고, "조선어가 없는 조선 문학은 성립할 수 없다"(p.10)는 것이다. 여기에는 이미 살펴본 장혁주의 일본어 문학과 조선 문단의 관계에서 본 구도의 재연을 엿볼 수 있다.

진보적 민주주의 혁명과정에서 조선인은 역사적 사실을 어떠한 각도에서 파악하고 어떻게 그 역사적 사명을 완수하려고 하는가. 다른 말로 하면 조선인은 무엇을 생각하고, 무엇을 말하고, 무엇을 하려 하는가. 특히 신탁통치문제를 중심으로 한 객관적 정세와 주관적 동향은 세계가 주목하고 있다. 여기서 우리들은 우리들이 나아가야만 하는 길을 세계에 표명함과 동시에 과거 36년이라는 긴 시간을 통해 왜곡된 조선의 역사·문화·전통 등에 대한 일본인의 인식을 바로 잡고, 이제부터 전개되는 정치·경제·사회의 건설에 대한 우리들의 구상을 이 소책자를 통해서 조선인을 이해하려는 강호 제현에게 자료로 제공하고자 한다.(원용덕, 「창간사」, 『민슈쵸센』 제1권 제1호, 1946.4, p.1)

지금까지 왜곡되어 왔던 일본인의 조선인 이해를 바로잡겠다는 표현은 일본인 독자에게 일본에서의 자신의 존재성을 어필하는 것과 중첩되어 있다. 이러한 주장은 「창간사」에서만이 아니라 이후 재일코리안 문학의 커다란 지표중 하나가 된다.[8] 일본 식민지주의의 포괄적인 역사를 재고한다는 「창간사」의 표명은 『민슈쵸센』이 내걸었던 그들의 자기변혁에 대한 적극적인 의지를 보여준다. '우리들이 나아가야만 하는 길을 세계에 표명한다'는 것이 이에 해당한다. 여기에서 주목하고 싶은 것은 일본의 식민지 지배로 왜곡된 역사의 허위성을 비판할 뿐 아니라 이러한 행위가 재일조선인의 자기상自己像을 적극적으로 세우는 것으로도 연결된다는 점이다. 물론 이것이 단순한 인식이 아니라

---

8 이것을 슬로건으로 자주 이용한 것은 김달수이다. 이에 대해서는 김달수, 「재일조선인 작가와 작품在日朝鮮人作家と作品」(『文學』 第27號, 1959.2) 참조.

그들의 의식형성과 밀접히 결부된다고 보기 때문에 여기에서는 이데올로기적 요소의 개입을 검토해야 한다. 서두에서 예로 들었던 오다기리 히데오 씨의 글에도 나와 있는 것처럼, 이것은 '민주주의' 혹은 '민주주의문학'이라는 슬로건 속에서 이야기되었다.

2. 민주주의문학의 헤게모니

재일코리안 문학의 지적 행위를 이해하기 위해서는 문학계를 중심으로 한 전후 일본의 언설 풍토를 고려해야 한다. 전후 재일코리안 문학에 관한 선행연구의 맹점은 이것을 특수한 존재의 행위로 간주한 나머지 동시대 일본 문학계와의 관련성을 그다지 문제 삼지 않는다는 점이다. 물론 재일조선인이 일본에 의한 식민지 지배의 역사를 다시 이야기할 자격을 가지는 것은 그들이 피억압민족이었다는 점에서 타자로서의 특권성을 가지고 있기 때문이다. 그러나 이것은 그들의 존재자체가 초연적이었음을 의미하지 않는다. 김달수 등의 일본어 문학 활동은 전후 일본이라는 시공간의 특정한 역사적 산물이기도 하기 때문이다. 오다기리 히데오 씨가 김달수의 『후예의 거리』에 대해 '일본 민주주의문학의 독자적인 일익을 형성'한다고 평가한 점에 주목하자. 오다기리 씨가 쓴 "조선민족의 문학인 동시에 일본 문학 중 하나"라는 규정도 재일조선인과의 연대라는 지표 하에 그 문학적 행위가 '일본의 민주주의문학'이라는 범주에 포함됨으로써 정당화된다는 점을 잊어서는 안 된다.

우선 일본 문학에서의 '민주주의' 또는 '민주주의문학'이라는 개념에 대해 파악해 보기로 하자. 이 민주주의의 헤게모니가 전후 일본의 지적 풍토를 이끌었다. 일본공산당의 출옥동지인 토쿠다 큐이치德田球一 (1894~1953)와 시가 요시오志賀義雄(1901~1989) 등의 「인민에게 호소한다人民に訴ふ」(『적기赤旗』, 1945.10)에는 이러한 문장이 있다. "파시즘 및 군국주의로부터 세계를 해방하기 위해 연합국 군대가 일본에 진주한 것을 계기로 일본에 민주주의혁명이 시작된 것에 대해 우리들은 심심한 감사의 뜻을 표한다."(p.1) 일본의 민주화를 향한 지침은 포츠담선언에 포함되어 있었고,[9] 점령정책은 대체로 이에 준하여 전개되었다. 본래 '민주주의혁명'이라는 말은 코민테른의 「일본의 정세와 일본공산당의 임무에 관한 테제日本に於ける情勢と日本共産党の任務に關するテーゼ」(32년 테제)에도 명기되어 있었다. 일본의 민주화에 대한 5대 지령 중 하나인 치안유지법 폐지로 석방된 토쿠다 등에게 점령군은 해방군으로 간주되었던 것이다. 이러한 의미에서 민주주의의 슬로건은 나중에 아시아·태평양전쟁 시기의 군국주의체제에 대한 안티테제로 만들어진 이념의 단계를 벗어난 것은 아니다. 따라서 문제의 소재는 이 슬로건이 어떻게 활용되었는지에 있다.

본래 민주주의에는 서로 대립되는 두 가지의 해석이 있다. 직접민주주의를 가리키는 다수자인 민중에 의한 지배형식과, 대의제 민주주의

---

9. "일본국 정부는 일본국 국민사이에서 민주주의적 경향의 부활강화에 대해 모든 장애물을 소거해야만 한다."(外務省特別資料部 編, 『日本占領及び管理重要文書集』第1卷, 基本編) 인용은 시오다 쇼베이鹽田庄兵衛 외편, 『일본전후사자료日本戰後史資料』(新日本出版社, 1995, p.154)에 의한다.

로 알려진 선출된 대표자에 의한 지배형식이다. 사회주의적인 문맥에
서 민주주의는 민중의 권력 그 자체를 의미하지만 자유주의적인 문맥
에서는 대표자 선출방식 및 그 제도의 유지가 중시된다. 이 점에 대해
서는 1947년의 2·1총동맹파업을 예로 들어 생각해보자. 관공서와 민
간을 합한 노동자 150만 명이 시도한 총동맹파업은 맥아더의 지령으
로 중지되었다. 이로써 공산당을 중심으로 하는 GHQ에 맞서는 해방
군 신화는 붕괴되었다. 이 경우 GHQ점령 하에 있다는 상황을 고려해
야 하지만, 민주주의가 대의제라는 제도를 통해서 성립한다는 입장을
취하는 이상 그 밖의 수단에 의한 민중의 권력 행사는 설령 그것이 민
중의 생활권 확립을 목표로 한 것이라고 해도 저항으로 간주된다. 즉
민주주의라는 개념은 다수자인 민중에게 역점을 두는 이데올로기인
동시에 모든 제도를 통한 민중과의 관계의 매개성이 중요하다.

그렇다면 문학계에서는 어떠했을까. 이전의 프롤레타리아 문학계 작
가를 중심으로 출발한 신일본문학회가 내건 전후문학의 새로운 지표로 민
주주의문학이 주창되었다. 미야모토 유리코宮本百合子(1899~1951)의 「노
랫소리여, 울려 퍼져라—신일본문학회의 유래歌聲よ、おこれ—新日本文學
會の由來」(『신니혼분가쿠新日本文學』 창간준비호, 1946.1)는 전후에 가장 먼저 민
주주의의 헤게모니를 문학적으로 호소했다는 의미에서 유명한 논문이
다. 미야모토는 민주주의의 이념에 의거한 전후 일본 문학의 방향성에
대해 다음과 같이 말했다.

작가들은 진술한 정열로 예전에 자신이 잡지 못한 인생의 순간이 있다면
그 순간을 다시 붙잡아, 억압받아온 인민의 고통스런 모든 경험들 중의 하

나로 사회의 역사 속에서 분명히 파악하고, 이것으로 생활과 문학이 한걸음 전진하여 재출발할 수 있도록 하는 것을 자신들이 살아가는 의의로 삼아야 한다. 민주의 문학이라는 것은 우리들 한 사람 한 사람이 사회와 자신의 역사가 보다 사리에 맞는 발전을 할 수 있도록 헌신하고, 세계역사의 필연적인 움직임을 속이지 않고 되비추어 살아가는 노랫소리 이외의 의미는 없다고 생각한다.(『미야모토 유리코 전집宮本百合子全集』 제13권, 신니혼슛판샤新日本出版社, 1979.11, p.22)

패전 직후의 문학계에서 하나의 지주가 되었던 것은 이러한 정신이었다. 포츠담선언 수락이라는 타율적인 형태로 초래된 전후에 '재출발'의 토양은 GHQ점령 하에서 이미 준비되어 있었으며 그 도정道程을 바르게 개척해 나가야 한다는 견해가 그 배후에 있었다. 이 구절에서 드러나는 것은 대체로 1933년 사노 마나부佐野學(1892~1953)와 나베야마 사다치카鍋山貞親(1901~1979)의 전향 표명 「공동 피고 동지에게 고하는 글共同被告同士に告ぐる書」 이후 잃어버린 과거를 소급적으로 다시 바라보려는 시선과, 낙관적으로 발견되는 새로운 민중상이라는 두 가지 방향성이다. 이러한 정신을 포괄적으로 말하는 데 걸맞는 슬로건으로 간주된 것이 민주주의이다. 애초에 민중이라는 것은 그 정의상 스스로 주의와 주장을 명확히 말할 수 없는 양적 개념이며 비민중적인 것으로 표상되지 않는 한 민중의 목소리는 반영되지 않는다. 이러한 의미에서 미야모토가 지향한 것은 '작가들'을 진실된 민중의 대변자로 삼는 이상적인 경험주의적 리얼리즘이라고 말할 수 있다. '세계역사의 필연적인 움직임을 속이지 않고 되비추어 살아가는 노랫소리'라는 표현처럼 그

가 말하는 '민주문학'은 민중을 어떻게 그려낼 것인가라는 표상의 문제를 야기한다.

미야모토 유리코 등이 말하는 민주주의문학의 요점은 지금까지 억압되었던 우리들 민중의 분명한 목소리를 표상한다는 사명감이다. 이 주장을 이론적으로 보완했다고 평가받는 쿠라하라 코레히토藏原惟人 (1902~1991)는 「신일본문학의 사회적 기초新日本文學の社會的基礎」(『신니혼분가쿠新日本文學』 창간호, 1946.3)에서 "오랫동안 압박받아온 시민적·농민적·노동자적 문학은 여기에서 자유롭게 발전할 수 있는 가능성을 획득했다"고 말하며 이를 민주주의문학의 세 가지 구성요소로 제시한다.[10] 즉 민주주의문학의 기본적 이념이란 이름 없는 시민·농민·노동자들의 목소리를 작가가 대변하는 것이다. 이렇듯 국적과 민족을 따지지 않는 지극히 중립적인 계급적 범주 속에 김달수의 『후예의 거리』도 편입되었던 것이다.

물론 언어가 그 자체로 정치적 구조를 내포한다는 점에서 보면 대의제 민주주의라는 제도가 가진 여러 문제는 글자 그대로 민주주의문학에서 표상의 역학과 공통성을 지닌다. 즉 시민·농민·노동자들의 바람직한 의식을 표상하고, 이를 민중에게 적극 요청하여 민주화운동을 대행하는 것이다. 이 문제를 조선인 묘사라는 관점에서 생각해보자. 이 이념에 따라 집필된 미야모토 유리코의 『반슈평야播州平野』의 에필로그에는 조선인들이 배치되어 있다. "두 사람 모두 건강하고 치아가 아름다운 젊은이들이다. 이따금 서로 농담을 하며 웃는다. 그들의 말

---

10 인용은 藏原惟人, 『文學論－新しい文學の前進のために』, 世界評論社, 1950, p.18.

은 조선말이었다. 히로코가 이 여행에서 보았던 조선인들은 모두 서쪽으로, 해협으로 이동하고 있었다. 하지만 이 젊은이들은 동쪽으로 향하고 있다." 이 조선의 젊은이들은 주인공 히로코 일행이 탄 짐마차에 그들의 짐만 실었다. 다음은 그 직후의 결말 부분이다.

> 미풍에 흘러내리는 가을햇살은 반슈의 산들과 밭, 작은 마을과 수목을 금빛으로 물들이고 짐마차는 덜커덩 덜커덩 외길 국도를 따라 목적지를 향해 이동해 간다. 달그락거리는 수레바퀴 소리는 이상하게도 젊은이들의 명랑함과 조화를 이루었다. 그리고 히로코의 마음은 넘쳐흐르는 여러 가지 생각으로 가득 찼다. 이 국도를 이렇게 다니는 일은 살면서 두 번 다시 없을 것이다. 지금 지나가는 작은 마을의 담. 아카시明石의 소나무 숲 저편에서 붉게 녹슬어 있는 큰 공장의 폐허. 히로코는 그것들을 지울 수 없는 감명으로 바라보았다. 일본이 이렇게 계속 움직이고 있다. 히로코는 이것을 뼈저리게 느끼고 있었다.(『미야모토 유리코 전집』제6권, 신니혼쇼판샤, 1979, pp.166~167)

이 부분을 포함한 『반슈평야』의 조선인 묘사에 대해 김달수는 "해방된 조선인을 그야말로 '넘쳐흐르는' 듯한 모습으로 생생하게 그려내고 있다"(「일본 문학 속의 조선인日本文學のなかの朝鮮人」, 『분가쿠文學』 제27권제1호, 1959.1, p.20)고 평가한다. 당시에도 공유되고 있던 전형적인 부정적 이미지와 달리 이 소설에서 그려진 조선인상은 '해방'된 바람직한 젊은이들의 상像으로 읽히기 때문이다. 그러나 민주주의문학의 역학에서 말하면 어떻게 될까. 김달수가 인용한 부분에서 마음이 '넘쳐흐르는' 것은 주인공 히로코 자신이다. 조선어로 대화를 즐기는 젊은이들은 중요

한 부분에 효과적으로 배치된 히로코의 심상풍경인 것이다. 본래 패전 직후로 설정된 미야모토 유리코의 자전적 색채가 짙은 이 이야기에서 위의 한 구절과 같은 광경은 작자의 경험에 속한다고 말할 수도 있을 것이다. 그러나 작가의 경험과 그 묘사 방법은 별개의 문제이다. 이것은 경험이 표상으로 변환될 때의 민주주의문학의 선전 양상을 보여준다. 히로코의 진지한 심성과 이것을 효과적으로 증폭시키는 조선 젊은이들의 형상 묘사에 의한 '조화'적 일원화는 조선 젊은이들의 목소리와 모습이 일본인 주인공 내면의 표출로 가공된 것이기도 하다.

『반슈평야』의 주인공 히로코가 적절하게 조선의 젊은이들을 대표해버리는 것처럼 전후 민주주의문학은 표상의 역학이라는 제도를 원활하게 운영하는 데 본질이 있다. 이러한 의미에서 민주주의문학은 실제의 시민·농민·노동자에게 직접 호소하려 했던 언급의 자세로 평가되어야 한다. 그러나 1946년 시점에서 일본에 잔류한 대략 60만 명으로 추정되는 재일조선인의 존재는 애매해진 감이 있다. 여기에는 근대 일본의 조선인상이 부정적 이미지로 공유되고 있었기 때문에 그 존재가 마이너스에서 플러스로 지극히 대척적으로 이행되었던 경위만 있을 뿐이다.

3. 재일코리안 문학의 파악

전후 일본 문학계와 재일코리안 문학을 둘러싼 지적 풍토는 정치적 이념으로서의 '민주주의' 또는 '민주주의문학'에 의한 헤게모니 아래에서 전개되었다. 이것이 문학에서 표상의 역학에 전폭적인 신뢰를 기울였던 것처럼, 조선인 작가도 민주주의 이념을 바탕으로 하고 있다면 조선인의 형상묘사는 '정당'(김달수)한 것으로 간주되었다. 이와 같은 이상주의적인 주장이 교조적인 지표라 하여, 나중에 문예비평에서 '정치와 문학'으로 대표되는 논쟁을 일으켰던 것은 주지하는 바와 같다. 그러나 새로운 출발로 인식되었던 전후라는 시공간에서 마르크스주의로 창도된 민주주의라는 지표에 김달수 같은 조선인 작가도 공명했다는 사실은 적어도 그들의 발언과 존재가 주시되었다는 점에서는 인정되어야 할 것이다. 설령 이것이 재일조선인 작가의 의식 형성을 그래야만 한다는 형태에 가두고 자기관리의 환상을 품게 만들었다고 하더라도 그 환상에 기초하여 주고받은 일본인 작가와의 대화 양상에 주목해야 한다.

여기에서는 마르크스주의에 바탕을 둔 인민전선적인 대화 양상을 평가한 후, 재일코리안 문학이 어떻게 파악되었는지 생각해보고자 한다. 이미 언급했듯이 좌익작가와 지식인이 가상의 적으로 간주했던 것은 일본 제국주의이고, 이것을 물상화物象化된 천황 및 천황제에서 찾았다. 예컨대 나카니시 이노스케는 「일본천황제 타도와 동양 여러 민족의 민주적 동맹―조선인연맹에 대한 요청日本天皇制の打倒と東洋諸民

族の民主的同盟-朝鮮人連盟への要請」(『민슈쵸센』 제1권제4호, 1946.7)에서 이
렇게 말했다. "일본의 여러 반혁명적 요소의 중핵이고, 일본국민의 중
세기적 로맨티시즘, 봉건적·공상적 침략주의의 중심적 관념체이자
자본가·대지주·군벌·귀족·관료의 계급적 주체는 실로 천황이다.
그 정치·경제·문화형태의 주요세력은 천황제이다."(p.28) 마르크스
주의에 기초한 좌익 지식인의 주장은 일본의 지배계급에 대항하는 혁
명적 세계관이었고, 이러한 의미에서 지배적 이데올로기의 함정을 폭
로할 수 있기 때문에 해방적인 힘을 가질 수 있었다고 할 수 있다. 이것
은 재일조선인 작가의 목적과도 일치한다. 다만 문제는 그 운동 내부
에 파생되는 양자의 차이를 어떻게 메워나갔는지 이다.

토쿠나가 스나오는 「조선에 대하여朝鮮について」(『민슈쵸센』 제1권제3
호, 1946.6)에서 "어쨌든 일본에서 일본어로 소설을 쓴 조선인 작가는 불
행했다. 우리는 일본에서 일본어로 소설을 쓰는 사람들과 더욱 협력해
야 한다. 『민슈쵸센』 창간호에 글을 쓴 손인장孫仁章과 김달수 등은 우
리 신일본문학회에 입회할 마음이 없는가?"(p.33)라고 적었다.[11] 여기
서 토쿠나가가 쓴 내용은 전쟁 전과 전시 중에 걸친 조선 지식인·노
동자와의 교류이고, 여기에서 유래한 조선인관이다. 과거의 교류를 회
상하면서 그렇기 때문에 현재 그들과 '협력해야 한다'는 주장은 말할
것도 없이 『민슈쵸센』의 창간의도와도 겹친다. 그렇다면 지배적 이데
올로기의 과거 폭로와 현재의 대항을 응시한 일본인 작가의 언설 속에
서 재일조선인은 어떻게 규정되었을까.

---

11 여기서 도쿠나가는 손인장孫仁章의 「조국에 대한 기억祖母の思ひ出」을 예로 들고 있으
    나, 손인장은 김달수의 필명이다. 또한 본문에는 '1946년 4월 20일'이라는 날짜가 기록되
    어 있고, 창간 당시 『민슈쵸센』은 적지 않은 일본작가들에게 읽히게 된다.

개괄해 보면 『민슈쵸센』에 등장하는 일본인 작가의 문장에서 보이는 특징은 전쟁 전과 전시중에 있었던 조선인과의 사적 교류를 회상하고, 장혁주와 김사량 등의 일본어 문학에 관한 인상을 언급함과 동시에 그 흐름의 연장선상에서 전후 재일코리안 문학을 말하고 비교하면서 위치 짓는다는 점이다. 그중에서도 전쟁 전과 전시 중에 있었던 프롤레타리아 문학의 문맥에서 조선과 조선인을 작품화했던, 소위 과거의 실적을 가진 작가들은 보다 수다스럽게 그들에 대해 말하게 된다. 예컨대 히라바야시 타이코平林たい子(1905~1972)는 「조선인朝鮮の人」(『민슈쵸센』 제2권제7호, 1947.1)에서 "지금 이렇게 글을 쓰려고 보니 셀 수 없을 만큼 많은 조선 사람들을 알고 있다. 그들 대부분은 사회운동과 노동조합운동 방면의 사람들로, 그 이름을 쓰려고 해도 알려지지 않은 이름 없는 사람들이다"(p.69)라고 적고 있다. 여기에서 언급되는 '조선 사람들'은 일본인과 마찬가지로 계급적 유추analogy로 이야기된다. 연대라는 지표 안쪽에 있는 민족이라는 차이를 계급론적 관점으로 파악하면 미야모토 유리코의 『반슈평야』와 비슷한 조선인 묘사라는 문제가 발생한다. 히라바야시는 「어느 조선인ある朝鮮人」(『요미우리신분讀賣新聞』, 1935.8.8)을 썼던 당시의 일을 다음과 같이 회상한다.

이것은 일본이 조선의 지배자로 군림하고 있었을 때 쓴 소설이다. 이것을 쓸 당시에는 오늘날의 사태는 꿈에도 생각할 수 없었다. 만일 지금 같은 풍경을 기차 안에서 본다고 해도 나는 아마도 소설로 쓸 정도의 감동은 받지 않을 것이다. 일본인 대 조선인의 특수한 관계가 없었다면 그것은 단순한 빈부貧富의 풍경에 불과하기 때문이다.

그 무렵 나에게 실제 조선지배의 다양한 모습이 하나의 인간적 분노의 씨앗이었던 것처럼 이런 종류의 거리풍경도 마찬가지의 인간적 분노였던 것이다.(p.69)

계급적 유추를 기초로 하고, 나아가 작자의 '감동'을 불러일으키는 '조선인'이라는 기호를 주시하여 소설로 형상화하는 일. 히라바야시 타이코의 「어느 조선인」은 계급과는 다른 민족이라는 범주를 이용하여 그 광경을 문학이라고 부를 만한 풍경으로 가공하는 서사적 욕망을 지니고 있다. '조선인'이라는 기호가 없다면 소설은 '단순한 빈부풍경'에 그쳐버리기 때문이다. 이러한 욕망은 '인간적 분노'라는 작가의 휴머니즘적인 선의와 모순된 것은 아니다.

조선인이 지배에서 해방된 전후의 '현재'에도 억압받고 있기 때문에 특권성을 띠고 묘사되는 '조선인'이라는 식민지주의적 기호는 이른바 학대받은 과거의 폭로라는 정치적 관점에서 더욱 적극적으로 그려지게 된다.[12] 이러한 계급론적 관점의 내부로부터 비일본인으로 주시되는 조선인 묘사의 문제는 재일코리안 문학에 대한 장르적 인식에서도 다른 형태로 제기된다. 『민슈쵸센』에 게재된 조선인 작가의 일본어 문학에 대해 언급한 아오노 스에키치靑野季吉(1890~1961)는 「조선 문학에 대하여朝鮮文學について」(『민슈쵸센』 제2권제11호, 1947.6)에서 전후 조선인 작가가 쓴 문학의 특징을 패전 이전과 비교하여 '노골적으로 이야기하는' 것으로 보면서 다음과 같이 말했다.

---

[12] 김달수의 「일본 문학 속의 조선인日本文學のなかの朝鮮人」에 자세히 나와 있다.

만약 그렇게 말할 수 있다면 이전의 조선 문학은 등을 돌린 문학이고, 지금의 것은 정면으로 마주 대한 문학이다. 그런데 정면으로 마주 대한 문학 쪽이 등을 돌린 문학보다도 기분이 좋은 것은 당연하지만, 더욱 감동적이라고는 말할 수 없다. 이것이 문학이 다른 것과는 다른 어려운 점이고, 빈정거림과 역접으로 가득 찬 점이리라.(p.18)

여기에서도 '감동'이라는 단어가 사용된다. '정면으로 마주 대한' 전후 조선인 작가의 일본어 문학이 패전 이전의 '등을 돌린' 문학보다 재미없는 것이라는 주장의 요점에는 조선인이 피지배자로서 받은 강도強度를 역설적으로 문학의 상품적 효과로 측정하는 히라바야시 타이코와 동일한 인식이 있다. 그러나 여기까지는 오히려 1930년대 '식민지문학'이라는 구도의 연장선상에 있는 것이며, 재일코리안 문학을 파악하는 관점에서는 전 단계에 속한다. 아오노 스에키치가 예로 든 것은 김사량의「복돌의 군복福乭の軍服」(희곡, 김원기 역, 제2권제7호, 1947.1), 이은직의「살아 있다면生きてありなば」, 김원기의「남동생의 출분弟の出奔」, 김달수의「쓰레기塵」(제8호, 2월)와「쓰레기배 후기塵芥船後記」, 엄흥섭嚴興燮의「빙야氷夜」(제9호, 4월) 등 여섯 작품이다. 이 중 김달수와 엄흥섭을 주목하면서, 두 사람의 소설에 대해 대조적인 평가를 하고 있다. 우선 엄흥섭의「빙야」에 대해 아오노는 다음과 같이 평한다.

만약 나의 상상처럼 이것이 조선소설의 본체라면 우리 일본 문학과는 본질적이라 해도 좋을 만큼 큰 차이를 가진 문학이라고 해야 할 것이다. 이러한 느낌이 든다. 좀 더 알기 쉬운 예로 일본 문학에서 '시詩가 있다'라고 여겨지는 것이 여기에는 전혀 없다. 문학인 이상 '시'가 없을 리는 없다. 나는 이 소설이 내포하는 시를 확실히 파악할 수는 없지만, 이것이야말로 조선 문학의 심장이 아닌가 상상한다.(p.19)

엄밀히 말해서 엄흥섭의 「빙야」에 대한 평가는 유보되어 있다. 아오노 스에키치가 유일하게 언급한 것은 '조선 문학'과 '일본 문학'의 결정적인 차이이다. 그렇기 때문에 아오노는 주인공 춘보春甫가 '조선 문학'의 전형적인 인물상이라고 생각할 수밖에 없다고 하면서 이를 "대체로 좋은 소설이 독자를 설득하는 심술궂은 방법이다"라고 말할 수밖에 없는 것이다. 그러나 일본어 소설 「빙야」가 그것을 과시하며 집필되었던 것은 아니다. 엄흥섭은 교사이면서도 조선 프롤레타리아 동맹에 가맹하여 조선에서 활약한 작가이기 때문이다. 즉 조선어로 창작되었던 엄흥섭의 소설은 설령 그것이 일본어로 써 있더라도 조선인 일본어작가의 소설과는 다른 것이며, 여기에 일본 문학의 지적 풍토에서 공유되는 '시'가 없는 것은 당연하다. 반대로 말하면 조선 문학에 조예가 없는 아오노는 「빙야」에 대한 평가의 결정 불가능성을 통해 독자적인 문학적 특징을 감지했다는 말이 된다.

그러나 「빙야」에서 차이로서의 '조선 문학'을 읽어낸 아오노 스에키치는 반대로 '일본 문학'을 상대적으로 파악할 가능성을 가지면서도 다양성으로 펼쳐나갈 수는 없었다. 아오노는 김달수의 「쓰레기」와 「쓰레기배 후기」(이하 「쓰레기塵芥」)의 주인공 현팔길玄八吉의 모습을 통해 '우리 민족과 다른 본능적 능력'을 느꼈다고 하지만, 이것은 '소설다운 것'이라고 평가하는 것에 불과했다.

그러나 또한 여기에서 어떤 불안을 느낀 것도 사실이다. 여기에는 반드시 바람직하다고 할 수 없는 일본 현대문학의 영향이 보이지 않는가? 어디라고 구체적으로 지적할 수는 없지만, 전체적으로 일본 문학의 이른바 풍속소설의 흔적을 보지 않을 수는 없었다. 그리고 그러한 만큼 이 작품이 약하다는 느낌을 지금도 지울 수 없다.(p.19)

재일코리안 문학이라는 관점에서 무엇보다 특필되는 김달수의 「쓰레기」에 대한 평가가 '소설다운 것'의 범위를 벗어나지 못하는 것은 '일본 문학의 이른바 풍속소설의 흔적'을 보기 때문이라고 아오노는 지적한다. 이런 종류의 평가가 그에게만 국한되는 것은 아니다. 예컨대 미즈노 메이젠水野明善은 김달수를 비롯한 허남기許南麒 이외의 재일조선인 작가의 '부족함'에 대해 "그들의 문학을 키워온 조건, 여러 가지 조건이 계속해서 떠오른다. 특히 그들 주위를 둘러싼 전후 일본의 인민민주문학의 조건이 강하게 나타난다"[13]고 논했고, 야스타카 토쿠조는 장혁주의 문학적 전향을 "단순한 풍속묘사에 머물게 되었다"(「일본에서 활약한 두 명의 작가日本で活躍した二人の作家」, 『민슈쵸센』 제1권제4호, 1946.7, p.70)고 회상했다. 김달수에 대한 아오노의 평가는 큰 틀에서 전후 일본의 작가와 지식인이 재일코리안 문학을 파악할 때 나타나는 전형적인 견해이다. 중요한 것은 '일본 문학' '풍속소설' '민주주의문학'이라는 키워

---

13 水野明善, 「『つばくろ』のなげかけた問題—在日朝鮮人作家論おぼえがき『その一つ』」, 『民主朝鮮』 第3卷第33號, 1950.7, p.105. 미즈노水野 씨는 이 문제를 "김달수나 이은직, 박원준朴兀峻의 문학의 문제가 그 내용의 대부분으로, 일본인의 현대문학의 문제와 겹쳐지는 것임을 스스로 통감하면서도 부족함이 격렬하게 불만으로까지 치밀어 오름을 억누를 수 없다"며 말을 잇고 있다.

드가 그 찬성 여부와 상관없이 재일코리안 문학에 대해 무언가 말하려
하는 과정에서 제기되었다는 점이다.

4. '풍속소설'의 정치학

　재일코리안 문학은 이른바 민주주의의 이념을 뒷받침하는 효과적
인 언급대상으로 발견되어 점차 일본의 문예장르로 파악되어 갔다. 그
러나 이 전용과 포섭으로 이루어진 재일코리안 문학의 규정은 재고의
여지가 있다고 생각된다. 예컨대 이것은 김달수의 「쓰레기」가 '풍속소
설'일 수 있는가 하는 해석의 문제이다. 츠보우치 쇼요의 『소설신수小
說神髓』에 "소설의 주뇌主腦는 인정人情이고 세태풍속은 그 다음"[14]이
라는 구절이 있는 것처럼, 일본의 근대소설은 '인정'에 비해 '세태풍속'
의 묘사를 경시하는 풍조가 있다. 그러나 이 소설은 전쟁 전과 전시 중
에 도일한 조선인 노동자들의 '세태풍속'을 그린 것이기는 하나 일본류
의 '풍속소설'이라고는 할 수 없다.
　김달수의 「쓰레기」는 고향에 논 3,000평을 살 꿈을 안고 일본에 돈을
벌러 온 현팔길의 성공담이다. 서투른 일본어를 구사하던 현팔길은 악
착같이 일하는 타고난 끈기와 풍부한 유머로 그려지는 피학적인 자질,

14　『明治文學全集 16-坪內逍遙集』, 築摩書房, 1969, p.16.

그리고 고철을 금으로 생각하는 연금술사적 성격을 지닌 인물로 그려
지고 있다. 어느 날 그는 Y시 교외에 있는 U독dock 앞바다에 투기된
철·동·놋쇠·니켈·합금을 포함한 고철 회수업에 눈독을 들인다.

> 팔길은 고향을 떠올렸다. 그는 처음으로 가느다란 향수에 잠겼다. 고향
> 밭에서 쟁기를 끄는 소를 몰고 있는 자신의 모습을 멍하니 떠올렸다. 때로
> 는 노래도 불렀다. 포플러 숲 옆에서 아내 순이가 점심을 머리에 인 채 오고
> 있었다. 팔길은 갑자기 얼굴을 들어 조선 쪽으로 생각되는 앞쪽을 바라보
> 았다. 눈물로 젖은 눈을 멍하니 허공에 두다가, 갑자기 그는 한 곳을 응시
> 하기 시작했다. 쓰레기 배였다. 팔길은 입을 떡 벌린 채 그 배를 바라보았
> 다.(김달수, 「쓰레기」, 『김달수소설전집 1』, 치쿠마쇼보筑摩書房, 1980. 초출은 『분
> 게슈토』, 1942.3)

결국 현팔길은 노지리野尻라는 인물이 도급맡은 U독 쓰레기의 권리
를 획득한다. 중일전쟁이 장기화되기 시작한다는 시대설정을 배경으
로 하여 노지리가 현팔길을 선택한 이유는 그가 "일하는 것밖에 모르는
금전에 정직한 자이므로 양철조각 하나라도 바닷속에 버리지 않을 것
이기" 때문이었다. 이것은 국가에 대한 그의 '직무영역에서 기능에 알
맞은 봉사'로 기술된다. 즉 현팔길은 노지리에 의해 '시국'에 준하는 규
범적인 국민으로 인정받았던 것이다. 그러나 고향에 대한 관심을 계기
로 생긴 현팔길의 이익이란 무엇일까. 군수품으로 재이용되는 고철로
얻은 이익은 역시 고향에서 논을 사기 위한 자본으로 전용되는 것이다.
김달수의 「쓰레기」에 그려지는 현팔길의 자본주의적 성공은 일본에

빼앗긴 조국 조선의 영토를 재在 일본―'재일在日'―이라는 위치에서 다시 탈환한다는, 또 다른 전복의 역학을 감춘 서사이기도 한 것이다.

이러한 역학을 지니는 김달수의 소설은 「쓰레기」에 한정되지 않는다. 「이만상과 차계유李万相と車桂流」에서는 겁쟁이이고 계산적인 공사현장의 우두머리 이만상과 '선생님'이라고 놀림 받는 인부 차계유 두 사람이 사기 비슷한 한방약국을 개업하여 한밑천 잡고자 한다. 이만상의 목표는 '대구 근처에 작은 여관'을 구입하는 것이지만, 차계유는 '소나 전답에서 언젠가 비약하여' '조국 부흥'을 달성하는 것도 꿈꾼다. 폐병 전문인 한방약국의 유일한 주력 상품은 차계유가 처방하는, 주로 조선인삼을 효과적으로 사용한 약이었다.

차계유가 말하기를, 일본이라는 나라는 우리나라를 병합하고 우리를 일꾼이라 불리는 부아가 치미는 지위로 떨어뜨린 만큼 어쨌든 문명이 발달했다. 그래서 무엇을 먹고 사는지 알 수 없지만 우리나라에서는 드물게 보이는, 폐가 좋지 않은 환자가 많다. 또한 내가 조사한 바에 따르면 중산층 이상을 이루는 자, 부자 중에 많다. 이러한 병은 드물지만 대원군 치세 때부터 우리나라에서도 생겼기 때문에, 나는 이것에 효과 높은 약을 만들 수 있다.(김달수, 「이상만과 차계유李萬相と車桂流」, 『김달수 소설 전집 1』, 치쿠마쇼보築摩書房, 1980. 초출은 『민슈쵸센』, 1947.9.13).

양반출신으로 생각되는 차계유의 말에서는 일본의 '문명'적 위계가 폐병이라는 마이너스의 표징으로 측정되고, 일본과 조선의 지배·피지배 관계는 '일꾼'이라는 한 단어로 시사되는 계급적 관점에서 파악된

다. 주인공 두 사람은 결국 약제사법 위반으로 검거되지만 이 두 가지
점은 이야기 전개에 서로 관련되는 중요한 요소가 된다. 「이만상과 차
계유」는 조선에서 가져온 약초로 처방한 약으로 일본의 중상류계급과
자본가에게 많다는 폐병을 치료하여 자본주의적 성공을 목표로 한다
는 이야기이고, 또한 야쿠자인 후지키藤木의 부하들은 두 사람의 한방
약국이 번창할 수 있도록 환자 획득을 위한 선전활동을 한다는, 민중
의 연대를 묻는 패러디이기도 하기 때문이다.

　조선인 노동자의 '세태풍속'을 그린 김달수의 초기 소설들이 일본류
의 '풍속소설'에 들어맞지 않는 것은 분명하다. 현팔길·이만상·차계
유라는 유머러스한 인물상과 기발한 자본주의적 성공 이야기에서 읽어
낼 수 있는 것은 전쟁 전과 전시 중 재일조선인 노동자들이 경제활동을
통해 자본을 탈환하고 그 이익을 조국에 환원한다는 주제이다. 여기에
는 일본 제국주의에 의한 경제권의 확장이 역설적으로 이용되어 식민지
지배시기 일본에서의 생활사가 희화적으로 다시 그려지고 있는 것이
다. 「쓰레기」와 「이만상과 차계유」의 특징은 여기에 그려진 재일조선
인들의 '세태풍속'의 양상에 본질이 있는 것이 아니라 오히려 그것을 표
현하는 방식에 있는 것이다.

5. 재일코리안의 흔들리는 문화적 아이덴티티

아오노 스에키치가 김달수의 「쓰레기」에서 본 것이 조선 문학의 특성보다 일본 문학과의 유사성이고, 「쓰레기」와 「이만상과 차계유」를 뒷받침했던 것이 김달수에 의한 재일조선인 생활사의 새로운 표현이라면, 중요한 것은 그 존립기반인 '재일'이라는 지리·문화적인 위치의 문제이다. 이 문제는 재일조선인의 문화적 아이덴티티의 흔들림으로, 이후 재일코리안 문학에서 다양한 형태로 변주된다. 다음은 김달수의 『후예의 거리』에서 주인공 고창윤高昌倫이 '고국, 고향을 발견했다'며 경성을 방문할 때의 서두 부분이다.

> 그가 지금까지 그렸던 고국, 그것은 모두 추상적인 것이고, 작은 것이며, 그리고 하찮은 것이었다. 이것은 사유의 어딘가에 점처럼 달라붙어 있는 조각이 아니라 중심을 가지는 것이었다. 여기에는 다른 풍속의, 다른 관습의, 그리고 다른 언어의, 그 자신의 도시가 있고, 산촌이 있고, 전차가 달리고, 자동차가 질주하고, 무수한 사람들이 걸어 다니고 있었다. 이곳에는 하나의 민족이 있고, 미워하거나, 싸우거나, 웃거나, 울부짖거나, 기뻐하고 있는 것이다. 이 현실들이 이상한 신선함으로 다가와 창윤을 압도했다.[15]

일곱 살 때 도일한 이후 일본에서 살고 있는 고창윤은 작가를 모델

---

15 인용은 『김달수소설전집 4』(築摩書房, 1980, p.8)에 의함. 또한 『민슈쵸센』의 연재는 1946년 4월~12월(第1卷第1號~第6號)까지. 초출은 『계림』(1944)에 중간까지 연재되었다.

〈그림 22a〉 1930년대 후반의 조선총독부

로 설정된, 일본의 지적 풍토에 푹 젖은 '반半 일본인'적인 인텔리이다. 그렇기 때문에 조국으로 귀환한 고창윤이 대면하는 경성의 풍경은 머릿속에서 응어리처럼 어떤 형이상학적인 '중심'으로부터 이질적인 '풍속'·'습관'·'언어'가 밀려오는 '현실'의 도가니로 다가온다. 이미 주인공의 조형造型에는 민족의 범주로는 잴 수 없는 문화적 차이가 각인되어 있으며 이 내용은 조국으로 귀환한 고창윤이 마치 타자인 것 같은 자기상自己像에 대해 여러 번 질문이 반복되며 전개된다.

김달수의 『후예의 거리』에는 대체로 두 개의 플롯이 있다. 아시아·태평양전쟁 시기 조선지식인들의 반식민지 투쟁 참여를 통해 고창윤이 스스로의 자기상을 완전히 '조선인'으로 쇄신하려 하는 이야기와, 조선에서는 금기시되는 본관이 같은 사촌여동생 영리英梨와의 연애를 둘러싼 이야기이다. 물론 이 소설에는 이준李駿, 최계우崔啓友, 니시야

마 레이코西山玲子, 영리의 남동생 용명容明, 늙은 순사 키타가와 사에
몬北川左衛門 등과 같은 인물들 사이에서 펼쳐지는 몇 가지 대립과 충돌
이 그려져 있고, 고창윤과 영리가 북악산을 산책하는 장면에서는 정상
에서 큰 바위를 떨어뜨리면 조선총독부 관저가 '산산조각'날 것이라 상
상하는 등 해학도 곳곳에 배치되어 있다. 그러나 이중에서 주목되는
것은 반식민지운동에 참가하는 이준과 최계우 등의 대화를 통해 독자
적으로 형성되는 고창윤의 아이덴티티 구축 과정의 결말이다. 반식민
지투쟁에 참여할 결심을 영리에 대한 사랑과 함께 그에게 고백한 주인
공은, 영리가 건네는 "나는 내가 나아갈 곳을 향해 나아간다. 너 또한
너대로 자신이 갈 길이 있을 것이라 생각한다"는 계우의 편지를 통해
서 자신이 '비겁자' 취급을 당한 것에 깜짝 놀란다. 다음의 에필로그에
는 그 직후 관헌에게 체포되어 끌려갈 때의 고창윤의 내면 묘사이다.

　　나에게도 역시 역할 하나 정도는 있었다. 이준, 최계우, 그리고 용명, 그
리고 누가 나올지 모른다. 고문.
　　그러나 나는 모른다, 모르는 것이다. 내가 말할 수 있는 것은 그것뿐이다.
이번에야말로 나는 완전히 내 운명의 전개로 이끌리고 있다.
　　창윤은 잠시 멈췄다. 그러자 두 형사는 동시에 그의 등을 쿡 찔렀다. 자,
이런 식으로.(p.139)

　　물론 민주주의문학의 일익을 담당했다고 여겨지는 김달수의 『후예
의 거리』의 주제는 조선어가 서투른 문학청년인 주인공과 반식민지투
쟁을 펼치는 등장인물의 이율성二律性이 조선의 민족성을 매개로 하여

〈그림 22b〉 대한민국정부수립을 기념하는 육해군의 퍼레이드, 오른쪽 위는
중앙청(옛 조선총독부청사)

지양된다는 것이고, 작가 자신이 단 주注를 비롯한 오다기리 히데오와
쿠라하라 코레히토 등의 평가도 그 변증법적인 진전의 한 점으로 귀착
된다. 그러나 이 소설은 고발해야만 하는 일제말기의 사회 상황은 그
리고 있어도, 고백할 수 있는 확고한 자아를 지닌 주인공상像을 그리고
있다고는 할 수 없다. '내 운명의 전개로 이끌리고 있다'는 대목은 다른
등장인물들로부터 멀리 떨어지는 것으로 가늠되는 그의 문화적 아이
덴티티가 공중에 매달린 채 이야기가 종료된다는 것을 시사하고 있기
도 하다. 즉 조선의 민족성과의 관계에서 자기상을 형성하는 고창윤의
자세 그 자체가 이후 한국·조선과 일본 사이에 놓이는 재일코리안 문

학의 주제를 준비하고 있는 것이기도 하다.

여기에서 주인공의 '나는 모른다, 모르는 것이다'라고 말하는 일본인 관헌에 대한 거절은 재일조선인의 존재성을 형성하는 진폭의 크기를 대척적으로 가리키는 것이기도 하다. 예컨대 김무희金茂喜는 「일본의 여성日本の女性」(『민슈쵸센』제1권제3호, 1946.6)에서 "일본인의 일상생활을 몸으로 체험하고, 그 숨결을―그 풍속을―습관을, 일본인이 나를 알고 있는 것보다 나는 일본인을 더 알고 있다고 생각한다"[16]고 말한다. 이렇게 타자라는 것으로 자신의 위치를 규정하는 인식론적인 발상에서는 스스로를 해방시키기 위해 자신들이 위치하는 사회구조에 대해 포괄적인 탐구를 시도한다는 특징을 지적할 수 있다. 이러한 역학을 내재적으로 지닌 김달수의 소설은 '조선인 / 일본인'이라는 이분법으로는 해결할 수 없는 '재일'이라는 자기의 위치를 묻고 있는 것이다. 이러한 언급은 일본의 식민지 지배 역사와 대치하고 이것을 다시 이야기함으로써 조국 조선의 독립과 일본의 좌익작가·지식인과의 연대 방도를 모색하는 문학적 행위를 그 근저에 두고 있다.

일본에서 활약하는 조선인 작가를 '재일조선 문학자'로 가장 먼저 기록한 오다기리 히데오의 「조선 문학의 개화를 위하여朝鮮文學の開化のために」(『민슈쵸센』제1권제6호, 1946.12)[17]에는 "자기 민족의 역사에 대해

---

16 여기에서는 "우리 조선인들은 전쟁 전부터 일본으로 건너왔다. 이 숫자는 조선 총인구의 1할이나 된다. 이것이 일본 위정자들이 행한 식민지통치의 결과로 생겨난 피통치자의 저주받은 운명의 길이었다는 것은 말할 것도 없다. 나도 일본에 온지 15년이 된다"고 적혀있다.

17 오다기리는 "자유로운 조선 문학의 개화와 자유로운 일본 문학의 개화의 깊은 연결! …… 이미 발족한 『민슈쵸센』과 그곳에 모인 재일조선 문학자들이 이를 위해 활짝 열린 큰 창이 되기를 나는 바란다"고 말한다.

거의 아무 것도 알 수 없는 민족, 자기 나라의 언어를 충분히 말할 수 없는 민족이 여기에 만들어졌다"라는 부분이 있다. 이는 조선 사람들의 민족성이 일본의 식민지 지배 역사에 의해서 부정적으로 구축되었다는 주장이다. 김달수 등의 지적 언설은 본질주의적인 입장에서 '조선인 / 일본인'이라는 차이를 계층적 속성으로 산출한 일본 근대의 조선인상 구축의 역사에 대한 대항이었다. 중요한 것은 문화적 아이덴티티의 문제가 김달수의 소설에서 적극적인 형태로 주제화된다는 점이다. 예컨대 김달수는 이렇게 썼다. "조선의 모든 것은 1945년 8월 15일을 경계로 재생되는 것이 아니라 새롭게 시작되는 것이며 창조되는 것이라는 점에 '조선'의 고통이 있고 기쁨이 있다."[18] 그들이 그리는 문화적 아이덴티티의 흔들림은 일본의 패전을 기점으로 새롭게 '민족'을 창출하려는 재일코리안의 행위 수행성遂行性의 표상이기도 하다.

18 　金達壽, 「新しい朝鮮の文學運動について」, 『世界文學硏究』 第1集, 九州評論社, 1948. 본문 끝에는 "1946 · 2 · 25"이라는 날짜가 붙어 있다.

종장_ 회한의 역설

재조일본인의 1945년 8월 15일

일본이 아시아·태평양전쟁에 패배한 날, 조선에는 일본과는 다른 전후戰後의 모습이 찾아왔다. 한국에 50만 명, 북한에 30만 명이나 되는 재조일본인에게 찾아온 전후가 바로 그것이다. 그날 정오 쇼와昭和 천황의 옥음방송으로 전해진 패전 뉴스는 말할 것도 없이 일본과 한국 그리고 북한에서 다른 의미를 지닌다. '종전'과 '광복'이다. 처음 듣는 천황의 말이 지금도 여전히 패전의 기억으로서 일본인에게 전해지는 것에 비해, 조선인에게 그것은 일본의 식민지 지배로부터의 해방선언과 다름없었다. 1945년 2월에 개최된 미·소·영 수뇌의 얄타회담에서 일본의 전후체제는 1894년 이후 침략전쟁으로 획득한 영토를 포기하도록 결정되었기 때문이다. 이로써 조선은 '일제강점 36년'이라는 암흑기의 종언을 맞이하게 된다. 이것은 또한 '내지인'으로서 식민지에 이주했던 재조일본인이 귀환자가 되는 순간이기도 했다. 종주국의 주민에서 귀환자로. 1945년 8월 15일은 재조일본인이 겪어온 복잡한 심정 중 하나의 귀착점이며 전후로 넘겨지는 일본인의 조선 표상의 분기점이기도 하다.

이날 학도 동원에 동행했던 코니시 에이치小西英一는 쇼와천황의 옥음방송―「종전 칙서終戰ノ詔書」―을 들었을 당시의 기억을 이렇게 적는다. "흐르는 눈물을 주먹으로 닦는 생도, 꼼짝 않고 가만히 고개 숙여 주먹을 꽉 쥐고 있는 생도. 아, 전쟁이 끝났다. 안도감이라고도 공허감이라고도 할 수 없는 일종의 미묘한 감회, 잊을 수 없는 경험이었다."[1] 천황의 옥음방송을 듣고서 망연자실하여 눈물을 흘렸던 체험담은 드물지 않다. "'참기 어려운 것을 참고 견디기 어려운 것을 견디어내고'라는 부분은 특히 잘 들렸다"는 경험담도 수많은 패전 날의 기억과 공통된다. 그러나 이때 코니시가 있었던 곳은 동양 제일의 공장지대였던 함경남도 흥남이었다. 코니시는 경성제국대학 예과교수予科敎授로서 학도 동원에 동행했다.

전날 쇼와천황이 스스로 레코드에 녹음한 「종전 칙서」는 조선에서도 일본과 같은 시간에 라디오를 통해 방송되었다. 한국에서는 이 옥음방송을 '육성방송'이라 한다. 물론 옥음방송을 들은 코니시 에이치가 '안도감이라고도 공허감이라고도 할 수 없는 일종의 미묘한 감회'라고 적었던 것에는 이유가 있다. 여기에는 조선 북부의 긴박한 정세가 있었다. 8월 8일 소련이 일소불가침조약을 파기하고 다음 날인 9일 이후 만주, 조선, 사할린으로 군대를 진군시켰기 때문이다. 미군의 히로시마廣島와 나가사키長崎의 원자폭탄 투하, 소련의 대일선전포고와 조

---

1 小西英一, 「予科勤勞作業隊北朝脱出記」, 『紺碧遙かに―京城帝國大學創立50周年記念誌』, 京城帝國大學同窓會, 1974, p.503.

선 북부 침입을 알리는 라디오 뉴스. 그야말로 청천벽력이었다. 이와 비교하면 옥음방송 이후 오후 3시까지 평소와 다름없이 작업을 하고, 교가 「검푸른 빛 저 멀리紺碧遙かに」를 부르며 기숙사에 돌아온 8월 15일은 지나치게 평온한 느낌마저 감돌았다. 그러나 그 다음날, 코니시는 인상 깊은 광경을 보게 된다. 공장에서 돌아오는 도중 '조선인민공화국위원회'라는 커다란 포스터가 거리에 붙어 있었고 여기저기에서 〈반딧불螢の光〉 멜로디가 흐르고 있었다고 그는 적고 있다.

1. 광복을 축하하는 〈애국가〉의 멜로디

패전 당일, 고토 메이세이後藤明生는 원산에 있었다. 1932년 함경남도 영흥군 영흥읍에서 태어난 그는 당시 13세로, 4월에 원산중학교에 막 입학했을 때이다.

어느 해질 무렵 오차노미즈御茶ノ水 역 앞 다리에 서있던 남자가 문득 20년 전에 입고 있던 옛 육군의 '외투'를 회상하는 장면으로 시작하는 『협공挾み撃ち』(카와데쇼보신샤河出書房新社, 1973)에서는 주인공이 기억하는 패전 당일을 이렇게 그리고 있다. "누군가의 목소리가, 아마도 '옥음'이었으리라. 스피커나 안테나가 고장난 것일지도 모른다. 그런 목소리였다. 어쨌든 '옥음방송'이 방송되었던 것이다! 그러나 내가 알 수 있었던 것은 그뿐이었다."(p.136) 그 '옥음'으로 인해 중학생인 주인공

은 '무언가가 끝난 것은 확실했다'고 느끼면서도 이 시점에서는 일본의 패전이라는 사태를 충분히 파악하지 못한다. 그리고 그 또한 원산중학교의 기숙사에서 영흥의 집으로 가는 기차 안에서 〈반딧불〉 멜로디를 듣는다. 다음에 예로 든 것은 소년이 기차 안에서 역의 플랫폼을 보았을 때의 광경이다.

"만세-!"
"만세-!"

조선인들은 손에 손에 작은 깃발을 흔들었다. 히노마루日の丸의 붉은 원을 소용돌이 모양으로 나누고 반쪽만 검은색으로 바꿔 백지 네 구석에 역학의 괘 같은 것을 그려 넣은 깃발이다. 지금은 대한민국의 국기이지만 그때는 아직 북한에서도 사용하고 있었다. 한반도를 남북으로 나누는 38도선은 아직 존재하지 않았다. 그러나 그때 내가 알 수 있었던 것은 '만세!'가 '반자이万歲!'의 조선어라는 것뿐이었다. 어쨌든 나는 그 붉고 검게 나누어 칠해진 소용돌이무늬 깃발이 일본의 패배와 함께 독립한 조선인민의 깃발이라는 것조차 몰랐다. 나는 그저 불안했다. 히노마루를 붉고 검은 모양으로 나누어 칠한 것은 히노마루에 대한 조선인들의 저주 같은 것이 아닐까. 귀퉁이에 그려진 네 개의 괘가 어쩐지 섬뜩하다. 어리석게도 나는 그 깃발에서 히노마루에 대한 조선인들의 저주를 상상하고 화물차의 한구석에 몸을 웅크리고 있었다.

역마다 붉고 검은 수용돌이무늬 깃발이 나부꼈다. 그리고 "만세!" "만세!" 하는 커다란 함성 속에서 〈반딧불〉 멜로디의 조선어 노래가 흘러나오기 시작했다.(pp.138~139)

기차가 정차할 때마다 눈에 비친 환성을 올리는 조선인들의 모습과 '저주'처럼 느껴지는 태극기의 무늬. 이것을 '히노마루'에 저주를 걸고 있는 것 같다고 생각한 소년은 일본이 저주받을 만한 대상이라는 것을 확실하게 인식하고 있다. 화물차의 구석에 몸을 웅크리면서 심해지는 불안을 견디던 소년의 귀에 태극기를 흔드는 조선인들이 '만세!'라고 외치는 소리와 함께 조선어로 된 〈반딧불〉 멜로디가 들려온다. 고토 메이세이의 『협공』에 그려진 이 기묘한 장면은 '일제강점 36년'이라는 말로 대표되는 일본과 조선의 모순으로 가득찬 근대사를 조명하면서 이것이 명백히 조선에 '광복'이 찾아온 날의 광경임을 보여주고 있다. 이 당시 〈반딧불〉의 원곡인 스코틀랜드 민요 〈올드 랭 사인Auld Lang Syne〉의 멜로디에 맞춰 불렸던 노래는 후일 대한민국의 국가가 되는 〈애국가〉였다.[2]

모리타 요시오森田芳夫의 『조선 종전의 기록朝鮮終戰の記錄』(간난도쇼텐嚴南堂書店, 1964)은 패전＝해방 후 '경성'의 모습을 이렇게 그린다.[3] 그날 오전, 경성부 내에 '오늘 정오 중대 방송, 일억 국민은 반드시 들을 것'이라는 공고가 붙었다. 쇼와천황의 옥음방송은 잡음 탓에 그 내용을 정확히 알아듣기 어려웠지만 사람들은 방송 이후 해설 등으로 일본의 무조건 항복과 조선의 독립을 알았다. 조선총독부에서는 중요서류를 소각하기 시

작했고 여운형 등은 '조선건국준비위원회'를 발족시켰다. 경성 거리에
서는 조선인들이 '국민복'이나 '몸뻬'가 아니라 '흰 옷'을 입고 활보했다.

다음날인 16일 오전 9시에 여운형은 서대문형무소에서 정치범과 경
제범의 석방에 입회했다. 그리고 해방된 정치범들을 선두로 오전 11시
부터 데모행진이 시작되었다. 조선인들은 '독립만세' '해방만세'를 외
치며 태극기를 흔들었다. 이 중에는 일장기로 만든 태극기도 많았다고
한다. 이때 사람들은 조선총독부의 식민지 통치는 이미 끝났고 조선이
독립하여 새로운 국가가 수립될 것이라고 믿었다. 여운형이 15일에 조
선총독부 정무총감인 엔도 류사쿠遠藤柳作와 회담했고, 재조일본인의
생명과 재산 보호를 인정하는 조건으로 사실상 조선총독부로부터 패
전＝해방 이후의 행정권을 이양 받았기 때문이다. 여운형은 9월 6일
'조선인민공화국' 수립을 선언하지만 미군이 이를 부인한다. 연합군이
이미 한반도의 분할 통치를 결정했기 때문이다.

물론 환희에 찬 조선인과 정반대의 광경도 있었다. 예를 들면 8월 15
일의 경성제국대학이다. "경성제국대학에서는 종전 당일 교수 · 직원 ·
학생 약 200여 명이 모여 라디오 방송을 들었다. 100여 명의 학생 중 조
선인학생도 있었으나 함께 〈기미가요君が代〉를 합창하며 패전에 비통
한 눈물을 흘렸다."[4] 패전으로부터 하룻밤 지난 경성 거리는 전날의 옛
식민지 최고학부와 완전히 다른 모습이 되어 있었다.[5] 경성에는 소련 진

---

4 『紺碧遙かに一京城帝國大學創立50周年記念誌』, p.578. 문장은 모리타 요시오가 썼다.
5 예외로는 무라야마 토모요시村山知義의 패전기가 있다. 무라야마는 경성에서 옥음방송
을 듣고 패전이라고 알자마자 "나의 주변을 에워싸고 있는 악마의 그물이 이제야말로
쫙 찢어졌다고 생각하여 전신으로 춤을 출 것 같은 기분에 엉겁결에 양손을 올리고 '만
세!'라고 외쳤다. 그런데 아무도 숨소리 하나 내지 않는다. 보니 조선인 어른들은 심각
한 얼굴을 하고 있고 아이들은 울기 시작했다"고 기록하고 있다.(「朝鮮での敗戰」, 『現

주의 소문도 떠돌았고 이것은 계속해서 조선각지로 퍼져나갔다. 그 환희로 요동치는 경성 거리 곳곳에서 불린 것이 〈애국가〉였다. 모리타 요시오는 〈애국가〉에 대해 다음과 같이 쓰고 있다.

　오랫동안 금지되었던 조선어로 된 〈애국가〉가 그 무렵 조선인의 모임에서 어디에서나 불렸다. 이것은 〈반딧불〉이라는 곡과 비슷해서 '일본인 선생님을 보내는 학생들의 송별회인가' 하고 생각했던 일본인도 있었다.

　애국가
　동해물과 백두산이 마르고 닳도록
　하느님이 보우하사 우리나라 만세
　무궁화 삼천리 화려강산
　대한사람 대한으로 길이 보전하세(『조선 종전의 기록』, p.84)

경성제국대학에서 옥음방송을 듣고 〈기미가요〉를 합창하면서 눈물을 흘리는 교직원·학생과 경성 각지에서 환희에 넘쳐 〈애국가〉를 부르는 조선민중의 모습. 두 모습은 매우 대조적이었다. 명암이 확실히 갈린 것이다. 8월 15일 이후 조선은 재조일본인에게 외국이 되었고 그들은 귀환자 혹은 억류자가 되는 운명을 걷게 되었다. 종주국의 주민에서 쫓기는 자, 그리고 쫓기는 것조차 자유롭게 선택할 수 없는 자로 바뀐 것이다. 그러나 '일본인 선생님을 보내는 학생들의 송별회인가'

代史の証言⑤8・15敗戰前後』, 汐文社, 1975, p.109)

〈그림 23〉 서울역 앞 광장의 광경, 1945.8.15.

라고 되어 있듯이, 식민지 지배로부터 해방된 것을 축하하는 〈애국가〉
가 많은 재조일본인에게는 〈반딧불〉의 멜로디였던 것이다. 코니시 에
이치로는 이것을 '조선의 새로운 국가'였다고 썼지만 지난날을 그리워
하는 석별의 노래로 들렸을 것은 상상하기 어렵지 않다.

조선의 '광복'을 상징하는 노래인 〈애국가〉가 패전을 슬퍼하는 재조
일본인의 귀에 〈반딧불〉 멜로디로 들렸던 것은 매우 아이러니컬하다.
그러나 결국 조선을 떠나게 되는 재조일본인이 조선의 각지에서 불렀
던 〈애국가〉가 작별을 고하고 있다고 느꼈다면 비아냥거리는 이야기
로 끝났을 수도 있다. 그러나 이 노래를 둘러싼 아이러니는 이것만이 아
니었다. 패전 당시 조선경금속주식회사의 사원이었던 이노우에 요시
오井上由雄는 〈애국가〉를 더욱 결정적인 장소에서 듣고 그 인상을 기록
하고 있다. 평양출장 중에 옥음방송을 들은 이틀 후, 이노우에가 근무하
는 진남포 공장에서 거행된 조선건국위원회 진남포지부의 건국대회에
서 일어난 일이었다.[6]

간단한 식사와 축사 등이 전부 조선어로 읽히고, 이어서 일장기가 게양되고 곧바로 내려진다. 그 대신 처음으로 본 조선 국기가 천천히 게양되고 조선 국가라는 노래가 합창된다. 그러나 어찌된 일인지 그것이 〈반딧불〉 선율이어서 다소 놀랐다.

소용돌이 무늬에 역학에서 쓰는 점대를 곁들인 듯한 조선 국기에 대해 우리들도 만세 삼창을 했다. ‘만세’라고 발음한다는 것도 처음 알았다.

조선의 국기, 조선의 국가, 국가의 의미는 전혀 이해할 수 없었지만 멜로디가 〈반딧불〉이라는 것이 몹시 쓸쓸했다. 중단된 민족의 역사를 생생하게 보게 되어 감개무량하지 않을 수 없었다.(이노우에 요시오,『패전일기 대동강敗戰日記 大洞江』, 류도流動, 1971, pp.13∼14)

〈애국가〉를 ‘몹시 쓸쓸했다’고 느낀 이노우에의 시선은 식민지 지배의 역사를 강요당한 조선인을 향해있다. 귀환자가 된 재조일본인에게 어울리는 멜로디가 이것을 부르는 조선민족의 표상으로 바뀐 것이다. 본래 식민지주의의 만가였을 멜로디가 해방된 조선의 고난한 역사로 비유되는 사태에 주목해야 한다. 식민지시대에 애조를 띤 멜로디로 조선의 민족성을 표상했던 대표적인 예는 〈아리랑〉이었다. 여기에서는 〈반딧불〉 멜로디가 뒤틀린 형태로 그 역할을 맡고 있다. 이노우에 요시오는 재조일본인의 조선인관을 비판하는 인물이다. 그러한 그가 〈애국가〉의 멜로디를 조선의 역사에 견주며 ‘몹시 쓸쓸했다’고 느꼈던 것이다. 이노우에의 동정적인 시선의 이면에 숨겨진 편견은 25년 전의

6　이노우에 요시오는「옥음방송」을 들었을 때의 일에 대해서 “패전, 머리가 ‘징’ 울려 아무것도 생각나지 않고 망연자실할 뿐”이라고 말한다.(『敗戰日記 大洞江』, p.9)

과거를 회상기로 출판한 양식적인 심성과 모순되는 것은 아니다. 그는 이 책의 서문에서 "나의 재조 10년은 물거품처럼 사라졌습니다. 그러나 어떻게 해도 사라지지 않는 것은 '내가 좋아하는 조선'의 저 자연과 인정입니다"(p.5)라고 말하고 있다.

조선인이 부르는 〈애국가〉가 단지 〈반딧불〉과 비슷했다는 이유로 이것을 조선민족이 지닌 비애의 역사를 상징하는 것으로 인식해버린 점. 이것은 아시아·태평양전쟁의 패전이 일본에 의한 식민지통치 역사의 종언을 의미하는 것이기는 하나 재조일본인의 식민자植民者로서의 심성이 간단히 사라지지 않았음을 넌지시 시사하고 있다. 무의식에 드러나는 식민자의식은 〈반딧불〉이나 〈애국가〉와 마찬가지로 거의 근대사만큼 긴 세월에 걸쳐 형성되어 왔기 때문이다.

2. 〈반딧불〉과 〈애국가〉의 투쟁

재조일본인 역사는 '일제강점 36년'이라는 역사의 거의 두 배에 가까운 세월을 갖는다. 조선 일본인학교의 효시는 1877년 5월에 창립된 부산의 공립학교이다. 강화도사건의 이듬해인 1876년에 체결된 조일수호조규에 기초하여 부산 외 두 곳의 개항이 정해지고 일본인의 거주가 인정된 이듬해였다. 조선에 일본인학교가 설립된다는 것은 재조일본인의 역사가 시작되었음을 의미한다. 임오군란과 갑신정변이 일어난

1880년대에는 조선의 정세가 주목을 받으며, 일본에서 조선 관련서적의 일대 붐이 일었던 것은 이미 언급했다. 격동하는 조선 정세가 영향을 미쳤는지, 실제 조선 도항자수는 그렇게 많지 않았으나, 이 시대부터 조선의 부정적인 이미지가 서서히 형성되어 갔다. 그리고 후에 일본을 대표하는 창가가 되는 〈반딧불〉 또한 이 무렵에 탄생되었다.

1881년, 스코틀랜드 민요 〈올드 랭 사인〉의 멜로디를 바탕으로 한 〈반딧불〉(원제 〈螢〉)이 일본 최초의 음악교과서인 『소학창가집 초편小學唱歌集初篇』(문부성 음악조사계 편찬文部省音樂取調掛編纂)에 실렸다. "반딧불의 빛 / 창 밖의 눈"으로 시작되는 이 노래는 가난하면서도 고생을 거듭하며 면학에 힘쓴다는 '형설지공螢雪之功'의 고사에서 유래한 석별의 노래로 알려져 있다. 이 가사를 작사한 것은 동아사범학교의 교원이었던 이나가키 치카이稻垣千穎이다. 당시 문부성은 L. W. 메이슨Luther Whiting Mason(1828~1896)의 『음악괘도音學掛図』를 번역하여 음악교과서를 만들 계획을 세웠고, 1880년에는 문부성의 고용외국인으로 메이슨이 일본에 왔다. 음악조사계音樂取調掛에서 중심적인 역할을 맡았던 이자와 슈지伊澤修二(1851~1917)는 그와 함께 『소학창가집』의 편찬에 관여하여 서양음악 중 일본인에게 친숙해지기 쉬운 찬송가 멜로디를 창가에 도입하고 교육상 그에 걸맞는 일본어 가사를 붙였다.[7]

여기에서는 이른바 화혼양재和魂洋才적 음악교육의 서양화＝근대화에 대한 지향을 볼 수 있다. 『소학창가집 초편』에는 음악교육의 효용을 "소학교에서는 모름지기 덕성을 함양하는 것이 필요하다. 현재 음악은 충분한 성정으로 인심이 바르게 풍화되도록 도와주는 묘한 효용

---

7   安田寬, 『日韓唱歌の源流』(音樂之友社, 1999) 참조.

이 있다"고 기술되어 있다.[8] 이것은 서양열강에 의한 식민지화의 위협으로부터 부국강병을 추구했던 메이지 일본의 지적 추세의 한 단면을 보여주는 것이기도 하다. 서구문화를 수입하면서 서구열강에 대항할 수 있는 국민국가 건설을 목표로 할 것. 창가조차 이러한 시대의 조류와 무관하지 않았음을 아래에 드는 〈반딧불〉의 제3절과 제4절의 가사가 보여준다. 하타노 시로旗野士良의 『소학창가집 초편 평석小學唱歌集初編評釋』(도분칸同文館, 1907)에 실려 있는 가사의 의미를 보도록 하자.

3. 츠쿠시 끝. 땅 끝. [/] 산과 바다가 멀리. 떨어져 있어도.
그 참된 마음은. 거리가 없고. [/] 하나로 만드세. 나라를 위해.

이별 후를 예언하는 것이다. 대강의 뜻은 서쪽 큐슈九州의 끝, 또는 동쪽 오슈奧州 깊은 곳에 가서, 비록 바다와 산은(바다는 큐슈, 산은 오슈) 멀리 떨어져 있더라도 그 참된 마음은 거리가 없으니 일편단심 전력을 다하라, 황국을 위함이니,

4. 치시마千島 끝도. 오키나와沖縄도. [/] 우리나라이기에. 지키자.
미치지 못하는 곳까지. 용감하게. [/] 힘내세요 낭군님. 사고 없이.

성공을 격려한다. 대강의 뜻은 홋카이도의 가장 구석에 있는 치시마와 새 영토인 류큐琉球 모두 우리나라이며 땅은 멀지만 같은 치하이다. 따라

---

8   伊澤修二, 「緒言」, 『小學唱歌集初篇』, 文部省音樂取調掛 編, p.1.

서 어디를 가더라도 그곳에서 분발하고 일본남아의 본성에 어긋나지 않게 국가에 공을 세우라. 우리 형제여 무병식재無病息災라고도 할 수 있다. 또한 마지막 구절의 '없이'가 용언을 수식하는 것이라면 이것은 그 앞 구절 '힘내세요'를 반복적으로 가리키는 격이 된다. [9]

고학했던 세월을 회상하면서 학교를 졸업할 때를 맞이한다는 〈반딧불〉의 내용은 작별 후를 예견적으로 노래하는 제3절과 제4절의 가사가 덧붙여져 비로소 하나의 이야기가 된다. 『소학창가집 초편 평해』에는 "이 노래는 4개의 장이 서로 연결된 의미를 가지고 면학과 국가에 힘쓰는 것을 노래한다"(p.38)고 되어 있으며, 제3절에 나오는 '하나로 만드세. 나라를 위해'처럼 이 창가는 다음 세대를 짊어질 남자졸업생에게 충군애국의 정신을 보여주는 내용이었다. 일반적으로 말하면 졸업하는 젊은이에게 국가를 위해 전국으로 웅비할 것을 설파하는 입신출세의 노래이지만, 제4절의 가사에 기록된 지명으로 미루어 볼 때 〈반딧불〉은 국위선양의 의도로 만들어진 창가로도 해석할 수 있다. 졸업한 젊은이가 국가를 위해서 향하는 곳이 북쪽으로는 치시마 일본열도 끝에 있는 사할린이고 남쪽으로는 오키나와이기 때문이다. 사할린·치시마 교환조약은 1875년이고, 이른바 '류큐처분琉球處分'이 실시된 것은 1879년이므로, '치시마 끝도. 오키나와도'라는 가사에는 당시 일본의 국경선이 여실히 반영되어 있었다.

덧붙여 야스다 히로시安田寬 씨가 『'창가'라는 기적 12가지 이야기—

---

9 가사는 『소학창가집 초편小學唱歌集初篇』(p.33)에서, 평석評釋은 하타노 시로 편의 『소학창가집 초편평석』(pp.39~41)에서 인용한 것이다.

찬송가와 근대화 사이에서『唱歌』という奇跡 十二の物語—賛美歌と近代化の間で』(분게이슌쥬샤文芸春秋社, 2003)에서 지적하듯이, 후에 제4절의 가사는 '치시마 끝도 / 타이완도'나 '타이완 끝도 / 오키나와도'로 변경된다. 즉 그 시대에 맞는 변경 지역이 국방상의 요충지로 〈반딧불〉에 표상되었던 것이다. 〈반딧불〉 가사의 변천은 일본의 제국주의적인 영토 확장 정책 과정을 보여준다. 이 창가는 다음 세대를 짊어질 국민에게 지난날을 그리워하는 심정을 시적으로 전달함과 동시에 식민지주의의 첨병이 되기 위한 프로그램을 이야기하는 일본판 〈애국가〉이기도 했던 것이다.[10] 이런 의미에서 〈반딧불〉의 가사는 식민지로 건너간 일본인에게 어울리는 내용이었고, 그랬기 때문에 제3절과 제4절의 가사는 아시아·태평양전쟁 이후 삭제되었다.

한편 조선의 〈애국가〉도 저항이라는 의미에서 일본의 영토확장정책과 따로 분리하여 생각할 수 없다. 현재 단편적으로 남아 있는 자료에도 〈애국가〉라는 제목의 가사는 여러 종류가 있다. 그중 〈애국가〉의 원형이라 전해지는 노래 중 하나는 1896년 11월 독립문 정초식定礎式 때 기독교학교인 배재학당의 학생이 〈올드 랭 사인〉 멜로디로 합창한 것이다. 이 정초식은 1896년에『독립신문』을 창간하고 독립협회를 조직한 윤치호와 서재필 등이 조선독립운동을 고무하기 위해 개최했다. 강신자姜信子 씨의『일한음악노트日韓音樂ノート』(이와나미쇼텐岩波書店, 1998)에 따르면, 당시의 가사는 "2천만이 하나의 마음으로 / 나라를 사랑하라 / 사농공상 귀천 없이 / 직분을 다하라"(p.39)라는 내용이었다고 한다. 당시 조

---

10 야스다 씨에 의하면, 후일 타이완의 일본어교육에 종사한 이자와 슈지는 이 교과서의『소학창가집』을 사용하여 〈반딧불〉을 가르쳤다고 한다.

선에서는 선교사가 운영하는 기독교학교에서 음악교육이 실시되고 있었지만, 청일전쟁 이후 일본과 러시아의 세력이 강해진 상황 속에서 식민지화의 위협에 대항하기 위해 창가도 자연히 애국적인 내용이 되었다.

한편 이미 이 무렵 조선에는 1891년에 한성, 1895년에는 인천에 관립 일어학교가 설립되었다. 청일전쟁 시기는 조선에서 일본어교육의 초창기이기도 했다. 요사노 텟칸이 조선인에게 일본어를 가르치려는 소신 표명으로서 '조선의 산에 벚나무를 심고 조선 사람에게 야마토 사내의 노래를 부르게 하리'라고 읊었듯이, 조선독립운동의 고양과 재조일본인의 기개는 '애국'이라는 각각의 키워드 아래에서 적대 관계에 있었다. 그러던 중 다음과 같은 조선관朝鮮觀이 생겨난다. 1891년 6월 일어학당의 초대교사로 부임한 오카쿠라 요시사부로岡倉由三郎(1868~1936)는 조선을 메이지유신 때의 일본과 비교하며 이렇게 말한다. "그러나 지금의 조선은 어떠한가. 인민은 파렴치하고 무기력하며, 전혀 생산에 종사하지 않고 가까스로 하루를 임시변통으로 보내는 것에 불과하다. 그들의 영웅이라 하면, 교활하기 그지없는 무리로서 함께 하기 부족하다. 이를 일본의 지금 모습과 비교하면 확실히 천 년 이상 그 개화가 늦다."(「조선의 교육과 제도를 어떻게 해야 하는가朝鮮の教育の制度を如何すべき(오카쿠라 요시사부로의 담화岡倉由三郎氏の談話)」, 『쿄이쿠지론教育時論』 제338호, 1894.9, p.23) 오카쿠라 텐신岡倉天心(1863~1913)의 친동생이기도 한 그는 토쿄제국대학에서 언어학과 국문학을 공부하고 조선어 연구를 하기 위해 조선으로 건너왔다. 후에 그는 영문학자로 명성을 날리게 된다. 이러한 인물이 조선의 교육개혁을 논하는 것이다. 여기에서 조선을 교화하는 것이 일본이라는 식민자 의식이 확인된다.

충군애국의 정신을 노래하는 〈반딧불〉과 독립운동을 고무하는 〈애국가〉는 식민자로서 조선에 건너간 재조일본인의 역사와 깊은 관련이 있다. 1902년 고종의 명으로 〈대한제국 애국가〉가 국가로 제정된다. 이 국가는 〈올드 랭 사인〉의 멜로디로 불린 것과는 다른 노래였다. 궁정악대 교사였던 독일인 에케르트Franz von Eckert(1852~1916)가 작곡하고 민영환 등이 작사한 것으로, 관립학교와 군대에서 공식적으로 불렸다고 한다. 참고로 말하자면 에케르트는 1879년에 일본으로 건너가 이듬해 하야시 히로모리林廣守(1831~1896)가 작곡한 〈기미가요君が代〉의 탄생에 깊이 관여했고, 1899년까지 문부성 음악조사계에 있었던 인물이다. 한편 명성황후의 조카에 해당하는 민영환은 제2차 한일조약 체결에 반대하여 자결한 충신으로 알려져 있다. 이 〈대한제국 애국가〉는 한일병합 이후 서서히 자취를 감춰 갔다고 한다.

조선이민자가 급격히 증가하는 러일전쟁 이후에는 조선각지에서 의병투쟁과 애국계몽운동 등 반일저항운동이 고양되었고 조선인이나 외국인 선교사가 운영하는 사립학교에서는 〈애국가〉 등을 통해 애국정신을 주창하게 된다. 재조일본인 저널리스트였던 토키오 아키쿠니釋尾旭邦는 이러한 조선의 애국운동의 추세를 수수방관하는 한국통감부와 한국학부의 일본인 관료에게 "한인韓人의 의향을 염려하여 종주국의 천황을 입에 담는 것조차 금하면서, 새롭게 한제韓帝의 영상影像을 봉안하고 한제의 교육칙어와 한국의 권학가, 애국가를 부르게 한다……"(「한인 교육에 대해韓人敎育に就て」, 『죠센朝鮮』 제1권제5호, 1908.7, p.23)고 통렬하게 비판했다. 한국정부의 학부란 당시의 일본에서 말하는 문부성에 해당한다. 토키오는 가사 내용은 언급하지 않았으나 〈애국가〉를

부르는 조선인은 재조일본인에게 커다란 위협이 되었던 것이다.

3차에 걸쳐 한일협약을 체결하고 조선을 보호국화한 일본정부가 1906년 한국통감부를 설치했을 때에는 학부의 일본인 관료가 식민지교육의 청사진을 확고히 하고 있었다. 1906년 8월에는 보통학교를 중심으로 한 각종 학교의 학제개정으로 '외국어'가 '일어'로 명기되고 필수과목이 된다. 보통학교는 초등학교에 해당한다. 여기에서 현안이 된 것은 '수신修身'을 중심으로 한 도덕교육의 교육방법이었다. 본래 보통학교령 시행규칙의 '수신'의 항목에는 『소학창가집 초편』에서도 사용된 '덕성을 함양'한다는 표현이 있다. 그러나 한국 학부의 일본인 관료들은 조선인 학생들에게 충군애국의 정신을 가르치면 거꾸로 조선민중의 민족의식을 싹트게 할지도 모른다는 생각을 했다. 이미 식민지교육의 모순이 드러나고 있었던 것이다. 더군다나 이와 대조적으로 반일저항운동의 홍성과 함께 〈애국가〉는 조선 각지로 퍼져 애창되었다. 이에 대해 한국학부의 일본인 관료는 1908년 교과서 검정제도를 도입한다. 그리고 사립학교에서 불리던 '애국'과 '독립'을 외치는 조선어 창가를 모두 단속하고 일본 창가집을 정규 음악교과서로 채택하여 그 유포에 힘썼다.

한일병합 이후 조선총독부의 기본 방침은 조선인 동화였다. 조선총독부 학무국 학무과장이었던 쿠마모토 시게키치隈本繁吉는 「교화의견서教化意見書」(1910.9)에서 동화주의를 다음과 같이 정의하고 있다. "조선민족의 동화japanization란 그들에게 일본민족의 언어·풍습·습관 등을 모방하게 하고 더 나아가 일본민족의 충국애국정신(충의심)을 체득하게 만드는 것을 말한다."[11] 그러나 이것도 조선의 민족의식을 조

장하는 것이 아닌가 하는 우려를 결코 불식시킬 수 없었다. 쿠마모토
는 그 때문에 조선인을 '제국의 충량한 신민'으로 만드는 것이 본래의
'동화'이기는 하지만, 현실적으로는 '제국의 순량한 신민'을 목표로 하
는 것이 적절하다고 주장하고 있다. 또한 재조 일본어신문에서는 카나
자와 쇼자부로金澤庄三郎(1872~1967)의 의견을 참고로 하여 조선인에게
일본의 '가요歌謠'와 '탄카短歌'를 가르쳐 일본어와 일본적인 사상을 보
급시키라는 주장도 등장했다.[12] 그러나 조선각지로 퍼진 조선어 창가
가 반일저항운동과 함께 계속 애창되었음을 쉽게 짐작할 수 있다. 그
중 하나가 패전=해방 이후 스코틀랜드 민요 〈올드 랭 사인〉의 멜로디
로 불려진 〈애국가〉이다. 1919년 3 · 1일 독립운동 때에는 〈올드 랭 사
인〉의 멜로디로 〈애국가〉를 불렀다는 기록도 남아있다.

11 隈本繁吉, 「敎化意見書」(1910.9), 『日本植民地敎育政策史料集成(朝鮮編)』第69卷(龍溪
   書舍, 1991, p.8)의 인용이다.
12 無記名, 「母國語を普及せよ」, 「朝鮮新聞」, 1910.9.3. "일본어와 조선어가 그 근원을 같이
   하는 것은 학자들이 일치하는 바, 따라서 재외일본인 사이에 일본어를 보급하게 하는 것
   이 어렵지 않다는 사실을 계속 증명하는 바이다. 카나자와 문학박사는 조선에서 때때로
   재외일본인인 우리가 속요를 부르는 것을 듣게 하고, 일본어를 가르치는 최신 방편으로
   서 고상한 가요 내지 탄카를 학교의 교과서에도 삽입하면 일본어뿐만 아니라 일본사상
   의 보급에도 효과가 있다고 말했다. 이것도 고려해야하는 사항임을 잊지 말기를." 덧붙
   여서, 재조일본인의 아동에 대해서는 병합이후 어떻게 조선에 토착심을 높일 것인가가
   의논되고 있다.

3. 그리운 조선

조선어로 된 〈애국가〉가 〈반딧불〉 멜로디로 재조일본인의 귀에 들린다는 패전=해방 이후의 기묘한 광경에는 '일제강점 36년'뿐만 아니라, 청일·러일전쟁 시기부터 일본의 식민지화정책과 그에 대항하는 조선의 반식민지주의 투쟁이라는 양립할 수 없는 두 역사의 흔적이 새겨져 있었다. 〈반딧불〉이 일본의 문명개화와 부국강병 정책의 산물 중 하나이고 이후의 식민자에게 충군애국의 정신을 설파하는 방인적防人的인 프로그램의 일환이었다고 한다면, 〈애국가〉는 조선팔도의 아름다운 풍물을 소리 높여 노래함으로써 '애국'과 '독립'의 정신을 각성시켜 일본의 식민자로부터 국토를 탈환하는 저항운동을 고무하는 것이었다. 그러나 〈애국가〉에 대한 재조일본인의 의식은 앞서 말한 대로 둔감한 것이었다. 뒤집어 보면 근대 일본인의 '조선'에 관한 문화적 기억이 너무도 자연스럽게, 얼마나 집요하게 심어져 있었는지 말해 준다.

'조선'에 관한 문화적 기억은 근대 일본인이 자신의 모습을 만들어가는 과정이기도 했다는 본서의 출발점으로 돌아가서 패전=해방 이후 재조일본인의 심정을 검토해 보자. 예컨대 이노우에 요시오는 "내가 좋아하는 조선"이라는 말로 식민지시대를 회상하면서 당시 일본인의 조선인관을 비판하고, 25년이라는 세월이 흘러도 사라지지 않는 조선에 대한 그리움을 말했다. 그러나 그가 있었던 한반도 북부의 재조일본인에게는 말로 형용하기 힘든 고난이 기다리고 있었다. 앞서 말한 코니시 에이치로 등 경성제국대학 예과의 교원과 학생은 패전 이후 즉

〈그림 24〉 부산항에서 귀환하는 재조일본인 가족

시 경성으로 돌아갔다. 그러나 고토 메이세이의 가족은 일단 일본인수
용소에 들어갔다가 추방되어 부친과 조모는 함경남도 안변군에서 사
망했다. 남겨진 가족이 38도선을 넘어 귀환한 것은 이듬해였다. 하지
만 이러한 패전＝해방 후의 재조일본인의 심성은 고난을 통해 형성되
었다. 여기에서는 종주국 주민에서 귀환자로 바뀐 재조일본인이 식민
지시대의 생활사를 어떻게 청산하고, 외국이 된 조선에서 무엇을 생각
했는지에 대해, 주로 경성의 귀환사업에 초점을 맞추어 고찰한다. 재
조일본인의 귀환사업에 관여했던 이마무라 이사오今村勳는 그 당시를
다음과 같이 회상한다.

　전쟁과 다년간의 일본 통치에서 해방된 기쁨과 남북분단의 비운을 동시에
맞은 조선민족, 그 격동의 폭풍 속에 생활권을 빼앗긴 '일본민족의 대이동'. '옛
일본'의 허둥대고 혼란스러운 모습, 오로지 조국을 향해 도망쳐 온 차마 눈뜨

고 볼 수 없는 전재戰災 난민의 비참한 모습을 기억해야 한다. 또한 이들 전재
자의 구출과 원호를 위해 엄중한 군정 치하에서도 솔선해서 일했던 사람들이
있었음을 기억해야 한다.(『나의 패전일기 경성6개월私の敗戰日記 京城六ヶ月』, 히
노마루인쇄주식회사日の丸印刷株式會社, 1981)

　'일본민족의 대이동'이라 일컬어지는 재조일본인의 귀환은 '전재난
민의 비참한 모습' 즉 한결같이 전쟁의 피해자로 표현된다. 조선에서
돌아온 일본인은 해방에서부터 신탁통치를 거쳐 남북으로 분단되는
조선민족의 식민지 이후의 역사와 함께 이야기됨으로써 서사시화되
었다. 이마무라의 『나의 패전일기 경성 6개월』은 이러한 전개과정을
거쳐 귀환사업에 관여한 '엄중한 군정 치하에서도 솔선해서 일한 사람
들'을 주시하는 구조를 갖고 있다.
　재조일본인의 귀환사업을 추진했던 것은 패전＝해방 이후 민간주도
로 각지에 설립된 일본인회였다. 이마무라가 가담한 것은 경성일본인
원조회京城日本人世話會라는 단체였다. 경성일본인원조회는 8월 18일에
경성전기주식회사 사장인 호즈미 신로쿠로穗積眞六郎를 회장으로 하여
경성일본인회라는 명칭으로 발족했다. 이후 조선총독부의 요청으로
경성내지인원조회京城內地人世話會로 변경되었고, 최종적으로 경성일
본인원조회라는 명칭이 결정되었다. 이렇게 명칭이 변경된 경위에는
패전＝해방 직후의 혼란이 엿보인다. 조선총독부는 미군이 진주할 때
까지 주로 한반도 남부의 치안유지를 요청받았기 때문이다. 이러한 혼
란 속에서 경성일본인원조회의 당초 목적은 귀환과 잔류 두 가지였다.
　한편 경성일본인원조회는 회람형식의 B4판 갱지로 『경성내지인원조

회회보京城內地人世話會々報』(후에　　　『경성일본인원조회회보京城日本人世話會々報』에서『이동회보移動會報』로 변경, 이하『회보會報』)를 발행했다.[13] 아직 일본어 신문이 간신히 발행되고는 있었으나 치안도 악화되어 구독하기 곤란한 상황이었다. 경성은 38도선을 넘어오는 한반도 북부와 만주에서 온 피난민으로 넘쳐 다양한 소문이 나돌았다. 그 중에서 신빙성이 높은 정보를 더 많은 일본인에게 전하는 역할을 담당했던 것이 이『회보』이다. 『회보』 제1호에는 경성일본인원조회가 호소했던 재조일본인의 바람직한 자세가 이렇게 기록되어 있다.

어쨌든 우리는 여기에서 맨몸이 될 각오를 해야 한다. 지위도 명예도 재산도 모두 떨쳐버리고 새로운 지방에서 초토화 된 곳의 부흥건설에 적극적으로 나설 각오가 절실히 필요하다. 또한 우리 일본인들은 이 조선의 더 나은 발전을 위해 모든 협력을 아끼지 말아야 한다.(『경성내지인원조회회보』 제1호, 1945.9.2)

패전＝해방 직후에는 조선에서 축적한 자산을 가지고 일본에 돌아가 편하게 지내려고 생각하거나, 남아서 다시 새롭게 사업을 시작하려는 일본인도 많았다. 전시 중에 통제가 가혹했다고는 하나 일본과 같은 공습도 거의 없었던 조선에서는 옥음방송의 충격과 정보가 어지러운 와중에 포츠담선언의 수락이라는 패전의 의미를 정확하게 파악했던 일본

---

13 앞의 이마무라 이사오에 의하면, 이『회보』는 일요일을 제외하고 매일 발행했으며, 부수는 제3호까지가 120부, 이후 1,000부가 되었고 많이 발행하는 시기는 10월 중순에 1,500부였다고 한다.

인은 많지 않았던 것이다. 이러한 상황에서 경성일본인원조회가 『회보』 제1호부터 기본적으로 두 개의 슬로건을 내걸었던 것을 주목할 필요가 있다. 하나는 폐허가 된 전후 일본 부흥을 목표로 하는 것이고, 또 하나는 '조선의 더 나은 발전' 즉 조선의 신 국가 건설에 협력하는 것이었다. 일본의 부흥과 조선의 신 국가 건설. 이 때문에 우선 '맨몸이 될 각오'—재조일본인의 자산 포기—를 주장했던 것이다. 여기에 귀환사업의 진전을 위한 여러 조건이 있었다고 해도, 이것은 매우 양식적인 자세였다고 할 수 있다. 그러나 귀환사업에 관계한 경성일본인원조회의 활동을 뒷받침했던 것은 다음과 같은 심성이었다는 것도 기억해야 한다.

생각하면 패전하여 조선과 작별하고 타이완과 작별하고 사할린과 작별했다. 이것은 쓸쓸한 일이다. 그러나 일본이여, 일본인이여. 세계를 상대로 학도도, 여자도, 아이도, 힘껏 싸웠던 것을 생각하면 헛되이 한탄해서는 안 된다. 대동아에서 그 정도로 전선을 넓혔던 역사적 체험을 탄식으로 바꾸어 민족의 추억으로 삼자. 이것도 하나의 '마음의 고향'이며 앞으로 다가올 시련을 견디는 저력으로 삼아야 한다.(『경성일본인원조회회보』 제98호, 1945.12.31)

인용에 있는 '마음의 고향'이라는 말은 아시아·태평양전쟁을 일치단결하여 싸웠던 일본인의 '역사적 체험'을 가리킨다. 이것은 8월 15일까지의 자부심을 잊지 않고 살아가자는 메시지이다. "생각해보면 패전하여 조선과 작별하고 타이완과 작별하고 사할린과 작별했다"는 표현에도 전쟁을 수행했던 것에 대한 반성은 아직 보이지 않는다.[14] 패전

＝해방 이후 재조일본인이 안고 있었던 것은 회한이 아니라 개탄이며 경성일본인원조회는 그들에게 종주국의 주민이었던 긍지를 보여주었던 것이다.

재조일본인 귀환사업은 1948년에 거의 완료된다. 마지막으로 귀환한 것은 '내선결혼內鮮結婚'에 실패한 일본인 여성들이 많았다고 한다. 그리고 재조일본인은 '외지귀환'으로 전후 일본 부흥의 일익을 담당하게 된다. 그들은 대체로 중류이상의 계층으로 모던한 의식을 가지고 있었다. 말할 것까지도 없이 이것은 조선의 생활에서 길러진 것이다. "뭐니뭐니 해도 외지생활자는 명랑 쾌할, 자유 활달하다는 장점이 있는 반면에, 본국에 돌아가도 외지생활의 화려함을 좋아하는 취향을 버리기 힘든 단점이 있다."(『경성일본인원조회회보』 제68호, 1945.11.24) 재조일본인은 일본에서 사는 사람들보다 상대적으로 환경이 좋았으며 그러한 자각이 있었음을 추측할 수 있다.

패전＝해방 이후 귀환사업에 관계한 재조일본인의 심정에서 엿볼 수 있는 것은 일본의 전후부흥에 거는 기개氣槪와 조선의 신 국가건설에 대한 기대였다. 경성일본인원조회의 활동에서 이러한 기운이 패전 직후 싹트고 있었음을 알 수 있다. 그러나 여기에는 그들이 종주국 주민으로 살았고 세계를 상대로 전쟁을 했던 것에 대한 자부심이 뒷받침

---

14 이 기사 앞에는 다음과 같이 적혀 있다. "이날 다시금 '조선지도'를 보고 있다. 지금 이 땅은 36년 전 옛날로 돌아갔다. 애정은 있다. 그러나 이것은 잃어버렸다고 느끼는 구두쇠와 같은 감정은 아니다. 이 나라의 강산, 평야, 거리의 좋은 점을 칭송하는 성실의 지성인 것이다. 그러고 보니까, 이 나라 사람들의 얼굴, 특히 함께 이야기하고, 일하며 웃고, 슬퍼하며, 함께 잤던 몇몇 친구들의 얼굴이 생각난다. 그리운 그들의 대부분이 건국을 위해 침식을 잊고 힘쓰고 있다. 훌륭한 건국이 그들 친구들에 의해 조성된 것을, 지금 조선의 '지도'를 보면서 축복 해 마지않는다."

되어 있었다. 패전이라는 절망적인 현실 속에서 조국에 돌아가기 위해 식민자로서 살았던 조선에서의 생활사는 봉인되기는커녕 그 자부심의 기반이 되었던 듯 보인다. 약간의 예외를 제외하면 여기에 회한이라는 심성은 생겨나지 않았다. 참고로 그의 조부는 시부사와 에이치澁澤榮一(1840~1931)이다. 조부인 경성일본인원조회의 회장 호즈미 신로쿠로는 후에 회상기에서 〈반딧불〉에 관해 다음과 같이 쓰고 있다.

노래 제4절에 '치시마 끝도, 오키나와도, 우리나라이기에, 지키자'라는 구절이 있다. 종전 이후 이십여 년, 이 절만은 부를 수 없게 되었다. 그러나 〈반딧불〉은 여전히 '석별의 노래'로 불리고 있다. 몇 해 전 토쿄에서 올림픽이 개최되었을 때 폐회식의 성화가 사라져갈 무렵 수천 명의 젊은이가 〈반딧불〉을 합창하며 이별을 아쉬워했던 제2절의 '마음을 하나로, 무사하라는 듯 노래 부르네'가 끝났을 때 나는 감개무량했다. 결국 제4절은 불리지 않았다. 부를 수도 없었다.

오키나와 문제가 시끄러워져 오키나와 도민이 초조해하는 가운데 국회에서도 거의 정당의 정략에 이용되고 있다. 일본인으로서는 오키나와의 복귀를 바라는 오늘날, 더욱 제4절이 간절하게 다가온다. '치시마 끝'이 우리나라에 돌아와 〈반딧불〉을 완전하게 부를 수 있는 날은 언제일까, 나는 도저히 그 대망의 날을 볼 수 없을 것이다.(『내 생애를 조선에わが生涯を朝鮮に』, 유호쿄카이友邦協會, 1974, pp.157~158)

패전=해방 이후 혼란기에 호즈미 신로쿠로를 중심으로 한 경성일본인원조회는 조선의 독립을 바라면서 재조일본인의 귀환사업에 많이 공헌했다. 그들의 회상기에는 그 시기를 회고하는 마음이 흘러넘친다. 그러나 '〈반딧불〉을 완전하게 부를 수 있는 날은 언제일까'라는 호즈미의 말에서는 옛 종주국의 주민으로서 배양된 식민자의식의 편린을 엿볼 수 있는 것도 사실이다. 그에게 조선은 '제2의 고향'이고 패전=해방 이후 그 조선 체험은 정신의 커다란 부분을 지탱한다. 그러나 이 때문에 호즈미는 〈반딧불〉의 제4절을 부를 날이 오는 것을 바라는 것이 아니라 제2절에서 끊어지는 가사를 계속 불러야만 했던 것이 아니었을까. 이것은 조선에 대한 그리움을 부인하는 것이기도 하다. 결국 재조일본인의 심성을 그 근간에서 지탱했던 식민자의식과의 결별인 것이다.

식민지시대, 조선에서 보낸 그리운 시절을 회상하는 일본인 중에는 일본의 식민지정책을 회의적으로 생각하며, 선의로 조선인을 대하는 사람들도 있었다. 정도의 차이는 있으나 본서에서 다뤘던 나카니시 이노스케와 야스타카 토쿠조, 유아사 카츠에도 그러했다. "나에게 조선은 통속적인 표현이지만 정말로 잊을 수 없는 제2의 고향이다."[15] 호즈미 등 재조일본인의 귀환사업에 주력했던 사람들, 그리고 이름 없는 귀환자들 중에도 이러한 양식적인 일본인은 많았다고 생각된다. 그러나 조선을 '고향'이라고 생각하는 것은 조선이 일본의 '지방'이었다는 인식과도 이어진다. 실제로 조선에서 태어나 자란 기억이 재조일본인들의 자신의 모습을 만들어 나가는데 불가결한 것이었다고 해도 그러하다.

'그리운 조선'을 어떻게 대할 것인가. 이것이 재조일본인이 지닌 패전=해방 이후 조선 표상의 커다란 명제로 놓여 있었다. 1927년 경상

---

15 保高德藏, 「33年前の京城の思出」, 『練成する半島の青年』, 軍人援護會京城府分會, 1944, p.25. 한편 야스타카가 도한한 것은 러일전쟁 직후인 1906년이다.

남도 진주에서 태어난 코바야시 마사루小林勝(1927~1971)는『조선 · 메이지52년朝鮮 · 明治五十二年』(신코쇼보新興書房, 1971)의 「후기」에서 다음과 같이 말한다.

> 이 소설집 안에는 조선에서 오랫동안 살면서 조선인에게 직접적으로 폭력적 유형의 가해를 가하지 않고, 친한 조선인 친구가 많으며, 평화롭고 평범한 가정생활을 보낸 또는 보내려 했던 일본인이 등장한다. 일찍이 남의 밑에서 일한 평범한 일본인 대부분이 그랬다고 생각한다. 이런 사람들 또는 이제는 중년에 달한 그들의 아이들 대부분이 이십 여 년이 지난 지금 조선을 그리워하고 있다는 것도 알고 있다.
>
> 그러나 나는 내 안의 그리움을 거부한다. 평범하고 평화롭고 무해한 존재인 듯 보이는 '외관'을 그 존재의 근원으로 거슬러 올라가 거부한다.
>
> (pp.219~220)

김석범은 코바야시 마사루가 여기에서 '향수'나 '노스탤지어'가 아니라 '그리움'이라는 말을 선택하여 사용한 것을 예리하게 지적한다.[16] '향수'라는 말을 사용했다면 그곳이 고향이라고 언명하는 것이 되기 때문이다. 조선에서 태어나고 자란 코바야시는 우선 조선이 자신의 고향이라는 것, 즉 고향이라는 말에서 파생되는 '조선은 일본인의 영토였다'라는 뉘앙스를 미리 잘라버리는 것이다. 게다가 그는 조선에 대한 그리움도 부인한다는 입장을 취한다. 이것은 실제로는 그리움에 사로잡히면서도 그것을 언명하는 것을 거부하는 태도이다.

---

16 金石範, 「『懐かしさ』を拒否するもの」, 『小林勝作品集』第5卷, 白川書院, 1976, p.372.

　　물론 이러한 태도를 표명했던 것은 코바야시 마사루만이 아니다. "코바야시 마사루는 식민지 태생의 작가이다. 거듭 말하면 코바야시 마사루는 일찍이 식민자였으며 지금도 식민자이다. 이에 대한 투쟁을 위해 그의 작가적 생활이 있었다"(『겐야幻野』 제3호, 1972.2, p.27)고 평가한 경성 태생의 무라마츠 타케시村松武司도 조부의 조선 생활을 소재로 한 『조선식민자―어떤 메이지인의 생애朝鮮植民者―ある明治人の生涯』(산세이도三省堂, 1972)를 썼다. 또한 대구에서 태어난 모리사키 카즈에森崎和江는 "조선에 대한 나의 마음은 나의 주형鑄型이 되었던 실체에 대한 그리움과 비슷하다. 알고 싶어서 견딜 수가 없다. 만들어진 존재가 만든 손으로 이어지는 그 본래의 모습을 그리워할 때 나는 절망적이 되고 만다"(『어머니 나라와의 환상결혼ははのくにとの幻想婚』, 겐다이시쵸샤現代思潮社, 1970, p.213)고 말했다. 그녀 자신을 성립하게 한 조선에서의 나날을 그리워할 때 그 땅이 '일본'에게 폭력적으로 편입되었던 역사를 가진 외국이라는 것을 의식하지 않을 수 없기 때문이다.

　　조선에 관한 일본인의 문화적인 기억은 패전＝해방 이후에도 옛 종주국의 주민이었다는 식민자의식과 구분하기 어렵게 연결되어 있다. 예컨대 이것은 수많은 귀환자들이 토로하는 '그리운 조선'이라는 표상 속에 내재하며 위화감을 느끼면서도 '광복'을 축하하는 〈애국가〉를 〈반딧불〉 멜로디로 듣고 마는 무의식적인 심성이다. 이러한 조선 표상과 만날 때 우리는 스스로가 식민자라는 것을 긍정하고 조선에 대한 그리움을 부인히는 언급의 자세가 그곳에서 태어난 재조일본인 2세, 3세라고도 할 수 있을 세대 가운데서 나타난다는 것을 새삼 상기해야 한다. 조선으로 시작된 자기모습 만들기라는 욕망과의 갈등에서 그 그리움을 부인하고 떠돌이가 되는 자아를 굳이 선택하는 것. 이것은 회한이라는 자학적인 심성은 아니다. 귀환 이후에도 많은 재조일본인의 심성을 지탱했던 '조선'에 맞서기 위한 보다 적극적인 실천이다. 부모 세대의 식민자의식과 결별하고 근대 일본과 조선의 역사를 현재로서 재검토하려는 이 언급의 자세는 재조일본인의 회고와 회한이라는 심성을 거쳐 시작된 역설이기 때문이다.

:: 지은이 후기

　한국어를 전혀 할 수 없었던 내가 일본어교사로 한국에 간 것은 2001
년 2월 말이었다. 처음 부임한 학교는 충청남도에 있는 한국교원대학
교이다. 직함은 '일본어교사 특별양성과정 전임강사'라는 긴 이름이었
다. 고등학교에서 독일어와 프랑스어를 가르치는 현역 교사에게 일본
어를 가르치는 특별 커리큘럼이다. 한국의 신학기는 3월 2일 시작한다.
그 전날은 3·1 독립운동 기념일, 3·1절이며 경축일이다. 내가 교원대
에서 기숙사 생활을 시작했을 무렵에는 연일 일본의 역사교과서 문제
가 크게 보도되고 있었다. 그때 한국의 TV에서 본 항의 집회에 관한 뉴
스 영상은 지금도 인상에 남아 있다. 내용은 같아도 일본에서 본 뉴스
와는 분명히 이질적이고, 이제부터 시작되는 일본어 강사로서의 생활
에 일말의 불안을 느꼈던 것을 기억하고 있다. 본서의 토대인 박사논문
을 제출한 지 얼마 지나지 않았던 나는, 당연하지만 한국의 일본어교육,
그리고 식민지 지배의 역사를 생각하지 않을 수 없었기 때문이다.

　물론 현재까지 그 때문에 무서운 체험을 한 적은 한 번도 없었다. 반
대로 잠시라도 그러한 생각에 사로잡혔던 자신을 부끄러워하는 것도
아니다. 단지 자료 뭉치로 존재하던 그 역사를 몇 번이고 반추하는 사

이, 여기서 내가 '한국인'이라고 쓰는 것처럼 한국인은 나를 '일본인'으로 보고 있다는 것을 새삼스레 실감하게 되었다. 그때까지도 막연히 이해하고 있기는 했지만 머리로 생각하는 것과 피부로 느끼는 것은 달랐다. 이것은 한국이라는 장소의 문제라기보다 그렇게 의식하는 나의 문제이다. 본서를 구성하는 대학원 시절에 모았던 자료의 대부분은 지금도 나의 반면교사이다.

본서는 2000년도에 츠쿠바대학筑波大學 문예·언어연구과에 제출한 박사논문 「'조선'을 둘러싼 표상의 문화사―일본 근대에 있어서 지知의 식민지화와 문학」을 가필 수정한 것이다. 본서에 수록된 최초의 논문을 발표하고서 5년, 박사논문을 제출하고서 3년이 지났다. 특히 한국에서 생활한 3년은 짧은 듯 길었다. 바쁜 교무에 얽매여 연구를 등한시한 부분이 없지 않아 있었기 때문이다. 그러나 한국에서 일본어교사라는 간판을 짊어지면서 그 의미를 생각하고, 앞으로도 연구를 계속하고자 마음먹게 된 것. 이것이 본서의 출판을 결심하게 만든 큰 이유 중 하나이다. 변변치 않은 책이지만 본서를 단서로 하여 근대 일본의 '조선' 표상에 대해 생각하는 기회가 된다면 매우 감사하겠다.

본서가 완성되기까지 저를 지지해 주신 모든 분께 감사의 뜻을 표한다.

대학원에 입학한 이후 저에게 연구란 무엇인가를 가르쳐 주신 츠쿠바대학의 여러 선생님과 선배들, 연구실과 세미나 동료들. 연구영역과 사고방식, 그리고 국적도 다른 다양한 사람들과 만났던 츠쿠바대학의 연구 생활은 더할 나위 없이 소중한 6년이었다. 무엇보다 박사논문 심사 당시 세밀한 부분까지 정성껏 읽어 주시고 여러 유익한 가르침을 주

신 아라키 마사즈미荒木正純 선생님, 이케우치 테루오池內輝雄 선생님(현
재 테이쿄대학帝京大學), 나나미 히로아키名波弘彰 선생님, 미야모토 요이치
로宮本陽一郎 선생님. 그리고 지도교수로 마지막까지 친절하고 자상하
게 지도해 주신 아베 군지阿部軍治 선생님께 진심으로 감사드린다. 여러
선생님과 만나지 못했다면 본서는 완성될 수 없었다.

그리고 본서를 발간할 수 있게 저에게 힘을 주신 분들께. 토쿄대학
의 이마하시 에이코今橋映子 선생님께는 츠쿠바대학 시절부터 현재까
지 수많은 조언과 질타, 격려를 받았다. 신요사新曜社의 우즈오카 켄이
치渦岡謙一 씨를 소개해 주셨던 것도 선생님이다. 진심으로 감사드린
다. 또한 정성스럽게 원고를 체크해 주시고 쓰는 속도가 느린 저를 끝
까지 지켜봐 주신 우즈오카 켄이치 씨에게는 대단히 신세를 많이 졌는
데 지면을 빌어 감사의 뜻을 전하고 싶다. 다음으로 한국교원대학교와
한밭대학교에서 공적으로나 사적으로나 신세를 진 여러 선생님과 직
원 여러분께 깊이 감사드린다. 마지막으로 청주와 대전 두 캠퍼스에서
만난 연수생과 학생 여러분께. 여러분이 무심코 해 준 한마디 한마디
에서 격려를 받았다는 것을 꼭 여기에 명기해두고 싶다.

2004년 2월 19일 토쿄에서

나카네 타카유키中根隆行

본서는 일본근현대문학 · 비교문화 연구자 나카네 타카유키中根隆行 교수의 『'조선' 표상의 문화지 — 근대 일본과 타자를 둘러싼 지의 식민 지화』(2004)를 번역한 것이다. 출판 당시 본서를 감싸고 있던 띠지에는 다음과 같이 적혀 있다.

차별에 의해서 만들어진 '일본인'이란?

조선에 대한 차별적 이미지는 어떻게 만들어졌을까. 종군 문사文士 · 식민殖民사업 · 조선인 일본어작가 · 재일코리언 문학 등 주로 '문학'의 시점에서 차별화 과정을 면밀히 검토하여, '조선'상像의 형성은 근대 일본인이 자신의 모습을 만들어가는 문제였음을 날카롭게 파헤친 역작.

번역을 마치고 옮긴이 후기를 준비하면서 본서가 말하고 싶었던 것은 무엇이었을까를 다시 생각하다 보니, 이것이야말로 본서의 문제의식을 잘 표현한 문구라는 생각이 든다.

하지만 여기에 옮긴이로서 사족을 덧붙이자면, 본서의 강점은 '조선'이라는 기호를 둘러싸고 전개되었던 지적 활동과 사람 및 사물의 이동을 근대 일본에서 발생한 문화투쟁의 과정으로 분석하는 데 그치지 않고, 이것이 전후戰後에도 여전히 일본인의 식민자 의식으로 작용하고 있음을 지적하고 있다는 점이다. 따라서 본서는 '겨울연가'로 시작하여 소녀시대로 한류붐이 이어지면서도, 다른 한편에서는 역사교과서를 둘러싼 주변국과의 역사 인식의 차이가 되풀이되면서 끊임없이 혐한류 또한 제기되고 있는 현대 일본사회를 이해하기 위한 단초를 제공해 준다.

아마도 이것은 저자가 한국이라는 '제국' 일본의 옛 식민지에서 직접 체험한 일본어 강사로서의 생활에 바탕을 둔, 한일 양국 사이에 현재진행형 문제의식이라 할 것이다. 본서가 2005년에 수상한 제10회 일본비교문학회상은 이러한 저자의 현재진행형 문제의식이 현대 일본에서 평가받은 결과였다고 할 수 있다. 이제 본서의 번역출판을 계기로 그 분석대상이었던 한국사회의 평가가 어떨지는 전적으로 한국 독자들의 몫일 것이다. 왜냐하면 저자가 분석한 근대 일본이 만들어낸 타자로서의 조선상이야말로 근대한국이 만들어낸 자아로서의 '조선상'과 가장 밀접한 관계에 있기 때문이다.

끝으로 본서 번역에 대한 이야기를 간단히 하고자 한다. 본서의 번역은 2008년 2학기 대학원 수업의 교재로 사용하면서 시작되었다. 우선 수업시간에 각 발표자들은 담당한 부분을 발표하는 동시에 일차적인 번역을 하고, 겨울방학 동안 이렇듯 개별적으로 이뤄진 번역을 일차적으로 김다운 학생과 조수일 학생이 검토했다. 그리고 본인은 이것을 전체적으로 다시 검토하고 감수한 다음 2009년 상반기에 출판할 예정이었다. 이러한 번역 작업은 와카쿠와 미도리若桑みどり의 『황후의

초상―쇼켄황태후의 표상과 여성의 국민화』를 2006년 2학기 대학원 수업 교재로 사용하고, 동일한 작업 과정을 거쳐 2007년 9월에 번역출판했던 경험에 바탕을 둔 것이었다.

하지만 정작 최종적인 교열작업과 감수를 책임지고 있던 본인의 게으름으로 인해 본래 계획보다 늦어지게 되었다. 따라서 올해 1월부터 시작된 본인의 연구년은 그 무엇보다 우선적으로 본서의 번역을 마무리하는 것으로 시작했다. 저자인 나카네 교수와의 개인적 친분 때문에라도 더 이상 번역출판을 미룰 수 없었기 때문이다. 저자는 한국어판 서문에서 출판된 지 7여 년이 지나서 번역출판되는 것을 다소 걱정하고 있는데, 이에 한 몫을 한 것은 전적으로 2년여 동안이나 무책임하게 번역원고를 마무리하지 못했던 본인의 탓이기도 하다. 이 자리를 빌어서 저자 나카네 교수, 수업을 함께 한 대학원생들, 그리고 묵묵히 기다려 주신 소명출판 박성모 사장님에게 늦어진 출판에 대한 미안한 마음을 전하고 싶다.

2011년 9월
옮긴이들을 대신하여 박삼헌 씀

:: 그림출처

〈그림1〉　위「德川時代の和舘浦」,『併合記念 朝鮮寫眞帖』, 新半島社, 1910.

　　　　　아래「釜山停車場と棧橋」(左),「釜山市街」(右),『併合記念 朝鮮寫眞帖』,

　　　　　新半島社, 1910.

〈그림2〉　「朝鮮神宮全景」,『目で見る昔日の朝鮮(上)』, 國書刊行會, 1984.

〈그림3〉　「皇太子殿下御渡韓記念撮影」,『併合記念 朝鮮寫眞帖』, 新半島社, 1910.

〈그림4〉　「死せるコレーツ号」,『日露交戰錄』第6号, 1904.3.

〈그림5〉　『殖民世界』第1卷第1号 表紙, 1908.5.

〈그림6〉　「藤村操氏の投瀑」,『東洋畫報』第1卷第5号, 1903.7.

〈그림7〉　橋本周延,「朝鮮変報」, 1882(한국 국립중앙도서관 소장).

〈그림8〉　『日淸戰爭實記』第2編 表紙, 1894.9(第2版).

〈그림9〉　「러시아공사관까지 대포를 끌고와 고종과의 알현을 강요하는 일본군 병사

　　　　　들」,『寫眞으로 보는 韓國百年』, 東亞日報社, 1978.

〈그림10a〉『日露戰爭實記』第23編 表紙, 1904.7(第5版).

〈그림10b〉『日露戰爭實記』第10編 韓半島欄, 1904.4.

〈그림11〉　「浮碧樓下の虛子」,『高浜虛子全集』第5卷, 改造社, 1934.

〈그림12〉　「大同江畫舫」,『高浜虛子全集』第5卷, 改造社, 1934.

〈그림13〉　「牧丹台 平壤」,『併合記念 朝鮮寫眞帖』, 新半島社, 1910.

〈그림14〉　「路傍の睡眠」,『併合記念 朝鮮寫眞帖』, 新半島社, 1910.

〈그림15〉　「田野の農夫」,『併合記念 朝鮮寫眞帖』, 新半島社, 1910.

〈그림16〉　「『土』のモデルとなった農家と老翁(小說『土』中の卯平)」,『長塚節全集』第1

　　　　　卷, 春陽堂, 1929.

〈그림17〉　「餓鬼道」,『改造』第14卷第4号, 1932.4.

〈그림18〉　『改造』第14卷第8号 廣告, 1932.8.

〈그림19〉　「1930년경의 서울 충무로 일본인 상가」,『寫眞으로 보는 韓國百年』, 東亞日

　　　　　報社, 1978.

<그림20>　　金聖珉, 「半島の芸術家たち」, 『サンデー毎日』 第15卷第38号, 1936.8.

<그림21>　　前田河廣一郎, 「朝鮮1」, 『文戰』 第8卷第9号, 1931.9.

<그림22a>　「機上より見たる京城市街」, 『半島の近影』, 朝鮮總督府鐵道局, 1938.

<그림22b>　(무제·부분)『사진으로 본 감격과 수난의 민족사』, 조선일본사출판국 사진부, 1980.

<그림23>　　「서울역 광장의 인파」, 『격동 한반도 신지평』, 경향신문사, 1995.

<그림24>　　「떠나가는 재한 일본인들」, 『寫眞으로 보는 韓國百年』, 東亞日報社, 1978.